政府会计制度

详解与实务

条文解读＋实务应用＋案例讲解

（全新修订版）

政府会计制度编审委员会　编著

人民邮电出版社

北京

图书在版编目（CIP）数据

政府会计制度详解与实务：条文解读+实务应用+案例讲解：全新修订版 / 政府会计制度编审委员会编著. -- 2版. -- 北京：人民邮电出版社，2021.4
ISBN 978-7-115-56002-5

Ⅰ. ①政… Ⅱ. ①政… Ⅲ. ①单位预算会计－会计制度－中国 Ⅳ. ①F810.6

中国版本图书馆CIP数据核字(2021)第030758号

内 容 提 要

　　《政府会计制度》已于2019年在全国范围内施行，为了帮助广大会计工作者学好、用好《政府会计制度》，我们集众多专家学者与实务界人士的学识、经验与智慧，编写了本书。

　　本书依据《政府会计准则——基本准则》和《政府会计准则第1号——存货》《政府会计准则第2号——投资》《政府会计准则第3号——固定资产》《政府会计准则第4号——无形资产》《政府会计准则第5号——公共基础设施》《政府会计准则第6号——政府储备物资》6项政府会计具体准则，对《政府会计制度》进行了全面、深入、详尽的解读。针对重要的会计处理规定，本书以逻辑结构图的形式说明其逻辑节点与流程，以案例解析的形式，将抽象的文字表述转化为清晰具体的实务操作，全面提升读者的实务操作水平。本书包括案例百余个，均结合制度进行了详细的分析，并逐步展示会计处理的全过程，是读者需要重点阅读的内容。

　　本书是全景式解读我国《政府会计制度》的专业图书，是广大会计工作者学制度、用制度的案头必备工具书。它既可帮助会计实务工作者解决日常实务工作中的各种疑难与困惑，也有利于会计理论工作者、会计专业学生掌握我国现行《政府会计制度》的具体规定。

◆ 编　著　政府会计制度编审委员会
　　责任编辑　李士振
　　责任印制　彭志环
◆ 人民邮电出版社出版发行　　北京市丰台区成寿寺路11号
　　邮编　100164　　电子邮件　315@ptpress.com.cn
　　网址　https://www.ptpress.com.cn
　　三河市中晟雅豪印务有限公司印刷
◆ 开本：700×1000　1/16
　　印张：25.75　　　　　　　　2021年4月第2版
　　字数：478千字　　　　　　　2021年4月河北第1次印刷

定价：118.00元

读者服务热线：(010)81055296　印装质量热线：(010)81055316
反盗版热线：(010)81055315
广告经营许可证：京东市监广登字20170147号

前言
PREFACE

2017 年 10 月 24 日，中华人民共和国财政部印发了《政府会计制度——行政事业单位会计科目和报表》（财会〔2017〕25 号，以下简称《政府会计制度》）。该制度自 2019 年 1 月 1 日起施行。

《政府会计制度》的颁布，有机整合了《行政单位会计制度》、《事业单位会计制度》和医院、基层医疗卫生机构、高等学校、中小学校、科学事业单位、彩票机构、地勘单位、测绘单位、林业（苗圃）等行业事业单位会计制度的内容。会计制度的统一，大大提高了政府各部门、各单位会计信息的可比性，为部门、单位编制合并财务报表和逐级汇总编制部门决算报告奠定了坚实的制度基础。

《政府会计制度》的实施，重新构建了"财务会计和预算会计适度分离并相互衔接"的会计核算模式。

所谓"适度分离"，是指适度分离政府预算会计和财务会计功能、决算报告和财务报告功能，全面反映政府会计主体的预算执行信息和财务信息。主要体现在以下几个方面。

一是"双功能"，在同一会计核算系统中实现财务会计和预算会计双重功能，通过资产、负债、净资产、收入、费用五个要素进行财务会计核算，通过预算收入、预算支出和预算结余三个要素进行预算会计核算。

二是"双基础"，财务会计采用权责发生制，预算会计采用收付实现制，中华人民共和国国务院另有规定的，依照其规定。

三是"双报告"，通过财务会计核算形成财务报告，通过预算会计核算形成决算报告。

所谓"相互衔接"，是指在同一会计核算系统中政府预算会计要素和财务会计要素相互协调，决算报告和财务报告相互补充，共同反映政府会计主体的预算执行信息和财务信息。

本书的主要目的在于帮助大家学好、用好政府会计制度。总体来说，需要把握好以下三个方面。

第一，把握精髓，不忘初衷。会计的使命在于通过财务报告的形式提供真实、完整、可靠、相关的财务信息，这也是政府会计的核心要求。在学制度、用制度的过程中，要时刻注意不能偏离这一基本要求。在编写本书的过程中，无论是法规解释，还是案例分析，笔者均以此为出发点，确保读者能深入领悟制度的精髓，准确理解制度的规定。

第二，全面把握，切忌片面。政府会计制度是一个严密的体系，包括政府会计基本准则、政府会计具体准则、政府会计应用指南等。对政府会计制度的理解，一定要把握整体性，切忌只言片语、割裂理解。在编写本书的过程中，对特定问题的论述，对《政府会计制度》的要求与规范，笔者均给予全景式的列示，以确保对特定问题的理解与认识不出现偏差，不出现失误，全面准确地予以反映。

第三，联系实际，与时俱进。政府会计制度是一个活的体系，随着社会经济的发展，总会修订一些不符合实际情况的旧准则，颁布一些新的准则与制度。这就需要我们不断地了解新事物、学习新规定。在编写本书的过程中，笔者非常注重案例的引入，以案说法，确保以案例为载体，把政府会计制度讲深、讲透。同时，所选案例都是近期会计实务工作中出现的具有代表性的事件，确保知识更新与实践保持同步。

在编写本书的过程中，我们参考了相关的教材和资料以及相关专家的观点，并加以借鉴，在此谨向这些人员致以诚挚的谢意！

由于水平有限，书中难免存在疏漏，恳请读者批评指正。

编者

目录
CONTENTS

第1章　政府会计基本理论

1.1　政府会计的基本概念 ……… 1

1.1.1　政府会计的概念 ……… 1

1.1.2　政府会计目标 ……… 2

1. 基本目标 ……………… 2

2. 具体目标 ……………… 2

1.2　政府会计对象和要素 ……… 4

1.2.1　政府会计对象 ……… 4

1.2.2　政府会计要素 ……… 4

1.3　政府会计原则 ……………… 6

1.3.1　政府会计基本原则 ……… 6

1.3.2　政府会计核算的一般原则 … 7

1. 可靠性 ……………… 7

2. 相关性 ……………… 8

3. 全面性 ……………… 8

4. 及时性 ……………… 8

5. 可比性 ……………… 9

6. 可理解性 …………… 9

7. 实质重于形式 ……… 9

1.3.3　政府会计核算的其他原则 … 10

1. 限制性原则 ………… 10

2. 历史成本原则 ……… 10

1.4　政府会计的记账基础 ……… 10

1.5　政府会计的特点 ………… 11

1. 会计核算基础不同 … 11

2. 会计要素、会计等式不同 …… 12

3. 会计报告不同 ……… 12

1.6　政府会计准则体系 ……… 13

1.6.1　政府会计准则体系的发展

变化 ……………… 13

1. 改革前的会计核算标准体系 … 13

2. 改革后的会计核算标准体系 … 14

1.6.2　《政府会计制度——行政
事业单位会计科目和报表》
主要内容 ……………… 14

1. 出台的背景与意义 … 15

2. 遵循的原则 ………… 15

3. 体例结构及主要内容 … 16

4. 重大变化与创新 …… 17

第2章　政府会计的基本方法

2.1　政府会计的记账方法 …… 21

2.1.1　借贷记账法的特点 …… 21

2.1.2　记账符号和账户结构 … 21

1. 财务会计要素账户 … 22

2. 预算会计要素账户 … 23

2.1.3　记账规则 …………… 23

1. 财务会计的记账规则 … 23

2. 预算会计的记账规则 … 24

2.1.4　试算平衡 …………… 24

1. 试算平衡表的原理 … 24

2. 试算平衡表 ………… 25

2.2　政府会计的会计凭证 …… 26

2.2.1　原始凭证 …………… 26

1. 原始凭证的分类 …… 26

2. 原始凭证的填制和审核 …… 30

2.2.2　记账凭证 …………… 32

1. 记账凭证的种类 …… 33

2. 记账凭证的编制和审核 ……… 35

3. 汇总记账凭证 ·············· 35

4. 记账凭证的保管 ·········· 36

2.3 政府会计的会计账簿 ······· 36

2.3.1 会计账簿的分类与设置 ··· 37

1. 账簿按用途分类 ·········· 37

2. 账簿按外表形式分类 ······ 39

2.3.2 会计账簿的使用 ·········· 40

2.3.3 会计账簿的错误更正方法 ··· 41

1. 划线更正法 ·············· 41

2. 红字更正法 ·············· 41

2.3.4 账簿的更换与保管 ········ 41

2.4 政府会计的会计报表 ······· 42

2.4.1 政府会计主体财务报表的

种类 ··············· 42

1. 资产负债表 ·············· 42

2. 收入费用表 ·············· 42

3. 净资产变动表 ············ 42

4. 现金流量表 ·············· 42

5. 附注 ················· 43

2.4.2 政府会计主体预算会计报

表的种类 ············· 43

1. 预算收入支出表 ·········· 43

2. 预算结转结余变动表 ·········· 43

3. 财政拨款预算收入支出表 ··· 43

2.4.3 政府会计主体报表的编制

要求 ··············· 43

1. 报表中的数字必须真实、完整

·········· 44

2. 报表中的数字运算必须准确 ··· 44

3. 报送及时 ··············· 44

2.5 账务处理程序 ············· 44

第3章 资产的会计核算

3.1 货币资金 ················· 46

3.1.1 库存现金 ··············· 46

1. 库存现金的管理 ·········· 46

2. 库存现金的会计核算 ······ 47

3. 现金的清查 ·············· 51

3.1.2 银行存款 ··············· 52

1. 银行存款的管理 ·········· 52

2. 银行存款的会计核算 ······ 53

3. 外币存款的会计核算 ······ 59

3.1.3 零余额账户用款额度 ······ 61

1. 零余额账户概念 ·········· 61

2. 零余额账户用款额度的会计

核算 ················· 61

3.1.4 其他货币资金 ············· 65

3.2 短期投资 ················· 66

3.2.1 短期投资的概念 ·········· 66

1. 短期投资的定义 ·········· 66

2. 短期投资的特征 ·········· 66

3.2.2 短期投资的会计核算 ······ 67

3.3 应收及预付款项 ··········· 69

3.3.1 财政应返还额度 ·········· 69

1. 财政应返还额度的概念 ······· 69

2. 财政应返还额度的会计核算 ··· 69

3.3.2 应收票据 ··············· 71

1. 应收票据的概念及分类 ······· 71

2. 应收票据的会计核算 ······ 72

3.3.3 应收账款 ··············· 75

应收账款的会计核算 ············· 75

事业单位坏账准备的会计处理 ··· 77

3.3.4 预付账款 ··············· 78

3.3.5 其他应收款 ············· 82

1. 事业单位其他应收款的核销 ··· 84

2. 行政单位其他应收款的核销 ··· 85

3.4 存货 ··················· 87

3.4.1 存货的管理 ············· 87

1. 健全存货的管理机构 ······ 87

2. 建立严格的存货管理责任制度

················· 87

3. 加强存货的清查盘点工作 ····· 87

4. 建立和完善存货的定额管理 … 87

3.4.2 存货的确认和初始计量 … 87

3.4.3 存货的发出计价 ……… 89

3.4.4 存货的会计核算 ……… 91

  1. 取得的库存物品，应当按照其
取得时的成本入账 ……… 92

  2. 库存物品在发出时的具体会计
处理 ……… 94

3.4.5 存货的清查盘点 ……… 99

3.5 待摊费用 ……… 101

3.6 长期股权投资 ……… 102

3.6.1 长期股权投资的初始计量
……… 102

  1. 以现金取得的长期股权投资 … 102

  2. 以现金以外的其他资产置换取
得的长期股权投资 ……… 103

  3. 以未入账的无形资产取得的长
期股权投资 ……… 104

  4. 接受捐赠的长期股权投资 …… 104

  5. 无偿调入的长期股权投资 …… 105

3.6.2 长期股权投资的后续计量
……… 105

  1. 长期股权投资的成本法 …… 105

  2. 长期股权投资的权益法 …… 106

3.7 长期债券投资 ……… 110

3.7.1 长期债券投资的初始计量
……… 110

3.7.2 长期债券投资的后续计量
……… 110

  1. 到期收回长期债券投资 …… 111

  2. 出售长期债券投资 ……… 111

3.8 固定资产 ……… 113

3.8.1 固定资产概述 ……… 113

3.8.2 固定资产的初始计量 …… 117

  1. 外购的固定资产 ……… 117

  2. 自行建造的固定资产 ……… 119

3. 融资租赁取得的固定资产 …… 120

4. 按规定跨年度分期付款购入的
固定资产 ……… 120

5. 接受捐赠的固定资产 ……… 121

6. 无偿调入的固定资产 ……… 121

7. 置换取得的固定资产 ……… 121

3.8.3 固定资产的后续计量 …… 122

  1. 累计折旧的计提 ……… 122

  2. 与固定资产有关的其他后续
支出 ……… 122

3.8.4 固定资产的处置 ……… 123

  1. 报经批准出售、转让固定资产 … 123

  2. 报经批准对外捐赠固定资产 … 124

  3. 报经批准无偿调出固定资产 … 124

  4. 报经批准置换换出固定资产 … 125

3.8.5 固定资产的清查 ……… 125

  1. 固定资产的清查方法 ……… 125

  2. 固定资产清查的会计处理 … 126

3.9 工程物资 ……… 126

3.10 在建工程 ……… 128

3.10.1 在建工程科目设置 …… 128

3.10.2 在建工程账务处理 …… 129

  1. 固定资产改建、扩建 ……… 129

  2. 外包建筑安装工程 ……… 129

  3. 单位自行施工的小型建筑安装
工程 ……… 130

  4. 工程竣工 ……… 130

3.11 无形资产 ……… 136

3.11.1 无形资产概述 ……… 136

3.11.2 无形资产的初始计量 … 137

  1. 外购的无形资产 ……… 138

  2. 委托研发的无形资产 ……… 139

  3. 自行研究开发形成的无形资产
……… 139

  4. 接受捐赠的无形资产 ……… 139

  5. 无偿调入的无形资产 ……… 140

　　6. 置换取得的无形资产 ·········· 140

3.11.3　研发支出 ················· 141

　　1. 研究阶段的支出 ············· 141

　　2. 开发阶段的支出 ············· 142

3.11.4　无形资产的后续计量 ··· 143

　　1. 符合无形资产确认条件的后续
　　　支出 ························· 143

　　2. 不符合无形资产确认条件的后
　　　续支出 ····················· 144

3.11.5　无形资产的处置 ········ 144

　　1. 报经批准出售、转让无形资产
　　　························· 144

　　2. 报经批准对外捐赠无形资产 ··· 145

　　3. 报经批准无偿调出无形资产 ··· 145

　　4. 报经批准置换换出无形资产 ··· 146

　　5. 无形资产的核销 ············· 146

3.12　其他资产 ················· 147

3.12.1　政府储备物资 ··········· 147

　　1. 政府储备物资取得的会计处理
　　　························· 148

　　2. 政府储备物资发出的会计处理
　　　························· 149

　　3. 政府储备物资进行清查盘点的
　　　会计处理 ··················· 150

3.12.2　公共基础设施 ··········· 151

　　1. 公共基础设施的折旧摊销 ··· 154

　　2. 与公共基础设施相关的其他后
　　　续支出 ····················· 154

3.12.3　保障性住房 ············· 156

3.12.4　文物文化资产 ··········· 159

3.12.5　受托代理资产 ··········· 161

3.12.6　长期待摊费用 ··········· 164

3.12.7　待处理财产损溢 ··· 165

第 4 章　负债的会计核算

4.1　短期借款 ················· 167

4.1.1　短期借款的概念和管理 ··· 167

4.1.2　短期借款的会计核算 ····· 167

4.2　应缴财政款 ··············· 169

4.2.1　应缴财政款的概念 ········ 169

4.2.2　应缴财政款的会计核算 ··· 170

4.3　应交税费 ················· 171

4.3.1　应交增值税 ·············· 171

　　1. 单位取得资产或接受服务时进
　　　项税额的会计处理 ·········· 172

　　2. 单位销售资产或提供服务等业
　　　务销项税额的会计处理 ······ 177

　　3. 单位月末转出应交未交、多交
　　　的增值税的会计处理 ········ 177

　　4. 单位缴纳增值税的会计处理 ··· 178

　　5. 增值税小规模纳税人增值税的
　　　会计处理 ·················· 180

4.3.2　其他应交税费 ············· 181

4.4　应付职工薪酬 ············· 184

　　1. 计算确认当期应付职工薪酬
　　　（含单位为职工计算缴纳的社会
　　　保险费、住房公积金） ········ 186

　　2. 向职工支付工资、津贴补贴等
　　　薪酬 ······················· 186

　　3. 按照税法规定代扣职工个人所
　　　得税 ······················· 186

　　4. 缴纳职工社会保险费和住房公
　　　积金 ······················· 186

　　5. 从应付职工薪酬中支付其他
　　　款项 ······················· 187

4.5　应付及暂收款项 ··········· 187

4.5.1　应付账款 ··············· 188

4.5.2　应付票据 ··············· 189

4.5.3　其他应付款 ·············· 193

4.5.4　应付利息 ··············· 195

4.5.5　应付政府补贴款 ·········· 197

4.5.6　预收账款 ··············· 198

4.6 长期应付款项 ················ 199
4.6.1 长期借款 ················ 199
1. 借入各项长期借款 ·········· 200
2. 长期借款利息计提 ·········· 200
3. 利息支付 ················ 201
4. 本息偿付 ················ 201
4.6.2 长期应付款 ············ 202
4.7 预提费用 ················ 204
1. 项目间接费用或管理费 ····· 204
2. 其他预提费用 ············ 205
4.8 预计负债 ················ 205
4.8.1 或有事项 ············· 205
4.8.2 预计负债 ············· 205
4.9 受托代理负债 ············· 206

第5章 净资产的会计核算
5.1 净资产概述 ··············· 208
5.1.1 净资产的概念 ·········· 208
5.1.2 净资产的分类 ·········· 208
5.2 本期盈余 ················ 210
5.3 本年盈余分配 ············· 212
5.4 累计盈余 ················ 213
5.4.1 累计盈余的概念 ········ 213
5.4.2 累计盈余的会计核算 ···· 213
5.5 专用基金 ················ 216
5.5.1 专用基金概述 ·········· 216
5.5.2 专用基金的账务处理 ···· 217
1. 专用基金的提取或设置 ····· 217
2. 专用基金的使用 ·········· 217
5.6 权益法调整 ··············· 218
5.6.1 权益法调整的概念 ······ 218
5.6.2 权益法调整的会计核算 ··· 218
1. 资产负债表日被投资单位除净
   损益和利润分配以外的所有者
   权益变动 ················ 218
2. 处置长期股权投资 ········ 218
5.7 无偿调拨净资产 ·········· 220

5.7.1 经批准无偿调入净资产 ··· 220
5.7.2 经批准无偿调出净资产 ··· 220
5.8 以前年度盈余调整 ·········· 223
5.8.1 以前年度收入和费用调整 ··· 223
5.8.2 资产盘盈 ············· 223
5.8.3 年末结转 ············· 223

第6章 收入的会计核算
6.1 行政事业单位收入概述 ······· 226
6.1.1 收入的概念 ············ 226
6.1.2 收入的分类 ············ 226
6.1.3 收入的确认 ············ 227
6.2 行政事业单位收入的会计核算
    ···························· 227
6.2.1 财政拨款收入 ·········· 227
6.2.2 非同级财政拨款收入 ····· 231
6.2.3 其他收入科目 ·········· 232
1. 捐赠收入 ················ 232
2. 利息收入 ················ 232
3. 租金收入 ················ 234
4. 其他收入 ················ 235
6.3 事业单位专有收入会计核算 ··· 236
6.3.1 事业收入 ············· 236
1. 事业收入的概念 ·········· 236
2. 事业收入的分类 ·········· 236
3. 事业收入的会计核算 ······ 237
6.3.2 经营收入 ············· 240
1. 经营收入的概念 ·········· 240
2. 经营收入的分类 ·········· 241
3. 经营收入的会计核算 ······ 241
6.3.3 投资收益 ············· 244
1. 短期投资收益 ············ 244
2. 长期债券投资的投资收益 ··· 244
3. 长期股权投资的投资收益 ··· 246
6.3.4 上级补助收入 ·········· 248
1. 上级补助收入的概念 ······ 248

2. 上级补助收入的分类 ········ 248

3. 上级补助收入的会计核算 ··· 248

6.3.5 附属单位上缴收入 ······ 250

1. 附属单位上缴收入的概念 ··· 250

2. 附属单位上缴收入的会计核算

·································· 250

第 7 章 行政事业单位费用的 会计核算

7.1 行政事业单位费用概述 ······ 252

7.2 行政事业单位费用的会计核算

·································· 253

7.2.1 业务活动费用 ············ 253

1. 为履职或开展业务活动的本单 位人员以及外部人员计提的薪 酬和劳务费 ··············· 253

2. 为履职或开展业务活动领用库 存物品，以及动用发出相关政 府储备物资 ··············· 254

3. 为履职或开展业务活动所使用 的固定资产、无形资产以及为 所控制的公共基础设施、保障 性住房计提的折旧、摊销 ····· 254

4. 为履职或开展业务活动发生的 各项税费 ················· 255

5. 为履职或开展业务活动发生其 他各项费用 ··············· 255

7.2.2 资产处置费用 ············ 256

1. 不通过"待处理财产损溢"科 目核算的资产处置 ········· 258

2. 通过"待处理财产损溢"科目 核算的资产处置 ··········· 258

7.2.3 其他费用 ··············· 258

7.3 事业单位专有费用的会计核算

·································· 259

7.3.1 单位管理费用 ············ 259

7.3.2 经营费用 ··············· 261

7.3.3 上缴上级费用 ············ 262

7.3.4 对附属单位补助费用 ······ 263

7.3.5 所得税费用 ············· 263

第 8 章 行政事业单位预算 收入的会计核算

8.1 预算收入概述 ············· 264

8.1.1 预算收入的确认 ·········· 264

8.1.2 预算收入的管理 ·········· 264

8.2 行政事业单位预算收入的会 计核算 ··················· 265

8.2.1 财政拨款预算收入 ········ 265

1. 财政拨款预算收入的科目设置

·································· 265

2. 财政拨款预算收入的主要账务 处理 ··················· 265

8.2.2 非同级财政拨款预算收入 ··· 268

1. 科目设置 ··············· 268

2. 非同级财政拨款预算收入的主 要账务处理 ··············· 268

8.2.3 其他预算收入 ············ 269

1. 科目设置 ··············· 269

2. 其他预算收入的主要账务处理

·································· 270

8.3 事业单位专有预算收入的会 计核算 ··················· 271

8.3.1 事业预算收入 ············ 271

1. 科目设置 ··············· 271

2. 事业预算收入的主要账务处理 ··· 272

8.3.2 经营预算收入 ············ 273

1. 科目设置 ··············· 273

2. 经营预算收入的主要账务处理

·································· 274

8.3.3 投资预算收益 ············ 274

1. 科目设置 ··············· 274

2. 投资预算收益的主要账务处理

　　……………………………… 274

8.3.4　上级补助预算收入 ……… 277
　1. 科目设置 …………………… 277
　2. 上级补助预算收入的主要账务
　　处理 ………………………… 277
8.3.5　附属单位上缴预算收入 … 278
　1. 科目设置 …………………… 278
　2. 附属单位上缴预算收入的主要
　　账务处理 …………………… 278
8.3.6　债务预算收入 …………… 279
　1. 科目设置 …………………… 279
　2. 债务预算收入的主要账务处理
　　……………………………… 279

第9章　预算支出的会计核算

9.1　预算支出概述 …………… 281
9.2　行政支出会计核算 ……… 282
　1. 支付单位职工薪酬与外部人员
　　劳务费 ……………………… 284
　2. 为购买存货、固定资产、无形
　　资产等以及在建工程支付相关
　　款项 ………………………… 284
　3. 发生预付账款 ……………… 284
　4. 发生其他各项支出 ………… 284
　5. 因购货退回等发生款项退回，
　　或者发生差错更正 ………… 284
9.3　事业单位专有预算支出会计
　　核算 ………………………… 285
9.3.1　事业支出 ………………… 285
　1. 支付单位职工（经营部门职工
　　除外）薪酬 ………………… 285
　2. 为专业业务活动及其辅助活动
　　支付外部人员劳务费 ……… 286
　3. 开展专业业务活动及其辅助活
　　动过程中为购买存货、固定资产、
　　无形资产等以及在建工程支付相

关款项 ………………………… 286
　4. 开展专业业务活动及其辅助活
　　动过程中发生预付账款 …… 286
　5. 开展专业业务活动及其辅助活
　　动过程中缴纳的相关税费以及发
　　生的其他各项支出 ………… 287
　6. 开展专业业务活动及其辅助活
　　动过程中因购货退回等发生款项
　　退回，或者发生差错更正的 … 287
　7. 年末结转 …………………… 287
9.3.2　经营支出 ………………… 288
　1. 支付经营部门职工薪酬 …… 289
　2. 为经营活动支付外部人员劳务
　　费 …………………………… 290
　3. 开展经营活动过程中为购买存
　　货、固定资产、无形资产等以及
　　在建工程支付相关款项 …… 290
　4. 开展经营活动过程中发生预付
　　账款 ………………………… 290
　5. 因开展经营活动缴纳的相关税
　　费以及发生的其他各项支出 … 290
　6. 开展经营活动中因购货退回等
　　发生款项退回，或者发生差错更
　　正 …………………………… 290
　7. 年末结转 …………………… 290
9.3.3　上缴上级支出 …………… 291
9.3.4　对附属单位补助支出 …… 291
9.3.5　投资支出 ………………… 292
9.3.6　债务还本支出 …………… 293
9.4　行政事业单位其他支出的会计
　　核算 ………………………… 294
　1. 利息支出 …………………… 294
　2. 对外捐赠现金资产 ………… 294
　3. 现金盘亏损失 ……………… 295
　4. 接受捐赠（无偿调入）和对外
　　捐赠（无偿调出）非现金资产发

生的税费支出 ……………… 295

5. 资产置换过程中发生的相关税
费支出 ……………… 295

6. 其他支出 ……………… 295

7. 年末结转 ……………… 295

第10章 预算结余的会计核算

10.1 资金结存的会计核算 ……… 298

10.1.1 资金结存的明细科目设置
……………… 298

10.1.2 资金结存的账务处理 …… 298

（一）资金流入的会计核算 ……… 301

1. 取得预算收入 ……………… 301

2. 收到调入的财政拨款结转资金 … 301

3. 购货退回、差错更正退回 …… 301

4. 年末，确认未下达的财政用款
额度 ……………… 302

（二）资金流出的会计核算 …… 302

1. 发生预算支出 ……………… 302

2. 上缴或缴回财政资金 ………… 303

3. 缴纳所得税 ……………… 304

（三）资金形式转换的会计核算…… 305

1. 零余额账户用款额度注销 …… 305

2. 下年初零余额账户用款额度恢
复或收到上年末未下达零余额
账户用款额度 ……………… 305

10.2 行政事业单位结转结余资金
的会计核算 ……………… 306

10.2.1 结转结余资金概述 ……… 306

10.2.2 财政拨款结转……………… 306

（一）科目设置 ……………… 306

1. 与会计差错更正、以前年度支
出收回相关的明细科目 …… 306

2. 与财政拨款调拨业务相关的明
细科目 ……………… 306

3. 与年末财政拨款结转业务相关

的明细科目 ……………… 307

（二）财政拨款结转的账务处理
……………… 307

1. 与会计差错更正、以前年度支
出收回相关的账务处理 …… 307

2. 与财政拨款结转结余资金调整
业务相关的账务处理 …… 308

3. 与年末财政拨款结转和结余业
务相关的账务处理 ………… 308

10.2.3 财政拨款结余…………… 311

1. 与会计差错更正、以前年度支
出收回相关的账务处理 …… 312

2. 与财政拨款结余资金调整业务
相关的账务处理 ………… 312

3. 与年末财政拨款结转和结余业
务相关的账务处理 ………… 313

10.2.4 非财政拨款结转 …… 315

10.2.5 非财政拨款结余 …… 319

10.3 事业单位专有结余资金的会
计核算 ……………… 322

10.3.1 专用结余 ……………… 322

10.3.2 经营结余 ……………… 323

10.4 其他结余的会计核算 …… 324

10.5 非财政拨款结余分配 …… 326

第11章 行政事业单位会计
报表编制

11.1 行政事业单位会计报表概述
……………… 328

11.1.1 会计报表的概念 …… 328

11.1.2 会计报表的编制要求 … 328

11.1.3 会计报表的分类 …… 329

11.1.4 年终清理 ……………… 331

1. 清理核对年度预算收支数字和
预算领拨款数字 ………… 331

2. 清理核对各项收支款项 …… 331

3. 清理各项往来款项 ………… 331

4. 清查货币资金和财产物资 ······ 332

11.2 资产负债表 ··············· 332

11.2.1 资产负债表概述 ········ 332

11.2.2 资产负债表的内容 ····· 333

  1. 表首标题 ··············· 333

  2. 编报项目 ··············· 333

  3. 栏目及金额 ··············· 333

11.2.3 资产负债表的编制 ····· 333

  1. 资产类项目"期末余额"的内

    容和填列方法 ··············· 333

  2. 负债类项目"期末余额"的内

    容和填列方法 ··············· 337

  3. 净资产类项目"期末余额"的

    内容和填列方法 ··········· 339

11.2.4 资产负债表的编制实例 ··· 339

11.3 收入费用表 ··············· 342

11.3.1 收入费用表概述 ········ 343

  1. 表首标题 ··············· 343

  2. 编报项目 ··············· 343

  3. 栏目及金额 ··············· 343

11.3.2 收入费用表的编制 ····· 343

11.3.3 收入费用表的编制实例 ··· 346

11.4 净资产变动表 ··············· 348

11.4.1 净资产变动表概述 ····· 348

  1. 表首标题 ··············· 348

  2. 编报项目 ··············· 348

  3. 栏目及金额 ··············· 349

11.4.2 净资产变动表的编制原则

    ··············· 349

11.4.3 净资产变动表的报表数

    填列方法 ··············· 349

11.4.4 净资产变动表的编制实例

    ··············· 351

11.5 现金流量表 ··············· 352

11.5.1 现金流量表概述 ········ 352

  1. 表首标题 ··············· 352

  2. 编报项目 ··············· 352

  3. 栏目及金额 ··············· 352

11.5.2 现金流量表的编制 ····· 352

  1. 日常活动产生的现金流量 ······ 353

  2. 投资活动产生的现金流量 ······ 354

  3. 筹资活动产生的现金流量 ······ 356

  4. 汇率变动对现金的影响额 ······ 357

  5. 现金净增加额 ··············· 357

11.5.3 现金流量表的编制实例 ··· 357

11.6 预算收入支出表 ··············· 361

11.6.1 预算收入支出表概述 ··· 361

  1. 表首标题 ··············· 361

  2. 编报项目 ··············· 362

  3. 栏目及金额 ··············· 362

11.6.2 预算收入支出表的编制 ··· 362

  1. 本年预算收入 ··············· 362

  2. 本年预算支出 ··············· 364

  3. 本年预算收支差额 ············ 364

11.6.3 预算收入支出表的编制

    实例 ··············· 365

11.7 预算结转结余变动表 ······ 367

11.7.1 预算结转结余变动表概述

    ··············· 367

  1. 表首标题 ··············· 367

  2. 编报项目 ··············· 367

  3. 栏目及金额 ··············· 367

11.7.2 预算结转结余变动表的

    编制原则 ··············· 367

11.7.3 预算结转结余变动表的

    报表数填列方法 ········ 368

11.7.4 预算结转结余变动表的

    编制实例 ··············· 370

11.8 财政拨款预算收入支出表 ······ 372

11.8.1 财政拨款预算收入支出

    表概述 ··············· 372

  1. 表首标题 ··············· 372

2. 编报项目 …………………… 373

3. 栏目及金额 ………………… 373

11.8.2　财政拨款预算收入支出
表的编制原则 ………… 373

11.8.3　财政拨款预算收入支出
表的报表数填列方法 … 373

11.8.4　财政拨款预算收入支出
表的编制实例 ………… 374

11.9　附注 ……………………… 378

11.9.1　附注的概念 …………… 378

11.9.2　附注的主要内容 ……… 379

11.9.3　会计报表重要项目的说明
…………………………… 380

11.9.4　本年盈余与预算结余的
差异情况说明 ………… 389

11.9.5　其他重要事项说明 …… 390

**11.10　会计报表的审核、汇总与
分析** ……………… 390

11.10.1　会计报表的审核 …… 390

11.10.2　会计报表的汇总 …… 391

11.10.3　会计报表分析 ……… 392

1. 编制计划完成情况分析 …… 392

2. 预算收支情况分析 ………… 393

3. 财务状况分析 ……………… 394

11.10.4　会计报表分析的方法 … 395

第 1 章
政府会计基本理论

1.1　政府会计的基本概念

1.1.1　政府会计的概念

政府会计是指用于确认、计量、记录和报告政府和事业单位财务收支活动及其受托责任的履行情况的会计体系。由于各个国家的政治经济体制和管理体制不同，政府会计的内涵也有一定差别。

我国政府会计是各级政府、各部门、各单位（以下统称"政府会计主体"）对其自身发生的经济业务或事项进行会计核算，综合反映政府会计主体预算收支的年度执行结果和公共责任受托履行情况的专业会计。它是以货币为主要计量单位，对各政府会计主体财政资金的活动过程和结果进行全面、系统、连续的反映和监督，以加强预算、财务管理，提高资金使用效果的专业会计。政府会计核算的基本情况如表 1 – 1 所示。

表 1 – 1　　　　　　　政府会计核算的基本情况

基本情况	解释
会计主体	会计主体是各级政府、各部门、各单位。各部门、各单位是指与本级政府财政部门直接或者间接发生预算拨款关系的国家机关、军队、政党组织、社会团体、事业单位和其他单位，不包括已纳入企业财务管理体系的单位和执行《民间非营利组织会计制度》的社会团体。政府会计主体业务活动的目的是谋求最广泛的社会效益，具有明显的非市场性
会计客体	会计客体是预算执行情况和财务状况、运行情况、现金流量等。政府会计核算监督的对象是资金取得、使用和结果所引起的经济业务活动
政府会计	财务会计提供与政府的财务状况、运行情况（含运行成本，下同）和现金流量等有关信息，实行权责发生制
	预算会计提供与政府预算执行情况有关的信息，实行收付实现制；中华人民共和国国务院（以下简称"国务院"）另有规定的，依照其规定

1.1.2　政府会计目标

所谓会计目标是指会计主体对外提供会计信息的目的。会计目标会影响到会计主体会计报表体系的设计、提供信息的范围和质量规范，进而影响到会计要素确认和计量等会计政策的选择。因此，它是会计的重要理论问题，许多国家把它列为会计准则理论框架的首要问题。

1. 基本目标

研究会计的基本目标，通常包括三方面的内容：一是会计信息满足何种需要；二是信息使用者是谁；三是提供哪些会计信息。

政府会计目标是提供有助于信息使用者对资源分配作出决策以及评价主体财务状况、业绩和现金流量的信息，反映主体对受托资源管理责任，提供有助于预测持续经营所需资源、持续经营所产生资源以及风险和不确定性的信息。这一总体目标包括几个子目标：①提供关于财务资源的来源、分配及其使用的信息；②提供关于主体如何为经营活动融资并满足其现金需求的信息；③提供有助于评价主体为经营活动融资，以及为满足负债和承诺能力的相关信息；④提供主体财务状况及其变化的信息；⑤提供有助于评价主体在服务成本、效率和成果等业绩的总体信息；⑥提供表明资源获得、使用是否与法定预算相一致的信息；⑦提供表明资源获得、使用是否与法律和合同要求相一致的信息。

政府会计的信息使用者主要有：①各级人民代表大会及其常务委员会；②各级政府及其有关部门；③政府会计主体自身；④债权人；⑤审计机关和其他监督机关；⑥社会公众；⑦其他利益相关者。

政府会计信息使用者的信息需求主要有：①政府预算执行情况的信息；②政府财务状况的信息；③政府运行情况的信息；④政府现金流量情况的信息等。

2. 具体目标

政府会计为实现基本目标，必须将基本目标细化为以下具体目标。

（1）核算财政财务收支情况

政府会计要利用其专门的核算方法，对政府财政资金的活动情况进行连续、全面、系统的反映，为国家预算管理和单位财务管理提供可靠的数据资料。政府会计的日常核算资料，是编报财政财务收支情况和各级领导机关指导国家预算执行的重要依据。

政府会计应当提供政府会计主体在预算年度内依法取得的并纳入预算管理

的现金流入、现金流出、结余资金以及历年滚存的资金余额的信息，以便报告使用者进行监督和管理，并为编制后续年度预算提供参考和依据。

（2）分析财政财务收支执行进度，合理调度资金，调节资金供需关系

经常保持资金需求与供应的协调、平衡，经常保持适当数量的财政库存和单位库存，是保证年度总预算和单位预算顺利执行的必要条件。由于各种收入和支出在年度过程中是有波动的，在年度预算安排收支平衡的条件下，每个季度、每个月，直至每旬的收入和支出，不可能都是平衡的。收入旺季，支出可能并不是很高；而收入淡季，支出却可能较高。这就需要运用会计提供的有关资金集中、分配和余存的资料，经常分析研究财政库存和经费存款的情况，掌握资金收入和支出的变化规律，以解决年度预算执行过程中财政资金和业务资金需求和供应之间可能出现的矛盾。只有及时掌握资金收、支、余存的情况，才能妥善地调度资金。对该收进的款项，督促有关部门及时、足额地缴入国库，以充实库存；对该支拨的款项，分清轻重缓急，保证重点，控制一般，限制暂可不用的开支，以确保在年度过程中任何时点上的收支平衡。政府会计要通过分析财政财务收支执行进度，调节资金需求与供应的关系，发挥资金调度作用，掌握年度预算执行的主动权。

政府会计应当提供单位现金流入、现金流出、现金净流量及其增减变动方面的信息，提供单位业务活动种类、规模及发展情况的信息，以便评价单位业务活动的成绩，估量现金流量的发展前景，采取措施，组织收入，控制支出，合理调度资金，调剂余缺，使各单位具有持续运营的能力。

（3）检查财政财务收支计划执行结果，实行会计监督，维护国家财经纪律

国家财政资金和事业单位业务资金的收支，反映着财政、行政、事业等单位活动的范围和方向，反映着国家财经方针、政策的执行情况。政府会计在核算总预算和单位预算收支情况的同时，必须按照财政财务收支计划，以国家有关方针、政策、法令和制度为依据进行严格的检查。要认真研究收入是否及时、足额缴库，是否符合政策；支出是否按预算拨付，有无挪用预算收入、乱拉乱用预算资金、任意支付计划外开支、违反财经纪律等行为发生；资金结余如何分配；各项资金形成的财产物资是否安全保管和合理使用；等等。要充分利用会计信息反映灵敏、综合性强的特点，认真检查经济业务和财务收支的合理性、合法性和有效性，进行事先控制和事后揭露，保证国家财经方针、政策的执行，保证财政财务收支具有正确的方向。

政府会计应当提供单位有关执行国家财经方针、政策、法规和制度情况的

信息资料，揭露铺张浪费、贪污盗窃国家和公共资财的违法乱纪行为，以便严肃法纪、抵制不正之风。

政府会计通过其反映和监督职能对财政财务计划执行的过程、进度和结果进行核算、分析和检查，能够起到促进预算收支实现、调节资金供需平衡、保证业务方向正确的作用。因此，政府会计在国家财政管理和单位财务管理中占有重要的地位。

（4）加强资产负债管理，客观反映政府运行成本

政府会计的财务报告除按照权责发生制核算原则准确反映政府会计主体的运行成本外，还扩大了资产、负债的核算范围，使得政府单位各项经济业务和事项的会计处理得以全面规范，准确反映政府"家底"信息，为相关决策提供更加有用的信息。

政府会计财务报告的具体目标是向财务报告使用者提供与政府的财务状况、运行情况和现金流量等有关信息，反映政府会计主体公共受托责任履行情况，有助于财务报告使用者作出决策或者进行监督和管理。

1.2 政府会计对象和要素

1.2.1 政府会计对象

会计核算对象是社会再生产过程中的资金运动。根据《政府会计准则——基本准则》，政府会计主体应当对其自身发生的经济业务或者事项进行会计核算。

1.2.2 政府会计要素

政府会计将会计对象分解成若干基本要素。政府会计的基本要素是会计内容的具体化，是对会计对象的进一步分类。它有利于设置会计科目，对有关核算内容进行确认、计量和报告，也有利于准确设计会计报表的种类、格式和列示方式。政府会计的基本要素及其具体内容如表 1－2、表 1－3 所示。

表 1－2　　　　　　　　　　政府财务会计的基本要素

基本要素	概念	特点
资产	指政府会计主体过去的经济业务或者事项形成的，由政府会计主体控制的，预期能够产生服务潜力或者带来经济利益流入的经济资源	资产是由政府会计主体过去的经济业务或事项形成的。这是指资产必须是现时的资产，它是来自政府会计主体过去发生的经济业务或事项，而不是预期、计划的资产，也就是说资产的存在基础必须以实际发生的经济交易事项为依据。因为预期的资产并没有反映会计主体真实的财务状况
		资产是政府会计主体控制的。资产只有被会计主体控制，会计主体才能够获得和支配资产
		资产能够为政府会计主体带来经济利益或服务潜力。经济利益流入表现为现金及现金等价物的流入，或者现金及现金等价物流出的减少。服务潜力是指政府会计主体利用资产提供公共产品和服务以履行政府职能的潜在能力
负债	指政府会计主体过去的经济业务或者事项形成的，预期会导致经济资源流出政府会计主体的现时义务	负债是由政府会计主体过去的经济业务或事项形成的。同资产的第一个特点一样，负债必须是现实的负债，它是来自政府会计主体过去发生的交易或事项，而不是预期、计划的负债，也就是说负债的存在基础必须以实际发生的经济交易事项为依据。因为预期的负债并没有反映会计主体真实的财务状况
		负债是政府会计主体承担的现时义务。现时义务是指政府会计主体在现行条件下已承担的义务。未来发生的经济业务或者事项形成的义务不属于现时义务，不应当确认为负债
		负债的清偿将导致含有服务潜力或者经济利益的经济资源流出政府会计主体
净资产	指政府会计主体资产扣除负债后的净额	政府会计主体净资产增加时，其表现形式为资产增加或负债减少；政府会计主体净资产减少时，其表现形式为资产减少或负债增加
收入	指报告期内导致政府会计主体净资产增加的、含有服务潜力或者经济利益的经济资源的流入	政府会计主体收入的增加将导致净资产增加，进而导致资产增加或负债减少（或两者兼而有之），并且最终导致政府会计主体经济利益的增加或服务潜力增强
		政府会计主体收入确认是建立在收付实现制原则和权责发生制原则基础之上的。在收付实现制原则下，政府会计主体只要收到资金，就必须确认收入，而不管该笔资金所依托的经济事项是否发生于当期；在权责发生制下，政府会计主体只要经济事项发生于当期，并符合一定条件，就必须确认该事项所产生的收入，而不管收入所带来的资金当期有没有收到

续表

基本要素	概念	特点
费用	指报告期内导致政府会计主体净资产减少的、含有服务潜力或者经济利益的经济资源的流出	政府会计主体支出的增加将导致净资产减少，进而导致资产减少或负债增加（或两者兼而有之），并且最终导致政府会计主体经济利益的减少或服务潜力减弱
		政府会计主体的费用确认是建立在收付实现制原则和权责发生制原则基础之上的。在收付实现制原则下，政府会计主体只要支付了资金，就必须确认费用，而不管该笔资金所依托的经济事项是否发生于当期；在权责发生制下，政府会计主体只要经济事项发生于当期，并符合一定条件，就必须确认该事项所产生的费用，而不管费用所产生的资金当期有没有支付

表 1 - 3 　　　　　　　政府预算会计的基本要素

基本要素	概念	特点
预算收入	预算收入是指政府会计主体在预算年度内依法取得的并纳入预算管理的现金流入	预算收入一般在实际收到时予以确认，以实际收到的金额计量
预算支出	预算支出是指政府会计主体在预算年度内依法发生并纳入预算管理的现金流出	预算支出一般在实际支付时予以确认，以实际支付的金额计量
预算结余	预算结余是指政府会计主体预算年度内预算收入扣除预算支出后的资金余额，以及历年滚存的资金余额	预算结余包括结余资金和结转资金
		结余资金是指年度预算执行终了，预算收入实际完成数扣除预算支出和结转资金后剩余的资金
		结转资金是指预算安排项目的支出年终尚未执行完毕或者因故未执行，且下年需要按原用途继续使用的资金

1.3　政府会计原则

1.3.1　政府会计基本原则

　　会计核算的基本前提是在组织核算工作之前，首先要解决与确立核算主体有关的一系列重要的问题，这是全部会计工作的基础。政府会计的基本原则同企业会计基本原则一样，包括会计主体、持续经营、会计分期和货币计量四个基本原则。

　　根据《政府会计准则——基本准则》，政府会计核算应当以政府会计主体持续运行为前提；政府会计的主体包括各级政府、各部门、各单位，具体来说是指与本级政府财政部门直接或者间接发生预算拨款关系的国家机关、军队、政党组织、社会团体、事业单位和其他单位，但不包括已纳入企业财务管理体系的单位和执行《民间非营利组织会计制度》的社会团体。政府会计核算应当划分会计期间，分期结算账目，按规定编制决算报告和财务报告。会计期间至少分为年度和月度。会计年度、月度等会计期间的起讫日期采用公历日期。政府会计核算应当以人民币作为记账本位币。发生外币业务时，应当将有关外币金额折算为人民币金额计量，同时登记外币金额。

1.3.2　政府会计核算的一般原则

会计核算的一般原则，又称为会计信息质量要求，是处理具体会计业务的基本依据。会计原则既是会计理论的概括，又是会计实践经验的总结。

会计信息质量要求是利益相关者选择适用的会计准则、程序和方法的衡量标准，从某种程度上来说是财务目标的具体化。信息使用者可以通过会计信息质量来判断能够有助于决策的会计信息。《政府会计准则——基本准则》中规定的政府会计信息质量要求主要包括以下几个方面，如图 1 - 1 所示。

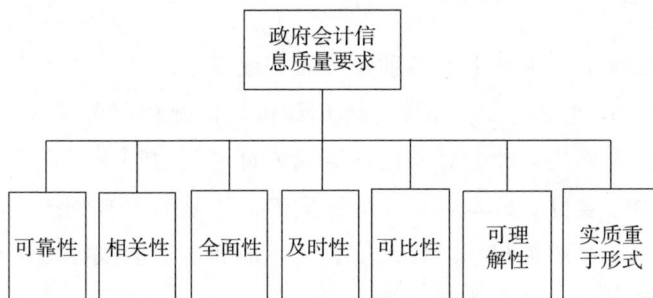

图 1 - 1　政府会计信息质量要求

1. 可靠性

可靠性是指政府会计主体应当以实际发生的经济业务或者事项为依据进行会计核算，如实反映各项会计要素的情况和结果，保证会计信息真实可靠。可靠性要求政府会计主体在报表中反映的各项信息不能误导信息使用者的判断，不得进行虚假陈述或者误导性陈述。

可靠性是会计的本质属性，其在国际会计准则中的内涵为"信息没有重要错误或偏向，并且能够如实反映其拟反映或该反映的情况供使用者作依据"，该概念涵盖了可靠性的三个方面："如实反映"即真实性、"没有重要错误"即可验证性、"没有偏向"即中立性。其中：真实性是可靠性的核心，其强调会计信息与实际相符，但是由于客观条件的限制、约束以及主观专业判断的存在，会计信息的真实性具有相对性；可验证性主要针对的是会计信息的客观真实性，其要求会计反映的经济业务等由其他人员通过检查相同的证据、数据和记录，能够得出相同的或相近的结论信息以保证不同利益相关者均能够信赖会计信息，即对会计原始数据的获取、核算方法的选择等都是可以再次验证的；中立性要求会计反映的信息不失公允，不存在企图取得预定结果或诱发特定行为的偏向，不以任何人的主观意志为转移，不能通过刻意地选择信息披露影响利益相关者的判断与决策。

2．相关性

政府会计主体提供的会计信息，应当与反映政府会计主体公共受托责任履行情况以及报告使用者决策或者监督、管理的需要相关，有助于报告使用者对政府会计主体过去、现在或者未来的情况作出评价或者预测。

当前政府会计信息主要服务于规范政府债务管理需要，权责发生制下的政府会计核算能准确反映政府的"家底"信息和负债信息，为国家宏观管理、单位内部管理和政府举债融资提供更加有用的信息。

3．全面性

政府会计主体应当将发生的各项经济业务或者事项统一纳入会计核算，确保会计信息能够全面反映政府会计主体预算执行情况和财务状况、运行情况、现金流量等。不全面的会计信息无法达到可靠性的质量要求，全面性要求政府会计主体在符合重要性和成本效益性的原则下无论是对其有利还是不利的信息均进行反映，不能按照主观判断任意取舍，不能随意遗漏或者减少应该披露的信息。

政府会计制度要求的对固定资产、公共基础设施、保障性住房和无形资产计提折旧或摊销，引入坏账准备等减值概念，确认预计负债、待摊费用和预提费用，以及对基本建设投资按照制度规定统一进行会计核算等，都是会计信息全面性质量要求的体现。

4．及时性

政府会计主体对已经发生的经济业务或者事项，应当及时进行会计核算，不得提前或者延后。及时性原则要求政府会计主体在收集记录会计信息、处理会计信息、传递和报告会计信息时要及时，企业在实践中往往要在及时性和可靠性中找到平衡点。及时的会计信息能够帮助管理者发现潜在问题，提早采取行动纠正偏差，滞后的会计信息会大大降低其对信息使用者的有用性。

5．可比性

政府会计主体提供的会计信息应当具有可比性，该可比性要求包括纵向和横向的口径一致。从纵向上看，同一政府会计主体不同时期发生的相同或者相似的经济业务或者事项，应当采用一致的会计政策，不得随意变更。确需变更的，应当将变更的内容、理由和对单位财务状况、预算执行情况的影响在附注中予以说明。从横向上看，不同政府会计主体发生的相同或者相似的经济业务或者事项，应当采用统一的会计政策，确保不同行政、事业单位会计信息口径一致、相互可比。

政府会计制度有机整合了行政单位会计制度、事业单位会计制度和医院、基层医疗卫生机构、高等学校、中小学校、科学事业单位、彩票机构、地勘单位、测绘单位、林业（苗圃）等行业事业单位会计制度的内容。一是在科目设置、科目和报表项目说明方面，一般情况下，不再区分行政和事业单位，也不再区分行业事业单位；二是在核算内容方面，基本保留了现行各项制度中的通用业务和事项，同时根据改革需要增加各级各类行政事业单位的共性业务和事项；三是在会计政策方面，对同类业务尽可能作出同样的处理规定。

政府会计制度的统一，大大提高了政府各部门、各单位会计信息的可比性，为合并单位、部门财务报表和逐级汇总编制部门决算奠定了坚实的制度基础。

6．可理解性

政府会计主体提供的会计信息应当清晰明了，便于会计信息使用者理解和使用。可理解性要求政府会计主体提供能够使除了在该领域拥有一定知识的专业人士之外的一般人群能够看懂和运用的会计信息，只有这样才能达到会计信息的有用性，实现财务报告的目标，满足向投资者等财务报告使用者提供决策有用信息的要求。

政府会计制度增加了净资产变动表，简化了本年盈余与预算结余差异调节表的内容，并将该表从主表移至附注，同时细化了报表附注的内容，对于提高会计信息的可理解性有重要意义。

7．实质重于形式

政府会计主体应当按照经济业务或者事项的经济实质进行会计核算，不限于以经济业务或者事项的法律形式为依据。

政府会计制度中的平行记账模式相比之前的双分录记账模式，计提固定资产折旧，将折旧计入成本费用而不是冲减净资产，这就是会计信息实质重于形式质量要求的体现。

1.3.3 政府会计核算的其他原则

1. 限制性原则

限制性原则是指对有指定用途的资金应按照规定的用途使用，并单独反映，即专款专用原则。

在政府会计主体中，出资者对所提供的资财不具有资本收益和资本回收的要求，但具有按预定用途使用的要求。这样在资金管理和核算上就有限制性。行政事业单位中的固定基金、留本基金、专用基金等固然具有指定用途，即使是事业基金实际上也规定有具体的使用范围，不能移作他用，特别是不能用于生产经营。政府财政会计的各项收入虽可由本级政府统筹分配使用，但在实行复式预算条件下，有关收入要分别按照规定用于经常性支出和建设性支出，也具有一定的限制性。专款专用使得会计主体的资金使用权限固然有所减弱，但这也不失为控制资金使用的一种办法，是对不要求投资回报的非营利性资金使用的一种约束。按规定用途使用资金，是政府会计原则的又一个重要特点。

2. 历史成本原则

历史成本原则是指政府会计主体中需要核算记录的财产物资应当按照取得或购建时的实际成本核算，而不论市场上有多少种不同价格，不采用现行市价、重置价值、变现价值等其他计价方法。

采用历史成本原则是以整个经济活动中的币值基本稳定为前提的，如果物价发生巨大波动，历史成本就不能确切反映会计主体财产物资的状况。虽然历史成本原则有这种局限性，但它依然是目前比较可行的办法。当物价变动时，除国家另有规定外，不得调整账面价值。

1.4 政府会计的记账基础

政府会计的记账基础即会计处理时，以何种标准确认、计量、报告会计要素的基础。报告会计要素的基础与会计确认计量要求，是对会计信息处理方法和程序的要求，它规定对会计要素确认计量的基本原则，实际上也规范着会计报表列示的原则。会计要素确认计量要求，同政府会计主体的经济业务和会计要素的具体内容有很紧密的联系，因而在企业会计与政府会计之间存在着较大的差别。

我国实行适度分离的双体系政府会计，即财务会计采用权责发生制，预算会计采用收付实现制，国务院另有规定的，依照其规定。

权责发生制，是指以取得收取款项的权利或支付款项的义务为标志来确定本期收入和费用的会计核算基础。凡是当期已经实现的收入和已经发生的或应当负担的费用，不论款项是否收付，都应当作为当期的收入和费用；凡是不属于当期的收入和费用，即使款项已在当期收付，也不应当作为当期的收入和费用。

收付实现制，是指以现金的实际收付为标志来确定本期收入和支出的会计核算基础。凡在当期实际收到的现金收入和发生的支出，均应作为当期的收入和支出；凡是不属于当期的现金收入和支出，均不应当作为当期的收入和支出。

1.5　政府会计的特点

对于大多数会计人员而言，最早接触的、长时间见到的，都属于企业会计，这里我们通过政府会计与企业会计的比较，以更好地理解政府会计核算的特点。

企业是进行生产经营活动的经济组织，是独立的经济核算单位，从事商品生产和商品流通活动，其经营目标是谋取盈利，实现资产增值。企业在建设初期或扩大经营规模之时，由所有者投入资本金，其各项日常开支均依靠自身的生产经营收入来抵补。企业会计的主要特点是，核算费用成本、计算经营盈亏，会计核算以经营盈亏核算为中心。

政府会计主体属于非物质生产部门，是非营利组织，其业务目标在于谋求最广泛的社会效益。它们的资金来源大都直接或间接来自纳税人及其他出资者，在此条件下力求做到收支相抵。政府会计主体的性质、任务、资金运动方式与企业不一样，两者核算的对象、任务不同，核算的内容、方法也有很大的差别。政府会计的特点具体表现在以下几个方面。

1. 会计核算基础不同

政府会计的预算会计实行收付实现制，财务会计实行权责发生制。而企业会计的核算基础则以权责发生制为主。

收付实现制对于收入和费用是以其是否发生货币资金的收付为标准来确定其归属期的。凡是本期实际收进款项的收入和本期实际支出款项的费用，不论是否体现本期的工作成果或劳动消耗，都作为本期收支计算。收付实现制的处理同货币资金的收付紧密联系，而不考虑权利和责任是否发生。

权责发生制对于收入和费用是以其是否体现本期经营成果和生产消耗为标准来确定其归属期的。凡是体现本期经营成果的收入和体现本期生产消耗的支出，不论款项是否实际收进或付出，都作为本期收支计算。权责发生制的处理，是同权利和责任的形成相联系的，而不考虑货币资金的收支是否发生。

2．会计要素、会计等式不同

我国政府会计包括预算会计和财务会计，预算会计要素分为预算收入、预算支出与预算结余，财务会计要素分为资产、负债、净资产、收入和费用。而企业会计的会计要素则是资产、负债、所有者权益、收入、费用和利润。

由于会计核算基础不同，政府会计比企业会计多了预算会计要素，但两者的财务会计要素也不尽相同：一是政府会计不存在所有者权益。对于资产与负债的差额用什么要素来确认这一问题，曾经有净资产、基金、基金余额、单位权益等观点，制度最后确定了净资产要素，并采用了"定义反映数量、分类反映内容"的方法。二是政府会计没有利润要素。政府会计投资的主要目的是扩大社会效益，不以营利为目的，仅核算收支相抵后的结余，所以没有利润要素。

由于会计要素的不同，不同会计主体下的会计等式也是有所区别的，如表1－4所示。

表1－4　　　　　　　　不同会计主体下的会计等式

会计主体	会计等式
政府会计	预算结余＝预算收入－预算支出＋结转资金（预算会计）
	资产＝负债＋净资产（财务会计）
企业会计	资产＝负债＋所有者权益（静态）
	资产＋费用＝负债＋所有者权益＋收入（动态）

3．会计报告不同

政府会计主体应当编制决算报告和财务报告。政府决算报告包括决算报表和其他应当在决算报告中反映的相关信息和资料，政府财务报告包括资产负债表、收入费用表、净资产变动表、现金流量表、附注和其他应当在财务报告中披露的相关信息和资料。而企业会计只需要编制财务报告，包括资产负债表、利润表、现金流量表和附注。

1.6　政府会计准则体系

1.6.1　政府会计准则体系的发展变化

1. 改革前的会计核算标准体系

我国现行政府会计核算标准体系基本上形成于 1998 年前后，主要涵盖财政总预算会计、行政单位会计与事业单位会计。改革前我国会计体系包括《财政总预算会计制度》《行政单位会计制度》《事业单位会计制度》《医院会计制度》《基层医疗卫生机构会计制度》《高等学校会计制度》《中小学校会计制度》《科学事业单位会计制度》《彩票机构会计制度》《地质勘查单位会计制度》《测绘事业单位会计制度》《国有林场与苗圃会计制度（暂行）》《国有建设单位会计制度》等制度，如图 1 - 2 所示。

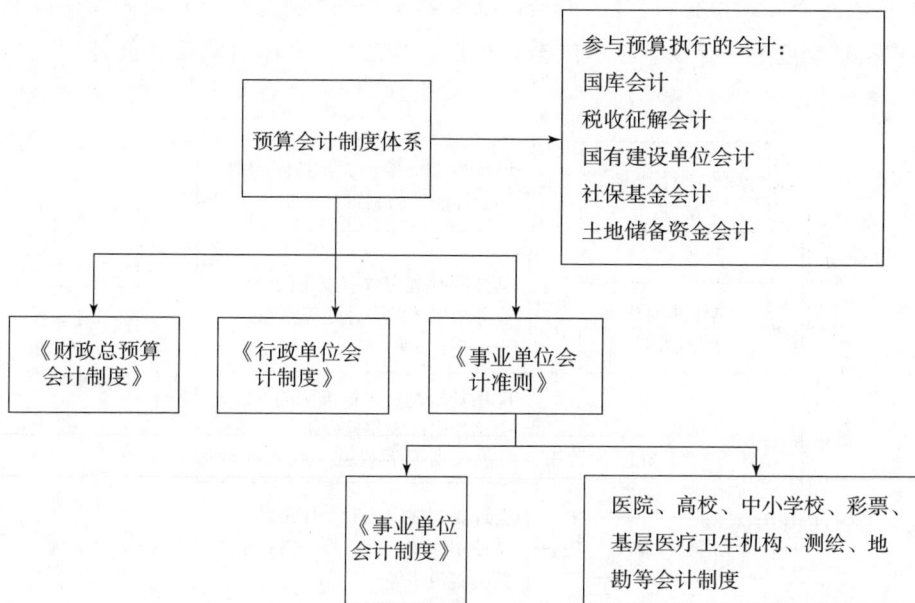

图 1 - 2　改革前的政府会计体系

2010 年以来，中华人民共和国财政部（以下简称"财政部"）适应公共财政管理的需要，先后对上述部分会计标准进行了修订，出台了各个行业的行政事业单位会计制度，基本满足了现行部门预算管理的需要。但因现行政府会计领域多项制度并存、体系繁杂、内容交叉、核算口径不一，造成不同部门、单位的会计信息可比性不高。对同样业务、行政和事业单位的会计标准不同、会计政策不同，导致政府财务报告信息质量较低。

2. 改革后的会计核算标准体系

为了改善政府会计标准体系不能全面准确地反映政府的资产和负债状况、不能准确核算成本、不能提供信息完整的政府综合财务报告的问题，2014年新修订的《中华人民共和国预算法》（以下简称《预算法》）对各级政府提出按年度编制以权责发生制为基础的政府综合财务报告的新要求。2015年以来，财政部相继出台了《政府会计准则——基本准则》和《政府会计准则第1号——存货》（以下简称《存货准则》）、《政府会计准则第2号——投资》（以下简称《投资准则》）、《政府会计准则第3号——固定资产》（以下简称《固定资产准则》）、《政府会计准则第4号——无形资产》（以下简称《无形资产准则》）、《政府会计准则第5号——公共基础设施》（以下简称《公共基础设施准则》）、《政府会计准则第6号——政府储备物资》（以下简称《政府储备物资准则》）等6项政府会计具体准则，《政府会计准则第3号——固定资产》应用指南以及《政府会计制度——行政事业单位会计科目和报表》。改革后的政府会计体系如图1-3所示。

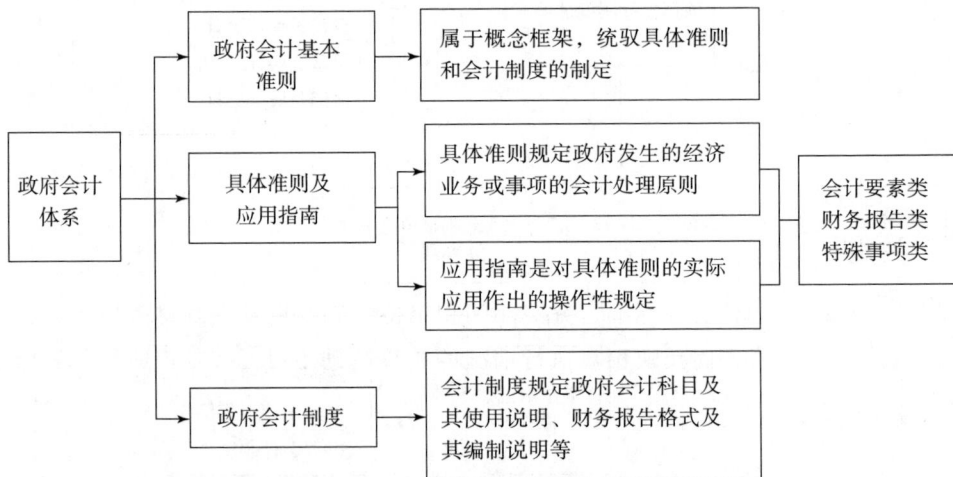

图1-3 改革后的政府会计体系

1.6.2 《政府会计制度——行政事业单位会计科目和报表》主要内容

2017年10月24日，财政部印发了《政府会计制度——行政事业单位会计科目和报表》（以下简称《政府会计制度》），自2019年1月1日起施行，鼓励行政事业单位提前执行。

《政府会计制度》的颁布，构建了"财务会计和预算会计适度分离并相互衔接"的会计核算模式。在科目设置、科目和报表项目说明方面，一般情况下不再区分行政和事业单位，也不再区分行业事业单位；在核算内容方面，基本保留了现行各项制度中的通用业务和事项，同时根据改革需要增加各级各类行政事业单位的共性业务和事项；在会计政策方面，对同类业务尽可能作出同样的处理规定。会计制度的统一，大大提高了政府各部门、各单位会计信息的可比性，为合并部门、单位财务报表和逐级汇总编制部门决算奠定了坚实的制度基础。

1．出台的背景与意义

权责发生制政府综合财务报告制度改革是基于政府会计规则的重大改革，其前提和基础任务就是要建立健全政府会计核算标准体系，包括制定政府会计基本准则、具体准则及应用指南，健全完善政府会计制度。在政府会计核算标准体系中，基本准则属于"概念框架"，统驭政府会计具体准则和政府会计制度的制定；具体准则主要规定政府发生的经济业务或事项的会计处理原则，应用指南主要对具体准则的实际应用作出操作性规定；会计制度主要规定政府会计科目及其使用说明、报表格式及其编制说明等。会计准则和会计制度相互补充，共同规范政府会计主体的会计核算，保证会计信息质量。按照《改革方案》确定的目标，应当在 2020 年之前建立起具有中国特色的政府会计标准体系。

2015 年以来，财政部按照《改革方案》要求，相继出台了《政府会计准则——基本准则》（以下简称《基本准则》）和《存货准则》《投资准则》《固定资产准则》《无形资产准则》《公共基础设施准则》《政府储备物资准则》等 6 项政府会计具体准则，以及《政府会计准则第 3 号——固定资产》应用指南。为了加快建立健全政府会计核算标准体系，经反复研究和论证，决定以统一现行各类行政事业单位会计标准、夯实部门和单位编制权责发生制财务报告和全面反映运行成本并同时反映预算执行情况的核算基础为目标，制定适用于各级各类行政事业单位的统一的会计制度。

制定出台《政府会计制度》，是全面贯彻落实党的十八届三中全会精神和《改革方案》的重要成果，是服务全面深化财税体制改革的重要举措，对提高政府会计信息质量、提升行政事业单位财务和预算管理水平、全面实施绩效管理、建立现代财政制度具有重要的政策支撑作用，在我国政府会计发展进程中具有划时代的重要意义。

2．遵循的原则

在制定《政府会计制度》过程中，主要遵循了以下原则。

（1）归并统一原则

从行政事业单位通用或共性业务会计处理，以及单位财务报告信息和决算报告信息的可比性出发，归并统一现行行政单位、事业单位和各项行业事业单位会计制度。

（2）继承创新原则

立足行政事业单位核算现状，充分继承现行制度中合理的、共性的内容。同时，为满足政府财务会计和预算会计适度分离并相互衔接的核算需要，在会计科目设置和报表体系设计上力求创新。另外，在相关资产科目的核算内容和账务处理说明中，充分吸收 2016 年以来财政部印发的 6 项政府会计具体准则的创新与变化。

（3）充分协调原则

《政府会计制度》依据《中华人民共和国会计法》《预算法》《基本准则》等法律法规、规章制定，在严格贯彻《改革方案》要求、着力实现改革目标的前提下，力求与现行行政事业单位财务规则、财务制度、部门预决算制度，行政事业单位国有资产管理规定、基本建设财务规则等要求保持协调。

（4）提升质量原则

从财务报告和决算报告的目标以及信息使用者的需要出发，全面提升会计信息质量。在会计核算内容和范围上着力提高会计信息的可靠性、全面性；在财务会计中全面引入权责发生制，着力提高会计信息的相关性；在会计科目设置、账务处理说明上力求内在一致，着力提高会计信息的可比性；在报表设计及填表说明、附注披露中着力提高会计信息的可理解性。

（5）务实简化原则

考虑行政事业单位会计工作基础、会计人员接受程度和当前改革所处的阶段，以及核算系统中引入财务会计内容带来的复杂性，在会计科目设置、核算口径和方法、计量标准、账务处理设计、报表设计和填制等方面，力求做到贴近实务、方便操作、简便易行。

（6）适当借鉴原则

在充分考虑我国政府财政财务管理特点的基础上，适当吸收我国企业会计准则改革的成功经验，适当借鉴国际公共部门会计准则的新成果以及国外有关国家政府会计改革的先进经验和做法。

3. 体例结构及主要内容

《政府会计制度》由正文和附录组成。正文包括六部分内容。

第一部分为总说明，主要说明《政府会计制度》的制定依据、适用范围、会计核算模式和会计要素、会计科目设置要求、报表编制要求、会计信息化工作要求和施行日期等内容。

第二部分为会计科目名称和编号，主要列出了财务会计和预算会计两类科目表，共计 103 个一级会计科目，其中，财务会计下资产、负债、净资产、收入和费用 5 个要素共 77 个一级科目，预算会计下预算收入、预算支出和预算结余 3 个要素共 26 个一级科目。

第三部分为会计科目使用说明，主要对 103 个一级会计科目的核算内容、明细核算要求、主要账务处理等进行详细规定。本部分内容是《政府会计制度》的核心内容。

第四部分为报表格式，主要规定财务报表和预算会计报表的格式，其中，财务报表包括资产负债表、收入费用表、净资产变动表、现金流量表及附注，预算会计报表包括预算收入支出表、预算结转结余变动表和财政拨款预算收入支出表。

第五部分为报表编制说明，主要规定了第四部分列出的 7 张报表的编制内容，以及报表附注应披露的内容。

附录为主要业务和事项账务处理举例。本部分采用列表方式，以《政府会计制度》第三部分规定的会计科目使用说明为依据，按照会计科目顺序对单位通用业务或共性业务和事项的账务处理进行举例说明。

4．重大变化与创新

《政府会计制度》继承了多年来我国行政事业单位会计改革的有益经验，反映了当前政府会计改革发展的内在需要和发展方向，相对于以前制度有以下重大变化与创新。

（1）重构了政府会计核算模式

在系统总结分析传统单系统预算会计体系的利弊基础上，《政府会计制度》按照《改革方案》和《基本准则》的要求，构建了"财务会计和预算会计适度分离并相互衔接"的会计核算模式。所谓"适度分离"，是指适度分离政府预算会计和财务会计功能、决算报告和财务报告功能，全面反映政府会计主体的预算执行信息和财务信息，主要体现在以下几个方面。一是"双功能"，在同一会计核算系统中实现财务会计和预算会计双重功能，通过资产、负债、净资产、收入、费用五个要素进行财务会计核算，通过预算收入、预算支出和预算结余三个要素进行预算会计核算。二是"双基础"，财务会计采用权责发生制，预算会计采用收付实现制，国务院另有规定的，依照其规定。三是"双报告"，通过财务会计核算形成财务报告，通过预算会计核算形成决算报告。所谓"相互衔接"，是指在同一会计核算系统中政府预算会计要素和相关财务会计要素相互协调，决算报告和财务报告相互补充，共同反映政府会计主体的预算执行信息和财务信息，主要体现在以下几个方面。一是对纳入部门预算管理的现金收支进行"平行记账"。对于纳入部门预算管理的现金收支业务，在进行财务会计核算的同时也应当进行预算会计核算。对于其他业务，仅需要进行财务会计核算。二是财务报表与预算会计报表之间存在钩稽关系。通过编制本期预算结余与本期盈余差异调节表并在附注中进行披露，反映单位财务会计和预算会计因核算基础和核算范围不同所产生的本年盈余数（即本期收入与费用之间的差额）与本年预算结余数（本年预算收入与预算支出的差额）之间的差异，从而揭示财务会计和预算会计的内在联系。这种会计核算模式不仅兼顾了现行部门决算报告制度的需要，又能满足部门编制权责发生制财务报告的要求，对于规范政府会计行为、夯实政府会计主体预算和财务管理基础、强化政府绩效管理具有深远的影响。

（2）统一了现行各项单位会计制度

《政府会计制度》有机整合了行政单位会计制度、事业单位会计制度和医院、基层医疗卫生机构、高等学校、中小学校、科学事业单位、彩票机构、地勘单位、测绘单位、林业（苗圃）等行业事业单位会计制度的内容。在科目设置、科目和报表项目说明中，一般情况下，不再区分行政和事业单位，也不再区分行业事业单位；在核算内容方面，基本保留了现行各项制度中的通用业务和事项，同时根据改革需要增加各级各类行政事业单位的共性业务和事项；在会计政策方面，对同类业务尽可能作出同样的处理规定。会计制度的统一，大大提高了政府各部门、各单位会计信息的可比性，为合并单位、部门财务报表和逐级汇总编制部门决算奠定了坚实的制度基础。

（3）强化了财务会计功能

《政府会计制度》在财务会计核算中全面引入权责发生制，在会计科目设置和账务处理说明中着力强化财务会计功能。例如：增加了收入和费用两个财务会计要素的核算内容，并原则上要求按照权责发生制进行核算；增加了应收款项和应付款项的核算内容，对长期股权投资采用权益法核算，确认自行开发形成的无形资产的成本，要求对固定资产、公共基础设施、保障性住房和无形资产计提折旧或摊销，引入坏账准备等减值概念，确认预计负债、待摊费用和预提费用等。在政府会计核算中强化财务会计功能，对科学编制权责发生制政府财务报告、准确反映单位财务状况和运行成本等情况具有重要的意义。

（4）扩大了政府资产负债核算范围

《政府会计制度》在以前制度基础上，扩大了资产负债的核算范围。除按照权责发生制核算原则增加有关往来账款的核算内容，在资产方面，增加了公共基础设施、政府储备物资、文物文化资产、保障性住房和受托代理资产的核算内容，以全面核算单位控制的各类资产；增加了"研发支出"科目，以准确反映单位自行开发无形资产的成本。在负债方面，增加了预计负债、受托代理负债等核算内容，以全面反映单位所承担的现时义务。此外，为了准确反映单位资产扣除负债之后的净资产状况，《政府会计制度》立足单位会计核算需要、借鉴国际公共部门会计准则相关规定，将净资产按照主要来源分类为累计盈余和专用基金，并根据净资产其他来源设置了权益法调整、无偿调拨净资产等会计科目。资产负债核算范围的扩大，有利于全面规范政府单位各项经济业务和事项的会计处理，准确反映政府"家底"信息，为相关决策提供更加有用的信息。

（5）改进了预算会计功能

根据《改革方案》要求，《政府会计制度》对预算会计科目及其核算内容进行了调整和优化，以进一步完善预算会计功能。在核算内容上，预算会计仅需核算预算收入、预算支出和预算结余。在核算基础上，预算会计除《预算法》要求的权责发生制事项外，均采用收付实现制核算，有利于避免虚列预算收支的问题。在核算范围上，为了体现新《预算法》的精神和部门综合预算的要求，《政府会计制度》将依法纳入部门预算管理的现金收支均纳入预算会计核算范围，如增设了债务预算收入、债务还本支出、投资支出等。调整完善后的预算会计，能够更好贯彻落实《预算法》的相关规定，更加准确反映部门和单位预算收支情况，更加满足部门、单位预算和决算管理的需要。

（6）整合了基建会计核算

按照现行制度规定，单位对于基本建设投资的会计核算除遵循相关会计制度规定外，还应当按照国家有关基本建设会计核算的规定单独建账、单独核算，但同时应将基建账相关数据按期并入单位"大账"。《政府会计制度》依据《基本建设财务规则》和相关预算管理规定，在充分吸收《国有建设单位会计制度》合理内容的基础上对单位建设项目会计核算进行了规定。单位对基本建设投资按照本制度规定统一进行会计核算，不再单独建账，这大大简化了单位基本建设业务的会计核算，有利于提高单位会计信息的完整性。

（7）完善了报表体系和结构

《政府会计制度》将报表分为预算会计报表和财务报表两大类。预算会计报表由预算收入表、预算结转结余变动表和财政拨款预算收入支出表组成，是编制部门决算报表的基础。财务报表由会计报表和附注构成，会计报表由资产负债表、收入费用表、净资产变动表和现金流量表组成，其中，单位可自行选择是否编制现金流量表。此外，《政府会计制度》针对新的核算内容和要求对报表结构进行了调整和优化，对报表附注应当披露的内容进行了细化，对会计报表重要项目说明提供了可参考的披露格式，要求按经济分类披露费用信息，要求披露本年预算结余和本年盈余的差异调节过程等。调整完善后的报表体系，对全面反映单位财务信息和预算执行信息，提高部门、单位会计信息的透明度和决策有用性具有重要的意义。

（8）增强了制度的可操作性

《政府会计制度》在附录中采用列表方式，以《政府会计制度》中规定的会计科目使用说明为依据，按照会计科目顺序对单位通用业务或共性业务和事项的账务处理进行了举例说明。在举例说明时，对同一项业务或事项，在表格中列出财务会计分录的同时，平行列出相对应的预算会计分录（如果有）。对经济业务和事项举例说明，能够充分反映《政府会计制度》所要求的财务会计和预算会计"平行记账"的核算要求，便于会计人员学习和理解政府会计 8 要素的记账规则，也有利于单位会计核算信息系统的开发或升级改造。

第 2 章
政府会计的基本方法

2.1　政府会计的记账方法

记账方法是指运用一定的记账符号、记账规则来编制会计分录和登记账簿的方法。自 1949 年到 1965 年，我国政府和事业单位就采用借贷记账法，从 1966 年到 1997 年，我国财政机关、行政单位和事业单位大都采用资金收付记账法。改革后的政府会计准则要求，政府会计核算应当采用借贷记账法记账。本书中，我们重点介绍借贷记账法。

借贷记账法是以"借""贷"两个字作为记账符号，记录会计要素增减变动情况的一种复式记账法。

2.1.1　借贷记账法的特点

借贷记账法以"借"和"贷"为记账符号。"借""贷"为记账符号，在经济业务引起资金变化的双方账户中，以方向相反、金额相等的方式进行登记的复式记账法。在会计实务中，"借""贷"用于会计分录当中，在"借"和"贷"两个字后面就是相关的会计科目名称。值得指出的是，"借"和"贷"是会计中的专用术语，代表的只是记账的一种符号，并没有原来文字所表示的意思。会计核算中通常把账户分为左右两方，分别反映经济业务的变动情况，其中，左方为借方，右方为贷方。

2.1.2　记账符号和账户结构

借贷记账法以"借""贷"作为记账符号。各个账户都分为"借方"和"贷方"，用来反映各会计要素的变动情况。"借方"在账户的左方，"贷方"在账户的右方。各类账户中登记的事项不同，账户余额的方向也不同。

1．财务会计要素账户

资产类账户，期初余额列在账户的借方，即左方，与在资产负债表中排列的方向一致。增加记在借方，即同余额相同的方向；减少记在贷方，即同余额相反的方向；期末余额在借方。表2－1所示为资产类账户的结构。

表2－1　　　　　　　　资产类账户的结构

借方	贷方
期初余额　×××（1）	
本期增加额　×××（2）	本期减少额　×××（3）
期末余额　×××（4）	

注：（4）＝（1）＋（2）－（3）。

负债类账户，期初余额列在账户的贷方，即右方，与在资产负债表中排列的方向一致。增加记在贷方，即同余额相同的方向；减少记在借方，即同余额相反的方向；期末余额在贷方。表2－2所示为负债类账户的结构。

表2－2　　　　　　　　负债类账户的结构

借方	贷方
	期初余额　×××（1）
本期减少额　×××（3）	本期增加额　×××（2）
	期末余额　×××（4）

注：（4）＝（1）＋（2）－（3）。

在实际工作中还使用一种双重性质的账户，即兼有资产类和负债类性质的账户，通常用于结算往来业务。如不设"预收账款"账户条件下的"应收账款"账户：应收账款增加记在借方，应收账款减少记在贷方；预收账款增加记在贷方，预收账款减少记在借方。期末根据账户余额所在的方向确定其所反映的经济内容：期末余额如在借方，就是应收账款；期末余额如在贷方，就是预收账款。表2－3所示为双重性质账户的结构。

表2－3　　　　　　　　双重性质账户的结构

借方	贷方
应收账款期初余额　×××（1）	预收账款期初余额　×××（5）
应收账款本期增加额　×××（2）	应收账款本期减少额　×××（6）
预收账款本期减少额　×××（3）	预收账款本期增加额　×××（7）
应收账款期末余额　×××（4）	预收账款期末余额　×××（8）

注：（4）＝（1）＋（2）－（3）；
（8）＝（5）＋（6）－（7）。

净资产类账户与负债类账户类似，期初余额列在账户的贷方，即右方，与在资产负债表中排列的方向一致。增加记在贷方，即同余额相同的方向；减少记在借方，即同余额相反的方向；期末余额在贷方。净资产类账户的结构类似负债类账户，见表 2 – 2。

收入类账户。增加记在贷方，减少记在借方；期末将余额转入净资产类账户——本期盈余。因此收入类账户期初、期末无余额。

费用类账户。增加记在借方，减少记在贷方；期末将余额转入净资产类账户——本期盈余。因此费用类账户期初、期末无余额。

2．预算会计要素账户

预算收入类账户，与收入类账户类似。增加记在贷方，减少记在借方；期末将余额转入预算结余类账户。因此预算收入类账户期初、期末无余额。

预算支出类账户。增加记在借方，减少记在贷方；期末将余额转入预算结余类账户。因此预算支出类账户期初、期末无余额。

预算结余类账户情况则较为复杂，其中"资金结存"科目增加在借方，减少在贷方。其他的预算结余类账户则与净资产类账户类似，期初余额通常在账户的贷方，即右方。增加记在贷方，即同余额相同的方向；减少记在借方，即同余额相反的方向；期末余额在贷方。

2.1.3　记账规则

运用借贷记账法登记经济业务，首先要根据经济业务的内容，确定其涉及哪些资产类项目或负债类项目，这些项目是增加还是减少，再确定经济业务应记入哪些账户，记入这些账户的借方还是贷方。

1．财务会计的记账规则

政府会计主体所发生的各种经济业务，引起资产和负债增减变动的有四种类型，因此，借贷记账法的记账有以下四种情况：

①资产增加、资产减少的业务，分别记入资产类账户借方、资产类账户贷方；

②负债增加、负债减少的业务，分别记入负债类账户贷方、负债类账户借方；

③资产和负债同时增加的业务，分别记入资产类账户借方、负债类账户贷方；

④资产和负债同时减少的业务，分别记入资产类账户贷方、负债类账户

借方。

因此，借贷记账法的记账规则可概括为"有借必有贷，借贷必相等"。

在借贷记账法中："借"表示资产和支出类账户的增加，以及负债、净资产和收入类账户的减少或转销；"贷"表示资产和支出类账户的减少或转销，以及负债、净资产和收入类账户的增加。在确定了借贷方向和会计科目后，就在两个或多个会计科目后面登记相应的经济业务金额。简单地说，就是"有借必有贷，借贷必相等"。

2．预算会计的记账规则

按照新政府会计制度，行政事业单位需要在同一会计核算系统中实现财务会计和预算会计双重功能，因此政府会计主体所发生的各种经济业务，除了从资产和负债的增减变动的角度进行核算，还需要从预算收入、预算支出以及预算结余的增减变动角度进行核算。

【例 2－1】某政府会计主体收到应缴财政款 680 000 元存入银行。

分析：该项经济业务引起负债类账户"应缴财政款"增加 680 000 元和资产类账户"银行存款"增加 680 000 元，所以应在负债类账户"应缴财政款"贷记 680 000 元，同时在资产类账户"银行存款"借记 680 000 元，其会计分录如下。

借：银行存款 680 000

　　贷：应缴财政款 680 000

【例 2－2】某政府会计主体借现金 6 000 元作为差旅费。

分析：该项经济业务引起资产类账户"其他应收款"增加 6 000 元，资产类账户"库存现金"减少 6 000 元，所以应在资产类账户"其他应收款"借记 6 000 元，在资产类账户"库存现金"贷记 6 000 元，其会计分录如下。

借：其他应收款 6 000

　　贷：库存现金 6 000

2.1.4 试算平衡

1．试算平衡表的原理

由于每笔会计分录中的借、贷方金额相等，因此在将会计分录登入相关账户后，全部账户的本期借方发生额合计数与本期贷方发生额合计数必然相等；依此类推，全部账户的期末借方余额合计数与期末贷方余额合计数也相等。我们可以把以上内容概括成三个等式来表明试算平衡的关系。

（1）会计分录试算平衡公式

借方账户金额 = 贷方账户金额

（2）发生额试算平衡公式

全部账户本期借方发生额合计数 = 全部账户本期贷方发生额合计数

（3）余额试算平衡公式

全部账户期末借方余额合计数 = 全部账户期末贷方余额合计数

2．试算平衡表

在会计实务中，一般是通过编制试算平衡表来检查试算平衡的，编制时间一般是在月末，因为此时各个账户的本月发生额和月末余额已经计量，拥有可利用的现成资料。政府会计主体总账科目试算平衡表如表 2-4 所示。

表 2-4　　　　　　　　总账科目试算平衡表

会计科目	期初余额		本期发生额		期末余额	
	借方	贷方	借方	贷方	借方	贷方
库存现金						
银行存款						
零余额账户用款额度						
其他货币资金						
短期投资（对事业单位适用）						
财政应返还额度						
应收账款（对事业单位适用）						
预付账款						
其他应收款						
在途物品						
库存物品						
加工物品						
固定资产						
固定资产累计折旧						
在建工程						
无形资产						
……						
总计						

如果试算平衡表的本期发生额和本期余额栏的借贷方金额不相等，则表示账户的记录或计算有错误。但是，如果试算平衡表的本期发生额和本期余额栏

的借贷方金额相等，却不能得出账户记录或计算正确的结论，因为即使某些错误发生，试算平衡的三个公式也依然成立。例如，将分录中的借贷方金额20 000写成2 000，在这种情况下，虽然数字有错误，但由于分录中的借贷方金额依然相等，所以试算结果仍然是平衡的；再如，分录中数字没有错误，但是借贷的方向弄错了，在这种情况下，也是不能通过试算平衡来发现问题的。虽然试算平衡存在一些不足，但是瑕不掩瑜，它对检查会计记录等工作是否存在错误还是有很大帮助的。

借贷记账法的主要特点如上述。借贷记账法是一种复式记账法，它与其他复式记账法比较具有明显的优点：①记账规则单一，一项业务有借必有贷，没有同方向的记录，账户对应关系清楚，能够鲜明地表现资金的来龙去脉；②账户不要求固定分类，可以使用资产类和负债类双重性质的账户，账户设置适应性强，使用也很方便；③账户试算平衡通过借贷平衡实现，因而使用的记账凭证简单清晰，账务记录的汇总和检查十分简便。这种记账方法目前已在我国各个行业中普遍推行。

2.2 政府会计的会计凭证

会计凭证是记录经济业务，明确经济责任，并据以登记账簿的书面证明，分为原始凭证和记账凭证。

2.2.1 原始凭证

原始凭证又称"单据"，是在经济业务发生或完成时取得的，用以证明经济业务已经发生或完成的最初书面证明文件，是会计核算的原始资料，是编制记账凭证的依据。

1. 原始凭证的分类

原始凭证的分类方法多样，原始凭证的分类方法体系如表2－5所示。

表2－5　　　　　　原始凭证的分类方法体系

分类标准	具体内容
按取得来源分类	自制原始凭证
	外来原始凭证

分类标准	具体内容
按填制手续分类	一次凭证
	累计凭证
	汇总凭证
按所起作用分类	通知凭证
	执行凭证
	计算凭证
按经济业务分类	支出凭证
	收款凭证
	往来结算凭证
	银行结算凭证
	缴拨款凭证
	财产物资收付凭证

（1）按取得来源分类

原始凭证按取得的来源可分为自制原始凭证和外来原始凭证。自制原始凭证是本会计主体内部发生经济业务时，由本会计主体内部经办业务的单位或个人填制的凭证。例如，仓库保管人员填制的入库单、领料部门填制的领料单、出差人员填制的差旅费报销单等。外来原始凭证是与外单位发生经济业务时，从外单位取得的凭证。例如，购货时取得的发票，出差人员报销的车票、飞机票、住宿费收据等。

（2）按填制手续分类

原始凭证按填制手续可分为一次凭证、累计凭证和汇总凭证。

一次凭证是指填制手续一次完成，一次记录一项或若干经济业务的原始凭证。一次凭证是一次有效的凭证，已填列的凭证不能重复使用。外来原始凭证都是一次凭证，自制原始凭证中的收料单、发货票、银行结算凭证等都是一次凭证。

累计凭证是在一定时期内，在一张凭证上，连续多次记录不断重复发生的同类经济业务的原始凭证，随时计算累计数及结余数，以便按计划或限额进行控制。制造业的限额领料单是典型的累计凭证。

汇总凭证是将一定时期内记录同类经济业务的若干张原始凭证汇总起来编制的原始凭证。例如，工资结算汇总表、收货汇总表、发出材料汇总表等。

（3）按所起作用分类

原始凭证按所起作用可分为通知凭证、执行凭证和计算凭证。通知凭证是对某项经济业务发挥通知或指示作用的凭证，对这类凭证的管理，不能完全等同于其他原始凭证，因为其不能证明经济业务已经完成。例如，物资订货单、扣款通知单等。执行凭证是某项经济业务执行后填制的原始凭证，可以证明经济业务已经完成。例如，入库单、出库单、各种收据等。计算凭证也是某项经济业务完成后填制的原始凭证，可以证明经济业务已经完成。但是，该凭证上的数字是按照一定方法计算后形成的。例如，工资结算汇总表、辅助生产费用分配表、制造费用分配表等。

（4）按经济业务分类

按经济业务，政府会计主体的原始凭证可分为以下 6 类。

①支出凭证。支出凭证如直接用以报销经费的购货发货票、领料单、工资单、差旅费报销单等。它是各单位核算实际支出数的依据。从外单位取得的原始凭证，必须盖有填制单位的公章。自制原始凭证必须有经办单位负责人或指定的负责人的签名或盖章，并注明支出的用途和理由。其中付出款项的凭证要有收款单位和收款人的收款证明，购买实物的凭证要有本单位验收人的签章。

对一些经常性的支出，如差旅费等，应填制统一格式的报销单，将其他原始凭证作为附件。对一些原始凭证较多的支出项目，如会议费、体育竞赛费等，可填制支出报销凭证汇总单，将其他原始凭证作为附件。

从外单位取得的原始凭证如有遗失，应取得签发单位盖有公章的证明，并注明原来凭证的号码、金额、内容等，由经办单位负责人批准后，才能代作原始凭证。如遗失的原始凭证确实无法取得证明的，如火车票、轮船票、飞机票、用餐单据等，则应由当事人写出详细情况，经单位领导签字批准，方可报销。

②收款凭证。政府会计主体收到各种收入款项，都要开给对方收款收据。收款收据是开给交款单位或交款人的书面证明，是单位核算各项收入的依据。收款收据一式三联，第一联为入账依据，第二联为给交款单位或交款人的收据，第三联为存根，定期缴销，不得撕下。收款收据要加盖收款单位公章和经手人印章。收款凭证格式如表 2－6 所示。

表 2 - 6 　　　　　　　　　　　收款凭证格式
收款收据

收款日期　　　　　　　　　　年　月　日　　　　　　　　　编号：

今收到　交来
人民币（大写）
收款单位　　收款人　　　　　经手人 （公章）　　　　（签章）　　　　　（签章）

　　各单位对各种收款收据，要指定专人负责收发、保管和登记。收款收据要逐页、按编号顺序使用。如因填写错误需要作废，应全份保存注销，加盖"作废"戳记，不得撕毁。收款收据用完后的全部存根，应妥善保存，以备考查。各种专用收据，原则上由主管部门统一印发，并规定使用要求。

　　③往来结算凭证。往来结算凭证包括应收账款、预付账款、应付账款、其他应收款、其他应付款等结算凭证，是政府会计主体各项往来款项结算的书面证明。例如，支付其他应收款时，应由借款人出具借据（借款凭证），写明用途，由借款人签章和单位负责人或授权人审批签章。收回借款时，使用三联借据的，应退还副联代替收据，不使用三联借据的，应另开收据。

　　④银行结算凭证。政府会计主体通过银行办理转账结算，其结算凭证由开户银行统一印制。单位使用时，要向开户银行购买填制空白收费单据请购单，并加盖预留银行印鉴。经开户银行核准登记后，交付空白银行结算凭证。常用银行结算凭证包括现金支票、转账支票、电汇凭证、汇票申请书、进账单等。

　　⑤缴拨款凭证。缴拨款凭证是单位同主管部门或财政机关发生收入上缴或退回、经费拨入或交还的书面证明。

　　应缴国家的各种预算收入，由单位填具国库缴款书上缴国库；应由主管部门集中缴库的，由单位上缴后通过银行汇解。误缴国库的款项，由收入机关填制收入退还书退库归还。国库缴款书和收入退还书由财政部门统一制定。

　　上级单位对所属会计单位办理各种预算拨款时，应填具银行印制的付款委托书或信汇委托书，通知银行转账；本单位如缴回经费拨款，则填具付款委托书或信汇委托书，通过银行从单位存款户转出。

　　⑥财产物资收付凭证。财产物资收付凭证是指固定资产、材料等收进、付出的书面证明。固定资产调入、调出，应填制固定资产调拨单；购进材料，应填制收料单，办理入库手续；发出材料，应填制发料单，办理出库手续；材料发出业务较多的单位，可按期汇总编制发生材料汇总表，以便进行材料发出的

核算。

2．原始凭证的填制和审核

（1）自制原始凭证

对于不真实、不合法、不合理的自制原始凭证，会计人员有权拒绝接受，不办理会计核算手续；问题严重的，应及时向单位负责人报告。属于填写不符合要求的，如手续不完整、项目有遗漏、数字计算不准确、文字说明不完整的，应当退回，要求其按照规定进行更正、补充。

自制原始凭证如果出现差错也要退回出具部门或经手人，重开或者更正，如果是更正，要在更正处加盖更正者的印章，以明确责任；金额有错误的，应当由出具或者经手人重开，不得在原始凭证上更正。

职工报销凭证具有以下严格的签字要求：①按规定应该签字的人员必须全部签字，签字必须签全称，不得只签姓。②签字人签署姓名后，还应当签署签字的日期。③领导签字应当明确表明是否同意报销。④为便于原始凭证的装订，签字如果是签在凭证的正面，应签在右上方。签字如果是签在凭证的反面，应签在左上方。⑤有多张凭证都需要签字时，要一张一张分别签，不能用复写纸同时签。

根据财政部《会计基础工作规范》第四十八条的规定，职工公出借款的凭证，必须附在记账凭证之后。借款收回后，不得退回原借款收据，应当另行开出借款收回的收据或者退回原借据的副本给借款人。

自制原始凭证的填制和审核内容如表2－7所示。

表2－7 自制原始凭证的填制和审核内容

主要内容	注意事项
填制内容	凭证的名称
	填制凭证的日期
	经办人员的签名或盖章
	经济业务内容
	数量、单价和金额

续表

主要内容	注意事项
审核	是否按国家规定和有关计划使用资金
	是否多计或少计了成本费用，形成了虚假利润
	是否按规定的渠道、标准、比例提取费用或摊销费用
	物资核算是否属实，是否虚报冒领
	费用的发生是否合理
不予受理凭证	没有经办人员的签名或者盖章
	凭证摘要填写不清楚
	凭证的联次不符
	凭证有涂改
	凭证所列的经济业务不符合开支范围、开支标准
	凭证所列的金额、数量计算不正确

（2）外来原始凭证

根据《中华人民共和国会计法》第十四条的规定，有问题的外来原始凭证应做以下处理。

①不真实、不合法的，会计人员有权不予接受，并向单位负责人报告。

②记载不准确、不完整的，会计人员有权予以退回，要求其按照国家统一的会计制度的规定，进行更正、补充。对于有错误的，退回出具单位重开或者更正，更正处应当加盖出具单位印章。对于金额有错误的外来原始凭证，应当由出具单位重开，不得在原始凭证上更正。

根据财政部《会计基础工作规范》第五十五条的规定，外来的原始凭证如有遗失，应当由原开出单位出具证明，证明经济业务的内容，原始凭证的号码、金额，证明必须加盖原开出凭证单位的公章。然后由接受凭证单位的会计机构负责人、会计主管人员和单位领导人办理批准手续，手续齐全后，才能代作原始凭证。有些外来原始凭证遗失无法取得证明的，如飞机票、火车票等可以由当事人写出详细情况说明，然后由接受凭证单位的会计机构负责人、会计主管人员和单位领导人办理批准手续，手续齐全后，才能代作原始凭证。

根据财政部《会计基础工作规范》第四十八条的规定，发生销货退回时，首先要取得退货验收证明，然后填制退货发票；退款时，首先要取得对方的收款收据或者汇款银行的凭证，然后才能填制退款凭证。特别要注意的是，不能以退货发票代替收据开具退款凭证。

根据财政部《会计基础工作规范》第四十八条的规定，上级有关部门批准的经济业务，应当将批准文件作为原始凭证的附件，证明经济业务已经发生或者完成，据此填制原始凭证。如果该批准文件必须单独归档，不能作为附件，应当在原始凭证上注明批准机关的名称、批准日期和文件的字号，以备查找。

外来原始凭证的填制和审核内容如表 2－8 所示。

表 2－8　　　　　　　　　　外来原始凭证的填制和审核内容

主要内容	注意事项
填制内容	凭证的名称。外来原始凭证必须有明确的名称，以便于凭证的管理和业务处理
	填制凭证的日期。凭证填制的日期就是经济业务发生的日期，便于对经济业务的审查
	填制凭证单位名称或者填制人姓名。填制凭证的单位或个人是经济业务发生的证明人，将其名称填写清楚有利于了解经济业务的来龙去脉
	经办人员的签名或者盖章。凭证上的签字人、盖章人，是经济业务的直接经办人，签名、盖章可以明确经济责任
	接受凭证单位名称。证明经济业务是否确实是本单位发生的，以便于记账和查账。值得注意的是，单位的名称必须是全称，不得省略
审核	凭证真实性的审核，即凭证是否真实，如是否为税务局的统一发票，凭证所记载的经济业务是否真实发生，开出发票的单位是否存在等
	凭证完整性的审核，即审核外来原始凭证所应填写的内容是否全部具备，不得有遗漏
	凭证合规性的审核，即审核凭证所记载的经济业务是否符合有关财经法规和会计制度的规定；是否符合开支标准；凭证所填写的文字和金额是否字迹清楚、规范，使用的笔和颜色是否符合要求等
不予受理凭证	应盖有税务局发票监制章、填制凭证单位公章的，而未加盖
	未填写填制凭证单位名称或者填制人姓名，没有经办人员的签名或者盖章
	填制单位的名称与所盖的公章不符
	未填写接受凭证单位名称或者填写的名称与本单位不符
	凭证有涂改
	凭证所列的经济业务不符合开支范围、开支标准
	凭证所列的金额、数量计算不正确

2.2.2　记账凭证

记账凭证是根据审核无误的原始凭证，按照账务核算要求，分类整理后编制的会计凭证，是确定会计分录、登记账簿报表的依据。政府会计主体的记账凭证由以下要素组成，如图 2－1 所示。

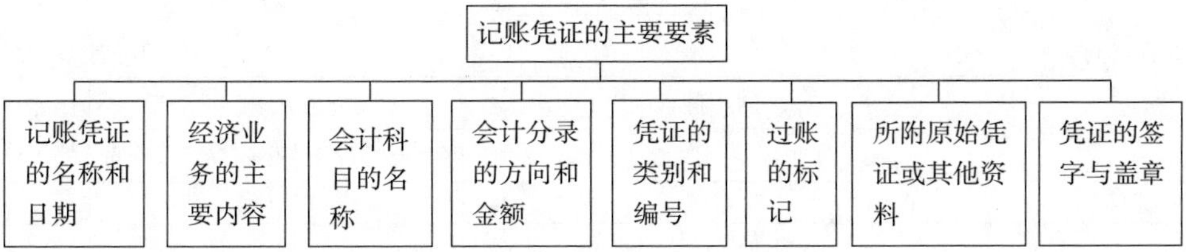

图 2-1　记账凭证的主要要素

1. 记账凭证的种类

（1）通用记账凭证

通用记账凭证是不分收款、付款、转账业务，统一使用一种样式的记账凭证。记账凭证核算程序和科目汇总表核算程序都应选用通用记账凭证。其格式如图 2-2 所示。

记 账 凭 证

年　　月　　日　　　　　__字第___号　附件___张

摘要	会计科目		借方金额										贷方金额										账页或√
			千	百	十	万	千	百	十	元	角	分	千	百	十	万	千	百	十	元	角	分	
	合计																						

会计主管　　　记账　　　　　　审核　　　　　　制单

图 2-2　通用记账凭证的格式

（2）专用记账凭证

专用记账凭证是按照经济业务的性质选择使用的记账凭证，通常有收款凭证、付款凭证、转账凭证。对现金出纳和银行出纳分人担任的单位，收款凭证和付款凭证可再分为现金收款凭证、银行收款凭证和现金付款凭证、银行付款凭证。收款凭证、付款凭证、转账凭证的格式分别如图 2-3、图 2-4、图 2-5 所示。

收　款　凭　证

贷方科目：　　　　　　　　　　年　　月　　日　　　　　　　第___号　附件___张

摘要	会计科目		贷方金额										账页或√
	总账	明细	千	百	十	万	千	百	十	元	角	分	
合计													

会计主管　　　　　记账　　　　　　　　　审核　　　　　　　　制单

图 2 - 3　收款凭证格式

付　款　凭　证

借方科目：　　　　　　　　　　年　　月　　日　　　　　　　第___号　附件___张

摘要	会计科目		贷方金额										账页或√
	总账	明细	千	百	十	万	千	百	十	元	角	分	
合计													

会计主管　　　　　记账　　　　　　　　　审核　　　　　　　　制单

图 2 - 4　付款凭证格式

转　账　凭　证

　　　　　　　　　　　　　　　年　　月　　日　　　　　　　第___号　附件___张

摘要	会计科目		借方金额										贷方金额										账页或√
	总账	明细	千	百	十	万	千	百	十	元	角	分	千	百	十	万	千	百	十	元	角	分	
合计																							

会计主管　　　　　记账　　　　　　　　　审核　　　　　　　　制单

图 2 - 5　转账凭证格式

2．记账凭证的编制和审核

记账凭证一般根据每项经济业务的原始凭证编制。当天发生的同类会计事项可以适当归并后编制。不同会计事项的原始凭证，不得合并编制为一张记账凭证，也不得把几天的会计事项加在一起编制一张记账凭证。

记账凭证必须附有原始凭证。一张原始凭证涉及几张记账凭证的，可以把原始凭证附在主要的一张记账凭证后面，在其他记账凭证上注明附有原始凭证的记账凭证的编号。结账和更正错误的记账凭证以及总预算会计预拨经费转列支出，可以不附原始凭证，但必须经主管人员签字。

记账凭证必须根据审核无误的原始凭证编制，其各项内容必须填列齐全，各种签名和盖章不可缺少。总账科目下的明细科目，如需要列入记账凭证，可将明细科目的名称和金额同时列在"明细科目名称"栏内。明细科目的金额不能填列在记账凭证的"金额"栏内。填制记账凭证的文字必须清晰、工整，不得潦草。记账凭证由指定人员复核。记账凭证按照制单的顺序，每月编一个连续号。月终连同每个记账凭证后附的原始凭证装订成册，并加盖有关人员印章及公章，妥善保管。

3．汇总记账凭证

经济业务较多的单位，可以把每天的记账凭证汇总编制成总账科目汇总表，作为登记总账的依据，总账科目汇总表是一种汇总记账凭证。汇总记账凭证流程如图 2 - 6 所示。

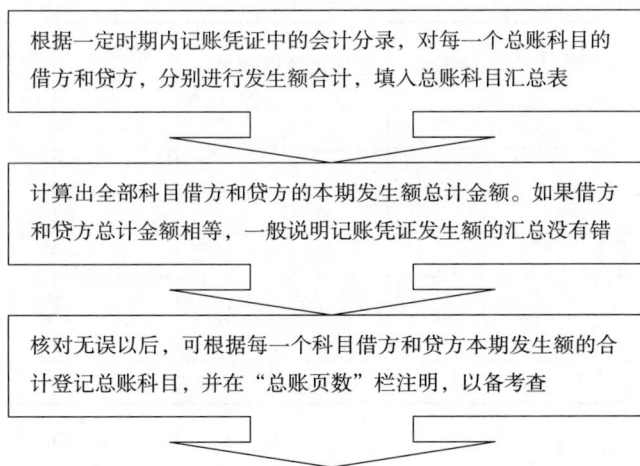

根据一定时期内记账凭证中的会计分录，对每一个总账科目的借方和贷方，分别进行发生额合计，填入总账科目汇总表

计算出全部科目借方和贷方的本期发生额总计金额。如果借方和贷方总计金额相等，一般说明记账凭证发生额的汇总没有错

核对无误以后，可根据每一个科目借方和贷方本期发生额的合计登记总账科目，并在"总账页数"栏注明，以备考查

图 2 - 6　汇总记账凭证流程

4. 记账凭证的保管

记账凭证应按照填制的顺序，按月连续编号。月终将记账凭证连同所附原始凭证装订成册，加上封面，并在左上角装订处粘贴封签，由有关会计人员加盖骑缝印章，妥善保管。对不便随同记账凭证一起装订的原始凭证，可以抽出单独保管。但是应在有关记账凭证上注明抽出原始凭证的名称和数量，由保管人签章，年终随有关记账凭证一同归档。

记账凭证封面和封底是用来装订记账凭证时使用的一种会计档案的整理保管凭证。记账凭证封面应注明单位名称、年份、月份、起止日期、凭证名称、起止号码、册数等。记账凭证封底应注明凭证抽出附件登记。封面和封底的格式如表 2－9、表 2－10 所示。

表 2－9 记账凭证封面
<u>凭　证　封　面</u>
年　　月

单位名称	
凭证名称	
册数	第　　　册共　　　册
起讫编号	自第　　　号至第　　　号
起讫日期	自　年　月　日至　月　日

主管　装订

表 2－10 记账凭证封底
<u>抽出单据记录</u>

抽出日期			抽出单据名称	张数	抽出单据理由	抽取人签章	财会主管签章	附注
年	月	日						

2.3　政府会计的会计账簿

会计账簿是以会计凭证为依据，由具有一定格式、互相联系的账页组成，用来序时、分类地记录和反映各项经济业务的会计簿记。设置和登记账簿是会计核算的中心环节。

2.3.1　会计账簿的分类与设置

1. 账簿按用途分类

账簿按用途可以分为日记账、分类账和备查簿三种。

（1）日记账

日记账也称序时账，是按照经济业务发生时间的先后顺序进行登记的账簿。目前政府会计主体仅设置现金日记账和银行存款日记账这类反映特定经济业务的特种日记账，而不设置反映全部经济业务的普通日记账。

①现金日记账。现金日记账是核算现金收付结存情况的账簿，又称现金出纳账，通常为三栏式，并设"对方会计科目名称"专栏。由出纳人员根据现金收付的原始凭证按照业务发生的先后顺序逐笔登记。每日结出余额与现金库存数核对，月末与总账现金科目核对。

②银行存款日记账。银行存款日记账是核算银行存款收付结存情况的账簿，通常采用三栏式，由出纳人员根据银行存款收付的原始凭证按业务发生的先后顺序逐笔登记，定期与银行对账单进行核对。

（2）分类账

分类账是对全部经济业务按照总分类账户和明细分类账户进行分类核算和登记的账簿，分类账又分为总分类账和明细分类账。

总分类账简称"总账"，是指按总分类账户开设账页的会计簿记。总账是反映资产、负债、净资产、收入和费用会计要素的总括情况，平衡账务、控制和核对各种明细账以及编制预算会计报表的主要依据。总账的格式采用三栏式，如表 2-11 所示。

表 2-11　　　　　　　　　　　　总账的格式

总分类账

会计科目：　　　　　　　　　　　　　　　　　　　　　　第　页

年		凭证号	摘要	借方金额	贷方金额	余额	
月	日					借或贷	金额

　　明细分类账简称"明细账"，是根据总分类科目设置，按所属二级科目或明细科目开设账户，用以分类登记某一类经济业务，提供比较详细的核算资料的账簿。明细账可以提供经济活动和财务收支的详细情况，有利于加强财产物资的管理，监督往来款项的结算，也为编制会计报表提供必要的资料。因此，各会计主体在设置总账的基础上，根据经营管理的实际需要，按照一级科目设置必要的明细账。明细账根据记账凭证及原始凭证或原始凭证汇总表进行登记。明细账的格式一般采用三栏式或多栏式。三栏式明细账如表 2－12 所示。

表 2－12　　　　　　　　　　　三栏式明细账的格式

明细分类账

明细科目：　　　　　　　　　　　　　　　　　　　　　　　　　　第　　页

年		凭证号	摘要	借方	贷方	余额	借（贷）方余额分析
月	日						

　　政府会计主体通常要设置下列明细账。

　　①支出明细账。支出明细账是反映具体开支项目的明细账。支出明细账格式一般采用多栏式。支出明细账按预算支出的"目"级科目设账户，按主管部门或财政部门规定的"节"级科目设专栏。

　　各会计主体对经费支出和拨出经费，应分别设置明细账，按开支用途设账户，登记支出的明细内容。

　　②收入明细账。收入明细账是反映具体收入项目的明细账，其格式一般采用多栏式。收入明细账按主要收入项目或收入单位设账户，按具体收入项目设专栏。

　　各会计主体对财政拨款收入和其他收入，应设置相应的收入明细账，按主要收入项目设账户。

　　③缴拨款项明细账。缴拨款项明细账是反映财政机关与主管单位、主管单位与二级单位及基层单位之间，预算资金的拨入、拨出和专项资金的上缴、下拨情况的明细账。通常采用三栏式。

　　上级单位对下级单位上缴的资金和下拨的支出，应设置相应的明细账，按下级单位名称设账户。下级单位对上缴上级的收入和上级下拨的资金，只设总账，不设明细账。

④往来款项明细账。往来款项明细账是用来反映债权、债务结算情况的明细账。各单位一般应对应收账款、预付账款、其他应收款、应付账款等分别设置往来款项明细账，按往来的单位或个人名称设置账户。其格式可采用三栏式或多栏式。

⑤固定资产明细账。固定资产明细账是具体核算各种固定资产增减变化和结存情况的明细账。按照固定资产的类别和名称分设账户。其格式一般可采用数量金额三栏式，根据原始凭证逐笔登记。

⑥存货明细账。存货明细账是具体核算各种存货收发和结存情况的明细账。按照存货的类别和品名分设账户。其格式一般采用数量金额三栏式，根据原始凭证逐笔登记。

（3）备查簿

备查簿是对某些在日记账和分类账等主要账簿中未能记录或记载不全的经济业务进行补充登记的账簿，是一种辅助性的账簿，它可以为经营管理者提供必要的参考资料。例如，应收票据备查簿、租入固定资产备查簿等。备查簿没有固定格式，与其他账簿之间不存在储存和钩稽关系。

2．账簿按外表形式分类

（1）订本式账簿

订本式账簿简称"订本账"，订本账是在启用前就已经按顺序编号并固定装订成册的账簿，现金日记账、银行存款日记账和总分类账一般采用这种形式。其优点是可以防止账页散失或抽换账页；其缺点是账页固定后，不能确定各账户应该预留多少账页，也不便于会计人员分工记账。

（2）活页式账簿

活页式账簿简称"活页账"，活页账是在启用前和使用过程中把账页置于活页账夹内，随时可以取放账页的账簿，适用于一般明细账。其优点是可根据实际需要，灵活使用，也便于分工记账；其缺点是账页容易散失和被抽换。为了改正这个缺点，使用活页账时必须要求按账页顺序编号，期末装订成册，加编目录，并由有关人员盖章后保存。

（3）卡片式账簿

卡片式账簿简称"卡片账"，卡片账是由许多具有账页格式的硬纸卡片组成，存放在卡片箱中的一种账簿。卡片账多用于固定资产、存货等实物资产的明细分类核算。其缺点与活页账基本相同，使用卡片账一般不需要每年更换。

2.3.2 会计账簿的使用

由于会计账簿是政府会计主体经济业务的具体记录，因此，对其使用也有严格的要求。

①除财政总预算会计中按放款期限设置的财政周转金放款明细账可以跨年度使用之外，其他会计账簿的使用以每一会计年度为限。对于账簿的启用，应该填写经管人员一览表和账簿目录，并将其附于账簿扉页。经管人员一览表和账簿目录的格式分别如表 2 - 13、表 2 - 14 所示。

表 2 - 13 　　　　　　　　　　经管人员一览表格式
经管人员一览表

单位名称	
账簿名称	
账簿页数	从第　　页起至第　　页止共　　页
启用日期	年　　月　　日
会计机构负责人	会计主管人员
经管人员	经管日期移交日期
接办人员	接管日期监交日期

表 2 - 14 　　　　　　　　　　账簿目录格式
账簿目录

科目编号和名称	页号	科目编号和名称	页号

②登记会计账簿必须及时准确、日清月结，文字和数字的书写必须清晰、整洁。

③手工记账不得使用铅笔、圆珠笔，必须使用蓝、黑墨水笔，其中红色墨水笔只能用于登记收入负数、划线、改错、冲账。

④会计账簿必须按照编定的页数连续记载，不得隔页、跳行。如因工作疏忽发生跳行或隔页时，应当将空行、空页划线注销，并由记账人员签字盖章。

⑤会计账簿应根据经审核的会计凭证登记。记账时，将记账凭证的编号记入账簿；记账后，在记账凭证上用"√"予以标明，表示已经将其入账。

⑥会计账簿如填写错误，不得随意更改，应当按照规定的方法采用划线更正法、红字更正法或补充登记法进行更正。

⑦各种账簿记录应该按月结账，计算出本期发生额和期末余额。

2.3.3　会计账簿的错误更正方法

由于记账人员疏忽或其他原因，会计账簿很有可能出现填写错误的现象，在这种情况下，不得采用挖补、涂抹、刮擦或修正液涂改等方法来弥补，而必须按照规定的方法更正。

1. 划线更正法

划线更正法是在错误的文字或数字正中横画一条红线表示注销，然后将正确的文字或数字用蓝字写在划线处的上面，并在更正处加盖记账人员的图章。

这种方法适合于在结账之前，发现了账簿记录文字或数字的错误，而记账凭证本身没有错误的情况。

2. 红字更正法

红字更正法是指在原错记的账户中用红字冲去原来的数字，再在应计的账户中补记相同的数字，并在更正处加盖记账人员的图章。具体做法是先用红字填制一张与原错误记账凭证内容完全相同的记账凭证，并根据这张凭证以红字入账，然后用蓝字填制一张正确的记账凭证，注明"订正×年×月×号凭证"，并根据这张凭证以蓝字入账。

这种方法适合于在月份结账后，发现账簿登记串户，但记账凭证并无错误的情况。另外，如果发现由于记账凭证错误而使账簿登记发生错误的情况，则不论在月份结账前后，均使用这种方法。

2.3.4　账簿的更换与保管

账簿更换是在会计年度末，将本年旧账更换为下年新账。

更换新账的方法是：在年终结账时，将需要更换账的各账户的年末余额直接过入新启用的有关账户中，不需要编制记账凭证，也不必将余额计入本年账户的借方或贷方，使本年有余额的账户的余额变为零。因为既然年末是有余额的账户，其余额应当如实地在账户中加以反映，否则容易混淆有余额的账户和没有余额的账户。

更换新账时，要注明各账户的年份，然后在第一行日期栏内写明，"一月""一日"，在摘要栏注明"上年结转"，把账户余额写入"余额"栏，在此基础上登记新年度的会计事项。

账簿在更换新账后除跨年使用的账簿外，其他账簿应按时整理归入会计档案保管。账簿归入会计档案进行保管的具体要求如表 2 - 15 所示。

表 2 - 15　　　　　账簿归入会计档案进行保管的具体要求

归档阶段	具体工作要求
账簿装订前	首先按账簿启用表的使用页数核对账户是否相符，账页是否齐全，序号排列是否连续；然后，按会计账簿、账簿启用表、账户目录和排序整理好的账页进行装订
账簿装订	装订活页账簿时，将账页填写齐全，去除空白页和账夹，并加具封底、封面；多栏式活页账、三栏式活页账、数量金额式活页账等不得混装，应按同类业务、同类账页装订在一起；在装订账页的封面上填写好账簿的种类，编好卷号，由会计主管人员、装订人或经办人签章
账簿装订后	会计账簿应牢固、平整，不得有拆角、缺角、错页、掉页、加空白纸的现象；会计账簿的封口要严密，封口处要加盖印章；封面应齐全、平整，并注明所属年度及账簿名称、编号，编号要一年一编，编号顺序是总账、现金日记账、银行存款日记账、分类账；旧账装订完毕后，按规定要求进行保管

2.4　政府会计的会计报表

政府会计主体应当至少按照年度编制财务报表和预算会计报表。

2.4.1　政府会计主体财务报表的种类

财务报表的编制主要以权责发生制为基础，是反映政府会计主体财务状况、运行状况和现金流量等的书面文件，由会计报表及其附注构成。根据反映经济内容的不同，政府会计主体的会计报表划分为以下几种。

1. 资产负债表

资产负债表是反映单位在某一特定日期财务状况的报表。它是单位最基本、最重要的财务报表。资产负债表应当按照资产、负债和净资产分类、分项列示。

2. 收入费用表

收入费用表是反映单位在某一会计期间内发生的收入、费用及当期盈余情况的报表。收入费用表应当按照收入、费用的构成和盈余情况分类、分项列示。

3. 净资产变动表

净资产变动表是反映单位在某一会计年度内净资产项目的变动情况的报表。净资产变动表应当按照累计盈余、专用基金、权益法调整等分别反映。

4. 现金流量表

现金流量表是反映单位在某一会计年度内现金流入和流出的信息的报表。

单位可根据实际情况自行选择是否编制现金流量表，如果编制，应当采用直接法编制。现金流量表应当按照日常活动、投资活动、筹资活动的现金流量分别反映。

5. 附注

附注是指对在会计报表中列示项目所作的进一步说明，以及对未能在会计报表中列示项目的说明等。附注是财务报表的重要组成部分。附注主要包括单位的基本情况、会计报表编制基础、遵循政府会计准则及制度的声明、重要会计政策和会计估计、会计报表重要项目说明和本年盈余与预算结余的差异情况说明。

另外，根据编报的时间，单位的会计报表也可分为月报和年报；按编制范围，又可分为本级报表和汇总报表。

2.4.2　政府会计主体预算会计报表的种类

预算会计报表的编制主要以收付实现制为基础，是反映政府会计主体预算执行情况的书面文件。根据反映经济内容的不同，政府会计主体的预算会计报表划分为以下几种。

1. 预算收入支出表

预算收入支出表是反映单位在某一会计年度内各项预算收入、预算支出和预算收支差额的情况的报表。预算收入支出表应当按照本年预算收入、本年预算支出和本年预算收支差额分类、分项列示。

2. 预算结转结余变动表

预算结转结余变动表是反映单位在某一会计年度内预算结转结余的变动情况的报表。预算结转结余变动表应当按照年初预算结转结余、年初余额调整、本年变动金额和年末预算结转结余分类、分项列示。

3. 财政拨款预算收入支出表

财政拨款预算收入支出表是反映单位本年财政拨款预算资金收入、支出及相关变动的具体情况的报表。

2.4.3　政府会计主体报表的编制要求

政府会计主体的财务报表和预算会计报表是单位经济业务的基本反映，也是上级考核的基本依据。单位编制财务报表和预算会计报表时必须遵循以下要求。

1．报表中的数字必须真实、完整

"真实"是指报表所反映的经济事项都是单位客观发生的，据以反映的数字没有虚构成分；"完整"是指报表反映了单位的所有经济业务情况，据以反映的数字没有遗漏任何经济事项。这一点是要求单位的财务报表和预算会计报表没有高估或低估经济事项。

2．报表中的数字运算必须准确

单位财务报表和预算会计报表中的数字除了要符合真实、完整性要求外，还必须正确地加以运算，保持报表各项目以及各报表之间的钩稽关系。

3．报送及时

单位在会计期间结束时应当及时编制财务报表和预算会计报表，并如期报出财务报表和预算会计报表。

2.5　账务处理程序

账务处理程序是指各种会计凭证和账簿之间的相互联系和登记程序。在不同的单位中，设置不同的会计凭证和账簿，它们之间有着不同的相互联系和登记程序。账务处理程序有很多种，目前，在政府会计中大多采用科目汇总表账务处理程序。科目汇总表账务处理程序的具体运作次序如图2－7所示。

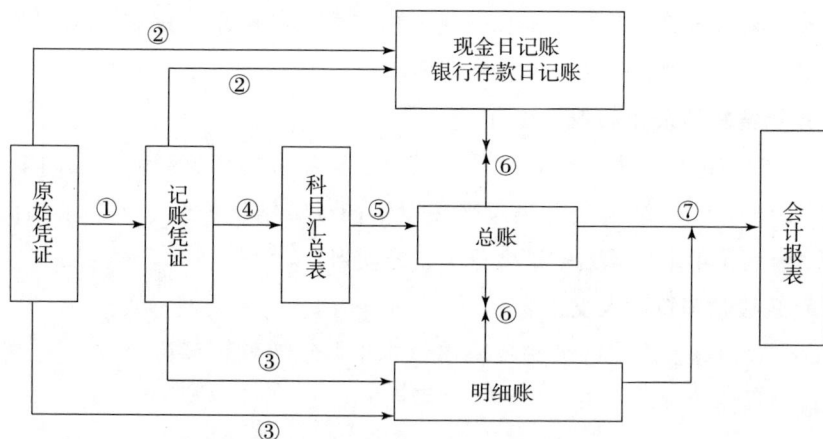

图2－7　科目汇总表账务处理程序

①根据审核无误的原始凭证（或原始凭证汇总表）填制记账凭证。

②根据有关货币资金的记账凭证及原始凭证登记现金日记账和银行存款日记账。

③根据记账凭证及原始凭证登记各种明细账。

④根据记账凭证编制科目汇总表。

⑤根据科目汇总表登记总账。

⑥将各种日记账、明细账同总账的有关账户进行核对。

⑦根据总账和明细账编制会计报表。

经济业务较少的单位，可以采用记账凭证账务处理程序，即直接根据记账凭证登记总账，不编制科目汇总表。

账务处理程序并不是固定不变的。各单位可根据本身经济业务繁简、人员分工等情况确定账务处理程序中的某些具体问题。合理组织账务处理程序，不但可以使会计工作有条不紊地进行，而且可以提高会计工作效率，保证会计核算质量。

第3章
资产的会计核算

3.1 货币资金

行政事业单位的货币资金包括库存现金、银行存款、零余额账户用款额度和其他货币资金。

3.1.1 库存现金

1. 库存现金的管理

行政事业单位的库存现金,是指存于单位内部用于日常零星开支的货币资金。在行政事业单位的所有资产中,库存现金最容易直接转化为其他资产,流动性最强,因此加强对库存现金的管理对保护其安全完整、防止意外或损失有着极为重要的意义。行政事业单位对现金的管理包括外部约束制度和内部控制制度,分为六方面内容,如表 3 – 1 所示。

表 3 – 1 现金管理制度

方面	主要内容
现金使用范围的限定	《现金管理暂行条例》对现金的用途进行了规定,除该限定范围内的开支可以用现金支付外,其他开支必须通过银行转账支付。《现金管理暂行条例》规定的现金使用范围为: 1. 支付职工工资、各种工资性津贴; 2. 支付个人劳务报酬,包括稿费、讲课费及其他专门工作报酬; 3. 支付给个人的奖金,包括根据国家规定颁发给个人的各种科学技术、文化艺术、体育等各种奖金; 4. 各种劳保、福利费用以及国家规定的对个人的其他现金支出; 5. 向个人收购农副产品和其他物资支付的价款; 6. 出差人员必须随身携带的差旅费; 7. 现金支付的结算起点（1 000 元）以下的零星支出; 8. 中国人民银行确定需要支付现金的其他支出。 目前行政事业单位的职工工资和各种津贴、奖金、福利费等可以采用财政直接支付或授权支付,行政事业单位使用现金的范围越来越小

续表

方面	主要内容
库存现金的限额管理	行政事业单位为了应付日常的零星开支，需经常保持一定数量的库存现金。为防止现金积压，银行对各行政事业单位实行限额管理，各单位就库存现金的数量提出申请，经开户银行审批，核定限额。行政事业单位不得超出限额提取现金。库存现金限额原则上以 3～5 天的日常开支量为准。因业务量变化单位需调整库存现金时，应向开户银行申请报批
不准坐支现金	坐支现金是指从本单位现金收入中直接支付现金。按有关规定，行政事业单位每天收入的现金，必须当天送存银行，不能直接支用，不许任意支用，因特殊情况需要坐支现金的，应事先报开户银行审查批准，由开户银行核定坐支范围和限额，坐支现金的单位应定期向银行报送坐支金额和使用情况
钱账分管	为了防止各种错误、弊端的发生，各行政事业单位现金的收付、结算、审核、登记等工作，不得由一人从事。应由专职或兼职的出纳人员专门负责现金的收付工作，并登记现金账，其不得兼管收入费用、债权债务的登记工作，也不得兼任稽核和档案保管工作。会计人员和出纳人员工作要实行分管，会计人员管账不管钱，出纳人员管钱不管账
严格现金收付手续	行政事业单位办理任何现金收支，都必须以合法的原始凭证作为依据。收到现金时，属于各项收入的现金，应给交款人出具正式收据。属于暂付款结算后交回的多余现金，使用借款三联单的由会计人员退还原借据副联，出纳人员不给对方另开收据；不使用借款三联单的，由出纳人员另出具收据。付出现金时，出纳人员要在付款的原始凭证上加盖"付讫"戳记，以防止凭证重复报销。在办理现金收付业务时，必须严密手续，防止漏洞，对于收付现金的各种原始单据，根据各单位具体情况，由会计或出纳人员审核，并由出纳人员按月连续编号，作为现金出纳账的顺序号，在现金收支当天入账
其他规定	行政事业单位现金收支存方面，除了遵守上述几个规定外，还需遵守以下几个规定：现金不准借给私人；不准白条抵库；不能编造和谎报用途套取现金；不能将单位的现金收入作为个人储蓄存入银行；不准私设"小金库"保存账外现金；必须如实反映现金库存情况；收付现金时要及时记账；对于每天办理的业务，做到日清月结，保证账款相符。出纳人员在将账面库存与实际库存核对时，如发现长款或短款，应及时查明原因，作出处理等

2．库存现金的会计核算

行政事业单位应当设置"库存现金"科目，对行政事业单位的现金的收支情况进行核算，本科目应当设置"受托代理资产"明细科目，核算单位受托代理、代管的现金。"库存现金"科目的借方反映当期行政事业单位库存现金的增加；贷方反映当期行政事业单位库存现金的减少；本科目期末借方余额，反映行政事业单位实际持有的库存现金。

从银行等金融机构提取现金：财务会计按照实际提取的金额，借记"库存现金"科目，贷记"银行存款"科目；预算会计不进行账务处理。

将现金存入银行等金融机构：财务会计按照实际存入金额，借记"银行存款"科目，贷记"库存现金"科目；预算会计不进行账务处理。

根据规定从单位零余额账户提取现金：财务会计按照实际提取的金额，借记"库存现金"科目，贷记"零余额账户用款额度"科目；预算会计不进行账务处理。

将现金退回单位零余额账户：财务会计按照实际退回的金额，借记"零余额账户用款额度"科目，贷记"库存现金"科目；预算会计不进行账务处理。"库存现金"科目会计处理如图 3－1 所示。

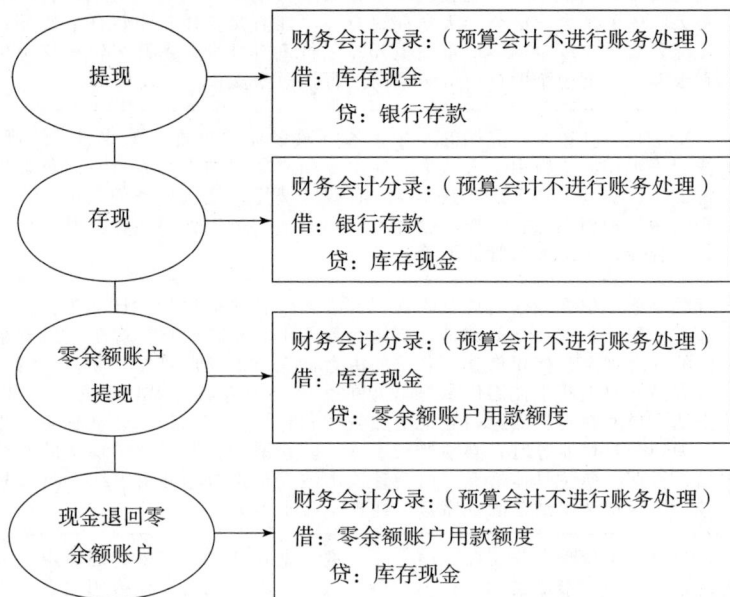

图 3－1 "库存现金"科目会计处理（1）

因内部职工出差等原因借出的现金：财务会计按照实际借出的现金金额，借记"其他应收款"科目，贷记"库存现金"科目；预算会计不进行账务处理。

出差人员报销差旅费时：财务会计按照实际报销的金额，借记"业务活动费用""单位管理费用"等科目，按照实际借出的现金金额，贷记"其他应收款"科目，按照其差额，借记或贷记"库存现金"科目；预算会计按照实际报销的金额，借记"行政支出""事业支出"等科目，贷记"资金结存——货币资金"科目。

以库存现金对外捐赠：财务会计按照实际捐出的金额，借记"其他费用"科目，贷记"库存现金"科目；预算会计按照实际捐出的金额，借记"其他支出"科目，贷记"资金结存——货币资金"科目。

因提供服务、物品或者其他事项收到现金：财务会计按照实际收到的金额，借记"库存现金"科目，贷记"事业收入""应收账款"等相关科目；预算会计按照实际收到的金额，借记"资金结存——货币资金"科目，贷记"事业预算收入"等科目。涉及增值税业务的，相关账务处理参见"应交增值税"科目。

因购买服务、物品或者其他事项支付现金：财务会计按照实际支付的金额，借记"业务活动费用""单位管理费用""库存物品"等相关科目，贷记"库存现金"科目；预算会计按照实际支付的金额，借记"行政支出""事业支出""其他支出"等科目，贷记"资金结存——货币资金"科目。涉及增值税业务的，相关账务处理参见"应交增值税"科目。

收到受托代理、代管的现金：财务会计按照实际收到的金额，借记"库存现金——受托代理资产"科目，贷记"受托代理负债"科目；预算会计不进行账务处理。支付受托代理、代管的现金：财务会计按照实际支付的金额，借记"受托代理负债"科目，贷记"库存现金——受托代理资产"科目；预算会计不进行账务处理。"库存现金"科目会计处理如图 3 - 2 所示。

【例 3 - 1】事业单位 10 月发生以下现金收支业务。

（1）10 月 1 日，开出现金支票从银行提取现金 1 200 元作为备用金。其会计分录如下。

财务会计分录：

借：库存现金　　　　　　　　　　　　　　　　　　1 200

　　贷：银行存款　　　　　　　　　　　　　　　　　　1 200

预算会计不进行账务处理。

（2）10 月 8 日，本机关工作人员王欣因公出差预支现金 400 元。其会计分录如下。

财务会计分录：

借：其他应收款——王欣　　　　　　　　　　　　　　400

　　贷：库存现金　　　　　　　　　　　　　　　　　　400

预算会计不进行账务处理。

（3）10 月 12 日，用库存现金 240 元购买办公用品。其会计分录如下。

财务会计分录：

借：库存物品　　　　　　　　　　　　　　　　　　　240

　　贷：库存现金　　　　　　　　　　　　　　　　　　240

预算会计分录：

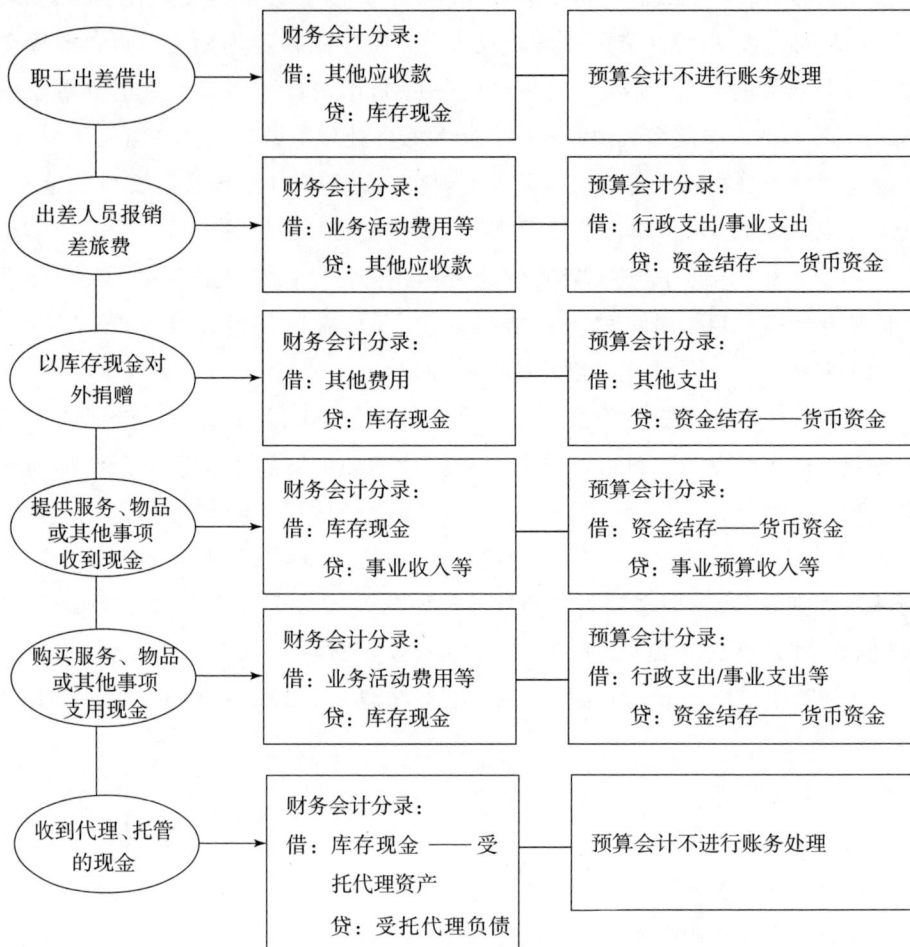

图 3-2 "库存现金"科目会计处理（2）

借：事业支出   240

　　贷：资金结存——货币资金   240

（4）10月15日，王欣报销差旅费300元，退回现金100元。其会计分录如下。

财务会计分录：

借：业务活动费用   300

　　库存现金   100

　　贷：其他应收款——王欣   400

预算会计分录：

借：事业支出　　　　　　　　　　　　　　　　　　300

　　贷：资金结存——货币资金　　　　　　　　　　300

（5）10 月 20 日，将本日超库存现金 560 元送交银行。其会计分录如下。

财务会计分录：

借：银行存款　　　　　　　　　　　　　　　　　　560

　　贷：库存现金　　　　　　　　　　　　　　　　560

预算会计不进行账务处理。

（6）10 月 30 日，收到 X 公司委托代理货币捐赠 50 000 元，专用于资助广西某村贫困学生上学。其会计分录如下。

财务会计分录：

借：库存现金——受托代理资产　　　　　　　　50 000

　　贷：受托代理负债　　　　　　　　　　　　　50 000

预算会计不进行账务处理。

对于从银行提取现金的业务，一般只编制银行付款凭证，不再编制现金收款凭证；将现金存入银行，一般只编制现金付款凭证，不再编制银行收款凭证。行政事业单位应设置现金日记账，出纳人员根据收付款凭证逐笔顺序登记。每日业务终了，应计算出现金收入合计数、现金支出合计数和结余数，核对账面结余与实际库存相符后，编制库存现金日报表，连同原始凭证送交会计人员复核整理后，填制记账凭证。如果日常现金收支量较大，可以根据汇总记账凭证或科目汇总表定期或月终登记"库存现金"科目。

行政事业单位有外币现金的，应当分别按照人民币、外币种类设置现金日记账进行明细核算。有关外币现金业务的账务处理参见"银行存款"科目。

3．现金的清查

为了及时、准确地反映库存现金的余额，加强监督，保护现金的安全，出纳人员每日应对现金进行清点，单位内部审计人员亦应定期检查并不定期地突击抽查清点，将现金实有数与账面金额核对。现金清查的主要手段是实地盘点。清查小组盘点现金时，出纳人员应当在场，盘点后将实存数与账存数核对，并编制库存现金盘点报告表，列明实存、账存和余缺金额。如有余缺，应查明原因，并及时请领导审批。调整库存现金的相关会计处理如图 3 - 3 所示。

每日账款核对中发现有待查明原因的现金短缺或溢余的，应当通过"待处理财产损溢"科目核算。属于现金溢余，应当按照实际溢余的金额，借记"库

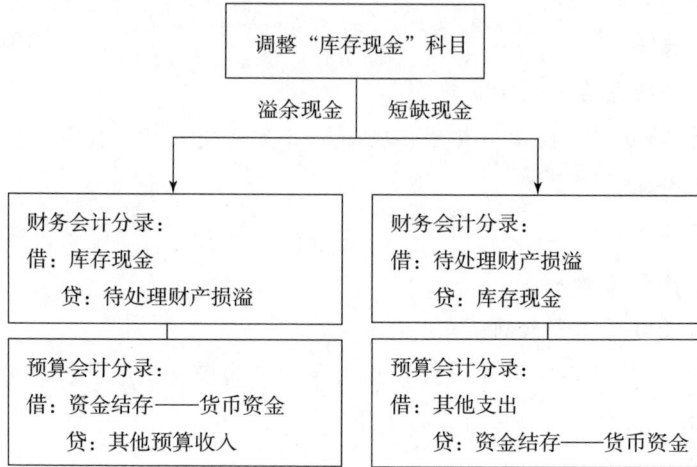

图 3 - 3　现金实有数与账面金额不符的会计处理

存现金"科目，贷记"待处理财产损溢"科目；属于现金短缺，应当按照实际短缺的金额，借记"待处理财产损溢"科目，贷记"库存现金"科目。待查明原因后，及时请领导审批并进行账务处理，具体内容参见"待处理财产损溢"科目。

3.1.2　银行存款

1. 银行存款的管理

行政事业单位应当严格按照国家有关支付结算办法的规定办理银行存款收支业务，并按照《政府会计制度》规定核算银行存款的各项收支业务。

（1）银行存款户的开立

按照《支付结算办法》规定，行政事业单位应在银行开立账户，以办理存款、取款和转账等结算。各单位在办理银行存款开户时，应按银行规定填写开户申请表，经上级主管部门或同级财政机关审查同意后，连同盖有单位公章和有权支配款项的个人名章的印鉴卡片一并送开户银行，再经银行审查同意后方可开户。

（2）银行存款户的管理原则

各开户单位应加强对银行存款户的管理，通过银行存款户办理资金收付时，必须切实遵守银行规定的管理原则，具体原则如图 3 - 4 所示。

此外，还应重视和银行的对账工作，认真、及时地与银行对账单进行核对，保证账账相符、账款相符。如有不符，要及时与银行查对清楚。

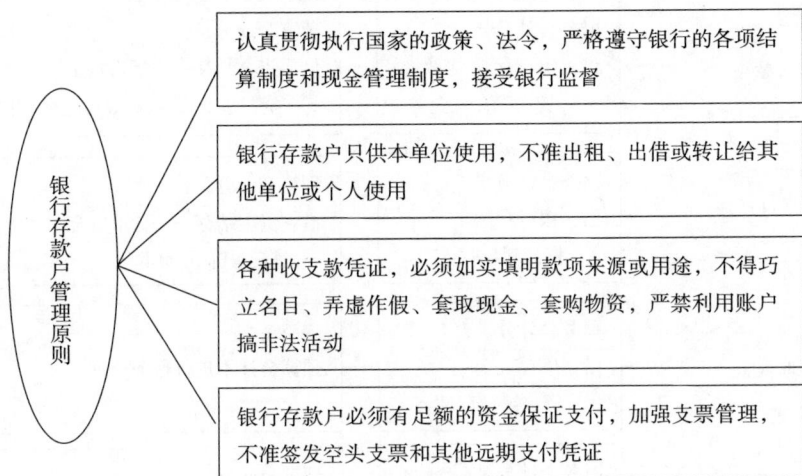

图 3 – 4　银行存款户管理原则

（3）银行结算方式

中国人民银行总行发布的《支付结算办法》规定，现行结算方式有支票、银行汇票、银行本票、商业汇票、汇兑、委托收款、托收承付七种结算方式。行政事业单位发生的大量资金收付业务，可根据《支付结算办法》的规定，通过上述七种结算方式进行结算。

2．银行存款的会计核算

"银行存款"科目核算单位存入银行或者其他金融机构的各种存款。

行政事业单位应当设置"银行存款"科目，对行政事业单位存入银行或其他金融机构的各种存款进行核算。"银行存款"科目借方反映当期行政事业单位各种存款的增加；贷方反映当期行政事业单位各种存款的减少；本科目期末借方余额，反映行政事业单位实际存放在银行或其他金融机构的款项。具体会计处理如图 3 – 5 所示。

将款项存入银行或者其他金融机构：财务会计按照实际存入的金额，借记"银行存款"科目，贷记"库存现金""应收账款""事业收入""经营收入""其他收入"等相关科目；预算会计按照实际存入的金额，借记"资金结存——货币资金"科目，贷记"事业预算收入""其他预算收入"等科目。涉及增值税业务的，相关账务处理参见"应交增值税"科目。

收到银行存款利息：财务会计按照实际收到的金额，借记"银行存款"科目，贷记"利息收入"科目；预算会计按照实际收到的金额，借记"资金结存——货币资金"科目，贷记"其他预算收入"科目。

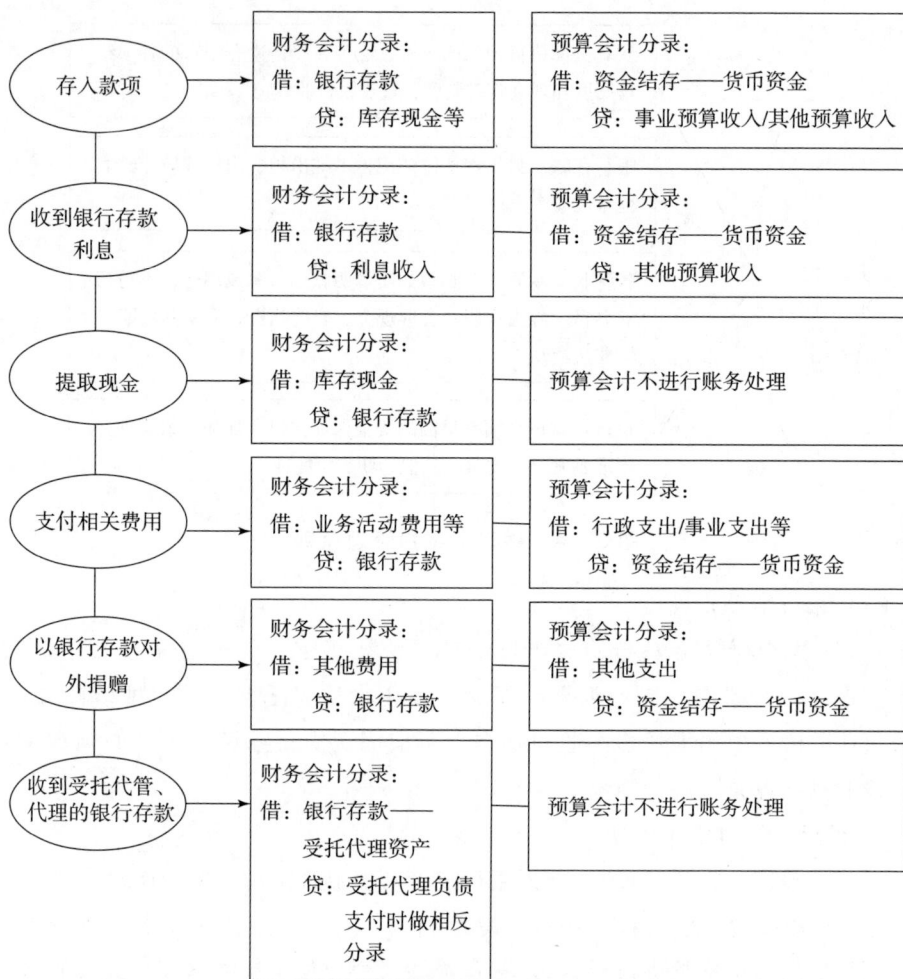

图 3-5 "银行存款"科目会计处理

从银行等金融机构提取现金：财务会计按照实际提取的金额，借记"库存现金"科目，贷记"银行存款"科目；预算会计不进行账务处理。

以银行存款支付相关费用：财务会计按照实际支付的金额，借记"业务活动费用""单位管理费用""其他费用"等相关科目，贷记"银行存款"科目；预算会计按照实际支付的金额，借记"行政支出""事业支出""其他支出"等科目，贷记"资金结存——货币资金"科目。涉及增值税业务的，相关账务处理参见"应交增值税"科目。

以银行存款对外捐赠：财务会计按照实际捐出的金额，借记"其他费用"科目，贷记"银行存款"科目；预算会计按照实际捐出的金额，借记"其他支出"科目，贷记"资金结存——货币资金"科目。

收到受托代理、代管的银行存款：财务会计按照实际收到的金额，借记"银行存款——受托代理资产"科目，贷记"受托代理负债"科目；预算会计不进行账务处理。支付受托代理、代管的银行存款：财务会计按照实际支付的金额，借记"受托代理负债"科目，贷记"银行存款——受托代理资产"科目；预算会计不进行账务处理。

【例 3-2】某事业单位发生以下银行存款收入业务。

（1）收到上级拨入事业经费 400 000 元。其会计分录如下。

财务会计分录：

借：银行存款　　　　　　　　　　　　　　　　400 000

　　贷：上级补助收入　　　　　　　　　　　　　　400 000

预算会计分录：

借：资金结存——货币资金　　　　　　　　　　400 000

　　贷：上级补助预算收入　　　　　　　　　　　　400 000

（2）销售产品收到销货款 20 000 元，增值税为 2 600 元。其会计分录如下。

财务会计分录：

借：银行存款　　　　　　　　　　　　　　　　22 600

　　贷：经营收入　　　　　　　　　　　　　　　　20 000

　　　　应交增值税——应交税金（销项税额）　　　2 600

预算会计分录：

借：资金结存　　　　　　　　　　　　　　　　22 600

　　贷：经营预算收入　　　　　　　　　　　　　　22 600

（3）收回应收账款 10 000 元，款项存入银行。其会计分录如下。

财务会计分录：

借：银行存款　　　　　　　　　　　　　　　　10 000

　　贷：应收账款　　　　　　　　　　　　　　　　10 000

预算会计分录：

借：资金结存——货币资金　　　　　　　　　　10 000

　　贷：事业预算收入　　　　　　　　　　　　　　10 000

（4）开出转账支票 1 张，拨付所属单位待核销的经费 200 000 元。其会计分录如下。

财务会计分录：

借：业务活动费用　　　　　　　　　　　　　　200 000

贷：银行存款	200 000

预算会计处理：

借：事业支出	200 000
贷：资金结存——货币资金	200 000

（5）开出转账支票1张，支付购材料所欠货款4 680元。其会计分录如下。

财务会计分录：

借：应付账款	4 680
贷：银行存款	4 680

预算会计分录：

借：经营支出	4 680
贷：资金结存——货币资金	4 680

（6）开出转账支票支付购买办公用品款，共计2 000元。其会计分录如下。

财务会计分录：

借：库存物品	2 000
贷：银行存款	2 000

预算会计分录：

借：事业支出	2 000
贷：资金结存——货币资金	2 000

【例3-3】某行政单位3月发生以下业务。

（1）3月5日以普通支票转账方式购置办公用品等，共计3 000元。其会计分录如下。

财务会计分录：

借：库存物品	3 000
贷：银行存款	3 000

预算会计分录：

借：行政支出	3 000
贷：资金结存——货币资金	3 000

（2）3月6日收到银行存款利息共计2 000元。其会计分录如下。

财务会计分录：

借：银行存款	2 000

| | | | | 贷：利息收入 | | 2 000 |

<table>
<tr><td>贷：利息收入</td><td>2 000</td></tr>
</table>

贷：利息收入　　　　　　　　　　　　　　　　　　2 000

预算会计分录：

借：资金结存——货币资金　　　　　　　　　　　　2 000

　　贷：其他预算收入——利息收入　　　　　　　　　2 000

（3）3月10日因办理询证业务支付银行手续费200元。其会计分录如下。

财务会计分录：

借：业务活动费用　　　　　　　　　　　　　　　　200

　　贷：银行存款　　　　　　　　　　　　　　　　200

预算会计分录：

借：行政支出　　　　　　　　　　　　　　　　　　200

　　贷：资金结存——货币资金　　　　　　　　　　200

单位应当按照开户银行或其他金融机构、存款种类及币种等，分别设置银行存款日记账，格式如表3-2所示。银行存款日记账由出纳人员根据收付款凭证，按照业务的发生顺序逐笔登记，每日终了应结出余额。

表3-2　　　　　　　　　　　　银行存款日记账

第　　页

| 年 | | 凭单号 | 摘要 | 科目名称 | 借方 | 贷方 | 金额 |
月	日						

银行存款日记账应定期与银行对账单核对，至少每月核对一次。月度终了，单位银行存款日记账账面余额与银行对账单余额之间如有差额，应当逐笔查明原因并进行处理，按月编制银行存款余额调节表，调节至相符。

单位银行存款日记账账面余额与银行对账单余额产生差额的原因有二：一是双方记账可能有错误；二是存在未达账项。未达账项是指因凭证在传递过程中，造成单位与银行之间入账时间不一致，一方已经入账而另一方尚未入账的账项。产生未达账项的原因有几种情况，如表3-3所示。

表3-3　　　　　　　　　　　　未达账项的类别

银行已收款入账，而单位尚未收款入账	单位已付款入账，而银行尚未付款入账
银行已付款入账，而单位尚未付款入账	单位已收款入账，而银行尚未收款入账

对未达账项进行调节的方法是将本单位银行存款日记账的余额和银行对账单的余额各自加进对方已收而自身未收的未达账项，减去对方已付而自身未付的未达账项以后，检查两方余额是否相等，调节公式如图3-6所示。在实际工作中，对未达账项的调整是通过编制银行存款余额调节表进行的。

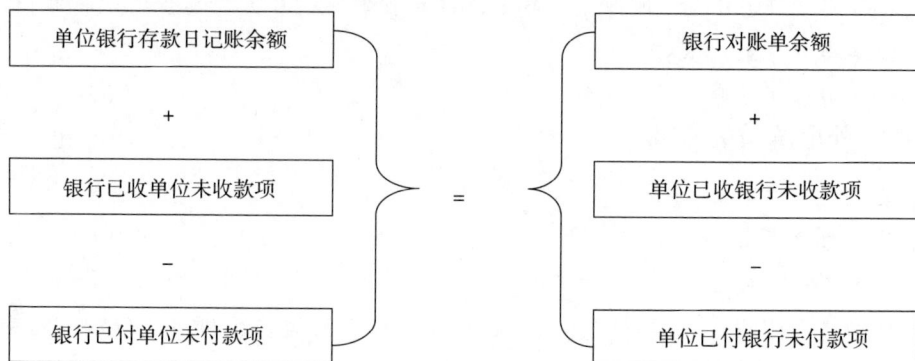

单位银行存款日记账余额		银行对账单余额
＋		＋
银行已收单位未收款项	＝	单位已收银行未收款项
－		－
银行已付单位未付款项		单位已付银行未付款项

图3-6　银行存款余额调节关系

【例3-4】某行政单位2×17年11月银行存款日记账余额为340 000元，银行对账单余额为293 200元，经过对账发现以下未达账项。

（1）11月29日，单位收到的某制药厂转账支票，该厂捐赠资金50 000元，已取得银行进账单回单，已入账，银行未收到对方银行的转账凭证，未记单位存款的增加。

（2）11月29日，单位开现金支票支付个人劳务费1 800元，单位按支票存根记账，而银行尚未收到支票，未登记单位存款的减少。

（3）11月30日银行收取的利息费用2 900元已经入账，但单位未拿到银行的收款通知，未记银行存款的增加。

（4）11月30日银行已经支付单位委托银行代付的网络费1 500元，银行已经付款入账，单位未收到付款凭证，未记银行存款的减少。

根据上述业务，编制银行存款余额调节表，见表3-4。值得指出的是，上述业务编制的银行存款余额调节表，只是找出单位银行存款日记账余额与银行对账单余额不符的原因，不能作为编制记账凭证、调整账簿记录的依据。对账簿的调整，银行与单位都必须以实际到达的银行结算凭证为依据，只要单位与银行都全部入账了，且没有记账错误，银行存款日记账余额与银行对账单的余额一定相符。

表 3 - 4   银行存款余额调节表
                            2 × 17 年 11 月 30 日   单位：元

内容摘要	金额	内容摘要	金额
银行存款日记账余额	340 000	银行对账单余额	293 200
加：银行已收，单位未收款项	2 900	加：单位已收，银行未收款项	50 000
减：银行已付，单位未付款项	1 500	减：单位已付，银行未付款项	1 800
调节后余额	341 400	调节后余额	341 400

3．外币存款的会计核算

有外币存款的行政事业单位，应在"银行存款"科目下分别设置人民币银行存款日记账和各种外币银行存款日记账，进行明细核算。

行政事业单位发生外币业务的，应当按照业务发生当日的即期汇率，将外币金额折算为人民币金额记账，并登记外币金额和汇率。

汇率有直接汇率和间接汇率两种表示方法。直接汇率是以一定单位的外国货币可兑换本国货币的金额表示；间接汇率是以一定单位的本国货币可兑换外国货币的金额表示。我国采用直接汇率。

例如，一件价值 100 元人民币的商品，如果美元对人民币汇率为 7.25，则这件商品在国际市场上的价格就是 13.79 美元。如果美元汇率涨到 7.55，也就是说美元升值，人民币贬值，该商品在国内市场上成本实际上是低了，直接使它在国际市场上的价格变低。商品的价格低，竞争力变强，肯定好卖，从而促进该商品的出口。反之，如果美元汇率跌到 6.88，也就是说美元贬值，人民币升值，必将有利于美国出口商品。同样，美元升值而人民币贬值就会有利于我国商品对美国的出口，反过来美元贬值而人民币升值却会大大刺激美国对我国的出口。

期末（一般是年度终了，外币存款业务量大的机关可按季或按月结算），各种外币账户的期末余额，应当按照期末的即期汇率折算为人民币，作为外币账户期末人民币余额。调整后的各种外币账户人民币余额与原账面余额的差额，作为汇兑损益计入当期费用。具体会计处理如图 3 - 7 所示。

以外币购买物资、设备等：财务会计按照购入当日的即期汇率将支付的外币或应支付的外币折算为人民币金额，借记"库存物品"等科目，贷记"银行存款""应付账款"等科目的外币账户；预算会计按照购入当日的即期汇率将支付的外币或应支付的外币折算为人民币金额，借记"事业支出"等科目，贷记"资金结存——货币资金"科目。涉及增值税业务的，相关账务处理参见"应交增值税"科目。

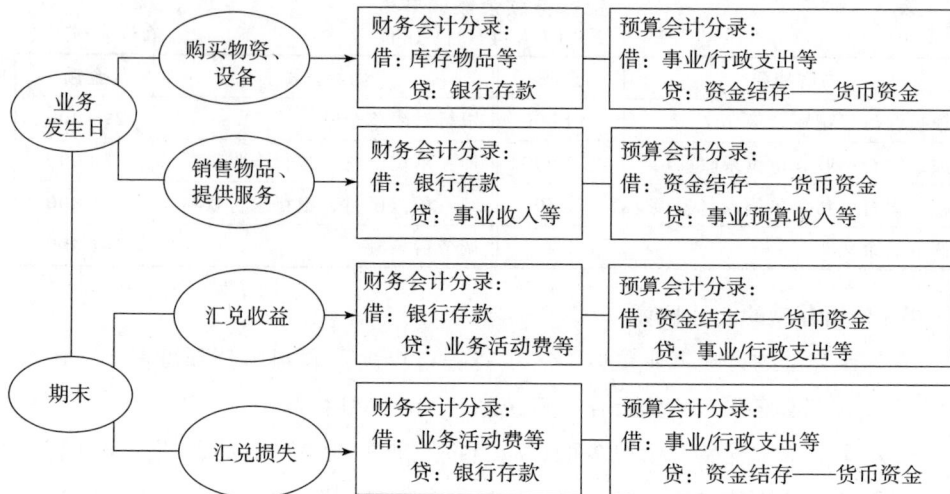

图 3 - 7　外币业务会计处理

销售物品、提供服务以外币收取相关款项等：财务会计按照收入确认当日的即期汇率将收取的外币或应收取的外币折算为人民币金额，借记"银行存款""应收账款"等科目的外币账户，贷记"事业收入"等相关科目；预算会计按照收入确认当日的即期汇率将收取的外币或应收取的外币折算为人民币金额，借记"资金结存——货币资金"科目，贷记"事业预算收入"等科目。

期末，根据各外币银行存款账户按照期末汇率调整后的人民币余额与原账面人民币余额的差额，作为汇兑损益：财务会计借记或贷记"银行存款"科目，贷记或借记"业务活动费用""单位管理费用"等科目；预算会计借记或贷记"资金结存——货币资金"科目，贷记或借记"行政支出""事业支出"等科目。

"应收账款""应付账款"等科目有关外币账户期末汇率调整业务的账务处理参照本科目。

【例 3 - 5】2×20 年 11 月 1 日某行政单位的美元银行存款账户余额为500 000 美元，共折合人民币 3 300 000 元；11 月 6 日该单位以 200 000 美元的价格从国外购进一批固定资产，当日的汇率为 1 美元＝6.53 元人民币。11 月 30 日的汇率为 1 美元＝6.50 元人民币。其会计分录如下。

（1）购进固定资产时。

财务会计分录：

借：固定资产　　　　　　　　　　　　　　　　　　　1 306 000

$\qquad$ 贷：银行存款——美元户 $\qquad$ 1 306 000

预算会计分录：

借：行政支出 $\qquad$ 1 306 000

$\qquad$ 贷：资金结存——货币资金 $\qquad$ 1 306 000

（2）月底计算汇兑损益时。

计算汇兑损益前"银行存款——美元户"科目的余额 = 3 300 000 − 1 306 000 = 1 994 000（元）

月末美元账户余额折合人民币金额 =（500 000 − 200 000）× 6.50 = 1 950 000（元）

11 月汇兑损失 = 1 994 000 − 1 950 000 = 44 000（元）

财务会计分录：

借：业务活动费用 $\qquad$ 44 000

$\qquad$ 贷：银行存款 $\qquad$ 44 000

预算会计分录：

借：行政支出 $\qquad$ 44 000

$\qquad$ 贷：资金结存——货币资金 $\qquad$ 44 000

3.1.3　零余额账户用款额度

零余额账户用款额度是指实行国库集中支付的行政事业单位根据财政部门批复的用款计划收到和支用的零余额账户用款额度。

1. 零余额账户概念

零余额账户是指财政部门和预算单位在商业银行开设的账户，用于财政直接支付和财政授权支付及清算。支付的资金由代理银行在每天规定的时间内与人民银行通过国库账户进行清算，将当天支付的所有资金从人民银行国库划到代理银行账户，当天轧账后，账户的余额为零。

2. 零余额账户用款额度的会计核算

行政事业单位应当设置"零余额账户用款额度"科目，对实行国库集中支付的行政事业单位根据财政部门批复的用款计划收到和支用的零余额账户用款额度进行核算。本科目期末借方余额，反映行政事业单位尚未支用的零余额账户用款额度。年度终了注销单位零余额账户用款额度后，本科目应无余额。

（1）收到额度

单位收到财政授权支付到账通知书时：财务会计根据通知书所列金额，借记"零余额账户用款额度"科目，贷记"财政拨款收入"科目；预算会计根据通知书所列金额，借记"资金结存——零余额账户用款额度"科目，贷记"财政拨款预算收入"科目。具体会计核算如图 3－8 所示。

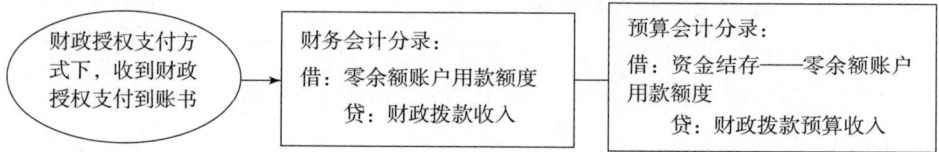

图 3－8　财政授权支付方式下零余额账户用款额度的会计核算

（2）支用额度

①支付日常活动费用时：财务会计按照支付的金额，借记"业务活动费用""单位管理费用"等科目，贷记"零余额账户用款额度"科目；预算会计按照支付的金额，借记"行政支出""事业支出"等科目，贷记"资金结存——零余额账户用款额度"科目。具体会计核算如图 3－9 所示。

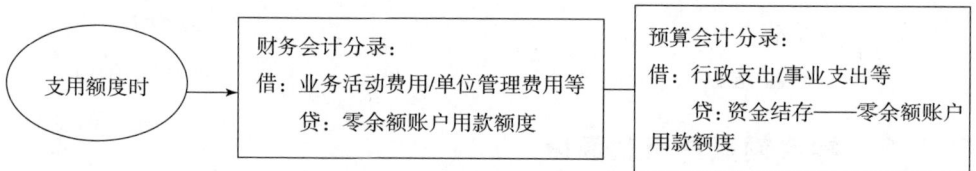

图 3－9　零余额账户用款额度支用额度的会计核算

②购买库存物品或购建固定资产：财务会计按照实际发生的成本，借记"库存物品""固定资产""在建工程"等科目，按照实际支付或应付的金额，贷记"零余额账户用款额度""应付账款"等科目；预算会计按照支付的金额，借记"行政支出""事业支出"等科目，贷记"资金结存——零余额账户用款额度"科目。涉及增值税业务的，相关账务处理参见"应交增值税"科目。

③从零余额账户提取现金时：财务会计按照实际提取的金额，借记"库存现金"科目，贷记"零余额账户用款额度"科目；预算会计按照实际提取的金额，借记"资金结存——货币资金"科目，贷记"资金结存——零余额账户用款额度"科目。

（3）支付额度退回

因购货退回等发生财政授权支付额度退回的，属于以前年度支付的款项：财务会计按照退回金额，借记"零余额账户用款额度"科目，贷记"以前年度盈余调整""库存物品"等有关科目；预算会计按照退回金额，借记"资金结存——零余额账户用款额度"科目，贷记"财政拨款结转——年初余额调整"
"财政拨款结余——年初余额调整"科目。

属于本年度支付的款项：财务会计按照退回金额，借记"零余额账户用款
额度"科目，贷记"库存物品"等有关科目；预算会计按照退回金额，借记
"资金结存——零余额账户用款额度"科目，贷记"行政支出""事业支出"等
科目。具体会计核算如图 3 - 10 所示。

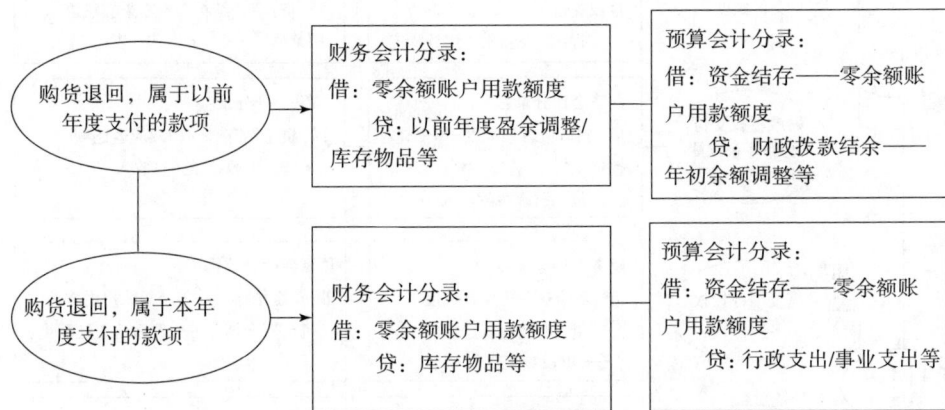

图 3 - 10　零余额账户用款额度发生退回的会计核算

（4）年末注销额度

年末，根据代理银行提供的对账单做注销额度的相关账务处理：财务会计
借记"财政应返还额度——财政授权支付"科目，贷记"零余额账户用款额度"
科目；预算会计借记"资金结存——财政应返还额度"科目，贷记"资金结
存——零余额账户用款额度"科目。

单位本年度财政授权支付预算指标数大于零余额账户用款额度下达数的，
根据两者间的差额：财务会计借记"财政应返还额度——财政授权支付"科目，
贷记"财政拨款收入"科目；预算会计借记"资金结存——财政应返还额度"
科目，贷记"财政拨款预算收入"科目。

（5）下年初恢复额度

下年初，单位根据代理银行提供的上年度注销额度恢复到账通知书做恢复
额度的相关账务处理：财务会计借记"零余额账户用款额度"科目，贷记"财
政应返还额度——财政授权支付"科目；预算会计借记"资金结存——零余额
账户用款额度"科目，贷记"资金结存——财政应返还额度"科目。

单位收到财政部门批复的上年度未下达零余额账户用款额度：财务会计借

记"零余额账户用款额度"科目，贷记"财政应返还额度——财政授权支付"科目；预算会计借记"资金结存——零余额账户用款额度"科目，贷记"资金结存——财政应返还额度"科目。

零余额账户用款额度注销与恢复的会计核算如图3-11所示。

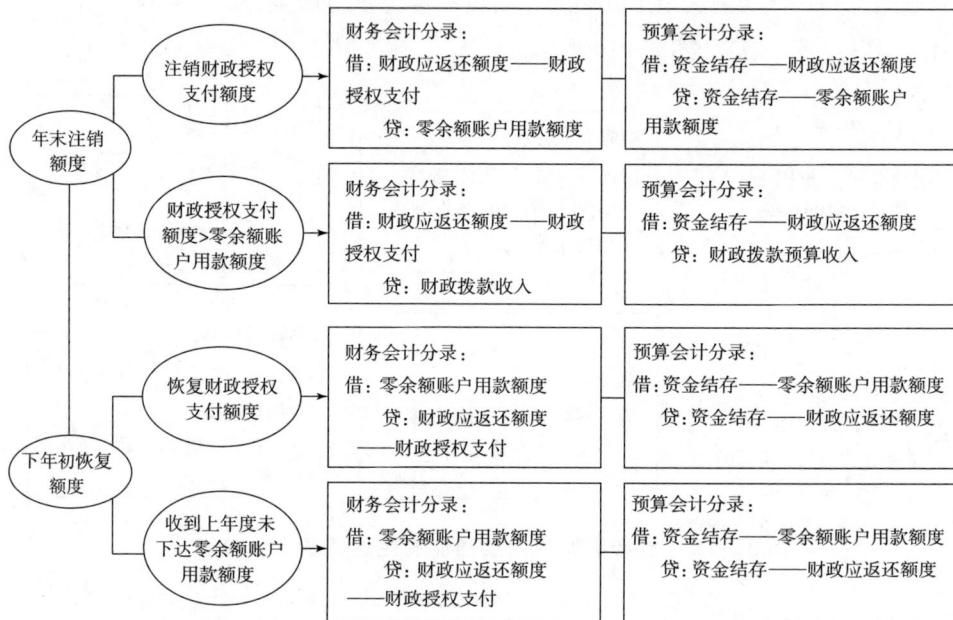

图3-11 零余额账户用款额度注销与恢复的会计核算

【例3-6】某行政事业单位4月发生以下业务。

（1）4月1日收到财政授权支付额度到账通知书，收到财政拨款200 000元。其会计分录如下。

财务会计分录：

借：零余额账户用款额度   200 000

    贷：财政拨款收入   200 000

预算会计分录：

借：资金结存——零余额账户用款额度   200 000

    贷：财政拨款预算收入   200 000

（2）4月5日使用零余额账户用款额度50 000元购进一批存货。其会计分录如下。

财务会计分录：

借：库存物品   50 000

　　贷：零余额账户用款额度　　　　　　　　　　　　50 000
　预算会计分录：
　　借：行政支出/事业支出　　　　　　　　　　　　　50 000
　　　贷：资金结存——零余额账户用款额度　　　　　50 000

3.1.4　其他货币资金

　　"其他货币资金"科目核算单位的外埠存款、银行本票存款、银行汇票存款、信用卡存款等各种其他货币资金。本科目应当设置"外埠存款""银行本票存款""银行汇票存款""信用卡存款"等明细科目，进行明细核算。本科目期末借方余额，反映单位实际持有的其他货币资金。单位应当加强对其他货币资金的管理，及时办理结算，对逾期尚未办理结算的银行汇票、银行本票等，应当按照规定及时转回，具体账务处理见图 3 - 12。

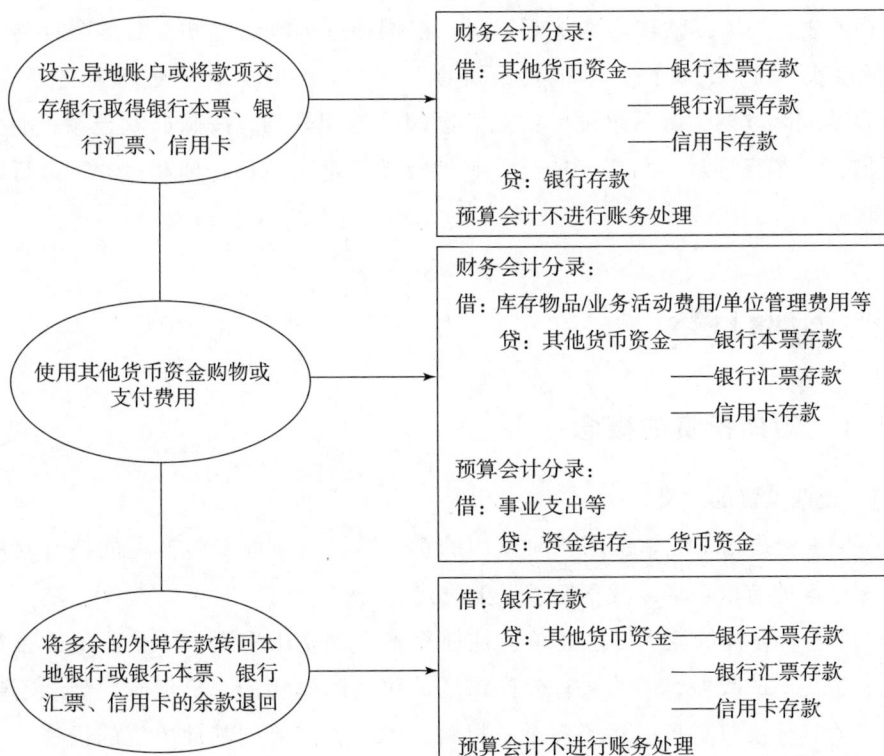

图 3 - 12　其他货币资金账务处理

　（1）形成货币资金
　单位按照有关规定需要在异地开立银行账户，将款项委托本地银行汇往异地开立账户时：财务会计借记"其他货币资金"科目，贷记"银行存款"科目；预算会计不进行账务处理。将款项交存银行取得银行本票、银行汇票，按照取得的银行本票、银行汇票金额：财务会计借记"其他货币资金"科目，贷记"银行存款"科目；预算会计不进行账务处理。将款项交存银行取得信用卡，按照交存金额：财务会计借记"其他货币资金"科目，贷记"银行存款"科目；预算会计不进行账务处理。

（2）发生支付

收到采购员交来供应单位发票账单等报销凭证或使用银行本票、银行汇票和信用卡购物时：财务会计借记"库存物品"等科目，贷记"其他货币资金"科目；预算会计按照实际支付金额，借记"事业支出"等科目，贷记"资金结存——货币资金"科目。

（3）余款退回

将多余的外埠存款转回本地银行时，根据银行的收账通知：财务会计借记"银行存款"科目，贷记"其他货币资金"科目；预算会计不进行账务处理。如有余款或因本票、汇票超过付款期等原因而退回款项，按照退款金额：财务会计借记"银行存款"科目，贷记"其他货币资金"科目；预算会计不进行账务处理。

3.2 短期投资

3.2.1 短期投资的概念

1. 短期投资的定义

短期投资是指事业单位用暂时不用的资金购买各种能随时变现的持有时间不超过一年的有价证券以及不超过一年的其他投资。

由于各种各样的原因，事业单位往往有多余的货币资金，为了获得比银行存款利息更高的收益，可购买有公开市场的可随时抛售的有价证券。至于不超过一年的其他投资是指以货币资金、材料、固定资产等向其他单位的投资，这种投资在一年内可以收回。在事业单位，短期投资主要是国债投资，一般按照国债投资的种类进行明细核算。

2. 短期投资的特征

短期投资相对于长期债券投资和长期股权投资，通常具有以下两个特征。

①投资目的很明确，是事业单位为了提高暂时闲置资金的使用效率和效益而进行的对外投资，也包括以赚取差价为目的。

②投资时间短，事业单位为了能够实现及时变现的目的，通常投资于二级市场上公开交易的股票、债券、基金等，这些资产在市场上极易变现。这些资产既可能是债权性的，也可能是股权性的。

事业单位应当严格遵守国家法律、行政法规以及财政部门、主管部门关于对外投资的有关规定，对短期投资按照投资的种类等进行明细核算。

3.2.2 短期投资的会计核算

事业单位应当设置"短期投资"科目，对事业单位按照规定取得的，持有时间不超过 1 年（含 1 年）的投资进行核算，"短期投资"科目应当按照投资的种类等进行明细核算。"短期投资"科目的借方反映当期事业单位短期投资的增加；贷方反映当期事业单位出售或收回的短期投资；"短期投资"科目期末借方余额，反映事业单位持有短期投资的成本。具体账务处理如图 3-13 所示。

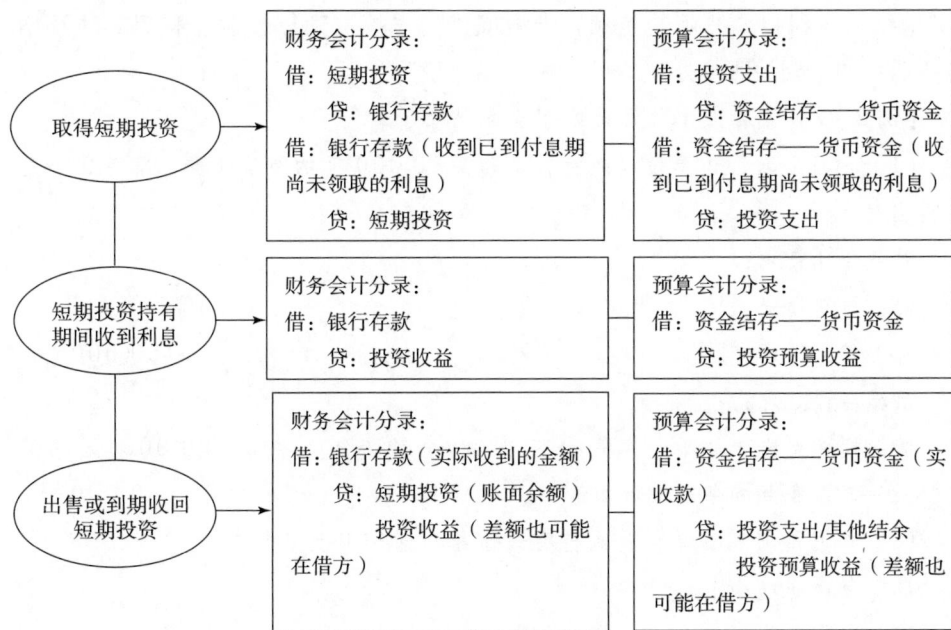

图 3-13 短期投资账务处理

（1）取得短期投资

财务会计按照确定的投资成本，借记"短期投资"科目，贷记"银行存款"等科目；预算会计按照确定的投资成本，借记"投资支出"科目，贷记"资金结存——货币资金"科目。收到取得投资时实际支付价款中包含的已到付息期但尚未领取的利息：财务会计按照实际收到的金额，借记"银行存款"科目，贷记"短期投资"科目；预算会计按照实际收到的金额，借记"资金结存——货币资金"科目，贷记"投资支出"科目。

（2）收到投资收益

收到短期投资持有期间的利息：财务会计按照实际收到的金额，借记"银行存款"科目，贷记"投资收益"科目；预算会计按照实际收到的金额，借记"资金结存——货币资金"科目，贷记"投资预算收益"科目。

（3）出售或到期收回短期投资

出售短期投资或到期收回短期投资本息：财务会计按照实际收到的金额，借记"银行存款"科目，按照出售或收回短期投资的账面余额，贷记"短期投资"科目，按照其差额，借记或贷记"投资收益"科目；预算会计按照实际收到的金额，借记"资金结存——货币资金"科目，按照出售或收回当年投资的金额，贷记"投资支出"科目，或按照出售或收回以前年度投资的金额，贷记"其他结余"科目，按照其差额，借记或贷记"投资预算收益"科目。涉及增值税业务的，相关账务处理参见"应交增值税"科目。

【例3-7】某事业单位发生以下业务。

（1）3月1日，该单位以银行存款购买50 000元的有价债券，准备9个月之内出售。

财务会计分录：

借：短期投资   50 000

    贷：银行存款   50 000

预算会计分录：

借：投资支出   50 000

    贷：资金结存——货币资金   50 000

（2）6月1日，该单位收到持有该债券利息500元。

财务会计分录：

借：银行存款   500

    贷：投资收益   500

预算会计分录：

借：资金结存——货币资金   500

    贷：投资预算收益   500

（3）12 月 1 日，该单位出售该债券，收到 50 500 元，并收到持有期间的其他利息 1 500 元。

财务会计分录：

借：银行存款　　　　　　　　　　　　　　　　　52 000

　　贷：短期投资　　　　　　　　　　　　　　　　　50 000

　　　　投资收益　　　　　　　　　　　　　　　　　2 000

预算会计分录：

借：资金结存——货币资金　　　　　　　　　　　52 000

　　贷：投资支出　　　　　　　　　　　　　　　　　50 000

　　　　投资预算收益　　　　　　　　　　　　　　　2 000

3.3　应收及预付款项

3.3.1　财政应返还额度

1. 财政应返还额度的概念

财政应返还额度是指实行国库集中支付的单位应收财政返还的资金额度。

2. 财政应返还额度的会计核算

行政事业单位应当设置"财政应返还额度"科目，对实行国库集中支付的行政事业单位应收财政返还的资金额度进行核算，包括可以使用的以前年度财政直接支付资金额度和财政应返还的财政授权支付资金额度。本科目应当设置"财政直接支付""财政授权支付"两个明细科目进行明细核算。本科目期末借方余额，反映行政事业单位应收财政返还的资金额度。"财政应返还额度"科目的会计核算见表 3 - 5。

表 3 - 5　　　　　"财政应返还额度"科目的会计核算

财政直接支付		财政授权支付	
年末本年度预算指标数与当年实际支付数的差额	财务会计分录： 借：财政应返还额度——财政直接支付 　　贷：财政拨款收入 预算会计分录： 借：资金结存——财政应返还额度 　　贷：财政拨款预算收入	年末本年度预算指标数大于额度下达数的，根据未下达的用款额度	财务会计分录： 借：财政应返还额度——财政授权支付 　　贷：财政拨款收入 预算会计分录： 借：资金结存——财政应返还额度 　　贷：财政拨款预算收入

续表

财政直接支付		财政授权支付	
下年度使用以前年度财政直接支付额度支付款项时	财务会计分录： 借：业务活动费用/单位管理费用/库存物品等 　　贷：财政应返还额度——财政直接支付 预算会计分录： 借：行政支出/事业支出等 　　贷：资金结存——财政应返还额度	年末根据代理银行提供的对账单做银行注销额度的相关账务处理	财务会计分录： 借：财政应返还额度——财政授权支付 　　贷：零余额账户用款额度 预算会计分录： 借：资金结存——财政应返还额度 　　贷：资金结存——零余额账户用款额度
		下年初额度恢复和下年初收到财政部门批复的上年末未下达零余额账户用款额度	财务会计分录： 借：零余额账户用款额度 　　贷：财政应返还额度——财政授权支付 预算会计分录： 借：资金结存——零余额账户用款额度 　　贷：资金结存——财政应返还额度

（1）财政直接支付

年末，单位根据本年度财政直接支付预算指标数大于当年财政直接支付实际发生数的差额：财务会计借记"财政应返还额度——财政直接支付"科目，贷记"财政拨款收入"科目；预算会计借记"资金结存——财政应返还额度"科目，贷记"财政拨款预算收入"科目。单位使用以前年度财政直接支付额度支付款项：财务会计借记"业务活动费用""单位管理费用"等科目，贷记"财政应返还额度——财政直接支付"科目；预算会计借记"行政支出""事业支出"等科目，贷记"资金结存——财政应返还额度"科目。

（2）财政授权支付

年末，根据代理银行提供的对账单做注销额度的相关账务处理：财务会计借记"财政应返还额度——财政授权支付"科目，贷记"零余额账户用款额度"科目；预算会计借记"资金结存——财政应返还额度"科目，贷记"资金结存——零余额账户用款额度"科目。年末，单位本年度财政授权支付预算指标数大于零余额账户用款额度下达数的，根据未下达的用款额度：财务会计借记"财政应返还额度——财政授权支付"科目，贷记"财政拨款收入"科目；预算会计借记"资金结存——财政应返还额度"科目，贷记"财政拨款预算收入"

科目。

　　下年年初，单位根据代理银行提供的上年度注销额度恢复到账通知书做恢复额度和下年初收到财政部门批复的上年末未下达零余额账户用款额度的相关账务处理：财务会计借记"零余额账户用款额度"科目，贷记"财政应返还额度——财政授权支付"科目；预算会计借记"资金结存——零余额账户用款额度"科目，贷记"资金结存——财政应返还额度"科目。

　　【例 3－8】某行政单位当年财政直接支付的预算指标数为 1 000 000 元，当年财政直接支付实际支出数为 800 000 元。其年末会计处理如下。

　　财务会计分录：

　　借：财政应返还额度——财政直接支付　　　　　　　　200 000
　　　　贷：财政拨款收入　　　　　　　　　　　　　　　　　　200 000

　　预算会计分录：

　　借：资金结存——财政应返还额度　　　　　　　　　　200 000
　　　　贷：财政拨款预算收入　　　　　　　　　　　　　　　　200 000

　　下一年该行政单位使用以前年度财政直接支付额度 30 000 元购买办公用品，其会计处理如下。

　　财务会计分录：

　　借：库存物品　　　　　　　　　　　　　　　　　　　　30 000
　　　　贷：财政应返还额度——财政直接支付　　　　　　　　　30 000

　　预算会计分录：

　　借：行政支出　　　　　　　　　　　　　　　　　　　　30 000
　　　　贷：资金结存——财政应返还额度　　　　　　　　　　　30 000

3.3.2　应收票据

1. 应收票据的概念及分类

　　应收票据是指事业单位因销售产品、从事经营活动而收到的商业票据。商业票据是一种载有一定付款日期、付款地点、付款金额和付款人的无条件支付的流通证券，也是一种可以由持票人自由转让给他人的债权凭证。会计上作为应收票据处理的是指事业单位采用商业汇票结算方式销售商品、产品而收到的商业汇票。商业汇票是由出票人签发的、指定付款人在一定日期支付一定金额给收款人或持票人的票据，通常涉及出票人、付款人、收款人三方。应收票据的分类如表 3－6 所示。

表 3 - 6　　　　　　　　　　　　应收票据的分类

分类标准	项目	主要内容
按承兑人分类	商业承兑汇票	商业承兑汇票是由收款人签发，经付款人承兑，或由付款人签发并承兑的票据
	银行承兑汇票	银行承兑汇票是由收款人或承兑申请人签发，并由承兑申请人向银行申请，由银行审查并承兑的票据
按是否计息分类	带息票据	带息票据是指注明利率及付息日期的票据，短期票据可在票据到期时一次付息
	不带息票据	不带息票据是指到期只按面额支付，不需要支付利息的票据

2. 应收票据的会计核算

事业单位应设置"应收票据"科目，核算事业单位因开展经营活动销售产品、提供有偿服务等而收到的商业汇票，包括银行承兑汇票和商业承兑汇票。本科目应当按照开出、承兑商业汇票的单位等进行明细核算。本科目期末借方余额，反映事业单位持有的商业汇票票面金额。"应收票据"科目的会计处理如图 3 - 14 所示。

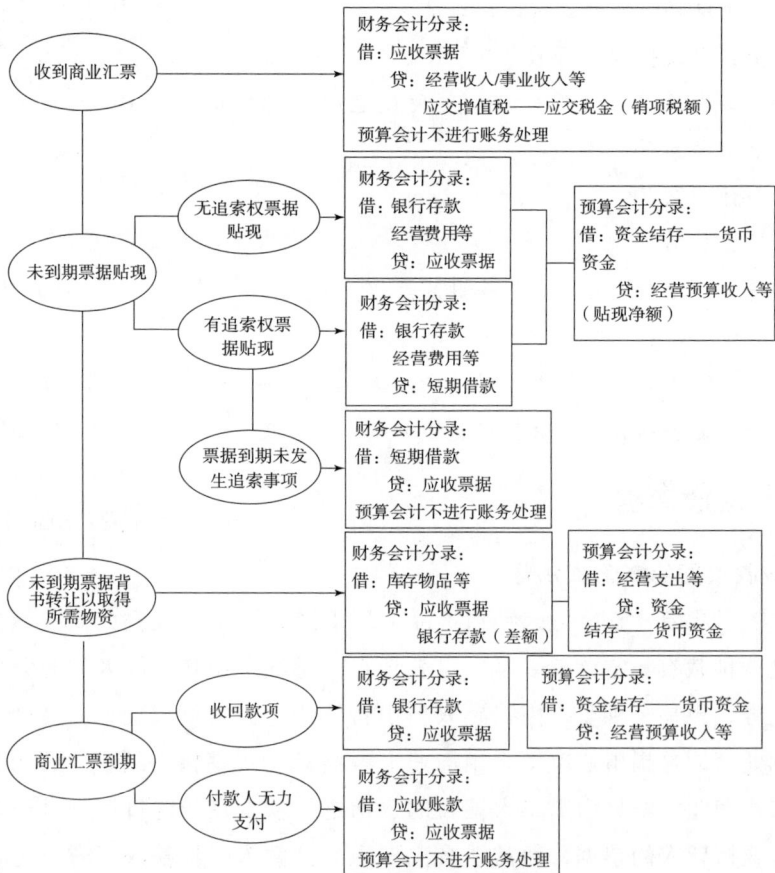

图 3 - 14　"应收票据"科目的会计处理

因销售产品、提供服务等收到商业汇票，按照商业汇票的票面金额：财务会计借记"应收票据"科目，按照确认的收入金额，贷记"经营收入"等科目；预算会计不进行账务处理。涉及增值税业务的，相关账务处理参见"应交增值税"科目。

商业汇票到期时，应当分别以下情况处理。

（1）收回票款时，按照实际收到的商业汇票票面金额：财务会计借记"银行存款"科目，贷记"应收票据"科目；预算会计借记"资金结存——货币资金"科目，贷记"经营预算收入"等科目。

（2）因付款人无力支付票款，收到银行退回的商业承兑汇票、委托收款凭证、未付票款通知书或拒付款证明等，按照商业汇票的票面金额：财务会计借记"应收账款"科目，贷记"应收票据"科目；预算会计不进行账务处理。

【例 3-9】某事业单位发生以下会计业务。

（1）销售 M 产品一批给甲公司，货已发出，价款为 20 000 元，增值税为 2 600 元。按合同约定 2 个月后付款，甲公司交给该事业单位 1 张 2 个月到期的商业承兑汇票，面值为 22 600 元。其会计分录如下。

财务会计分录：

借：应收票据　　　　　　　　　　　　　　　22 600

　　贷：经营收入　　　　　　　　　　　　　　　　20 000

　　　　应交增值税——应交税金（销项税额）　　　2 600

预算会计不进行账务处理。

（2）票据在 2 个月后到期，收回款项 22 600 元，存入银行。其会计分录如下。

财务会计分录：

借：银行存款　　　　　　　　　　　　　　　22 600

　　贷：应收票据　　　　　　　　　　　　　　　　22 600

预算会计分录：

借：资金结存——货币资金　　　　　　　　　22 600

　　贷：经营预算收入　　　　　　　　　　　　　　22 600

事业单位持有的应收票据，在到期前可以用背书形式转让给银行。银行同意接受时，要预扣自贴现日至到期日的利息，将其余额即贴现净额支付给事业单位。这种利用票据向银行融资的做法，被称为应收票据贴现。银行所预扣的利息，称贴现息。计算贴现的利率，称贴现率。

计算贴现净额的步骤如下。

①计算到期值：

$$票据到期值 = 面值 \times (1 + 利率 \times 期限)$$

对于无息票据来说，到期值就是其面值。

②计算贴现息：

$$贴现息 = 票据到期值 \times 银行贴现率 \times 贴现期限$$

$$贴现期限 = 票据有效天数 - 单位持有天数$$

③计算贴现净额：

$$贴现净额 = 票据到期值 - 贴现息$$

持未到期的商业汇票向银行贴现：财务会计按照实际收到的金额（即扣除贴现息后的净额），借记"银行存款"科目，按照贴现息金额，借记"经营费用"等科目，按照商业汇票的票面金额，贷记"应收票据"科目（无追索权）或"短期借款"科目（有追索权）；预算会计借记"资金结存——货币资金"科目，按照贴现净额，贷记"经营预算收入"科目。附追索权的商业汇票到期未发生追索事项的：财务会计按照商业汇票的票面金额，借记"短期借款"科目，贷记"应收票据"科目；预算会计不进行账务处理。

【例3-10】事业单位销售 M 产品一批给乙公司，货已发出，货款为40 000元，增值税为5 200元。按合同约定90天付款，乙公司交给该事业单位1张90天到期的商业承兑无息汇票，面值为45 200元。该事业单位60天后持此票据到银行贴现，贴现率为12%，无追索权。其会计分录如下。

（1）该事业单位收到票据时。

财务会计分录：

借：应收票据　　　　　　　　　　　　　　　　　　45 200

　　贷：经营收入　　　　　　　　　　　　　　　　40 000

　　　　应交增值税——应交税金（销项税额）　　　 5 200

预算会计不进行账务处理。

（2）该事业单位办理贴现时。

贴现息 = 45 200 × 12% × (30 ÷ 360) = 452（元）

扣除贴现息后的净额 = 45 200 - 452 = 44 748（元）

财务会计分录：

借：银行存款　　　　　　　　　　　　　　　　　　44 748

　　经营费用　　　　　　　　　　　　　　　　　　　 452

　　　　贷：应收票据　　　　　　　　　　　　　　　45 200
　　预算会计分录：
　　借：资金结存——货币资金　　　　　　　　　　44 748
　　　　贷：经营预算收入　　　　　　　　　　　　　44 748

　　将持有的商业汇票背书转让以取得所需物资时：财务会计按照取得物资的成本，借记"库存物品"等科目，按照商业汇票的票面金额，贷记"应收票据"科目，如有差额，借记或贷记"银行存款"等科目；预算会计借记"经营支出"等科目，贷记"资金结存——货币资金"科目。涉及增值税业务的，相关账务处理参见"应交增值税"科目。

　　事业单位应当设置应收票据备查簿，逐笔登记每一应收票据的种类、号数、出票日期、到期日、票面金额、交易合同号和付款人、承兑人、背书人姓名或单位名称、背书转让日、贴现日期、贴现率和贴现净额、收款日期、收回金额和退票情况等。应收票据到期结清票款或退票后，应当在备查簿内逐笔注销。

3.3.3　应收账款

　　应收账款，是指事业单位因提供劳务、开展有偿服务以及销售产品等业务形成的应向客户收取的款项以及行政事业单位出租资产、出售物资等应当收取而尚未收取的款项。应收账款不包括借出款、备用金、应向职工收取的各种垫付款项等。

应收账款的会计核算

　　事业单位应当设置"应收账款"科目，对因销售产品、商品，提供劳务，开展有偿服务等业务而应收取的款项以及行政事业单位出租资产、出售物资等应当收取的款项进行核算。本科目应当按照债务单位（或个人）进行明细核算。"应收账款"科目借方反映当期单位应收账款的增加；贷方反映当期单位应收账款的减少；本科目期末借方余额，反映单位尚未收回的应收账款。具体会计处理如图 3-15 所示。

　　（1）应收账款收回后不需上缴财政

　　单位发生应收账款时，按照应收未收金额：财务会计借记"应收账款"科目，贷记"事业收入""经营收入""租金收入""其他收入"等科目；预算会计不进行账务处理。涉及增值税业务的，相关账务处理参见"应交增值税"科目。

　　收回应收账款时，按照实际收到的金额：财务会计借记"银行存款"等科

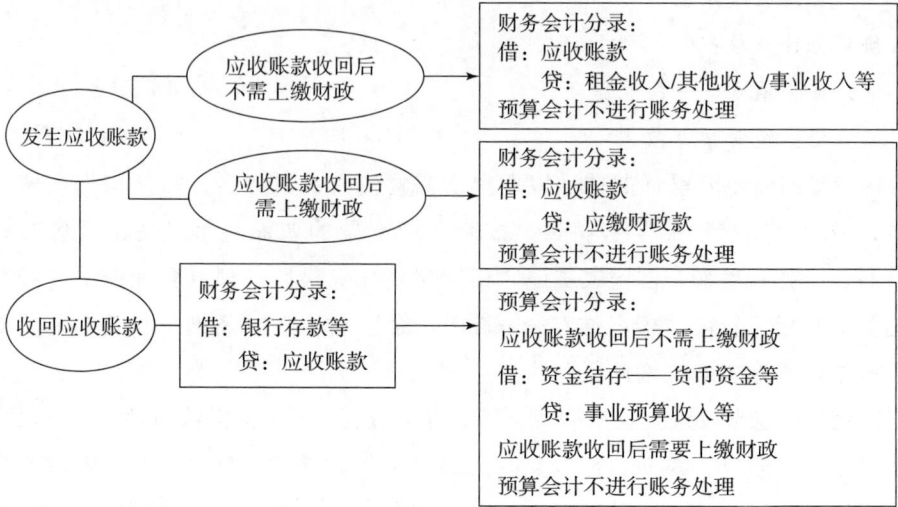

图 3-15 "应收账款"的会计处理

目，贷记"应收账款"科目；预算会计借记"资金结存——货币资金"等科目，贷记"事业预算收入""经营预算收入""其他预算收入"等科目。

（2）应收账款收回后需上缴财政

单位出租资产、出售物资发生应收未收款项时，按照应收未收金额：财务会计借记"应收账款"科目，贷记"应缴财政款"科目；预算会计不进行账务处理。

收回应收账款时，按照实际收到的金额：财务会计借记"银行存款"等科目，贷记"应收账款"科目；预算会计不进行账务处理。涉及增值税业务的，相关账务处理参见"应交增值税"科目。

【例 3-11】某行政单位向外出租资产，月租金为 20 000 元，4 月 6 日收到租金。

（1）其月末确认租金的会计分录如下。

财务会计分录：

借：应收账款 20 000

    贷：应缴财政款 20 000

预算会计不进行账务处理。

（2）收到租金时其会计分录如下。

财务会计分录：

借：银行存款 20 000

　　　　贷：应收账款　　　　　　　　　　　　　　　　　20 000

预算会计分录：

①应收账款收回后需上缴财政，不进行账务处理。

②应收账款收回后不需上缴财政的会计分录如下。

借：资金结存——货币资金　　　　　　　　　　　　　20 000

　　　贷：事业预算收入　　　　　　　　　　　　　　　　20 000

（3）应收账款的核销

　　单位应当于每年年末，对收回后应当上缴财政的应收账款进行全面检查。对于账龄超过规定年限、确认无法收回的应收账款，按照规定报经批准后予以核销。按照核销金额，财务会计借记"应缴财政款""坏账准备"科目，贷记"应收账款"科目；预算会计不进行账务处理。核销的应收账款应当在备查簿中保留登记。

　　已核销需上缴财政的应收账款在以后期间又收回的，按照实际收回金额：财务会计借记"银行存款"等科目，贷记"应缴财政款"科目；预算会计不进行账务处理。已核销不需上缴财政的应收账款在以后期间又收回的：按照实际收回金额，财务会计借记"应收账款"科目，贷记"坏账准备"科目，同时借记"银行存款"科目，贷记"应收账款"科目；预算会计借记"资金结存——货币资金"科目，贷记"非财政拨款结余"等科目。

事业单位坏账准备的会计处理

　　事业单位应当设置"坏账准备"科目。事业单位应当于每年年末，对收回后不需上缴财政的应收账款进行全面检查，如发生不能收回的迹象，应当计提坏账准备。"坏账准备"科目应当分应收账款和其他应收款进行明细核算。"坏账准备"科目的贷方登记当期计提的坏账准备金额，借方登记实际发生的坏账损失金额和冲减的坏账准备金额，期末余额一般在贷方，反映事业单位已计提但尚未转销的坏账准备。

（1）坏账准备的计提

　　事业单位应当于每年年末，对收回后不需上缴财政的应收账款和其他应收款进行全面检查，分析其可收回性，对预计可能产生的坏账损失计提坏账准备、确认坏账损失。

　　事业单位可以采用应收款项余额百分比法、账龄分析法、个别认定法等方法计提坏账准备。坏账准备计提方法一经确定，不得随意变更。如需变更，应当按照规定报经批准，并在财务报表附注中予以说明。当期应补提或冲减的坏账准备金额的计算公式如下。

当期应补提或冲减的坏账准备＝按照期末应收账款和其他应收款计算应计提的坏账准备金额－本科目期末贷方余额（或＋本科目期末借方余额）

按照期末应收账款和其他应收款计算应计提的坏账准备金额大于本科目期末贷方余额时：财务会计当期计提坏账准备，借记"其他费用"科目，贷记"坏账准备"科目；预算会计不进行账务处理。按照期末应收账款和其他应收款计算应计提的坏账准备金额小于本科目期末贷方余额时：财务会计当期冲减坏账准备时，借记"坏账准备"科目，贷记"其他费用"科目；预算会计不进行账务处理。

（2）坏账损失实际发生

对于账龄超过规定年限并确认无法收回的应收账款、其他应收款，应当按照有关规定报经批准后，按照无法收回的金额：财务会计借记"坏账准备"科目，贷记"应收账款""其他应收款"科目；预算会计不进行账务处理。核销的应收账款应在备查簿中保留登记。

应收账款的核销和"坏账准备"科目的会计核算如图 3－16 所示。

3.3.4　预付账款

预付账款是指行政事业单位按照购货、服务合同或协议规定预付给供应单位（或个人）的款项，以及按照合同规定向承包工程的施工企业预付的备料款和工程款。预付账款与应收账款都属于流动资产，两者的主要区别是：预付账款是由购货引起的，反映单位处于购买方的债权地位；应收账款是由销货引起的，反映单位处于供应方的债权地位。

（一）预付账款的会计核算

行政事业单位应当设置"预付账款"科目，核算单位按照购货、服务合同或协议规定预付给供应单位（或个人）的款项，以及按照合同规定向承包工程的施工企业预付的备料款和工程款。本科目应当按照供应单位（或个人）及具体项目进行明细核算；对基本建设项目发生的预付账款，还应当在本科目所属基建项目明细科目下设置"预付备料款""预付工程款""其他预付款"等明细科目，进行明细核算。

"预付账款"科目借方反映当期行政事业单位预付账款的增加；贷方反映当期行政事业单位预付账款的减少；本科目期末借方余额，反映行政事业单位实际预付但尚未结算的款项。在"预付账款"科目进行的会计核算如图 3－17

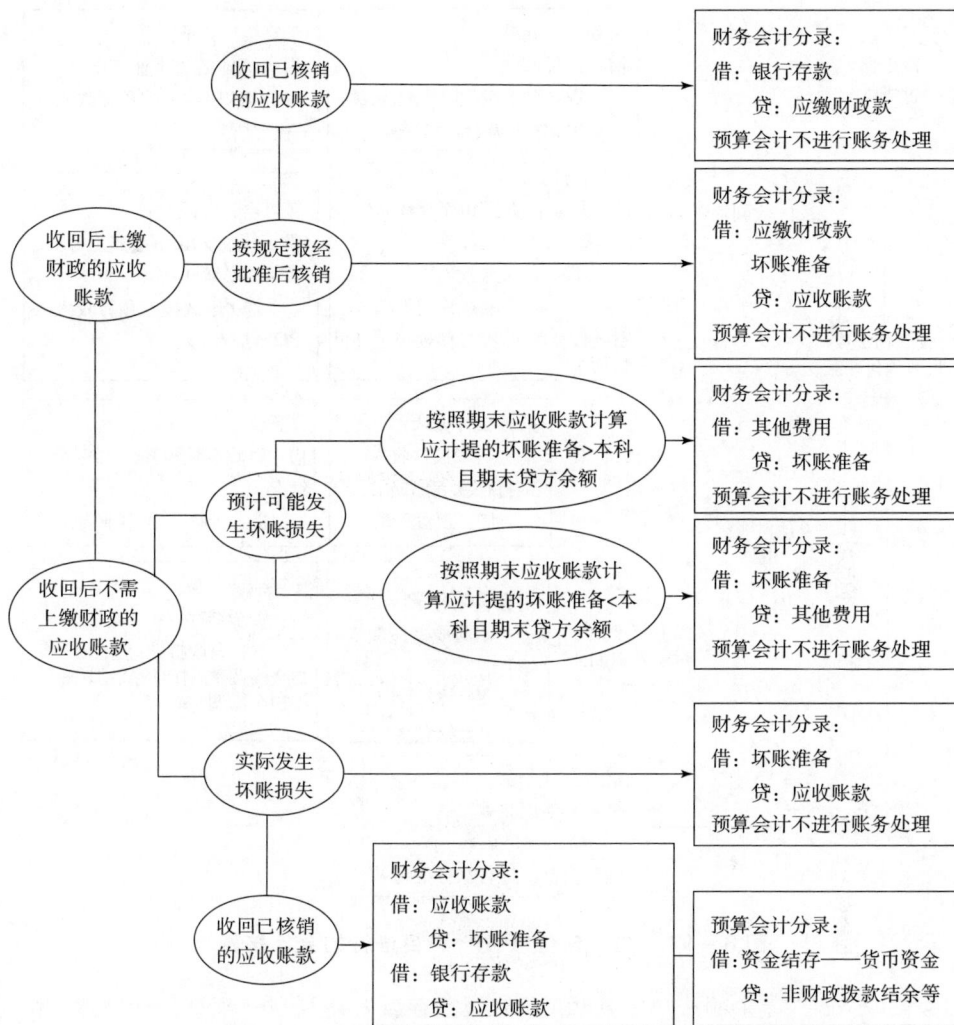

图 3-16　应收账款的核销和"坏账准备"科目的会计核算

所示。

　　根据购货、服务合同或协议规定预付款项时，按照预付金额：财务会计借记"预付账款"科目，贷记"财政拨款收入""零余额账户用款额度""银行存款"等科目；预算会计借记"行政支出""事业支出"等科目，贷记"财政拨款预算收入""资金结存"等科目。

　　收到所购资产或服务时：按照购入资产或服务的成本，财务会计借记"库存物品""固定资产""无形资产""业务活动费用"等相关科目，按照相关预付账款的账面余额，贷记"预付账款"科目，按照实际补付的金额，贷记"财

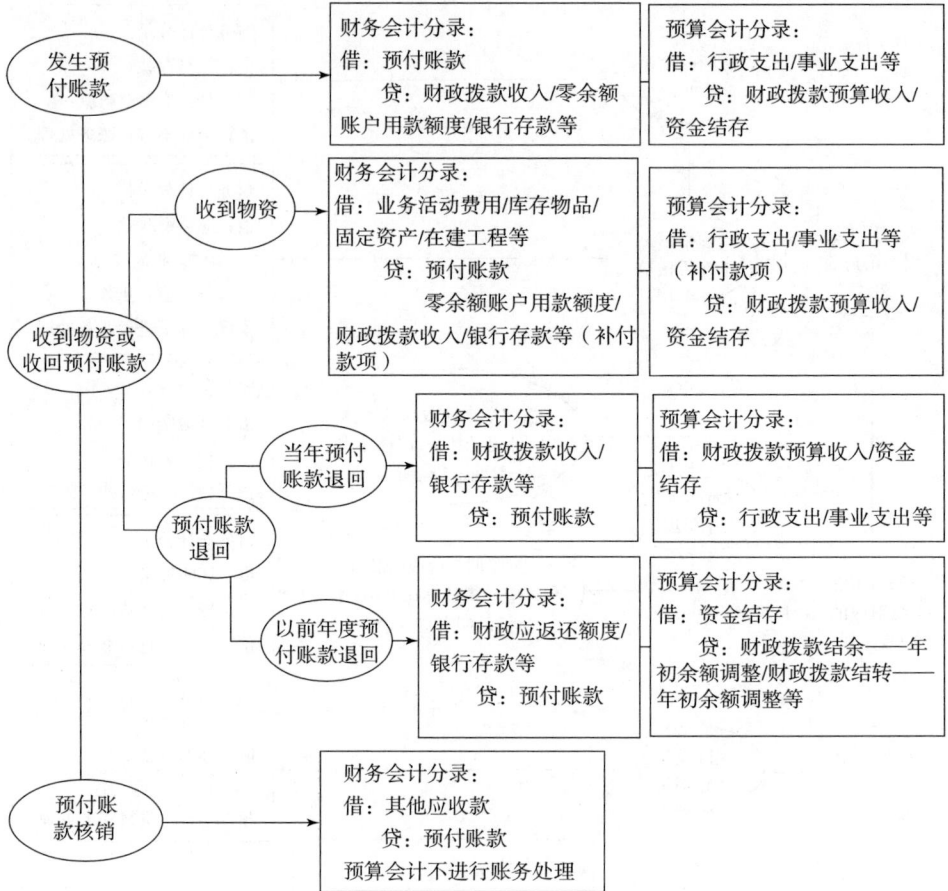

图 3-17 在"预付账款"科目进行的会计核算

政拨款收入""零余额账户用款额度""银行存款"等科目；预算会计按照实际补付的金额，借记"行政支出""事业支出"等科目，贷记"财政拨款预算收入""资金结存"科目。涉及增值税业务的，相关账务处理参见"应交增值税"科目。

根据工程进度结算工程价款及备料款时：按照结算金额，财务会计借记"在建工程"科目，按照相关预付账款的账面余额，贷记"预付账款"科目，按照实际补付的金额，贷记"财政拨款收入""零余额账户用款额度""银行存款"等科目；预算会计按照实际补付的金额，借记"行政支出""事业支出"等科目，贷记"财政拨款预算收入""资金结存"科目。

发生预付账款退回的：按照实际退回金额，财务会计借记"财政拨款收入"科目（本年直接支付）、"财政应返还额度"科目（以前年度直接支付）、"零余额账户用款额度""银行存款"等科目,贷记"预付账款"科目;如果退回的是本年预付账款,预算会计借记"财政拨款预算收入""资金结存"科目,贷记"行政支出""事业支出"等科目,如果退回的是以前年度预付账款,预算会计借记"资金结存"科目,贷记"财政拨款结余——年初余额调整""财政拨款结转——年初余额调整"科目。

【例 3-12】某行政单位与 A 公司签订购买合同,约定购买三台设备,价款共计 500 000 元,该行政单位先使用财政授权支付方式预付 30% 的款项,A 公司收到预付款后发货,该行政单位验货后支付剩余 70% 的价款。其会计分录如下。

(1)预付 30% 价款。

财务会计分录:

借:预付账款	150 000	
贷:零余额账户用款额度		150 000

预算会计分录:

借:行政支出	150 000	
贷:资金结存——零余额账户用款额度		150 000

(2)验货后支付剩余 70% 价款。

财务会计分录:

借:库存物品	500 000	
贷:预付账款		150 000
零余额账户用款额度		350 000

预算会计分录:

借:行政支出	350 000	
贷:资金结存——零余额账户用款额度		350 000

(二)预付账款的核销

行政事业单位应当于每年年末,对预付账款进行全面检查。如果有确凿证据表明预付账款不再符合预付款项性质,或者因供应单位破产、撤销等原因可能无法收到所购货物、服务的:财务会计应当先将其转入其他应收款,再按照规定进行处理,将预付账款账面余额转入其他应收款时,借记"其他应收款"科目,贷记"预付账款"科目;预算会计不进行账务处理。

【例 3-13】某事业单位发生以下业务。

(1)向供应单位订购物品,以银行存款预付货款 22 000 元。编制会计分录如下。

财务会计分录：

借：预付账款 22 000

 贷：银行存款 22 000

预算会计分录：

借：事业支出 22 000

 贷：资金结存——货币资金 22 000

（2）由于供应单位生产能力不足，只发出部分物品，该部分物品验收入库，根据发票货款金额为 16 000 元，增值税（进项税额）为 2 080 元，余款以银行存款退回。编制会计分录如下。

财务会计分录：

借：库存物品 16 000

 应交增值税——应交税金（进项税额） 2 080

 银行存款 3 920

 贷：预付账款 22 000

预算会计分录：

借：资金结存——货币资金 3 920

 贷：事业支出 3 920

3.3.5 其他应收款

其他应收款，是指除财政应返还额度、应收票据、应收账款、预付账款、应收股利、应收利息以外的其他各项应收及暂付款项，如职工预借的差旅费、已经偿还银行尚未报销的本单位公务卡欠款、拨付给内部有关部门的备用金、应向职工收取的各种垫付款项、支付的可以收回的订金或押金、应收的上级补助和附属单位上缴款项等。其他应收款应按实际发生额入账。

（一）其他应收款的会计核算

行政事业单位应当设置"其他应收款"科目，核算单位除财政应返还额度、应收票据、应收账款、预付账款、应收股利、应收利息以外的其他各项应收及暂付款项。本科目应当按照其他应收款的类别以及债务单位（或个人）进行明细核算。"其他应收款"科目借方反映当期单位其他应收款的增加；贷方反映当期单位其他应收款的减少；本科目期末借方余额，反映单位尚未收回的其他应收款。

发生其他各种应收及暂付款项时：按照实际发生金额，财务会计借记"其他应收款"科目，贷记"零余额账户用款额度""银行存款""库存现金""上级补助收入""附属单位上缴收入"等科目；预算会计不进行账务处理。涉及增值税业务的，相关账务处理参见"应交增值税"科目。

收回其他各种应收及暂付款项时：按照收回的金额，财务会计借记"库存现金""银行存款"等科目，贷记"其他应收款"科目；预算会计借记"资金结存——货币资金"科目，贷记"上级补助预算收入""附属单位上缴预算收入""其他预算收入"等科目。

偿还尚未报销的本单位公务卡欠款时：按照偿还的款项，财务会计借记"其他应收款"科目，贷记"零余额账户用款额度""银行存款"等科目；预算会计不进行账务处理。持卡人报销时，按照报销金额：财务会计借记"业务活动费用""单位管理费用"等科目，贷记"其他应收款"科目；预算会计借记"行政支出""事业支出"科目，贷记"资金结存"科目。具体会计处理如图 3-18 所示。

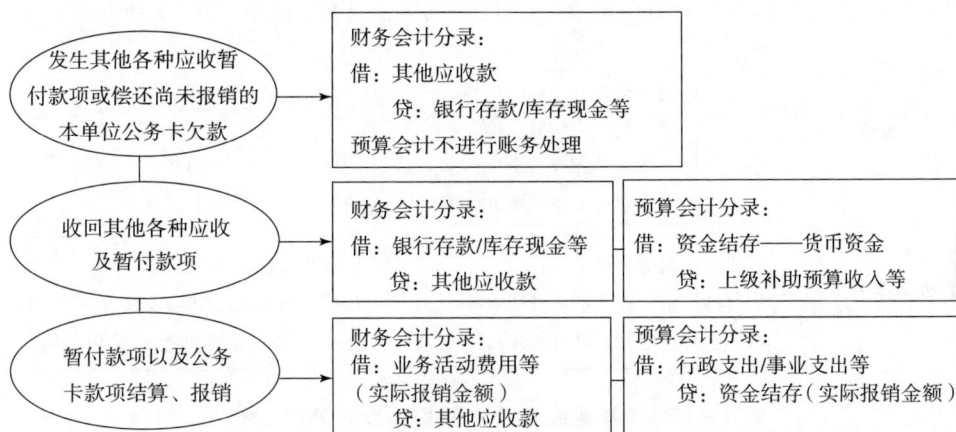

图 3-18 "其他应收款"科目的会计处理（1）

【例 3-14】某行政单位为职工代垫房租和水电费共计 20 000 元，之后，该行政单位从应付工资中扣除代垫款项。其会计分录如下。

（1）代垫房租和水电费。

财务会计分录：

借：其他应收款   20 000

  贷：银行存款   20 000

预算会计不进行账务处理。

（2）从应付工资中扣除代垫费用。

财务会计分录：

借：应付职工薪酬　　　　　　　　　　　　　　　　20 000

　　贷：其他应收款　　　　　　　　　　　　　　　　20 000

预算会计分录：

借：行政支出　　　　　　　　　　　　　　　　　　20 000

　　贷：资金结存——货币资金　　　　　　　　　　　20 000

单位内部实行备用金制度的，有关部门使用备用金以后应当及时到财务部门报销并补足备用金。财务部门核定并发放备用金时：按照实际发放金额，财务会计借记"其他应收款"科目，贷记"库存现金"等科目；预算会计不进行账务处理。

根据报销金额用现金补足备用金定额时：财务会计借记"业务活动费用""单位管理费用"等科目，贷记"库存现金"等科目，报销数和拨补数都不再通过"其他应收款"科目核算；预算会计借记"行政支出""事业支出"等科目，贷记"资金结存——货币资金"科目。具体会计处理如图3-19所示。

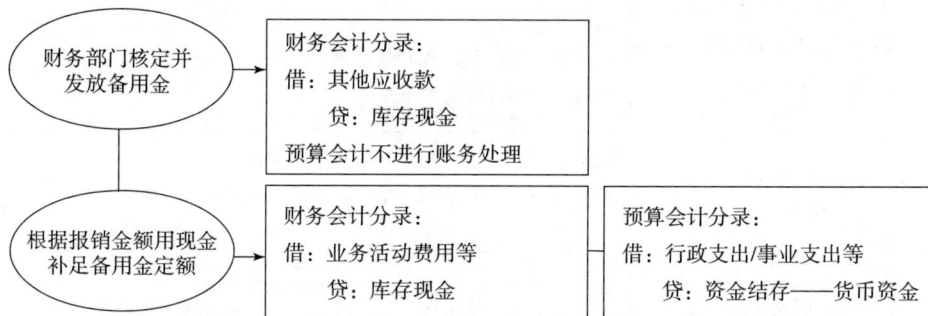

图 3-19　"其他应收款"科目的会计处理（2）

将预付账款账面余额转入其他应收款时：财务会计借记"其他应收款"科目，贷记"预付账款"科目；预算会计不进行账务处理。具体说明参见"预付账款"科目。

（二）其他应收款的核销

1. 事业单位其他应收款的核销

事业单位应当于每年年末，对其他应收款进行全面检查，如发生不能收回的迹象，应当计提坏账准备。对于账龄超过规定年限、确认无法收回的其他应收款，按照规定报经批准后予以核销。按照核销金额，财务会计借记"坏账准备"科目，贷记"其他应收款"科目，预算会计不进行账务处理。核销的其他应收款应当在备查簿中保留登记。

已核销的其他应收款在以后期间又收回的：事业单位按照实际收回金额，财务会计借记"其他应收款"科目，贷记"坏账准备"科目，同时，借记"银行存款"等科目，贷记"其他应收款"科目；预算会计借记"资金结存——货币资金"科目，贷记"其他预算收入"科目。具体的会计核算如图 3 – 20 所示。

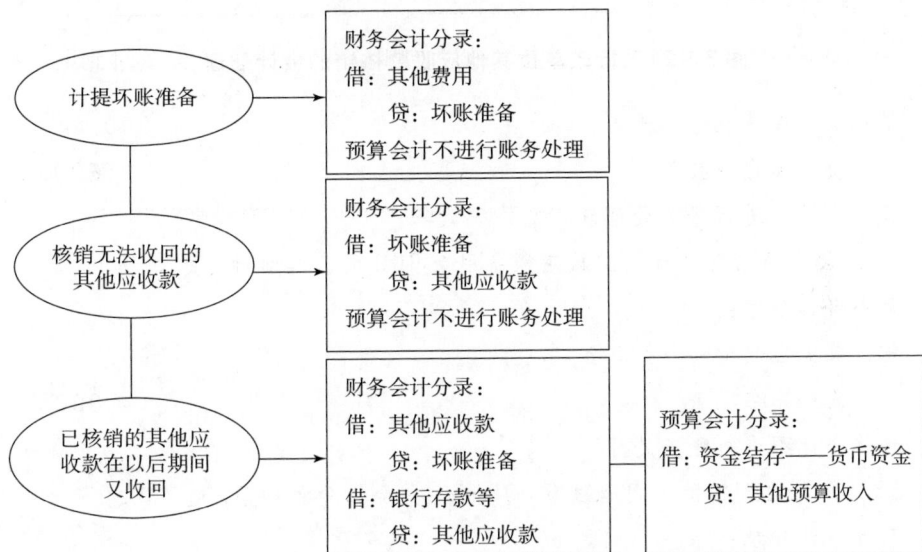

图 3 –20　事业单位其他应收款核销的会计核算

2. 行政单位其他应收款的核销

行政单位应当于每年年末，对其他应收款进行全面检查。对于超过规定年限、确认无法收回的其他应收款，应当按照有关规定报经批准后予以核销。核销的其他应收款应在备查簿中保留登记。经批准核销其他应收款时：财务会计按照核销金额，借记"资产处置费用"科目，贷记"其他应收款"科目；预算会计不进行账务处理。

已核销的其他应收款在以后期间又收回的：财务会计按照收回金额，借记"银行存款"等科目，贷记"其他收入"科目；预算会计借记"资金结存——货币资金"科目，贷记"其他预算收入"科目。具体会计处理如图 3 – 21 所示。

【例 3 – 15】某事业单位发生以下业务。

（1）职工王某借差旅费 800 元。其会计分录如下。

财务会计分录：

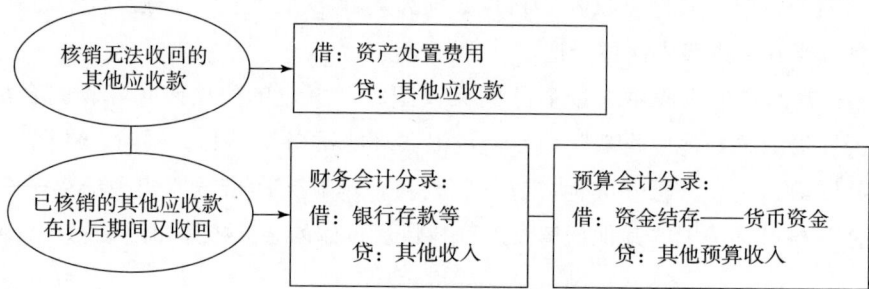

图 3-21　行政单位其他应收款核销的会计处理

借：其他应收款——王某　　　　　　　　　　　　　　　800
　　　贷：库存现金　　　　　　　　　　　　　　　　　　800

预算会计不进行账务处理。

（2）向单位内部某部门发放定额备用金 900 元。其会计分录如下。

财务会计分录：

借：其他应收款——备用金　　　　　　　　　　　　　900
　　　贷：库存现金　　　　　　　　　　　　　　　　　900

预算会计不进行账务处理。

（3）单位收到保险公司赔款 6 000 元。其会计分录如下。

财务会计分录：

借：银行存款　　　　　　　　　　　　　　　　　　6 000
　　　贷：其他应收款　　　　　　　　　　　　　　　6 000

预算会计分录：

借：资金结存——货币资金　　　　　　　　　　　　6 000
　　　贷：其他预算收入　　　　　　　　　　　　　　6 000

（4）王某出差回来报账，差旅费为 770 元，交回现金 30 元。其会计分录如下。

财务会计分录：

借：库存现金　　　　　　　　　　　　　　　　　　30
　　　业务活动费用　　　　　　　　　　　　　　　770
　　　　贷：其他应收款——王某　　　　　　　　　　800

预算会计分录：

借：事业支出　　　　　　　　　　　　　　　　　　30
　　　贷：资金结存——货币资金　　　　　　　　　　30

3.4　存货

3.4.1　存货的管理

单位加强存货管理应注意以下几个方面。

1．健全存货的管理机构

存货的管理通常由单位的后勤部门负责，各单位应配备专职或兼职的存货计划人员、采购人员和保管人员，做好存货的采购、入库、保管等工作。会计部门对存货管理工作要进行指导和监督，协助存货管理部门管理好存货。

2．建立严格的存货管理责任制度

各单位应建立和健全存货计划、采购、验收、保管、领发的责任制度，明确各自的权限和责任，各司其职，各负其责。

3．加强存货的清查盘点工作

单位的存货每年至少应当清点一次，保证存货的安全和完整，做到账实相符。如发生盘亏、盘盈，应当查明原因，分清责任。

4．建立和完善存货的定额管理

为了促使单位合理储备、节约使用存货，各单位应当逐步建立存货的储备定额，有条件的单位，还可建立重点存货的定额消耗。

3.4.2　存货的确认和初始计量

（一）存货的概念

存货，是指单位在开展业务活动及其他活动中为耗用或出售而储存的资产，如材料、产品、包装物和低值易耗品等，以及未达到固定资产标准的用具、装具、动植物等。政府储备物资、收储土地等，不属于存货的范围。行政事业单位的存货的具体内容包括以下两方面。

①库存物品。库存物品指单位在开展业务活动及其他活动中为耗用或出售而储存的各种材料、产品、包装物、低值易耗品，以及达不到固定资产标准的用具、装具、动植物等。已完成的测绘、地质勘察、设计成果等也属于库存物品的范围。

②加工物品。加工物品指单位自制或委托外单位加工的各种物品，未完成的测绘、地质勘察、设计成果也属于加工物品的范围。

单位随买随用的零星办公用品，可以在购进时直接列作费用，不纳入存货的核算范围。单位受托存储保管的物资和受托转赠的物资，不符合存货的确认条件，属于受托代理资产。单位控制的政府储备物资，属于政府储备物资。单位为在建工程购买和使用的材料物资，属于工程物资，不属于存货的核算范围。

（二）存货的确认条件

存货同时满足下列条件的，应当予以确认：

①与该存货相关的服务潜力很可能实现或者经济利益很可能流入政府会计主体；

②该存货的成本或者价值能够可靠地计量。

（三）存货的初始计量

存货在取得时应当按照实际成本进行初始计量。存货的成本包括采购成本、加工成本和使存货达到目前场所和状态所发生的其他成本。存货按不同的取得方式，其初始成本的确定也不同，如表3－7所示。

表3－7　　　　　　　　　　　存货实际成本的确定

取得方式	实际成本的确定
购买取得	成本包括购买价款、相关税费、运输费、装卸费、保险费以及其他使得存货达到目前场所和状态所发生的支出
自行加工	成本包括耗用的直接材料费用、发生的直接人工费用和按照一定方法分配的与存货加工有关的间接费用
委托加工	成本包括委托加工前存货成本、委托加工的成本（如委托加工费以及按规定应计入委托加工存货成本的相关税费等），以及使存货达到目前场所和状态所发生的归属于存货成本的其他支出
置换换入	成本按照换出资产的评估价值，加上支付的补价或减去收到的补价，加上为换入存货发生的其他相关支出确定
接受捐赠取得	按照有关凭据注明的金额加上相关税费、运输费等确定；没有相关凭据可供取得，但按规定经过资产评估的，其成本按照评估价值加上相关税费、运输费等确定；没有相关凭据可供取得也未经资产评估的，其成本比照同类或类似资产的市场价格加上相关税费、运输费等确定；没有相关凭据且未经资产评估、同类或类似资产的市场价格也无法可靠取得的，按照名义金额入账，相关税费、运输费等计入当期费用
无偿调入	成本按照调出方账面价值加上相关税费、运输费等确定
盘盈取得	按规定经过资产评估的，其成本按照评估价值确定；未经资产评估的，其成本按照重置成本确定

下列各项应当在发生时确认为当期费用，不计入存货成本：

①非正常消耗的直接材料、直接人工和间接费用；

②仓储费用（不包括在加工过程中为达到下一个加工阶段所必需的费用）；

③不能归属于使存货达到目前场所和状态所发生的其他支出。

3.4.3　存货的发出计价

确定存货的数量之后，还需确定其"单价"，在实际业务中，由于每次购进存货的单价不一样，所以需要选择适用的单价。按照现行制度规定，单位按照实际成本核算存货时，领用或发出存货可采用先进先出法、加权平均法和个别计价法等方法确定其实际成本。下文对先进先出法、加权平均法和个别计价法进行介绍，详见表 3-8。

表 3-8　　　　　　　　　　发出存货的计价方法

计价方法	概念	内容	评价
先进先出法	先进先出法是以先购进的材料先消耗为假定前提，并根据这一假定对领用的材料及结存材料进行计价的一种方法	收入材料时要逐笔登记购进的每一批材料的数量、单价和金额；发出时按先进先出的原则确定单价，逐笔登记材料发出和结存金额	期末结存材料的账面价值反映较后购进材料的实际成本。用于永续盘存制时，可确定材料存货数量
月末一次加权平均法	加权平均法是按收入各批材料的平均成本对材料进行计价	在计算平均成本时，以月初库存材料金额加上本月收入材料金额，除以月初库存材料数量加上本月收入材料数量，求得材料平均单价，并将其作为本月发出材料和结存材料的单价	在存货品种、数量较多的情况下，简化了核算，计价结果也较均衡；但是由于只在月末计算，不能随时计算、登记存货发出和结存成本，因此不利于单位对存货的日常管理
个别计价法	个别计价法，亦称个别认定法、具体辨认法、分批实际法，把每一种存货的实际成本作为计算发出存货成本和期末存货成本的基础	注重所发出存货具体项目的实物流转与成本流转之间的联系，逐一辨认各批发出存货和期末存货所属的购进批别或生产批别，分别按其购入或生产时所确定的单位成本计算各批发出存货和期末存货的成本	对于不能替代使用的存货、为特定项目专门购入或制造的存货以及提供的劳务，通常采用个别计价法确定发出存货的成本

【例 3-16】某事业单位 2×16 年 9 月 A 种材料明细账如表 3-9 所示。

表3-9　　　　　　　　　　　　　　材料明细账

材料类别：　　　　　　计量单位：数量，千克；金额，元
材料编号：　　　　　　最高存量：
名称：A　　　　　　　最低存量：

2×16年		凭证编号	摘要	收入			发出			结存		
月	日			数量	单价	金额	数量	单价	金额	数量	单价	金额
9	1	略	期初							60	5	300
	10		购入	180	6	1 080				60 180	5 6	300 1 080
	11		发出				60 100	5 6	300 600	80	6	480
	18		购入	120	7	840				80 120	6 7	480 840
	20		发出				80 80	6 7	480 560	40	7	280
	23		购入	40	8	320				40 40	7 8	280 320
	30		合计	340		2 240	320		1 940	40 40	7 8	280 320

（1）在采用先进先出法时，9月11日发出材料的会计分录如下。

财务会计分录：

借：业务活动费用　　　　　　　　　　　　　　　　　　　900

　　贷：库存物品　　　　　　　　　　　　　　　　　　　　900

预算会计不进行账务处理。

9月20日发出材料的会计分录如下。

财务会计分录：

借：业务活动费用　　　　　　　　　　　　　　　　　　1 040

　　贷：库存物品　　　　　　　　　　　　　　　　　　　1 040

预算会计不进行账务处理。

（2）用全月一次加权平均法计算材料加权平均单价、本月发出材料成本、月末库存材料成本。

材料加权平均单价＝（300＋1080＋840＋320）÷（60＋180＋120＋40）
　　　　　　　　＝6.35（元/千克）

本月发出材料成本＝320×6.35＝2 032（元）

月末库存材料成本＝80×6.35＝508（元）

（3）用移动加权平均法计算材料的移动加权平均单价、本月发出材料成本、月末库存材料成本。

9 月 10 日购货后的移动加权平均单位成本为：

（300 ＋1 080）÷（60 ＋180）＝5.75（元/千克）

则 9 月 11 日发出的 160 千克材料的成本为：5.75 ×160 ＝920（元）

9 月 18 日购货后的移动加权平均单位成本为：

（80 ×5.75 ＋840）÷（80 ＋120）＝6.50（元/千克）

9 月 20 日发出 160 千克材料的成本为：6.50 ×160 ＝1 040（元）

9 月 23 日购货后移动加权平均单位成本为：

（6.5 ×40 ＋320）÷（40 ＋40）＝7.25（元/千克）

A 种材料月末结存 80 件，月末存货成本为：80 ×7.25 ＝580（元）。本月发出材料的成本合计为 1 960（920 ＋1 040）元。

3.4.4　存货的会计核算

单位存货的会计核算通常由会计部门和存货管理部门共同进行。会计部门利用存货相关科目进行总分类核算，即核算存货收入、发出、结存的金额和总量；存货管理部门负责存货明细账的会计核算，登记存货收、付、结存的数量和金额。出租、出借的存货，应当设置备查簿进行登记。

（一）在途物品的会计核算

单位应当设置"在途物品"科目核算采购材料等物资时货款已付或已开出商业汇票但尚未验收入库的在途物品的采购成本。本科目可按照供应单位和物品种类进行明细核算。本科目期末借方余额，反映单位在途物品的采购成本。具体会计处理见图 3 - 22。

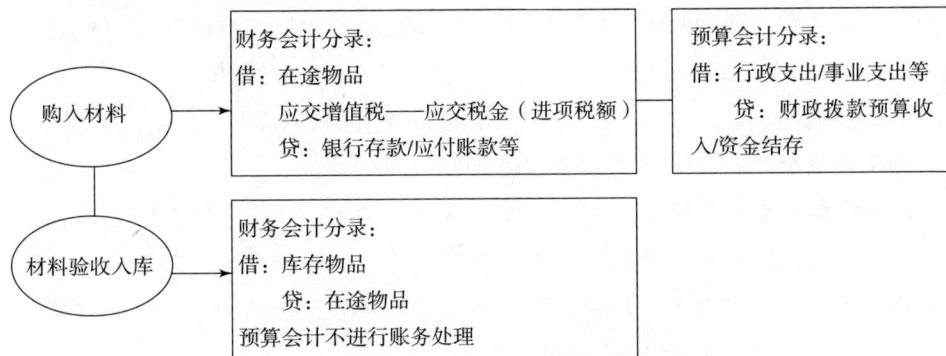

图 3 - 22　"在途物品"科目的会计处理

单位购入材料等物品：按照确定的物品采购成本的金额，财务会计借记"在途物品"科目，按照实际支付的金额，贷记"财政拨款收入""零余额账户用款额度""银行存款"等科目；预算会计借记"行政支出""事业支出"等科目，贷记"财政拨款预算收入""资金结存"科目。涉及增值税业务的，相关账务处理参见"应交增值税"科目。

所购材料等物品到达验收入库：按照确定的库存物品成本金额，财务会计借记"库存物品"科目，按照物品采购成本金额，贷记"在途物品"科目，按照使得入库物品达到目前场所和状态所发生的其他支出，贷记"银行存款"等科目；预算会计不进行账务处理。

（二）库存物品的会计核算

单位应当设置"库存物品"科目核算单位在开展业务活动及其他活动中为耗用或出售而储存的各种材料、产品、包装物、低值易耗品，以及达不到固定资产标准的用具、装具、动植物等的成本，已完成的测绘、地质勘察、设计成果等的成本，也通过本科目核算。单位随买随用的零星办公用品，可以在购进时直接列作费用；单位控制的政府储备物资，应当通过"政府储备物资"科目核算；单位受托存储保管的物资和受托转赠的物资，应当通过"受托代理资产"科目核算；单位为在建工程购买和使用的材料物资，应当通过"工程物资"科目核算。"库存物品"科目应当按照库存物品的种类、规格、保管地点等进行明细核算，单位储存的低值易耗品、包装物较多的，可以在本科目（低值易耗品、包装物）下按照"在库""在用""摊销"等进行明细核算。本科目期末借方余额，反映单位库存物品的实际成本。

1. 取得的库存物品，应当按照其取得时的成本入账

外购的库存物品验收入库，按照确定的成本：财务会计借记"库存物品"科目，贷记"财政拨款收入""零余额账户用款额度""银行存款""应付账款""在途物品"等科目；预算会计借记"行政支出""事业支出"等科目，贷记"财政拨款预算收入""资金结存"科目。涉及增值税业务的，相关账务处理参见"应交增值税"科目。具体会计处理见图 3－23。

接受捐赠的库存物品验收入库。按照确定的成本，财务会计借记"库存物品"科目，按照发生的相关税费、运输费等，贷记"银行存款"等科目，按照其差额，贷记"捐赠收入"科目；预算会计按照实际支付的税费，借记"其他支出"科目，贷记"资金结存"科目。

接受捐赠的库存物品按照名义金额入账的。按照名义金额，财务会计借记

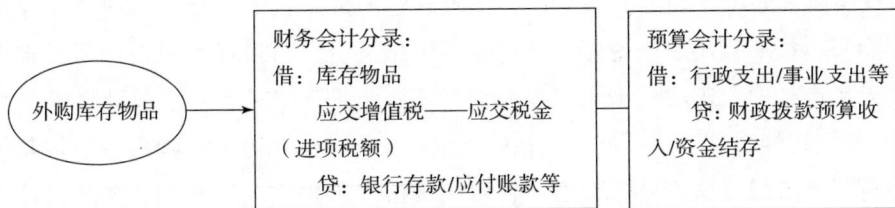

图 3 - 23　外购库存物品的会计处理

"库存物品"科目，贷记"捐赠收入"科目；预算会计不进行账务处理。同时，按照发生的相关税费、运输费等，财务会计借记"其他费用"科目，贷记"银行存款"等科目，预算会计借记"其他支出"科目，贷记"资金结存"科目。具体会计处理见图 3 - 24。

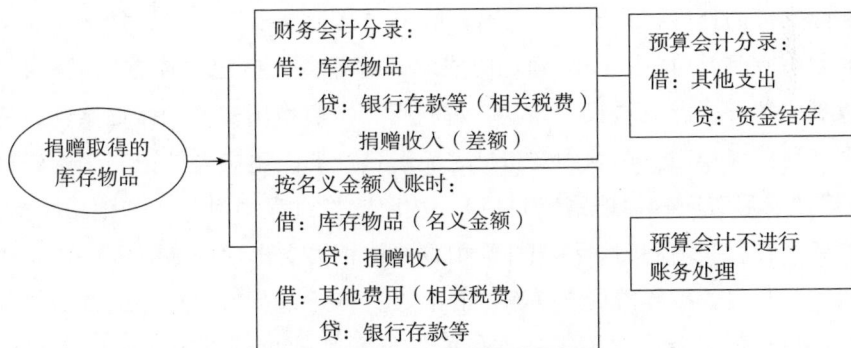

图 3 - 24　捐赠取得库存物品的会计处理

无偿调入的库存物品验收入库。财务会计按照确定的成本，借记"库存物品"科目，按照发生的相关税费、运输费等，贷记"银行存款"等科目，按照其差额，贷记"无偿调拨净资产"科目；按发生的相关税费、运输费等，预算会计借记"其他支出"科目，贷记"资金结存"科目。具体会计处理见图 3 - 25。

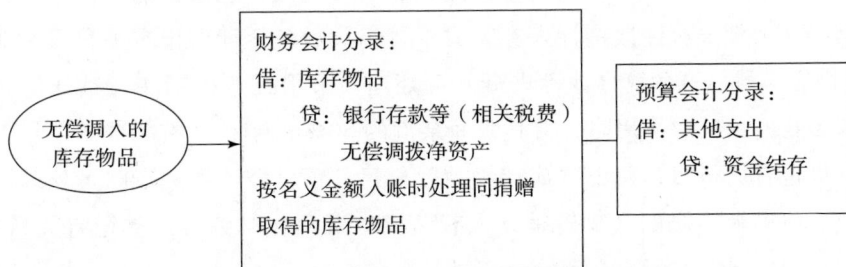

图 3 - 25　无偿调入库存物品的会计处理

置换换入的库存物品验收入库，按照确定的成本：财务会计借记"库存物品"科目，按照换出资产的账面余额，贷记相关资产科目（换出资产为固定资产、无形资产的，还应当借记"固定资产累计折旧""无形资产累计摊销"科目），按照置换过程中发生的其他相关支出，贷记"银行存款"等科目，按照借贷方差额，借记"资产处置费用"科目或贷记"其他收入"科目；预算会计借记"其他支出"等科目，贷记"资金结存"科目。涉及补价的，分别以下两种情况处理。支付补价的：按照确定的成本，财务会计借记"库存物品"科目，按照换出资产的账面余额，贷记相关资产科目（换出资产为固定资产、无形资产的，还应当借记"固定资产累计折旧""无形资产累计摊销"科目），按照支付的补价和置换过程中发生的其他相关支出，贷记"银行存款"等科目，按照借贷方差额，借记"资产处置费用"科目或贷记"其他收入"科目；预算会计按照实际支付的补价和其他相关支出，借记"其他支出"科目，贷记"资金结存"科目。收到补价的：按照确定的成本，财务会计借记"库存物品"科目，按照收到的补价，借记"银行存款"等科目，按照换出资产的账面余额，贷记相关资产科目（换出资产为固定资产、无形资产的，还应当借记"固定资产累计折旧""无形资产累计摊销"科目），按照置换过程中发生的其他相关支出，贷记"银行存款"等科目，按照补价扣减其他相关支出后的净收入，贷记"应缴财政款"科目，按照借贷方差额，借记"资产处置费用"科目或贷记"其他收入"科目；预算会计按照实际支付的补价和其他相关支出，借记"其他支出"科目，贷记"资金结存"科目。具体会计处理见图 3－26。

2．库存物品在发出时的具体会计处理

单位开展业务活动等领用、按照规定自主出售发出或加工发出库存物品：按照领用、出售等发出物品的实际成本，财务会计借记"业务活动费用""单位管理费用""经营费用""加工物品"等科目，贷记"库存物品"科目；预算会计不进行账务处理。采用一次转销法摊销低值易耗品、包装物的：在首次领用时将其账面余额一次性摊销计入有关成本费用，财务会计借记有关科目，贷记"库存物品"科目；预算会计不进行账务处理。采用五五摊销法摊销低值易耗品、包装物的：首次领用时，将其账面余额的 50％ 摊销计入有关成本费用，财务会计借记有关科目，贷记"库存物品"科目；预算会计不进行账务处理。使用完时：将剩余的账面余额转销计入有关成本费用，财务会计借记有关科目，贷记"库存物品"科目；预算会计不进行账务处理。

经批准对外出售的库存物品（不含可自主出售的库存物品）发出时：按照

```
┌─────────────────────────────────────┐
│ 财务会计分录：                       │
│ 不涉补价                             │
│ 借：库存物品                         │
│     固定资产累计折旧等               │
│     资产处置费用（借差）             │
│     贷：库存物品等                   │
│         银行存款等（其他相关支出）   │
│         其他收入（贷差）             │
│ 支付补价                             │
│ 借：库存物品                         │
│     固定资产累计折旧等               │                    ┌──────────────────┐
│     资产处置费用（借差）             │                    │ 预算会计分录：   │
│     贷：库存物品等                   │                    │ 借：其他支出     │
│         银行存款（其他相关支出+补价）│                    │     贷：资金结存 │
│         其他收入（贷差）             │                    └──────────────────┘
│ 收到补价                             │
│ 借：库存物品                         │
│     固定资产累计折旧等               │
│     资产处置费用（借差）             │
│     银行存款（补价–其他相关支出）    │
│     贷：库存物品等                   │
│         应缴财政款（补价–其他相关支出）│
│         其他收入（贷差）             │
└─────────────────────────────────────┘
```

置换换入的库存物品

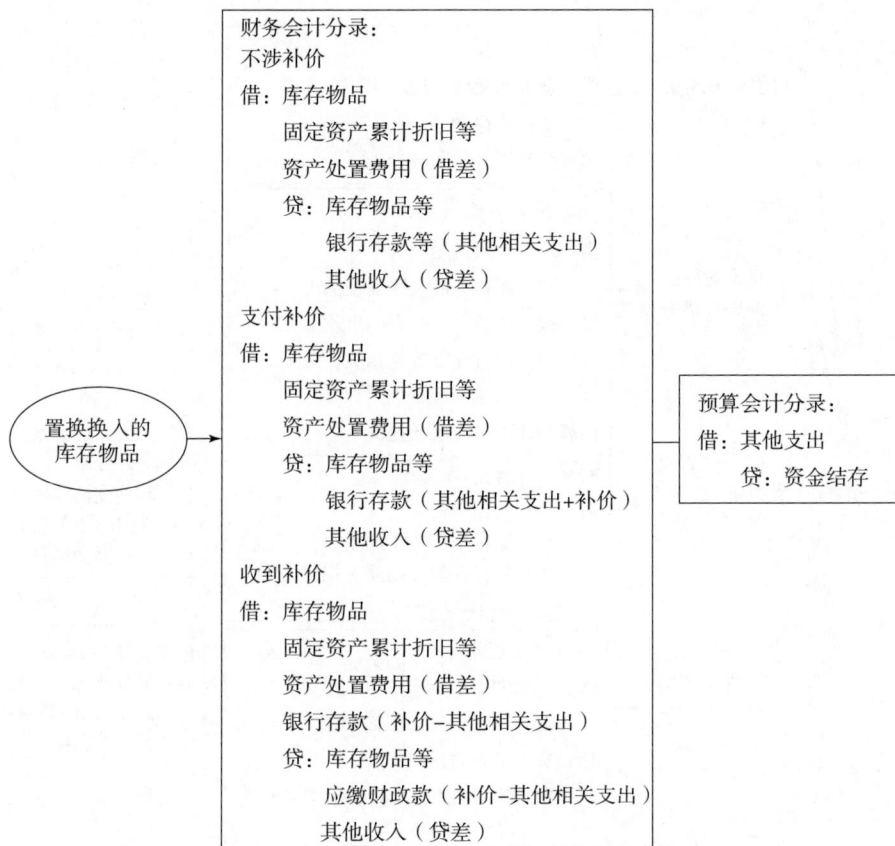

图 3 - 26　置换换入库存物品的会计处理

库存物品的账面余额，财务会计借记"资产处置费用"科目，贷记"库存物品"科目；预算会计不进行账务处理。同时，按照收到的价款：财务会计借记"银行存款"等科目，按照处置过程中发生的相关费用，贷记"银行存款"等科目，按照其差额，贷记"应缴财政款"科目；预算会计不进行账务处理。具体会计处理见图 3 - 27。

经批准对外捐赠的库存物品发出时：财务会计按照库存物品的账面余额和对外捐赠过程中发生的归属于捐出方的相关费用合计数，借记"资产处置费用"科目，按照库存物品账面余额，贷记"库存物品"科目，按照对外捐赠过程中发生的归属于捐出方的相关费用，贷记"银行存款"等科目；预算会计按照实际支出的相关费用，借记"其他支出"科目，贷记"资金结存"科目。

经批准无偿调出的库存物品发出时：财务会计按照库存物品的账面余额，

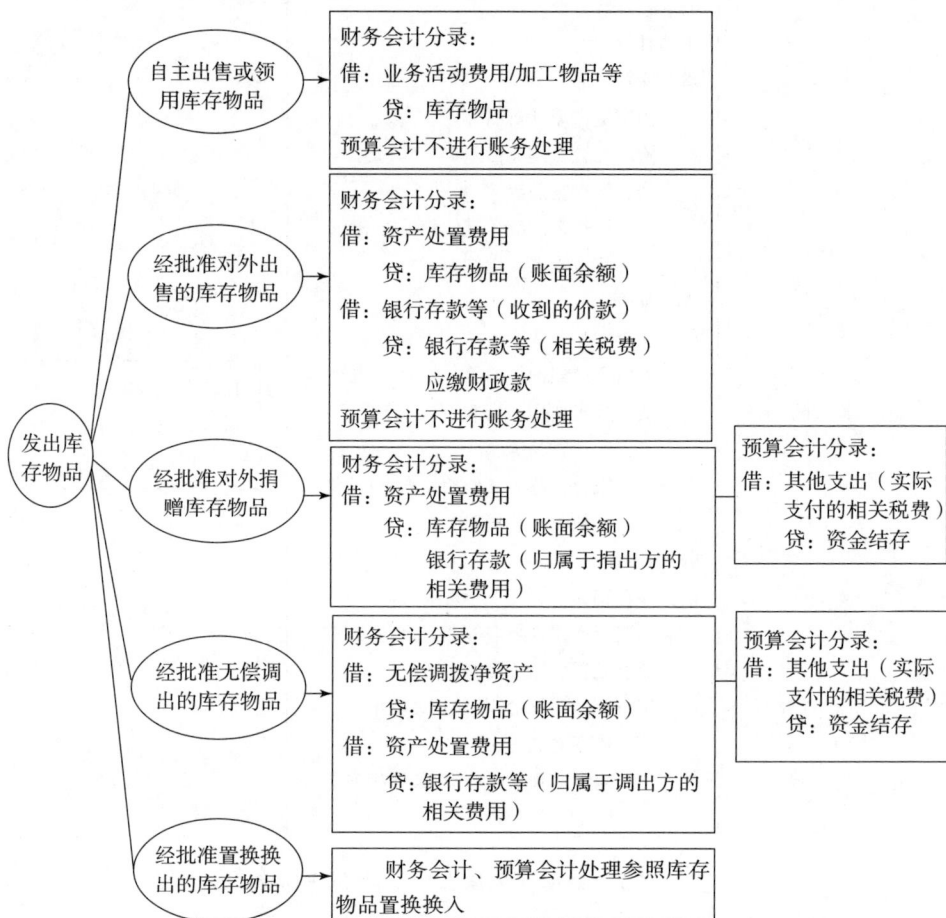

图 3 - 27　发出库存物品的会计处理

借记"无偿调拨净资产"科目，贷记"库存物品"科目，同时，按照无偿调出过程中发生的归属于调出方的相关费用，借记"资产处置费用"科目，贷记"银行存款"等科目；预算会计按照实际支付的相关费用，借记"其他支出"科目，贷记"资金结存"科目。

　　经批准置换换出的库存物品，财务会计和预算会计均参照有关置换换入库存物品的规定进行账务处理。

　　【例3-17】6月10日，某行政单位购入一批材料80 000元，价款使用财政授权支付方式进行支付，当日收到材料并验收合格入库。6月15日，该行政单位领用该材料30 000元。其会计分录如下。

（1）购入材料。

财务会计分录：

借：库存物品　　　　　　　　　　　　　　　　　　　80 000

　　贷：零余额账户用款额度　　　　　　　　　　　　80 000

预算会计分录：

借：行政支出　　　　　　　　　　　　　　　　　　　80 000

　　贷：资金结存——零余额账户用款额度　　　　　　80 000

（2）领用材料。

财务会计分录：

借：业务活动费用　　　　　　　　　　　　　　　　　30 000

　　贷：库存物品　　　　　　　　　　　　　　　　　30 000

预算会计不进行账务处理。

（三）加工物品的会计核算

单位应当设置"加工物品"科目核算单位自制或委托外单位加工的各种物品的实际成本，未完成的测绘、地质勘察、设计成果的实际成本，也通过本科目核算。本科目应当设置"自制物品""委托加工物品"两个一级明细科目，并按照物品类别、品种、项目等设置明细账，进行明细核算。本科目"自制物品"一级明细科目下应当设置"直接材料""直接人工""其他直接费用"等二级明细科目归集自制物品发生的直接材料、直接人工（专门从事物品制造人员的人工费）等直接费用。对于自制物品发生的间接费用，应当在本科目"自制物品"一级明细科目下单独设置"间接费用"二级明细科目予以归集，期末，再按照一定的分配标准和方法，分配计入有关物品的成本。本科目期末借方余额，反映单位自制或委托外单位加工但尚未完工的各种物品的实际成本。具体会计处理见图 3－28 和图 3－29。

1）自制物品

为自制物品领用材料等：财务会计按照材料成本，借记"加工物品——自制物品（直接材料）"科目，贷记"库存物品"科目；预算会计不进行账务处理。

专门从事物品制造的人员发生的直接人工费用：财务会计按照实际发生的金额，借记"加工物品——自制物品（直接人工）"科目，贷记"应付职工薪酬"科目；预算会计不进行账务处理。

为自制物品发生的其他直接费用：财务会计按照实际发生的金额，借记"加工物品——自制物品（其他直接费用）"科目，贷记"财政拨款收入""零余额账户用款额度""银行存款"等科目；预算会计借记"事业支出""经营支出"等科目，贷记"财政拨款预算收入""资金结存"科目。

为自制物品发生的间接费用：财务会计按照实际发生的金额，借记"加工物品——自制物品（间接费用）"科目，贷记"零余额账户用款额度""银行存款""应付职工薪酬""固定资产累计折旧""无形资产累计摊销"等科目；预算会计借记"事业支出""经营支出"等科目，贷记"财政拨款预算收入""资金结存"科目。

间接费用一般按照生产人员工资、生产人员工时、机器工时、耗用材料的数量或成本、直接费用（直接材料和直接人工）或产品产量等进行分配。单位可根据具体情况自行选择间接费用的分配方法。分配方法一经确定，不得随意变更。

已经制造完成并验收入库的物品：财务会计按照所发生的实际成本（包括

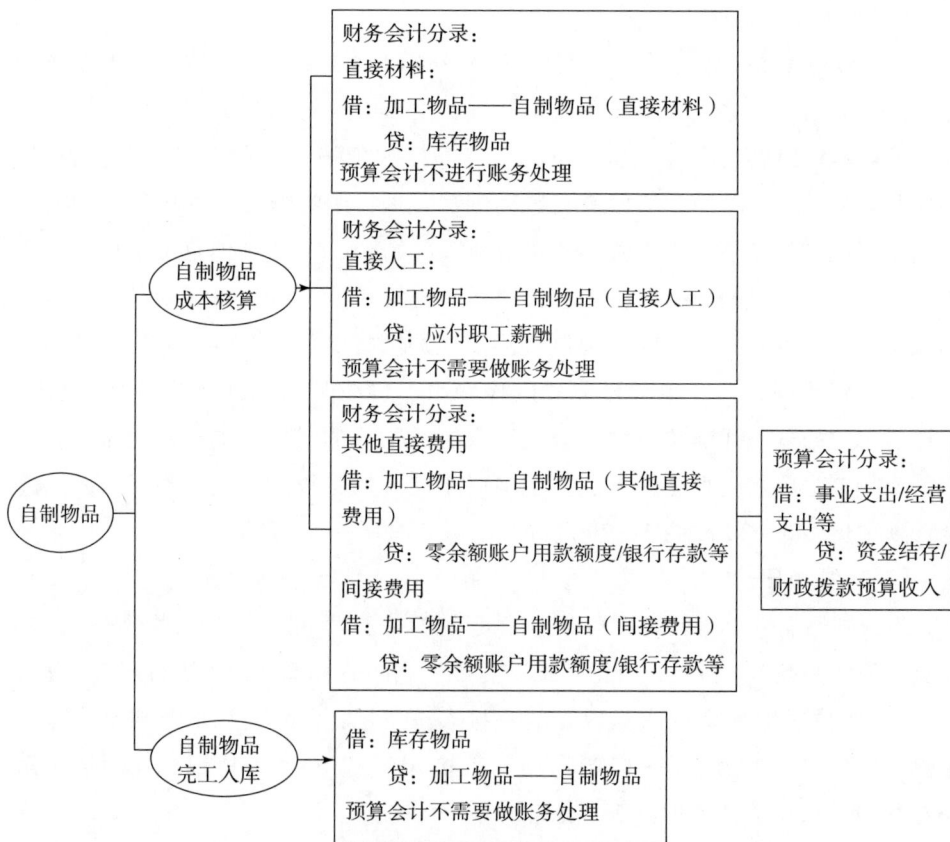

图 3 - 28 自制物品的会计处理

耗用的直接材料费用、直接人工费用、其他直接费用和分配的间接费用），借记"库存物品"科目，贷记"加工物品——自制物品"科目；预算会计不进行账务处理。具体会计处理见图 3 - 28。

2）委托加工物品

发给外单位加工的材料等：财务会计按照其实际成本，借记"加工物品——委托加工物品"科目，贷记"库存物品"科目；预算会计不进行账务处理。

支付加工费、运输费等费用：按照实际支付的金额，财务会计借记"加工物品——委托加工物品"科目，贷记"财政拨款收入""零余额账户用款额度""银行存款"等科目；预算会计借记"行政支出""事业支出""经营支出"等科目，贷记"财政拨款预算收入""资金结存"科目。涉及增值税业务的，相关账务处理参见"应交增值税"科目。

委托加工完成的材料等验收入库：按照加工前发出材料的成本和加工、运输成本等，财务会计借记"库存物品"等科目，贷记"加工物品——委托加工物品"科目；预算会计不进行账务处理。具体会计处理见图 3 - 29。

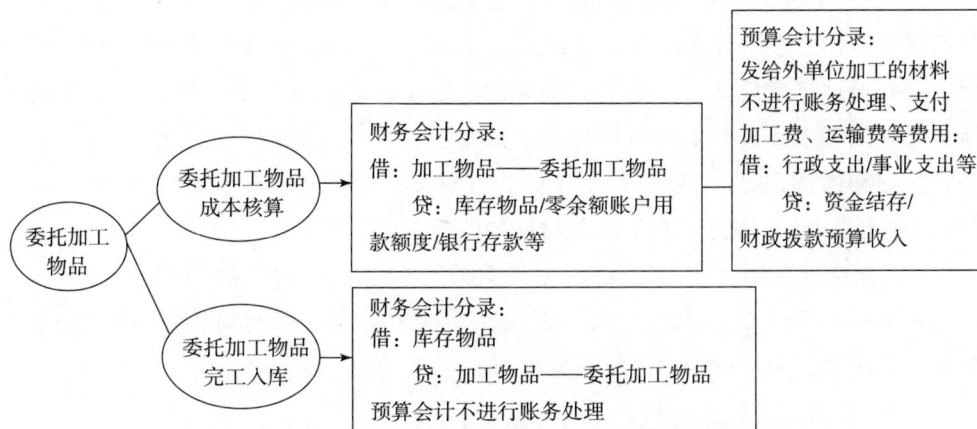

图 3 - 29　委托加工物品的会计处理

3.4.5　存货的清查盘点

（一）期末存货数量的确定

单位存货期末数量的确定，是计算存货期末结存金额的关键，是存货计价的基础。确定存货的实物数量有实地盘存制和永续盘存制两种方法，如

表 3 – 10 所示。

表 3 – 10　　　　　　　　　　　实地盘存制与永续盘存制

数量确定方法	说明	公式
实地盘存制	实地盘存制又称定期盘存制，是根据对材料实物的定期清查盘点结果来确定材料期末数量的盘存核算方法 采用实地盘存制，应在收到材料时，依据有关原始凭证在材料明细账上逐笔登记，但对材料发出，平时不进行账面记录。期末通过对材料实地盘点，将盘点结果作为材料期末账面结存数量的依据，并按一定计价方法计算期末材料金额，最后倒挤确定本期材料发出数量和金额	本期减少（发出）数量 ＝ 期初账面结存数量 ＋ 本期增加（收入）数量 − 期末账面结存数量
永续盘存制	永续盘存制又称账面盘存法，指用经常性的明细记录，对每种材料的收发进行逐笔或逐日登记，以便随时反映其结存数量	期末账面结存数量 ＝ 期初账面结存数量 ＋ 本期增加（收入）数量 − 本期减少（发出）数量

实地盘存制平时只记增加金额，不登记材料减少金额，因此大大地简化了材料核算工作，但这种方法有以下缺点：①不能随时反映各种材料的收支结存数，只有通过定期盘点、计量才能计算发出数量，因此不利于材料的计划与控制。②凡属于未计入期末材料结存数中的材料，都视为已经发出，任何由于浪费、盗窃和各种自然损耗等原因所发生的损失，都隐匿在材料发出数量之中（发出成本之中），因此不利于加强材料的管理。

采用永续盘存制，虽然工作量较大，但可弥补实地盘存制的缺点。采用永续盘存制，并不排除实地盘存制。为了确定账实相符情况和材料物资盈亏情况，单位仍需于会计期末对实物进行全面盘点。

（二）存货清查的会计核算

存货清查，是指通过对存货的实地盘点，确定存货的实有数量，并与账面结存数核对，从而确定存货实存数与账面结存数是否相符的一种专门方法。

单位应当定期对库存物品进行清查盘点，每年至少盘点一次。对于发生的库存物品盘盈、盘亏或者报废、毁损：财务会计应当先记入"待处理财产损溢"科目，按照规定报经批准后及时进行后续账务处理；预算会计不进行账务处理。具体会计处理如图 3 – 30 所示。

①盘盈的库存物品，其成本按照有关凭据注明的金额确定；没有相关凭据但按照规定经过资产评估的，其成本按照评估价值确定；没有相关凭据也未经

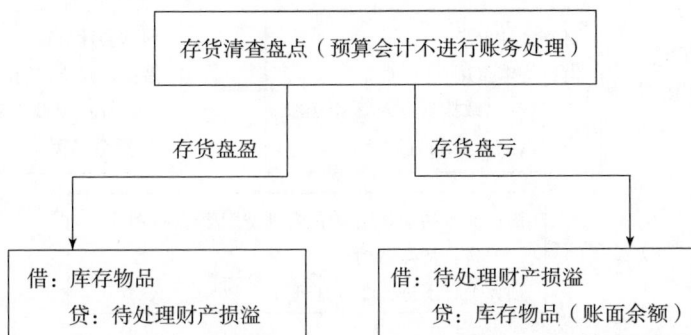

图 3-30　存货盘盈、盘亏的会计处理

过评估的，其成本按照重置成本确定。如无法采用上述方法确定盘盈的库存物品成本的，则按照名义金额入账。盘盈的库存物品：按照确定的入账成本，财务会计借记"库存物品"科目，贷记"待处理财产损溢"科目；预算会计不进行账务处理。

②盘亏或者毁损、报废的库存物品：按照待处理库存物品的账面余额，财务会计借记"待处理财产损溢"科目，贷记"库存物品"科目；预算会计不进行账务处理。

属于增值税一般纳税人的单位，若因非正常原因导致的库存物品盘亏或毁损，还应当将与该库存物品相关的增值税进项税额转出：按照其增值税进项税额，财务会计借记"待处理财产损溢"科目，贷记"应交增值税——应交税金（进项税额转出）"科目；预算会计不进行账务处理。

3.5　待摊费用

单位应当设置"待摊费用"科目核算单位已经支付，但应当由本期和以后各期分别负担的分摊期在 1 年以内（含 1 年）的各项费用，如预付航空保险费、预付租金等。摊销期限在 1 年以上的租入固定资产改良支出和其他费用，应当通过"长期待摊费用"科目核算，不通过本科目核算。本科目应当按照待摊费用种类进行明细核算。本科目期末借方余额，反映单位各种已支付但尚未摊销的分摊期在 1 年以内（含 1 年）的费用。

待摊费用应当在其受益期限内分期平均摊销，如预付航空保险费应在保险期的有效期内、预付租金应在租赁期内分期平均摊销，计入当期费用。待摊费用的主要账务处理如图 3-31 所示。

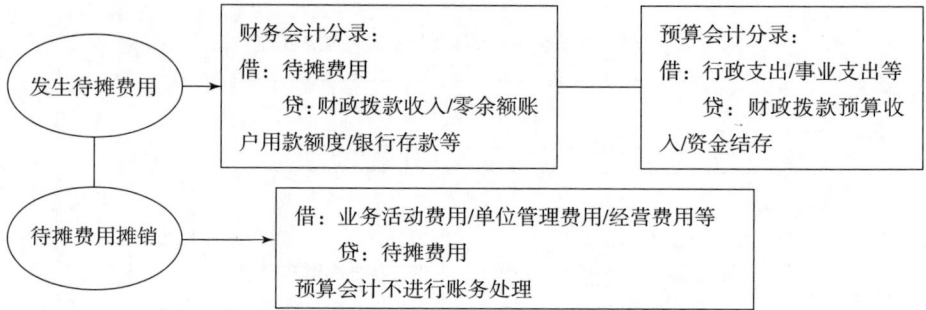

图 3 - 31　待摊费用的账务处理

发生待摊费用时，按照实际预付的金额：财务会计借记"待摊费用"科目，贷记"财政拨款收入""零余额账户用款额度""银行存款"等科目；预算会计借记"行政支出""事业支出"等科目，贷记"财政拨款预算收入""资金结存"科目。

按照受益期限分期平均摊销时：按照摊销金额，财务会计借记"业务活动费用""单位管理费用""经营费用"等科目，贷记"待摊费用"科目；预算会计不进行账务处理。如果某项待摊费用已经不能使单位受益，应当将其摊余金额一次全部转入当期费用：按照摊销金额，财务会计借记"业务活动费用""单位管理费用""经营费用"等科目，贷记"待摊费用"科目；预算会计不进行账务处理。

3.6　长期股权投资

长期股权投资是指事业单位按照规定取得的，持有时间超过 1 年（不含 1 年）的股权性质的投资。

3.6.1　长期股权投资的初始计量

长期股权投资在取得时，应当按照其实际成本作为初始投资成本。

1. 以现金取得的长期股权投资

财务会计按照确定的投资成本，借记"长期股权投资"科目或"长期股权投资——成本"科目，按照支付的价款中包含的已宣告但尚未发放的现金股利，借记"应收股利"科目，按照实际支付的全部价款，贷记"银行存款"等科目。预算会计按照实际支付的价款，借记"投资支出"科目，贷记"资金结存——货币资金"科目。实际收到取得投资时所支付价款中包含的已宣告但尚未发放的现金股利时，财务会计借记"银行存款"科目，贷记"应收股利"科目。预算会计借记"资金结存——货币资金"科目，贷记"投资支出"等科目。相关会计处理如图 3 – 32 所示。

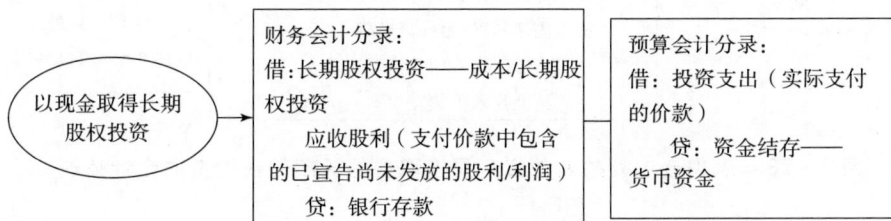

图 3 – 32　以现金取得的长期股权投资的会计处理

【例 3 – 18】某事业单位 2×19 年花费 1 000 万元购入乙单位 10% 的股权。其会计分录如下（单位：万元）。

财务会计分录：

借：长期股权投资		1 000
贷：银行存款		1 000

预算会计分录：

借：投资支出		1 000
贷：资金结存——货币资金		1 000

2. 以现金以外的其他资产置换取得的长期股权投资

财务会计和预算会计均参照"库存物品"科目中置换取得库存物品的相关规定进行账务处理。相关会计处理如图 3 – 33 所示。

【例 3 – 19】某事业单位 2×20 年 7 月 12 日将一台使用过的机器设备用于对外投资，双方协商作价 900 000 元，购入被投资单位 70% 的股权。该机器设备于 2×19 年 7 月购入，原始价值为 1 000 000 元，预计使用年限为 5 年。同时该机器的运费 20 000 元由该事业单位承担，用银行存款支付。

财务会计分录：

借：长期股权投资——成本	920 000
固定资产累计折旧	200 000
贷：固定资产	1 000 000
银行存款	20 000
其他收入	100 000

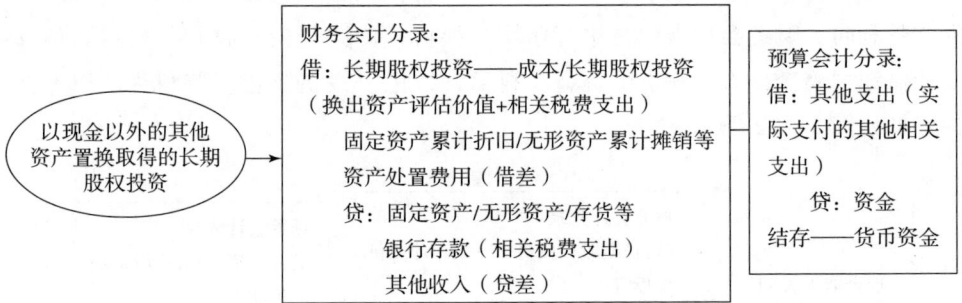

图 3-33　以现金以外的其他资产置换取得的长期股权投资的会计处理

预算会计分录：

借：其他支出　　　　　　　　　　　　　　　　　　　20 000

　　贷：资金结存——货币资金　　　　　　　　　　　　　　20 000

3. 以未入账的无形资产取得的长期股权投资

按照评估价值加相关税费作为投资成本，财务会计借记"长期股权投资"科目，按照发生的相关税费，贷记"银行存款""其他应交税费"等科目，按其差额，贷记"其他收入"科目。预算会计借记"其他支出"科目，贷记"资金结存"科目。相关会计处理如图 3-34 所示。

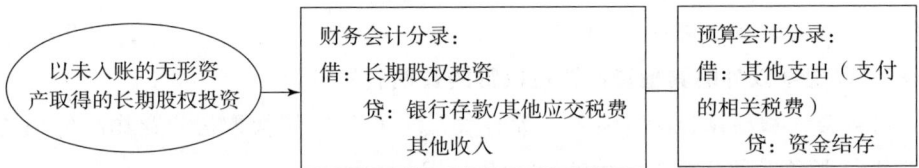

图 3-34　以未入账的无形资产取得的长期股权投资的会计处理

4. 接受捐赠的长期股权投资

按照确定的投资成本，借记"长期股权投资"科目或"长期股权投资——成本"科目，按照发生的相关税费，贷记"银行存款"等科目，按照其差额，贷记"捐赠收入"科目。预算会计借记"其他支出"科目，贷记"资金结存"科目。相关会计处理如图 3-35 所示。

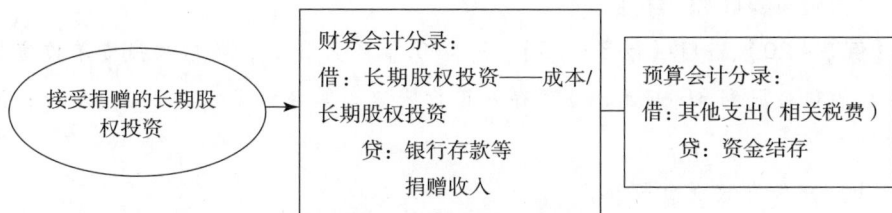

图 3 - 35　接受捐赠的长期股权投资的会计处理

5．无偿调入的长期股权投资

按照确定的投资成本，借记"长期股权投资"科目或"长期股权投资——成本"科目，按照发生的相关税费，贷记"银行存款"等科目，按照其差额，贷记"无偿调拨净资产"科目。预算会计借记"其他支出"科目，贷记"资金结存"科目。相关会计处理如图 3 - 36 所示。

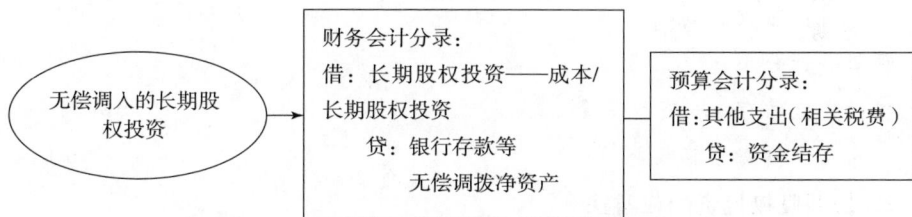

图 3 - 36　无偿调入的长期股权投资的会计处理

3.6.2　长期股权投资的后续计量

（一）持有期间长期股权投资的后续计量

1．长期股权投资的成本法

成本法是指长期股权投资按照成本计量的方法。事业单位无权决定被投资单位的财务和经营政策或无权参与被投资单位的财务和经营政策决策的，应当采用成本法进行核算。采用成本法核算的长期股权投资，核算方法如下。

①初始投资或追加投资时，按照初始投资或追加投资时成本增加长期股权投资的账面价值。

②被投资单位宣告发放现金股利或利润时：按照应收的金额，财务会计借记"应收股利"科目，贷记"投资收益"科目；预算会计不进行账务处理。收到现金股利或利润时：按照实际收到的金额，财务会计借记"银行存款"等科目，贷记"应收股利"科目；预算会计借记"资金结存——货币资金"科目，

贷记"投资预算收益"科目。

【例3-20】沿用【例3-19】，2×20年2月3日，收到被投资单位宣告并发放的现金股利50万元，款项存入银行账户。其会计分录如下。（单位：万元）

（1）宣告发放现金股利。

财务会计分录：

借：应收股利   50

  贷：投资收益   50

预算会计不进行账务处理。

（2）收到宣告发放的现金股利。

财务会计分录：

借：银行存款   50

  贷：应收股利   50

预算会计分录：

借：资金结存——货币资金   50

  贷：投资预算收益   50

2. 长期股权投资的权益法

事业单位自主决定被投资单位的财务和经营政策或参与被投资单位的财务和经营政策决策的，应当采用权益法进行核算。长期股权投资采用权益法核算的，还应当按照"成本""损益调整""其他权益变动"设置明细科目，进行明细核算。

（1）被投资单位实现净利润

按照应享有的份额，财务会计借记"长期股权投资——损益调整"科目，贷记"投资收益"科目。预算会计不进行账务处理。被投资单位发生净亏损的，按照应分担的份额，财务会计借记"投资收益"科目，贷记"长期股权投资——损益调整"科目，但以"长期股权投资"科目的账面余额减记至零为限。预算会计不进行账务处理。发生亏损的被投资单位以后年度又实现净利润的，按照收益分享额弥补未确认的亏损分担额等后的金额，财务会计借记"长期股权投资——损益调整"科目，贷记"投资收益"科目。预算会计不进行账务处理。

（2）被投资单位宣告分派现金股利或利润

按照应享有的份额，财务会计借记"应收股利"科目，贷记"长期股权投资——损益调整"科目。预算会计不进行账务处理。

（3）被投资单位发生除净损益和利润分配以外的所有者权益变动

按照应享有或应分担的份额，财务会计借记或贷记"权益法调整"科目，贷记或借记"长期股权投资——其他权益变动"科目。预算会计不进行账务处理。

【例 3-21】 沿用【例 3-20】，2×20 年 12 月 31 日，被投资单位实现利润 30 万元，除净损益和利润分配以外的所有者权益变动金额为 10 万元。其会计处理如下。

（1）按照对被投资单位实现净利润享有的份额 = 30×70% = 21（万元）

财务会计分录：

借：长期股权投资——损益调整　　　　　　　　210 000

　　贷：投资收益　　　　　　　　　　　　　　　　210 000

预算会计不进行账务处理。

（2）按照对被投资单位除净损益和利润分配以外的所有者权益变动享有的份额 = 10×70% = 7（万元）

财务会计分录：

借：长期股权投资——其他权益变动　　　　　　70 000

　　贷：权益法调整　　　　　　　　　　　　　　　70 000

预算会计不进行账务处理。

2×21 年 2 月 1 日，被投资单位宣告发放现金股利 10 万元。

按照对被投资单位分配现金股利享有的份额 = 10×70% = 7（万元）

财务会计分录：

借：应收股利　　　　　　　　　　　　　　　　70 000

　　贷：长期股权投资——损益调整　　　　　　　　70 000

预算会计不进行账务处理。

（二）按照规定报经批准处置长期股权投资

①处置以现金取得的长期股权投资。按照实际取得的价款，财务会计借记"银行存款"等科目，按照被处置长期股权投资的账面余额，贷记"长期股权投资"科目，按照尚未领取的现金股利或利润，贷记"应收股利"科目，按照发生的相关税费等支出，贷记"银行存款"等科目，按照借贷方差额，借记或贷记"投资收益"科目。按照取得价款扣减支付的相关税费后的金额，预算会计借记"资金结存——货币资金"科目，贷记"投资支出""其他结余""投资预

算收益"科目。

②处置以现金以外的其他资产取得的长期股权投资。处置净收入上缴财政的：按照被处置长期股权投资的账面余额，财务会计借记"资产处置费用"科目，贷记"长期股权投资"科目，同时，按照实际取得的价款，借记"银行存款"等科目，按照尚未领取的现金股利或利润，贷记"应收股利"科目，按照发生的相关税费等支出，贷记"银行存款"等科目，按照贷方差额，贷记"应缴财政款"科目；预算会计按照获得的现金股利或利润，借记"资金结存——货币资金"科目，贷记"投资预算收益"科目。按照规定将处置时取得的投资收益纳入本单位预算管理的：财务会计应当按照所取得价款大于被处置长期股权投资账面余额、应收股利账面余额和相关税费支出合计的差额，贷记"投资收益"科目，其余会计处理同处置净收入上缴财政；预算会计按照取得价款扣减投资账面余额和相关税费后的差额，借记"资金结存——货币资金"科目，贷记"投资预算收益"科目。

【例3-22】沿用【例3-21】，某事业单位2×21年2月5日对外出售被投资单位35%的股权，获得收入72万元。其中包括被投资单位已宣告未发放的2×20年现金股利3.5万元。按照规定该投资收益纳入本单位预算管理，不考虑相关税费。其会计分录如下。

出售的被投资单位35%股权占购入70%股权的一半。

被处置长期股权投资——成本的账面余额=92÷2=46（万元）

被处置长期股权投资——损益调整的账面余额=（21-7）÷2=7（万元）

被处置长期股权投资——其他权益变动的账面余额=7÷2=3.5（万元）

财务会计分录：

借：资产处置费用	565 000
贷：长期股权投资——成本	460 000
长期股权投资——损益调整	70 000
长期股权投资——其他权益变动	35 000
借：银行存款	720 000
贷：应收股利	35 000
投资收益	120 000
应缴财政款	565 000

预算会计分录：

借：资金结存——货币资金	155 000

　　贷：投资预算收益　　　　　　　　　　　　　　　　155 000

　　③因被投资单位破产清算等原因，有确凿证据表明长期股权投资发生损失，按照规定报经批准后予以核销时：按照予以核销的长期股权投资的账面余额，财务会计借记"资产处置费用"科目，贷记"长期股权投资"科目；预算会计不进行账务处理。相关会计处理如图 3 - 37 所示。

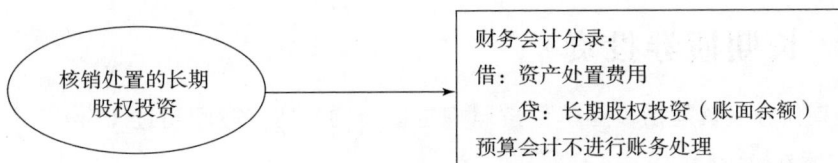

```
┌─────────────┐         ┌─────────────────────────────┐
│  核销处置的长期  │────────▶│ 财务会计分录：                │
│   股权投资    │         │ 借：资产处置费用               │
└─────────────┘         │   贷：长期股权投资（账面余额）    │
                        │ 预算会计不进行账务处理            │
                        └─────────────────────────────┘
```

图 3 - 37　长期股权投资发生损失后核销的会计处理

　　④报经批准置换转出长期股权投资时，财务会计和预算会计均参照"库存物品"科目中置换换入库存物品的规定进行账务处理。

　　⑤采用权益法核算的长期股权投资的处置，除进行上述账务处理外，还应结转原直接计入净资产的相关金额：财务会计借记或贷记"权益法调整"科目，贷记或借记"投资收益"科目；预算会计不进行账务处理。

　　（三）成本法与权益法的转换

　　①单位因处置部分长期股权投资等原因而对处置后的剩余股权投资由权益法改按成本法核算的，应当按照权益法下"长期股权投资"科目账面余额作为成本法下"长期股权投资——成本"科目账面余额。其后，被投资单位宣告分派现金股利或利润时，属于单位已计入投资账面余额的部分，按照应分得的现金股利或利润份额，财务会计借记"应收股利"科目，贷记"长期股权投资"科目，预算会计不进行账务处理。

　　②单位因追加投资等原因对长期股权投资的核算从成本法改为权益法的：应当按照成本法下"长期股权投资"科目账面余额与追加投资成本的合计金额，财务会计借记"长期股权投资——成本"科目，按照成本法下"长期股权投资"科目账面余额，贷记"长期股权投资"科目，按照追加投资的成本，贷记"银行存款"等科目；预算会计按照实际支付的金额，借记"投资支出"科目，贷记"资金结存——货币资金"科目。

　　【例 3 - 23】沿用【例 3 - 22】，某事业单位 2×21 年 2 月 5 日对外出售35% 的股权后，剩余部分长期股权投资转为按成本法核算。其会计分录如下。

　　财务会计分录：

借：长期股权投资　　　　　　　　　　　　　　　565 000
　　贷：长期股权投资——成本　　　　　　　　　　460 000
　　　　长期股权投资——损益调整　　　　　　　　 70 000
　　　　长期股权投资——其他权益变动　　　　　　 35 000
预算会计不进行账务处理。

3.7　长期债券投资

长期债券投资是指事业单位按照规定取得的，持有时间超过 1 年（不含 1 年）的债券投资。

3.7.1　长期债券投资的初始计量

长期债券投资在取得时，应当按照其实际成本作为初始投资成本。取得的长期债券投资：按照确定的投资成本，财务会计借记"长期债券投资——成本"科目，按照支付的价款中包含的已到付息期但尚未领取的利息，借记"应收利息"科目，按照实际支付的金额，贷记"银行存款"等科目；预算会计借记"投资支出"科目，贷记"资金结存——货币资金"科目。相关会计处理如图 3 - 38 所示。

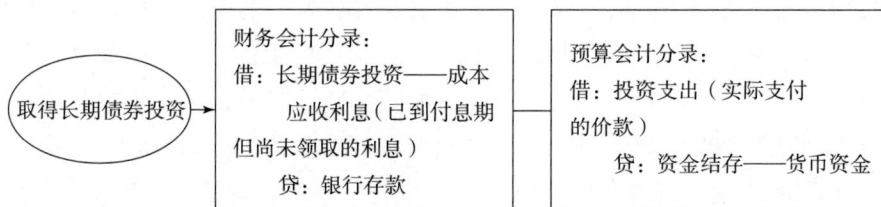

图 3 - 38　长期债券投资取得的会计处理

实际收到取得债券时所支付价款中包含的已到付息期但尚未领取的利息时：财务会计借记"银行存款"科目，贷记"应收利息"科目；预算会计借记"投资支出"科目，贷记"资金结存——货币资金"科目。

3.7.2　长期债券投资的后续计量

（一）持有期间长期债券投资的后续计量

按期以债券票面金额与票面利率计算确认利息收入时：如为到期一次还本付息的债券投资，财务会计借记"长期债券投资——应计利息"科目，贷记

"投资收益"科目；如为分期付息、到期一次还本的债券投资，借记"应收利息"科目，贷记"投资收益"科目；预算会计不进行账务处理。

收到分期支付的利息时：按照实收的金额，财务会计借记"银行存款"等科目，贷记"应收利息"科目；预算会计借记"资金结存——货币资金"科目，贷记"投资预算收益"科目。相关会计处理如图 3 - 39 所示。

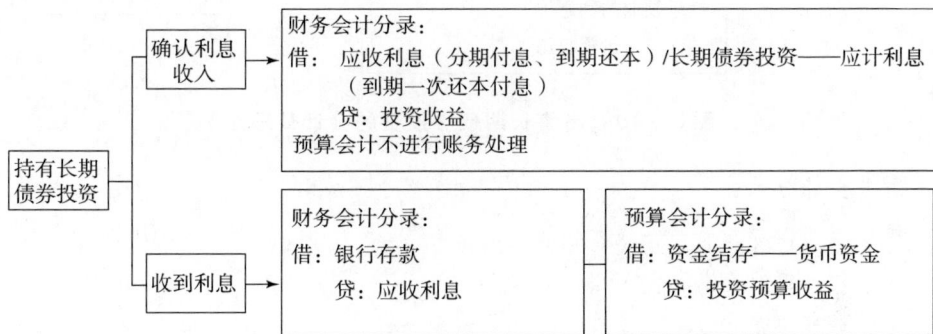

图 3 - 39　长期债券投资持有期间的会计处理

（二）长期债券投资处置

1. 到期收回长期债券投资

按照实际收到的金额：财务会计借记"银行存款"科目，按照长期债券投资的账面余额，贷记"长期债券投资"科目，按照相关应收利息金额，贷记"应收利息"科目，按照其差额，贷记"投资收益"科目；预算会计借记"资金结存——货币资金"科目，按投资成本，贷记"投资支出""其他结余"科目，按照其差额，贷记"投资预算收益"科目。

2. 出售长期债券投资

按照实际收到的金额：财务会计借记"银行存款"科目，按照长期债券投资的账面余额，贷记"长期债券投资"科目，按照已记入"应收利息"科目但尚未收取的金额，贷记"应收利息"科目，按照其差额，贷记或借记"投资收益"科目。预算会计借记"资金结存——货币资金"科目，贷记"投资预算收益""投资支出""其他结余"科目。涉及增值税业务的，相关账务处理参见"应交增值税"科目。相关会计处理如图 3 - 40 所示。

【例 3 - 24】某事业单位发生的业务如下。

（1）2×19 年，该单位取得长期债券投资，以银行存款支付对价 70 000元。其会计分录如下。

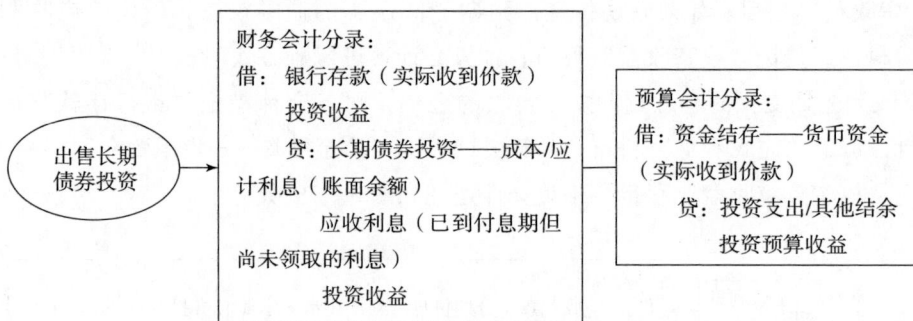

图 3-40　出售长期债券投资的会计处理

财务会计分录：

借：长期债券投资——成本　　　　　　　　　　　　70 000

　　贷：银行存款　　　　　　　　　　　　　　　　　　70 000

预算会计分录：

借：投资支出　　　　　　　　　　　　　　　　　　70 000

　　贷：资金结存——货币资金　　　　　　　　　　　　70 000

（2）2×19 年 12 月 31 日，收到债券利息 5 000 元，款项存入银行账户。其会计分录如下。

财务会计分录：

借：应收利息　　　　　　　　　　　　　　　　　　5 000

　　贷：投资收益　　　　　　　　　　　　　　　　　　5 000

借：银行存款　　　　　　　　　　　　　　　　　　5 000

　　贷：应收利息　　　　　　　　　　　　　　　　　　5 000

预算会计分录：

借：资金结存——货币资金　　　　　　　　　　　　5 000

　　贷：投资预算收益　　　　　　　　　　　　　　　　5 000

（3）2×20 年 2 月 1 日，该事业单位向外转让该长期债券投资，转让价格为 71 000 元。其会计分录如下。

财务会计分录：

借：银行存款　　　　　　　　　　　　　　　　　　71 000

　　贷：长期债券投资　　　　　　　　　　　　　　　　70 000

　　　　投资收益　　　　　　　　　　　　　　　　　　1 000

预算会计分录：

借：资金结存——货币资金　　　　　　　　　　71 000

　　　贷：其他结余　　　　　　　　　　　　　　70 000

　　　　　投资预算收益　　　　　　　　　　　　1 000

3.8　固定资产

3.8.1　固定资产概述

固定资产是指使用期限超过 1 年（不含 1 年）、单位价值在规定标准以上（1 000 元以上，其中专用设备单位价值在 1 500 元以上），并在使用过程中基本保持原有物质形态的资产。单位价值虽未达到规定标准，但是耐用时间超过 1 年（不含 1 年）的大批同类物资，应当作为固定资产核算。

固定资产一般分为六类：房屋及构筑物；通用设备；专用设备；文物和陈列品；图书、档案；家具、用具、装具及动植物。

（一）固定资产的特征

固定资产主要有以下特征。

①固定资产是政府单位正常公务活动中拥有的实物资产，供单位使用，而不是供出售的资产。

②固定资产具有有限使用寿命，当寿命终结时必须废弃或进行重置。

③固定资产的价值来自取得合法财产使用权的交换能力，而不是来自履行契约。

④固定资产是非货币性资产，使用期限较长，一般在 1 年以上。固定资产能在连续若干生产周期中发挥作用，并保持其原有实物形态。

⑤固定资产单位价值比较大。

（二）固定资产的分类

政府单位的固定资产种类较多，规格不一，为了加强对固定资产的管理，便于组织会计核算，有必要进行科学、合理的分类。固定资产的分类必须与日常管理结合起来，分类是否科学、合理，对固定资产的管理和核算都有直接影响。

政府单位的固定资产必须从管理需要和核算要求进行分类，常用的分类方法有按使用情况分类、按经济用途分类、按经营情况分类等。具体内容如表3 – 11 所示。

表 3 - 11 固定资产的分类

分类标准	主要内容	概念	评价
按固定资产使用情况分类	在用固定资产	在用固定资产是指使用中的固定资产，包括正在使用中的固定资产、修理中的固定资产以及季节性暂时停用的固定资产	反映固定资产的实际利用情况，能发现固定资产使用中的浪费问题，有利于加强固定资产的管理，促使单位合理使用固定资产，发挥固定资产的使用效能
	闲置固定资产	闲置固定资产是指不使用的固定资产，包括多余的固定资产、不适用的固定资产和待报废的固定资产	
按固定资产经济用途分类	房屋及构筑物	房屋包括政府单位拥有的办公用房、生活用房（食堂、医务用房、职工宿舍等）、库房等；构筑物包括水塔、道路、围墙、雕塑等	反映政府单位固定资产的组成结构，已有的固定资产与单位公务活动相适应，有利于加强固定资产的合理配置、更好地使用预算资金
	通用设备	通用设备是指单位通用性设备，如计算机、打印机、复印机、传真机、家具、汽车、摩托车、电动车等	
	专用设备	专用设备是指因业务需要购置的具有专业用途的设备，如侦察设备、检测设备、监控设备、气象设备、防空设备等	
	文物和陈列品	文物和陈列品包括政府单位接管、接受捐赠、购置的具有特别价值的文物和陈列品，如古物、字画、纪念品等	
	图书、档案	图书、档案专指政府单位在图书室、阅览室里长期存放的图书、档案，不包括各单位办公室中购买的业务用书	
	其他固定资产	其他固定资产指上述各类未包含的固定资产	
按经营情况分类	非经营性固定资产	非经营性固定资产是指政府单位为完成公务和开展业务活动所占有、使用的固定资产	反映政府单位对闲置固定资产用于经营的情况，有利于加强资产的管理和对经营资产收入的监督
	经营性固定资产	经营性固定资产是指政府单位用于从事营利性活动的固定资产	

（三）固定资产的管理

固定资产的日常管理是政府单位管理固定资产的连续性工作，贯穿固定资产的申请购置、日常使用、维修、报废等全过程，应当做到"购置手续完备、保管责任到人、处置遵守程序"。政府单位固定资产管理的注意事项如表 3 - 12 所示。

表 3－12　　　　　　　　　政府单位固定资产管理的注意事项

管理要求		主要内容
履行固定资产购置的审批手续	由于固定资产具有金额大、使用时间长的特点，以及国家对固定资产投资具有宏观控制要求，因此对固定资产购置有规定的报批手续。随着国家预算管理体制的改革，购置固定资产还实行了政府采购制度，因此，对固定资产的购置主要有三项手续必须切实履行	社会集团购买力控购审批。政府单位购买的货物，如果涉及社会集团购买力控制的商品应当向控制社会集团购买力办公室报批。目前，政府单位需要办理社会集团控购审批的商品有：20 座以下中型客车、小轿车
		政府采购制度。政府采购是各级政府和实行预算管理的社会组织，为开展日常政务活动或出于为公众提供服务的需要，在财政的监督下，以《中华人民共和国政府采购法》及配套的法规为依据，按照特定的方法和程序，从国内外市场购买货物、出包工程、寻求服务的行为。采购范围分为 3 类：1. 货物类，包括办公用品、机械设备、燃料、油料、公务车辆、体育健身器材、教学仪器、发电机组等；2. 工程类，包括由政府提供的系统集成及网络工程、消防工程、环境绿化工程、城市亮化工程、装饰装潢工程等；3. 服务类，包括会议、接待、印刷、保险、软件开发等各种服务。具体的采购目录由各级人民政府规定。采购一般程序为：由单位申请，政府委托采购中心集中招标采购，财政直接付款或单位付款
		房屋建筑物的立项审批和预算、结算、决算制度。政府单位的房屋建筑物基建，应根据基本建设的规范要求，办理立项审批、设计预算、施工、竣工验收、交付使用、工程结算、竣工决算等一系列手续。一般情况下，基建项目都实行单独核算，执行《基本建设会计制度》，工程竣工决算后，移交给政府部门管理
执行固定资产保管责任到人的制度	固定资产的日常管理，应当实行"统一领导，分级负责，归口管理，责任到人"制度。这是管理好固定资产的有效办法	统一领导。由单位分管领导统一组织、协调，办公室总务统一管理、财务统一核算
		分级负责。单位领导负整体管理责任，相关部门负职责范围内的管理责任，使用人负直接保管责任
		归口管理。由于固定资产的特殊性能等要求，有必要实行归口管理，如计算机网络、汽车等可以由计算机管理中心、车队分别管理。这种专业化的管理，有利于管理好固定资产，从而发挥其应有的使用功能
		责任到人。单位的固定资产直接由使用人负责保管，这是管理好固定资产的有效办法

续表

管理要求	主要内容	
遵循固定资产处置程序	政府单位固定资产的处置是资产管理的重要环节，必须按程序严格执行内部审批手续和程序。固定资产通常有报废、毁损、失窃、赠送、出售和转作经营性投资、无偿调出等情况	报废。固定资产报废应填制固定资产报废申请表，经过技术鉴定，获得报废审批
		毁损。固定资产毁损应填制固定资产毁损报告单（附毁损处理文字意见），再由相关部门人员签批
		失窃。固定资产失窃应先报案，根据受案部门意见，填制固定资产失窃报告单，再由相关部门人员签批
		赠送。固定资产赠送应由政府会议决定，再填制固定资产调拨单，经过相关部门人员签字赠出，最后获得接受单位回执
		出售和转作经营性投资。将固定资产出售和转作经营性投资，应由政府会议决定，再获得国有资产管理部门批准文件，填制固定资产调拨单，由相关部门人员签字，开具收款票据，最后交付固定资产
		无偿调出。无偿调出固定资产应由政府会议决定，获得国有资产管理部门批准文件后，填制固定资产调拨单，由相关部门人员签字，交付固定资产，最后获得接受单位回执
加强固定资产清查和产权登记	为了反映固定资产实存情况，保证固定资产安全、完整，政府单位应当对固定资产每年进行一次清查盘点。对盘点中出现的盘盈、盘亏应查明原因，作出相应的处理，保证账实相符	
	根据国有资产产权登记的有关规定，政府单位的固定资产发生变动，每年要到国有资产管理部门办理国有资产产权变更登记	

（四）固定资产的核算注意事项

①购入需要安装的固定资产，应当先通过"在建工程"科目核算，安装完毕交付使用时再转入"固定资产"科目核算。

②以借入、经营租赁租入方式取得的固定资产，不通过"固定资产"科目核算，应当设置备查簿进行登记。

③采用融资租入方式取得的固定资产，通过"固定资产"科目核算，并在"固定资产"科目下设置"融资租入固定资产"明细科目。

④经批准在境外购买具有所有权的土地，作为固定资产，通过"固定资产"科目核算；单位应当在"固定资产"科目下设置"境外土地"明细科目，进行明细核算。

3.8.2　固定资产的初始计量

（一）固定资产成本的确定

固定资产成本的初始确认与计量要根据其取得方式进行，如表 3 – 13 所示。

表 3 – 13　　　　　　　　　　　固定资产成本的确定

取得方式	成本的确定
购入的固定资产	成本包括实际支付的购买价款，相关税费，使固定资产交付使用前所发生的可归属于该项资产的运输费、装卸费、安装费和专业人员服务费等。以一笔款项购入多项没有单独标价的固定资产，按照各项固定资产同类或类似固定资产市场价格的比例对总成本进行分配，分别确定各项固定资产的入账价值
自行建造的固定资产	成本包括建造该项固定资产至交付使用前所发生的全部必要支出。固定资产的各组成部分需要分别核算的，按照各组成部分固定资产造价确定其成本；没有各组成部分固定资产造价的，按照各组成部分固定资产同类或类似固定资产市场造价的比例对总造价进行分配，确定各组成部分固定资产的成本
自行繁殖的动植物	成本包括在达到可使用状态前所发生的全部必要支出
改建、扩建、修缮的固定资产	成本按照原固定资产的账面价值（"固定资产"科目账面余额减去"累计折旧"科目账面余额后的净值）加上改建、扩建、修缮发生的支出，再扣除固定资产拆除部分账面价值后的金额确定
置换取得的固定资产	成本按照换出资产的评估价值加上支付的补价或减去收到的补价，加上为换入固定资产支付的其他费用（运输费等）确定
接受捐赠、无偿调入的固定资产	成本按照有关凭证注明的金额加上相关税费、运输费等确定；没有相关凭证可供取得，但依法经过资产评估的，其成本应当按照评估价值加上相关税费、运输费等确定；没有相关凭证可供取得也未经评估的，其成本比照同类或类似固定资产的市场价格加上相关税费、运输费等确定；没有相关凭证也未经评估，其同类或类似固定资产的市场价格无法可靠取得的，所取得的固定资产应当按照名义金额入账
盘盈的固定资产	按照取得同类或类似固定资产的实际成本确定入账价值；没有同类或类似固定资产的实际成本的，按照同类或类似固定资产的市场价格确定入账价值；同类或类似固定资产的实际成本或市场价格无法可靠取得的，按照名义金额入账

（二）固定资产初始会计核算

1. 外购的固定资产

购入不需安装的固定资产验收合格时：按照确定的固定资产成本，财务会计借记"固定资产"科目，贷记"财政拨款收入""零余额账户用款额度""应付账款""银行存款"等科目；预算会计借记"行政支出""事业支出""经营支出"等科目，贷记"财政拨款预算收入""资金结存"科目。购入需要安装的固定资产：财务会计在安装完毕交付使用前先通过"在建工程"科目核算，安装完毕交付使用时再转入"固定资产"科目；预算会计借记"行政支出""事业支出""经营支出"科目，贷记"财政拨款预算收入""资金结存"科目。具体会计处理如图 3－41 所示。

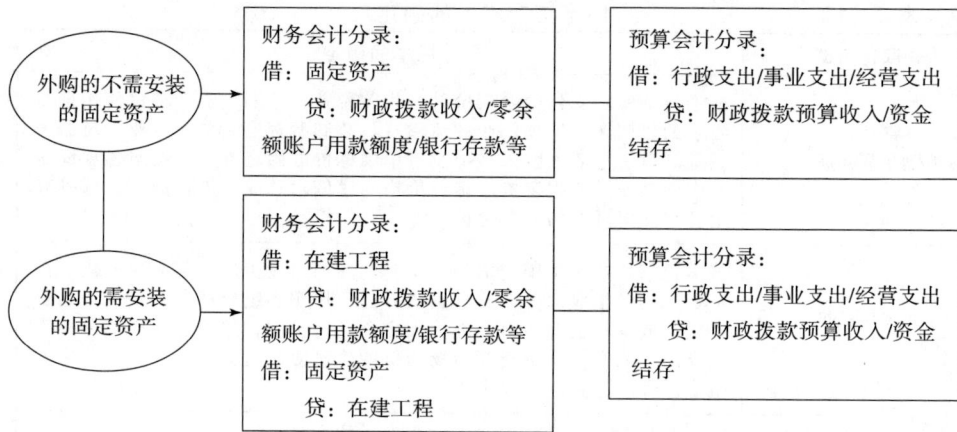

图 3－41　外购固定资产的会计处理

　　购入固定资产扣留质量保证金的：应当在取得固定资产时，按照确定的固定资产成本，财务会计借记"固定资产"科目（不需安装）或"在建工程"科目（需要安装），按照实际支付或应付的金额，贷记"财政拨款收入"，"零余额账户用款额度"，"应付账款"（不含质量保证金）、"银行存款"等科目，按照扣留的质量保证金数额，贷记"其他应付款"科目［扣留期在 1 年以内（含1 年）］或"长期应付款"科目（扣留期超过 1 年）；预算会计借记"行政支出""事业支出""经营支出"科目，贷记"财政拨款预算收入""资金结存"科目。质保期满支付质量保证金时：财务会计借记"其他应付款""长期应付款"科目，贷记"财政拨款收入""零余额账户用款额度""银行存款"等科目；预算会计借记"行政支出""事业支出""经营支出"科目，贷记"财政拨款预算收入""资金结存"科目。相关会计处理如图 3－42 所示。

　　【例 3－25】 某政府单位购入需要安装的电梯一部，电梯价格为 800 000 元，运输及保险费为 100 000 元，扣留质量保证金 50 000 元，约定如无质量问题 6 个月后退还。全部价款使用财政直接支付方式进行支付。其会计分录如下。

　　（1）购入电梯。

　　财务会计分录：

　　借：在建工程　　　　　　　　　　　　　　　　　　　　　　　900 000

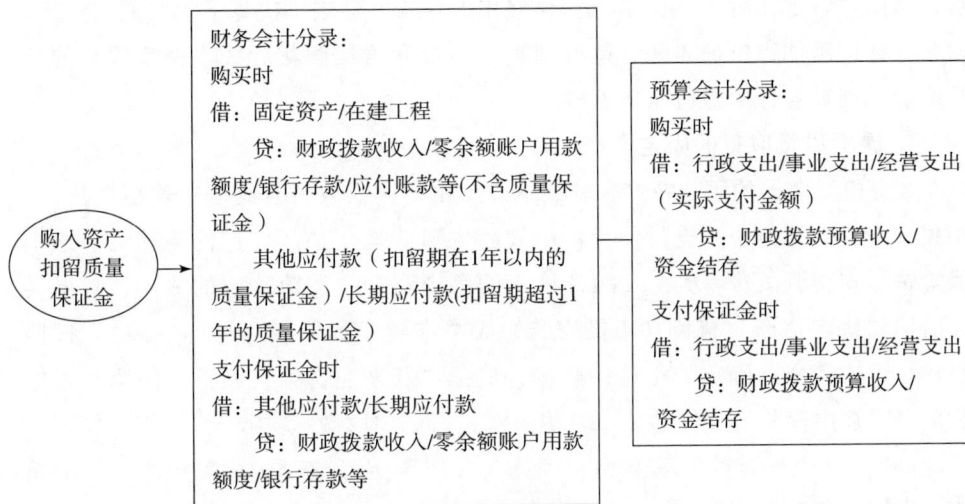

图 3 - 42　外购固定资产扣留质量保证金的会计处理

贷：财政拨款收入	850 000	
其他应付款	50 000	

预算会计分录：

借：行政支出 /事业支出	850 000	
贷：财政拨款预算收入	850 000	

（2）电梯安装完成。

财务会计分录：

借：固定资产	900 000	
贷：在建工程	900 000	

预算会计不进行账务处理。

（3）支付质量保证金。

财务会计分录：

借：其他应付款	50 000	
贷：财政拨款收入	50 000	

预算会计分录：

借：行政支出 /事业支出	50 000	
贷：财政拨款预算收入	50 000	

2．自行建造的固定资产

固定资产交付使用时：按照在建工程成本，财务会计借记"固定资产"科目，贷记"在建工程"科目。已交付使用但尚未办理竣工决算手续的固定资产，财务会计按照估计价值入账，待办理竣工决算后再按照实际成本调整原来的暂估价值。预算会计不进行账务处理。

3. 融资租赁取得的固定资产

融资租赁取得的固定资产，其成本按照租赁协议或者合同确定的租赁价款、相关税费以及固定资产交付使用前所发生的可归属于该项资产的运输费、途中保险费、安装调试费等确定。融资租入的固定资产：按照确定的成本，财务会计借记"固定资产"科目（不需安装）或"在建工程"科目（需安装），按照租赁协议或者合同确定的租赁付款额，贷记"长期应付款"科目，按照支付的运输费、途中保险费、安装调试费等金额，贷记"财政拨款收入""零余额账户用款额度""银行存款"等科目；预算会计按照实际支付的相关税费、运输费等，借记"行政支出""事业支出""经营支出"等科目，贷记"财政拨款预算收入""资金结存"科目。

定期支付租金时：按照实际支付金额，财务会计借记"长期应付款"科目，贷记"财政拨款收入""零余额账户用款额度""银行存款"等科目；预算会计借记"行政支出""事业支出""经营支出"，贷记"财政拨款预算收入""资金结存"科目。相关会计处理如图3－43所示。

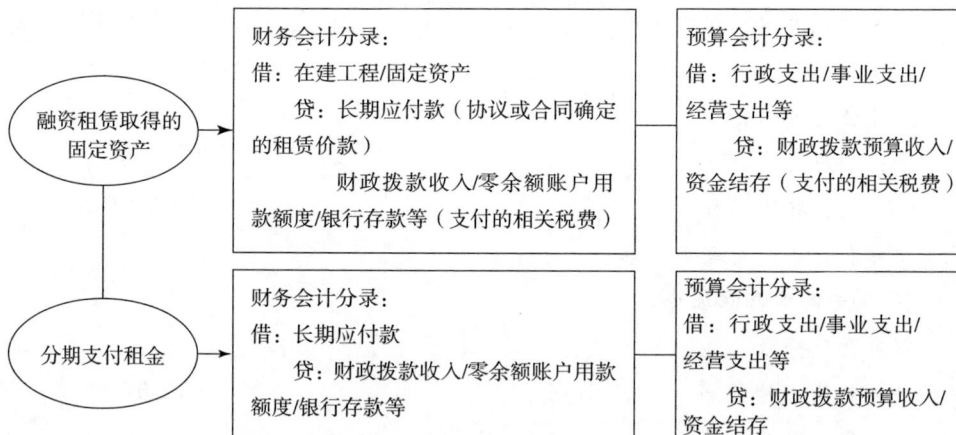

图3－43　融资租赁租入固定资产的会计处理

4. 按规定跨年度分期付款购入的固定资产

按照规定跨年度分期付款购入固定资产的账务处理，财务会计和预算会计均参照融资租入固定资产

5．接受捐赠的固定资产

按照确定的固定资产成本：财务会计借记"固定资产"科目（不需安装）或"在建工程"科目（需安装），按照发生的相关税费、运输费等，贷记"零余额账户用款额度""银行存款"等科目，按照其差额，贷记"捐赠收入"科目；预算会计按照支付的相关税费、运输费等，借记"其他支出"科目，贷记"资金结存"科目。

接受捐赠的固定资产按照名义金额入账的：按照名义金额，财务会计借记"固定资产"科目，贷记"捐赠收入"科目，按照发生的相关税费、运输费等，借记"其他费用"科目，贷记"零余额账户用款额度""银行存款"等科目；按照支付的相关税费、运输费等，预算会计借记"其他支出"科目，贷记"资金结存"科目。相关会计处理如图 3 - 44 所示。

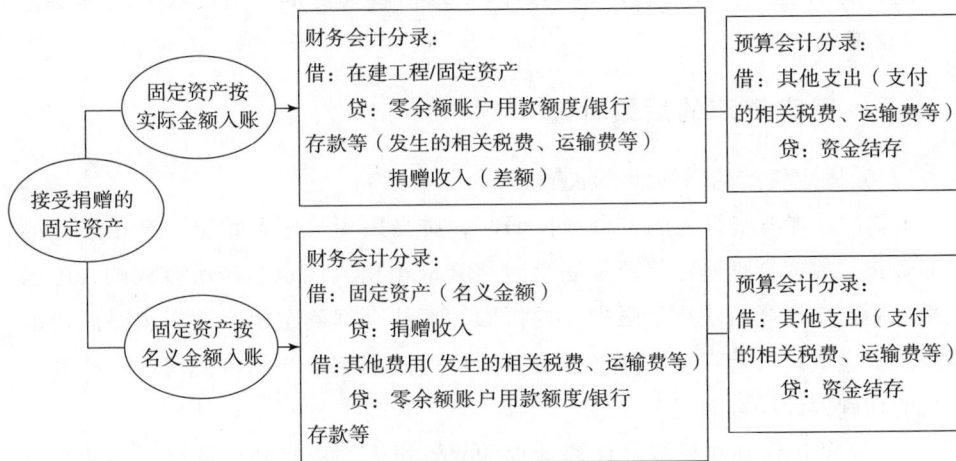

图 3 - 44　接受捐赠取得固定资产的会计处理

6．无偿调入的固定资产

无偿调入的固定资产：按照确定的固定资产成本，财务会计借记"固定资产"科目（不需安装）或"在建工程"科目（需安装），按照发生的相关税费、运输费等，贷记"零余额账户用款额度""银行存款"等科目，按照其差额，贷记"无偿调拨净资产"科目；按照支付的相关税费、运输费等，预算会计借记"其他支出"科目，贷记"资金结存"科目。相关会计处理如图 3 - 45 所示。

7．置换取得的固定资产

财务会计和预算会计均参照"库存物品"科目中置换取得库存物品的相关

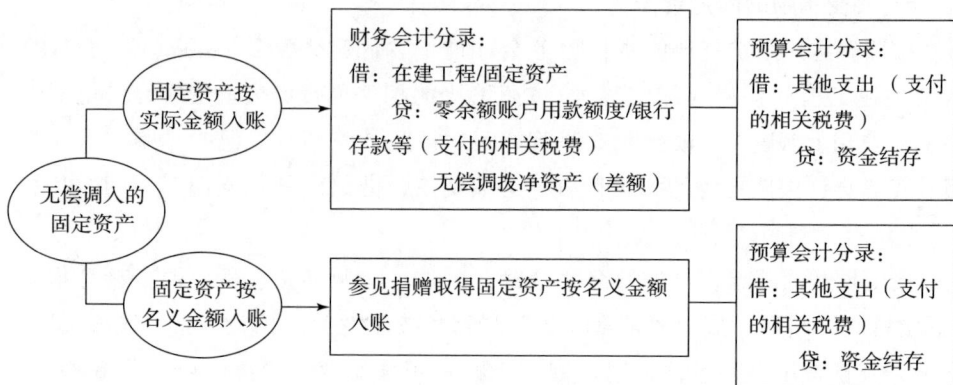

图3-45　无偿调入固定资产的会计处理

规定进行账务处理。固定资产取得时涉及增值税业务的，相关账务处理参见"应交增值税"科目。

3.8.3　固定资产的后续计量

（一）固定资产的后续计量注意事项

①单位计提融资租入固定资产折旧时，应当采用与自有固定资产相一致的折旧政策。能够合理确定租赁期届满时将会取得租入固定资产所有权的，应当在租入固定资产尚可使用年限内计提折旧；无法合理确定租赁期届满时能否取得租入固定资产所有权的，应当在租赁期与租入固定资产尚可使用年限两者中较短的期间内计提折旧。

②公共基础设施和保障性住房计提的累计折旧，应当分别通过"公共基础设施累计折旧（摊销）"科目和"保障性住房累计折旧"科目核算，不通过"固定资产累计折旧"科目核算。

（二）固定资产的后续计量的账务处理

1. 累计折旧的计提

按月计提固定资产折旧时：按照应计提折旧金额，财务会计借记"业务活动费用""单位管理费用""经营费用""加工物品""在建工程"等科目，贷记"固定资产累计折旧"科目；预算会计不进行账务处理。

2. 与固定资产有关的其他后续支出

（1）符合固定资产确认条件的后续支出

通常情况下，将固定资产转入改建、扩建时：按照固定资产的账面价值，财务会计借记"在建工程"科目，按照固定资产已计提折旧，借记"固定资产累计折旧"科目，按照固定资产的账面余额，贷记"固定资产"科目；预算会计不进行账务处理。为增加固定资产使用效能或延长其使用年限而发生的改建、扩建等后续支出：财务会计借记"在建工程"科目，贷记"财政拨款收入""零余额账户用款额度""银行存款"等科目；预算会计按照支付的相关税费、运输费等，借记"其他支出"科目，贷记"资金结存"科目。固定资产改建、扩建等完成交付使用时：按照在建工程成本，财务会计借记"固定资产"科目，贷记"在建工程"科目；预算会计不进行账务处理。具体会计处理如图 3 - 46 所示。

（2）不符合固定资产确认条件的后续支出

为保证固定资产正常使用发生的日常维修等支出：财务会计借记"业务活动费用""单位管理费用"等科目，贷记"财政拨款收入""零余额账户用款额度""银行存款"等科目；财务会计借记"行政支出""事业支出""经营支出"等科目，贷记"财政拨款预算收入""资金结存"科目。具体会计处理如图 3 - 46 所示。

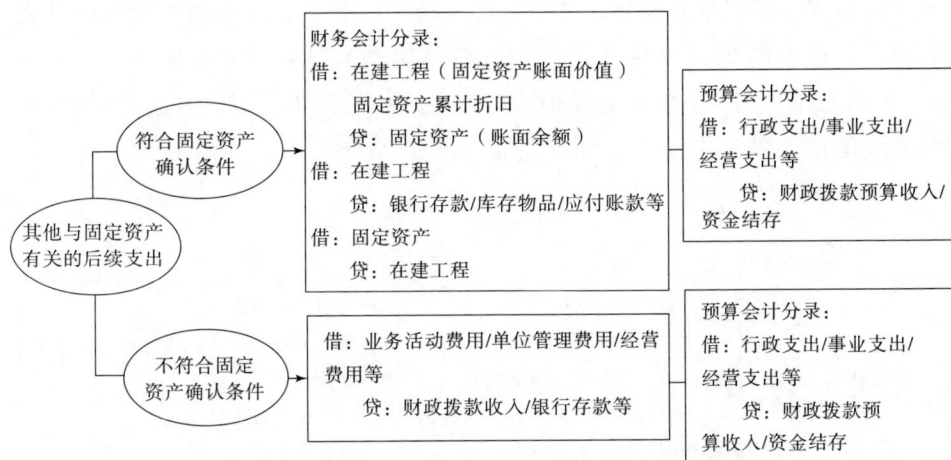

图 3 - 46　固定资产其他后续计量的会计处理

3.8.4　固定资产的处置

1. 报经批准出售、转让固定资产

按照被出售、转让固定资产的账面价值，财务会计借记"资产处置费用"科目，按照固定资产已计提的折旧，借记"固定资产累计折旧"科目，按照固定资产账面余额，贷记"固定资产"科目。预算会计不进行账务处理。同时，

按照收到的价款，财务会计借记"银行存款"等科目，按照处置过程中发生的相关费用，贷记"银行存款"等科目，按照其差额，贷记"应缴财政款"科目。预算会计不进行账务处理。相关会计处理如图3-47所示。

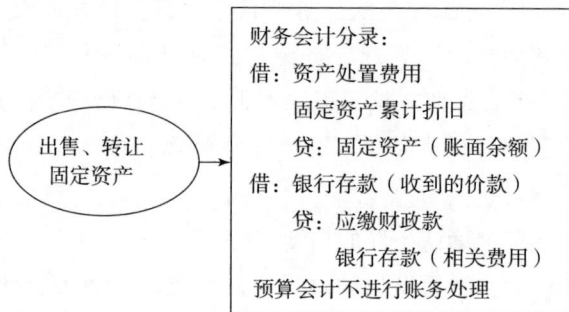

图3-47　报经批准出售、转让固定资产的会计处理

2. 报经批准对外捐赠固定资产

按照固定资产已计提的折旧，财务会计借记"固定资产累计折旧"科目，按照被处置固定资产账面余额，贷记"固定资产"科目，按照捐赠过程中发生的归属于捐出方的相关费用，贷记"银行存款"等科目，按照其差额，借记"资产处置费用"科目。按照对外捐赠过程中发生的归属于捐出方的相关费用，预算会计借记"其他支出"科目，贷记"资金结存"科目。相关会计处理如图3-48所示。

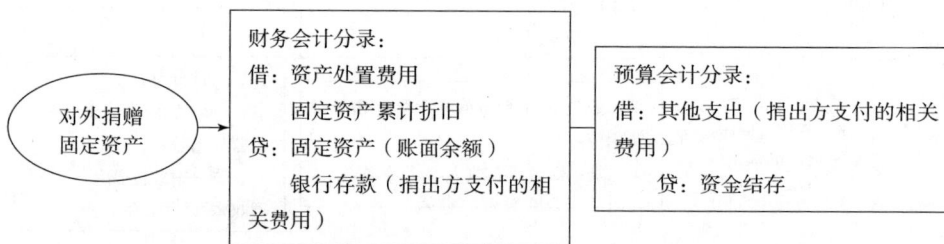

图3-48　报经批准对外捐赠固定资产的会计处理

3. 报经批准无偿调出固定资产

按照固定资产已计提的折旧，财务会计借记"固定资产累计折旧"科目，按照被处置固定资产账面余额，贷记"固定资产"科目，按照其差额，借记"无偿调拨净资产"科目。预算会计不进行账务处理。同时，按照无偿调出过程中发生的归属于调出方的相关费用：财务会计借记"资产处置费用"科目，贷记"银行存款"等科目；预算会计借记"其他支出"科目，贷记"资金结存"

科目。相关会计处理如图 3 - 49 所示。

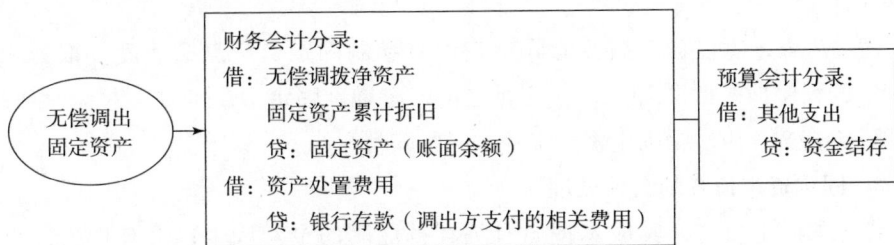

图 3 - 49　报经批准无偿调出固定资产的会计处理

4. 报经批准置换换出固定资产

财务会计和预算会计均参照"库存物品"科目中置换换入库存物品的规定进行账务处理。

固定资产处置时涉及增值税业务的，相关账务处理参见"应交增值税"科目。

3.8.5　固定资产的清查

1. 固定资产的清查方法

在进行固定资产清查前，首先必须核对固定资产账目，将全部账户登记入账，结出余额，做到账款相符。对固定资产清查时，进行账实核对。清查的具体方法一般有图 3 - 50 所示的三种。

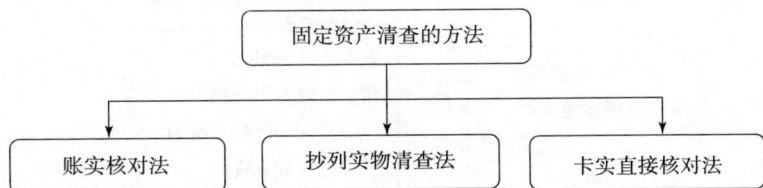

图 3 - 50　固定资产清查的方法

①账实核对法。账实核对法即根据固定资产账目与实物进行逐一核对以查明固定资产实存数量的一种方法。

②抄列实物清单法。抄列实物清单法即在进行清查时，直接根据单位的固定资产实物，实地逐项登记各种财产物资的品种、数量、价值等，以此查明单位固定资产实存数量的方法。

③卡实直接核对法。卡实直接核对法即将固定资产实物与固定资产卡片进

行逐项核对，以查明固定资产卡实是否相符并查明固定资产实有数量的一种方法。

通过清查，对盘盈、盘亏的固定资产应编制固定资产盘盈、盘亏报告表，按规定的程序报经批准后，对盘盈固定资产应增设固定资产卡片，对盘亏或减少的固定资产，应注销固定资产卡片，另行归档保存。

2. 固定资产清查的会计处理

盘盈的固定资产，其成本按照有关凭据注明的金额确定；没有相关凭据、但按照规定经过资产评估的，其成本按照评估价值确定；没有相关凭据也未经过评估的，其成本按照重置成本确定。如无法采用上述方法确定盘盈固定资产成本的：按照名义金额（人民币 1 元）入账。盘盈的固定资产：按照确定的入账成本，财务会计借记"固定资产"科目，贷记"待处理财产损溢"科目；预算会计不进行账务处理。相关会计处理如图 3 - 51 所示。

盘亏、毁损或报废的固定资产：按照待处理固定资产的账面价值，财务会计借记"待处理财产损溢"科目，按照已计提折旧，借记"固定资产累计折旧"科目，按照固定资产的账面余额，贷记"固定资产"科目；预算会计不进行账务处理。相关会计处理如图 3 - 51 所示。

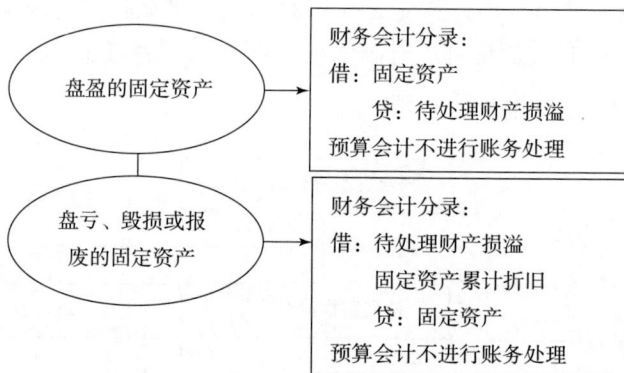

图 3 - 51　固定资产清查的会计处理

3.9　工程物资

（一）工程物资的概念

行政事业单位应当设置"工程物资"科目核算为在建工程准备的各种物资

的成本，包括工程用材料、设备等。本科目可按照"库存材料""库存设备"等工程物资类别进行明细核算。

（二）工程物资的会计核算

①购入为工程准备的物资，按照确定的物资成本：财务会计借记"工程物资"科目，贷记"财政拨款收入""零余额账户用款额度""银行存款""应付账款"等科目；预算会计借记"行政支出""事业支出""经营支出"等科目，贷记"财政拨款预算收入""资金结存"科目。相关会计处理如图 3 - 52 所示。

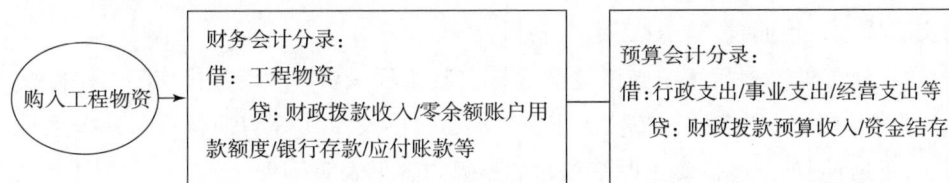

图 3 - 52　购入工程物资的会计处理

②领用工程物资，按照物资成本，财务会计借记"在建工程"科目，贷记"工程物资"科目。工程完工后将领出的剩余物资退库时做相反的会计分录。预算会计不进行账务处理。相关会计处理如图 3 - 53 所示。

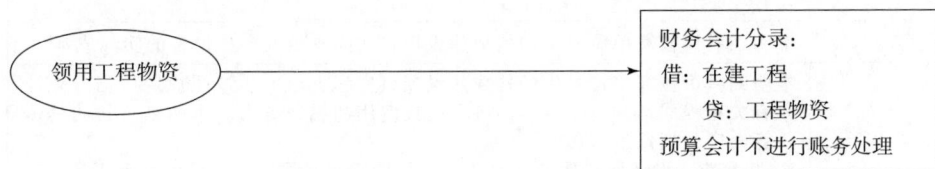

图 3 - 53　领用工程物资的会计处理

③工程完工后将剩余的工程物资转作本单位存货等的：按照物资成本，财务会计借记"库存物品"等科目，贷记"工程物资"科目；预算会计不进行账务处理。涉及增值税业务的，相关账务处理参见"应交增值税"科目。相关会计处理如图 3 - 54 所示。

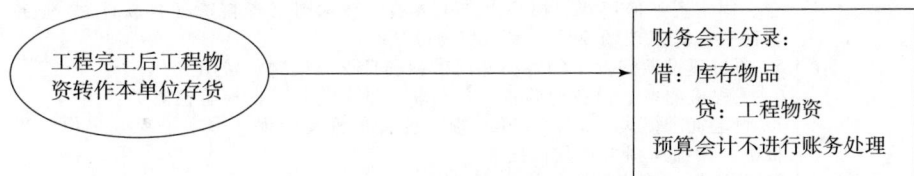

图 3 - 54　工程物资转作本单位存货的会计处理

3.10 在建工程

3.10.1 在建工程科目设置

在建工程是指单位已经发生必要支出，但尚未交付使用的各种建筑（包括新建、改建、扩建、修缮等）、设备安装工程和信息系统建设工程的实际成本。单位在建的信息系统项目工程、公共基础设施项目工程、保障性住房项目工程的实际成本，也通过"在建工程"科目核算。

"在建工程"科目下应当设置"建筑安装工程投资""设备投资""待摊投资""其他投资""待核销基建支出""基建转出投资"等明细科目，并按照具体项目进行明细核算。每个明细科目的核算内容见表 3 – 14。

表 3 – 14   在建工程明细科目核算内容

明细科目	核算内容
建筑安装工程投资	本明细科目核算单位发生的构成建设项目实际支出的建筑工程和安装工程的实际成本，不包括被安装设备本身的价值以及按照合同规定支付给施工单位的预付备料款和预付工程款。 本明细科目应当设置"建筑工程"和"安装工程"两个明细科目进行明细核算
设备投资	本明细科目核算单位发生的构成建设项目实际支出的各种设备的实际成本
待摊投资	本明细科目核算单位发生的构成建设项目实际支出的、按照规定应当分摊计入有关工程成本和设备成本的各项间接费用和税费支出。本明细科目的具体核算内容包括以下方面： 1. 勘察费、设计费、研究试验费、可行性研究费及项目其他前期费用 2. 土地征用及迁移补偿费、土地复垦及补偿费、森林植被恢复费及其他为取得土地使用权、租用权而发生的费用 3. 土地使用税、耕地占用税、契税、车船税、印花税及按照规定缴纳的其他税费 4. 项目建设管理费、代建管理费、临时设施费、监理费、招投标费、社会中介审计（审查）费及其他管理性质的费用 项目建设管理费是指项目建设单位从项目筹建之日起至办理竣工财务决算之日止发生的管理性质的支出，包括不在原单位发工资的工作人员工资及相关费用、办公费、办公场地租用费、差旅交通费、劳动保护费、工具用具使用费、固定资产使用费、招募生产工人费、技术图书资料费（含软件）、业务招待费、施工现场津贴、竣工验收费等 5. 项目建设期间发生的各类专门借款利息支出或融资费用 6. 工程检测费、设备检验费、负荷联合试车费及其他检验检测类费用 7. 固定资产损失、器材处理亏损、设备盘亏及毁损、单项工程或单位工程报废、毁损净损失及其他损失 8. 系统集成等信息工程的费用支出 9. 其他待摊性质支出 本明细科目应当按照上述费用项目进行明细核算，其中有些费用（如项目建设管理费等），还应当按照更为具体的费用项目进行明细核算

明细科目	核算内容
其他投资	本科目核算单位发生的构成建设项目实际支出的房屋购置支出，基本畜禽、林木等购置、饲养、培育支出，办公生活用家具、器具购置支出，软件研发和不能计入设备投资的软件购置等支出。单位为进行可行性研究而购置的固定资产，以及取得土地使用权支付的土地出让金，也通过本明细科目核算。本明细科目应当设置"房屋购置""基本畜禽支出""林木支出""办公生活用家具、器具购置""可行性研究固定资产购置""无形资产"等明细科目
待核销基建支出	本科目核算建设项目发生的江河清障、航道清淤、飞播造林、补助群众造林、水土保持、城市绿化、取消项目的可行性研究费以及项目整体报废等不能形成资产部分的基建投资支出。本明细科目应按照待核销基建支出的类别进行明细核算
基建转出投资	本科目核算为建设项目配套而建成的、产权不归属本单位的专用设施的实际成本。本明细科目应按照转出投资的类别进行明细核算

3.10.2　在建工程账务处理

（一）建筑安装工程投资

"建筑安装工程投资"明细科目核算单位发生的构成建设项目实际支出的建筑工程和安装工程的实际成本，不包括被安装设备本身的价值以及按照合同规定支付给施工单位的预付备料款和预付工程款。

1. 固定资产改建、扩建

将固定资产等资产转入改建、扩建等时：按照固定资产等资产的账面价值，财务会计借记"在建工程——建筑安装工程投资"科目，按照已计提的折旧或摊销，借记"固定资产累计折旧"等科目，按照固定资产等资产的原值，贷记"固定资产"等科目；预算会计不进行账务处理。

固定资产等资产改建、扩建过程中涉及替换（或拆除）原资产的某些组成部分的：按照被替换（或拆除）部分的账面价值，财务会计借记"待处理财产损溢"科目，贷记"在建工程——建筑安装工程投资"科目；预算会计不进行账务处理。相关会计处理如图 3 - 55 所示。

2. 外包建筑安装工程

单位对于发包建筑安装工程，根据建筑安装工程价款结算账单与施工企业结算工程价款时：按照应承付的工程价款，财务会计借记"在建工程——建筑安装工程投资"科目，按照预付工程款余额，贷记"预付账款"科目，按照其差额，贷记"财政拨款收入""零余额账户用款额度""银行存款""应付账款"

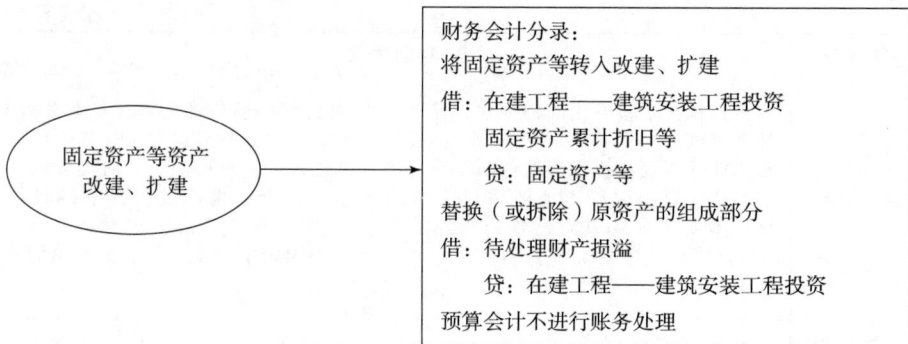

图 3－55　固定资产改建、扩建的会计处理

等科目；按照补付款项，预算会计借记"事业支出""行政支出"科目，贷记"财政拨款预算收入""资金结存"科目。相关会计处理如图 3－56 所示。

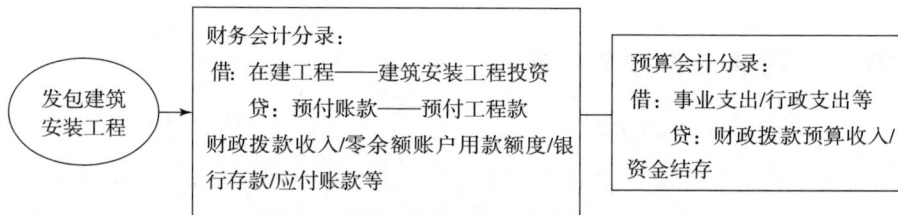

图 3－56　外包建筑安装工程款结算的会计处理

3. 单位自行施工的小型建筑安装工程

按照发生的各项支出金额：财务会计借记"在建工程——建筑安装工程投资"科目，贷记"工程物资""零余额账户用款额度""银行存款""应付职工薪酬"等科目；预算会计借记"事业支出""行政支出"等科目，贷记"资金结存"等科目。相关会计处理如图 3－57 所示。

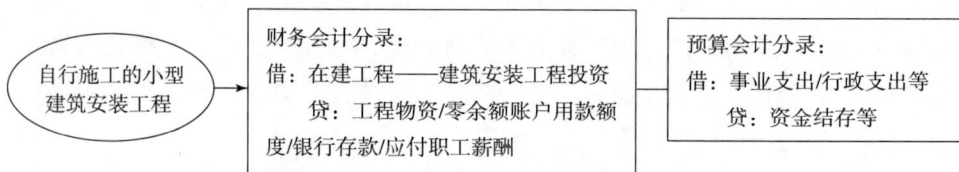

图 3－57　单位自行施工的小型建筑安装工程的会计处理

4. 工程竣工

办妥竣工验收交接手续交付使用时：按照建筑安装工程成本（含应分摊的待摊投资），财务会计借记"固定资产"等科目，贷记"在建工程——建筑安装

工程投资"科目。预算会计不进行账务处理。

【例 3-26】某事业单位准备建造固定资产，将工程外包给施工队，2×19年3月2日，支付 200 000 元进度款，款项以银行存款支付。其会计分录如下。

财务会计分录：

借：在建工程——建筑安装工程投资　　　　　　　　 200 000

　　贷：银行存款　　　　　　　　　　　　　　　　　　　　 200 000

预算会计分录：

借：事业支出　　　　　　　　　　　　　　　　　　 200 000

　　贷：资金结存——货币资金　　　　　　　　　　　　　　 200 000

（二）设备投资

设备投资核算单位发生的构成建设项目实际支出的各种设备的实际成本。

购入设备时：按照购入成本，财务会计借记"在建工程——设备投资"科目，贷记"财政拨款收入""零余额账户用款额度""银行存款"等科目，采用预付款方式购入设备的，有关预付款的账务处理参照"在建工程"科目有关"建筑安装工程投资"明细科目的规定；按实际支付的款项，预算会计借记"事业支出""行政支出"等科目，贷记"财政拨款预算收入""资金结存"科目。

设备安装完毕，办妥竣工验收交接手续交付使用时：按照设备投资成本（含设备安装工程成本和分摊的待摊投资），财务会计借记"固定资产"等科目，贷记"在建工程——设备投资""在建工程——建筑安装工程投资（安装工程）"科目；预算会计不进行账务处理。将不需要安装的设备和达不到固定资产标准的工具、器具交付使用时：按照相关设备、工具、器具的实际成本，财务会计借记"固定资产""库存物品"科目，贷记"在建工程——设备投资"科目；预算会计不进行账务处理。相关会计处理如图 3-58 所示。

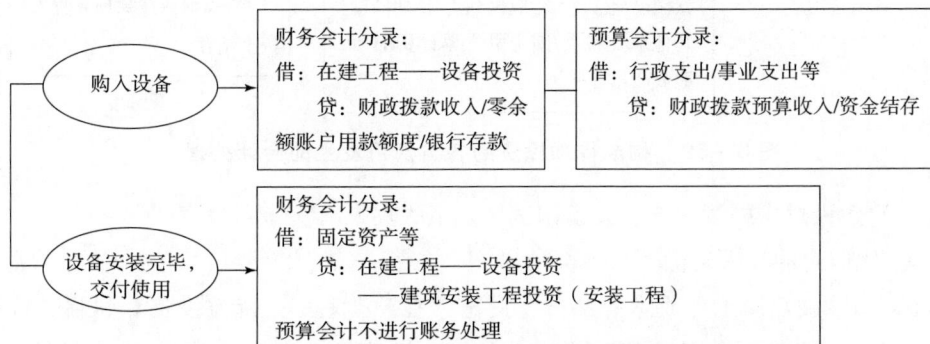

图 3-58　设备投资的会计处理

【例3-27】某单位用事业经费购入一台新设备，买价为10 000元，运杂费为300元，设备需要安装后方可使用，有关款项均已通过银行存款支付。其会计分录如下。

财务会计分录：

借：在建工程——设备投资　　　　　　　　　　　　　10 300

　　贷：银行存款　　　　　　　　　　　　　　　　　　　　10 300

预算会计分录：

借：事业支出　　　　　　　　　　　　　　　　　　　10 300

　　贷：资金结存——货币资金　　　　　　　　　　　　　　10 300

（三）待摊投资

单位发生的构成建设项目实际支出的、按照规定应当分摊计入有关工程成本和设备成本的各项间接费用和税费支出在"在建工程——待摊投资"科目归集。建设工程办妥竣工验收手续交付使用时，按照合理的分配方法，摊入相关工程成本、在安装设备成本等。

1）构成待摊投资的各类费用发生

按照实际发生金额：财务会计借记"在建工程——待摊投资"科目，贷记"财政拨款收入""零余额账户用款额度""银行存款""应付利息""长期借款""其他应交税费""固定资产累计折旧""无形资产累计摊销"等科目；预算会计借记"事业支出""行政支出"科目，贷记"财政拨款预算收入""资金结存"科目。相关会计处理如图3-59所示。

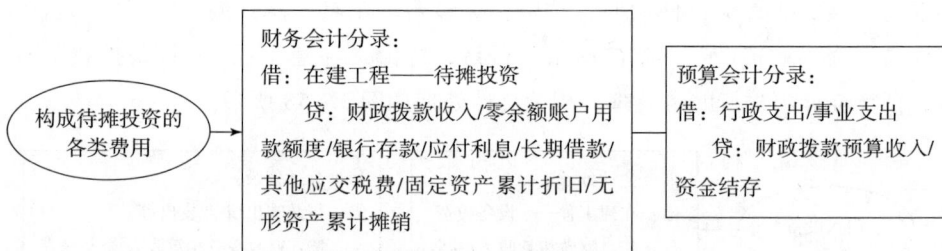

图3-59　构成待摊投资的各类费用发生的会计处理

2）建设过程中试生产、设备调试等产生的收入

按照取得的收入金额：财务会计借记"银行存款"等科目，按照依据有关规定应当冲减建设工程成本的部分，贷记"在建工程——待摊投资"科目，按照其差额贷记"应缴财政款"或"其他收入"科目；预算会计借记"资金结存"科目，贷记"其他预算收入"科目。相关会计处理如图3-60所示。

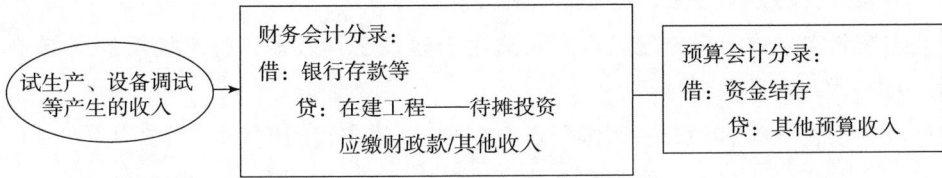

图 3-60 建设过程中试生产、设备调试等产生的收入的会计处理

3）报经批准后计入工程成本的工程报废或毁损

由于自然灾害、管理不善等原因造成的单项工程或单位工程报废或毁损，扣除残料价值和过失人或保险公司等赔款后的净损失，报经批准后计入继续施工的工程成本的：财务会计按照工程成本扣除残料价值和过失人或保险公司等赔款后的净损失，借记"在建工程——待摊投资"科目，按照残料变价收入、过失人或保险公司赔款等，借记"银行存款""其他应收款"等科目，按照报废或毁损的工程成本，贷记"在建工程——建筑安装工程投资"科目；预算会计不进行账务处理。相关会计处理如图 3-61 所示。

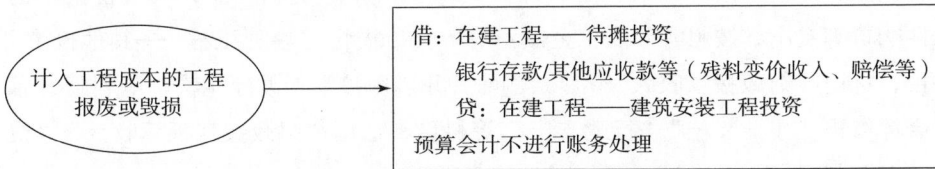

图 3-61 报经批准后计入工程成本的工程报废或毁损的会计处理

4）待摊投资分配

交付使用时：按照合理的分配方法分配待摊投资，财务会计借记"在建工程——建筑安装工程投资""在建工程——设备投资"科目，贷记"在建工程——待摊投资"科目；预算会计不进行账务处理。相关会计处理如图 3-62 所示。

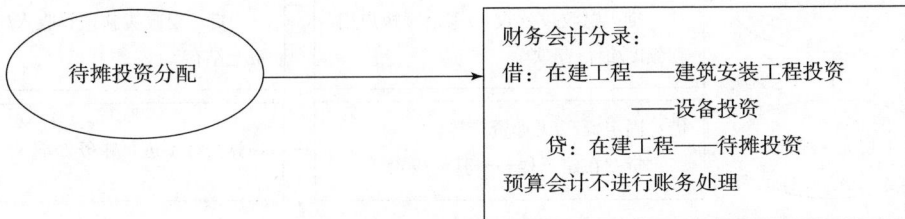

图 3-62 待摊投资分配的会计处理

待摊投资的分配方法，可按照下列公式计算。

①按照实际分配率分配。该方法适用于建设工期较短、整个项目的所有单项工程一次竣工的建设项目。

$$实际分配率 = 待摊投资明细科目余额 \div（建筑工程明细科目余额 + 安装$$
$$工程明细科目余额 + 设备投资明细科目余额）\times 100\%$$

②按照概算分配率分配。该方法适用于建设工期长、单项工程分期分批建成投入使用的建设项目。

$$概算分配率 =（概算中各待摊投资项目的合计数 - 其中可直接分配部分）\div$$
$$（概算中建筑工程、安装工程和设备投资合计）\times 100\%$$

③某项固定资产应分配的待摊投资 = 该项固定资产的建筑工程
成本或该项固定资产（设备）的
采购成本和安装成本合计 × 分配率

（四）其他投资

①单位为建设工程发生的房屋购置支出，基本畜禽、林木等的购置、饲养、培育支出，办公生活用家具、器具购置支出，软件研发和不能计入设备投资的软件购置等支出，按照实际发生金额：财务会计借记"在建工程——其他投资"科目，贷记"财政拨款收入""零余额账户用款额度""银行存款"等科目；预算会计借记"事业支出""行政支出"等科目，贷记"财政拨款预算收入""资金结存"科目。相关会计处理如图 3 - 63 所示。

②工程完成将形成的房屋、基本畜禽、林木等各种财产以及无形资产交付使用时：按照其实际成本，财务会计借记"固定资产""无形资产"等科目，贷记"在建工程——其他投资"科目；预算会计不进行账务处理。相关会计处理如图 3 - 63 所示。

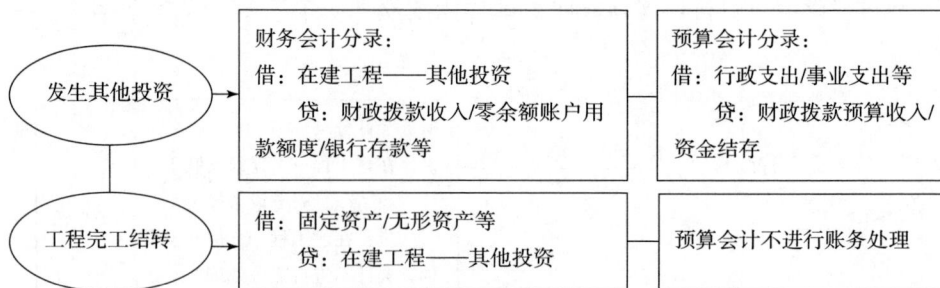

图 3 - 63　其他投资会计处理

（五）待核销基建支出

单位发生各类待核销基建支出会计处理如图 3 – 64 所示。

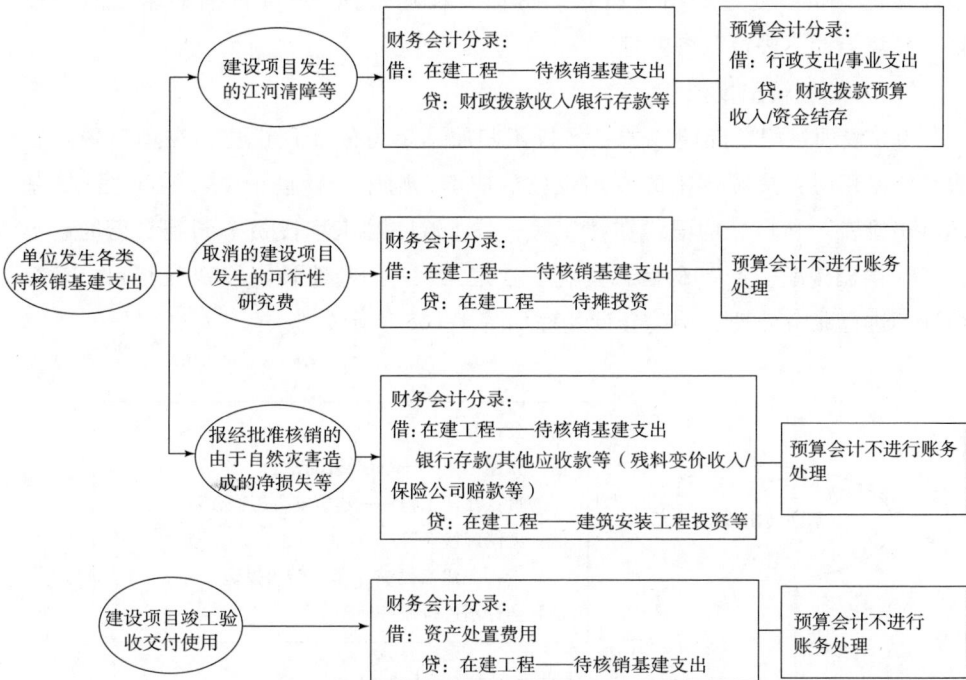

图 3 – 64　核销基建支出会计处理

建设项目发生的江河清障、航道清淤、飞播造林、补助群众造林、水土保持、城市绿化等不能形成资产的各类待核销基建支出，按照实际发生金额：财务会计借记"在建工程——待核销基建支出"科目，贷记"财政拨款收入""零余额账户用款额度""银行存款"等科目；预算会计借记"事业支出""行政支出"科目，贷记"财政拨款预算收入""资金结存"科目。

取消的建设项目发生的可行性研究费：按照实际发生金额，财务会计借记"在建工程——待核销基建支出"科目，贷记"在建工程——待摊投资"科目；预算会计不进行账务处理。

由于自然灾害等原因发生的建设项目整体报废所形成的净损失，报经批准后转入待核销基建支出：按照项目整体报废所形成的净损失，财务会计借记"在建工程——待核销基建支出"科目，按照报废工程回收的残料变价收入、保险公司赔款等，借记"银行存款""其他应收款"等科目，按照报废的工程成本，贷记"在建工程——建筑安装工程投资"等科目；预算会计不进行账务处理。

建设项目竣工验收交付使用时：对发生的待核销基建支出进行冲销，财务会计借记"资产处置费用"科目，贷记"在建工程——待核销基建支出"科目；预算会计不进行账务处理。

（六）基建转出投资

为建设项目配套而建成的、产权不归属本单位的专用设施，在项目竣工验收交付使用时：按照转出的专用设施的成本，财务会计借记"在建工程——基建转出投资"科目，贷记"在建工程——建筑安装工程投资"科目，同时，借记"无偿调拨净资产"科目，贷记"在建工程——基建转出投资"科目；预算会计不进行账务处理。相关会计处理如图 3 - 65 所示。

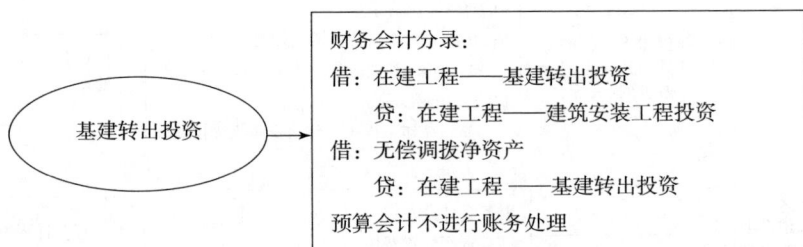

图 3 - 65　基建转出投资会计处理

3.11　无形资产

3.11.1　无形资产概述

无形资产是指不具有实物形态而能够为使用者提供某种权利的非货币性资产，包括著作权、土地使用权、专利权、非专利技术等。单位购入的不构成相关硬件不可缺少组成部分的软件，应当作为无形资产核算。

（一）无形资产的特征

与其他资产相比，行政事业单位的无形资产具有的特征如表 3 - 15 所示。

表 3 - 15　　　　　　　　　行政事业单位的无形资产具有特征

	特征	内容
行政事业单位无形资产	没有实物形态	无形资产不具有实物形态，通常体现的是一种权利或一种技术。在某些高新科技领域，无形资产往往显得很重要。它虽然没有实物形态，一般却有较高的价值
	非货币性长期资产	无形资产没有实物形态，但货币性资产如应收账款、银行存款等也没有实物形态。因此，仅仅以无实物形态将无形资产与其他资产加以区分是不够的。无形资产是非货币性长期资产，主要是因为其能在超过行政事业单位的一个会计年度内为行政事业单位服务。那些虽然具有无形资产其他特征却不能在超过一个会计年度内为行政事业单位服务的资产，不能作为行政事业单位的无形资产核算
	具有可辨认性	行政事业单位的无形资产具有可辨认性，主要体现在能够从行政事业单位中分离或划分出来或者源自合同性权利或其他法定权利

（二）无形资产的分类

无形资产可按以下标准进行分类，如表 3 - 16 所示。

表 3 - 16　　　　　　　　　无形资产的分类

分类标准	内容	概念
按取得方式分类	外部取得的无形资产	外部取得的无形资产是指行政事业单位从外单位或个人购得、置换换入、接受捐赠及无偿调入等方式取得的无形资产
	内部自创的无形资产	内部自创的无形资产是指行政事业单位自行研究开发而取得的无形资产
按有无期限分类	使用寿命有限的无形资产	使用寿命有限的无形资产是指有法律或合同规定的有有效期的无形资产，如专利权等。使用寿命有限的无形资产应进行摊销
	使用寿命不确定的无形资产	使用寿命不确定的无形资产是指法律或合同等没有规定也不能确定其有效期限的无形资产。使用寿命不确定的无形资产不应摊销

3.11.2　无形资产的初始计量

（一）无形资产成本的确定

取得无形资产时，应当按照其实际成本入账。无形资产实际成本的确定见表 3 - 17。

表3－17　　　　　　　　　　**无形资产实际成本的确定**

取得方式	实际成本的确定
外购的 无形资产	成本包括实际支付的购买价款、相关税费以及可归属于使该项资产达到预定用途所发生的其他支出
自行开发的 无形资产	按照依法取得时发生的注册费、聘请律师费等费用确定成本。依法取得前所发生的研究开发支出，应当于发生时直接计入当期支出，但不计入无形资产的成本
置换取得的 无形资产	成本按照换出资产的评估价值加上支付的补价或减去收到的补价，加上为换入无形资产支付的其他费用（登记费等）确定
接受捐赠、 无偿调入的 无形资产	成本按照有关凭据注明的金额加上相关税费确定；没有相关凭据可供取得，但依法经过资产评估的，其成本应当按照评估价值加上相关税费确定；没有相关凭据可供取得，也未经评估的，其成本比照同类或类似资产的市场价格加上相关税费确定；没有相关凭据也未经评估，其同类或类似无形资产的市场价格无法可靠取得，所取得的无形资产应当按照名义金额入账

（二）无形资产的初始会计核算

1. 外购的无形资产

按照确定的成本：财务会计借记"无形资产"科目，贷记"财政拨款收入""零余额账户用款额度""应付账款""银行存款"等科目；预算会计借记"行政支出""事业支出""经营支出"等科目，贷记"财政拨款预算收入""资金结存"科目。相关会计处理如图3－66所示。

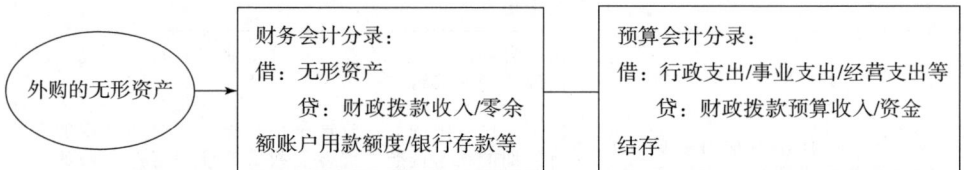

图3－66　外购无形资产的会计处理

【例3－28】某事业单位购入一项专利，价格为350 000元，价款尚未支付。其会计分录如下。

财务会计分录：

借：无形资产　　　　　　　　　　　　　　　　　　　　　350 000

　　贷：应付账款　　　　　　　　　　　　　　　　　　　　350 000

预算会计分录：

借：经营支出　　　　　　　　　　　　　　　　　　　　　350 000

　　贷：资金结存　　　　　　　　　　　　　　　　　　　　350 000

2．委托研发的无形资产

委托软件公司开发软件，视同外购无形资产进行处理。合同中约定预付开发费用的，按照预付金额：财务会计借记"预付账款"科目，贷记"财政拨款收入""零余额账户用款额度""银行存款"等科目；预算会计借记"行政支出""事业支出""经营支出"等科目，贷记"财政拨款预算收入""资金结存"科目。软件开发完成交付使用并支付剩余或全部软件开发费用时：按照软件开发费用总额，财务会计借记"无形资产"科目，按照相关预付账款金额，贷记"预付账款"科目，按照支付的剩余金额，贷记"财政拨款收入""零余额账户用款额度""银行存款"等科目；预算会计借记"行政支出""事业支出""经营支出"等科目，贷记"财政拨款预算收入""资金结存"科目。

【例 3 - 29】 某事业单位与软件公司合作，委托其开发软件，价款为500 000 元。根据合同，该行政单位先预付 40% 的开发费用，剩余费用完工交付后支付。所有款项使用银行存款方式支付。其会计分录如下。

（1）预付开发费用。

财务会计分录：

借：预付账款	200 000
贷：银行存款	200 000

预算会计分录：

借：经营支出	200 000
贷：资金结存	200 000

（2）完工交付。

财务会计分录：

借：无形资产	500 000
贷：预付账款	200 000
银行存款	300 000

预算会计分录：

借：经营支出	300 000
贷：资金结存	300 000

3．自行研究开发形成的无形资产

参见"3.11.3 研发支出"。

4．接受捐赠的无形资产

接受捐赠的无形资产：按照确定的无形资产成本，财务会计借记"无形资产"科目，按照发生的相关税费等，贷记"零余额账户用款额度""银行存款"等科目，按照其差额，贷记"捐赠收入"科目；预算会计按照支付的相关税费等费用，借记"其他支出"科目，贷记"资金结存"科目。接受捐赠的无形资产按照名义金额入账的：按照名义金额，财务会计借记"无形资产"科目，贷记"捐赠收入"科目，同时，按照发生的相关税费等，借记"其他费用"科目，贷记"零余额账户用款额度""银行存款"等科目；预算会计按照实际支付的相关税费等费用，借记"其他支出"科目，贷记"资金结存"科目。具体的会计处理如图3－67所示。

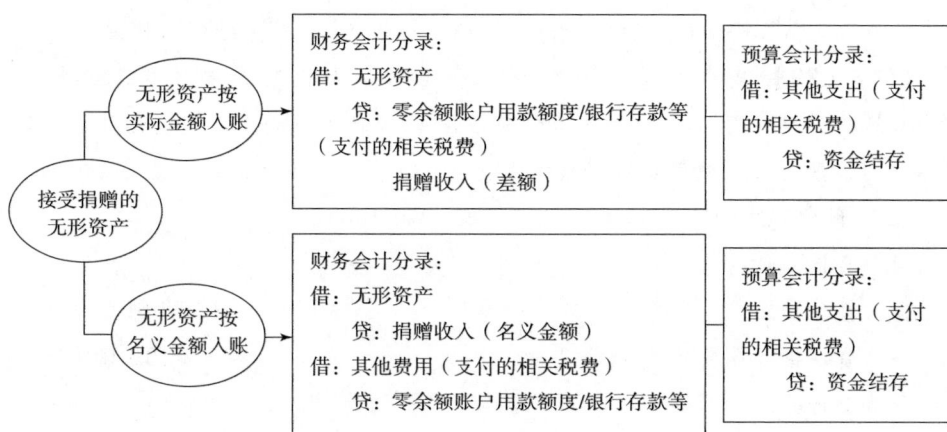

图3－67　接受捐赠取得无形资产的会计处理

5.无偿调入的无形资产

按照确定的无形资产成本，财务会计借记"无形资产"科目，按照发生的相关税费等，贷记"零余额账户用款额度""银行存款"等科目，按照其差额，贷记"无偿调拨净资产"科目。预算会计按照实际支付的相关税费等费用，借记"其他支出"科目，贷记"资金结存"科目。相关会计处理如图3－68所示。

6.置换取得的无形资产

财务会计和预算会计均参照"库存物品"科目中置换取得库存物品的相关规定进行账务处理。

无形资产取得时涉及增值税业务的，相关账务处理参见"应交增值税"科目。

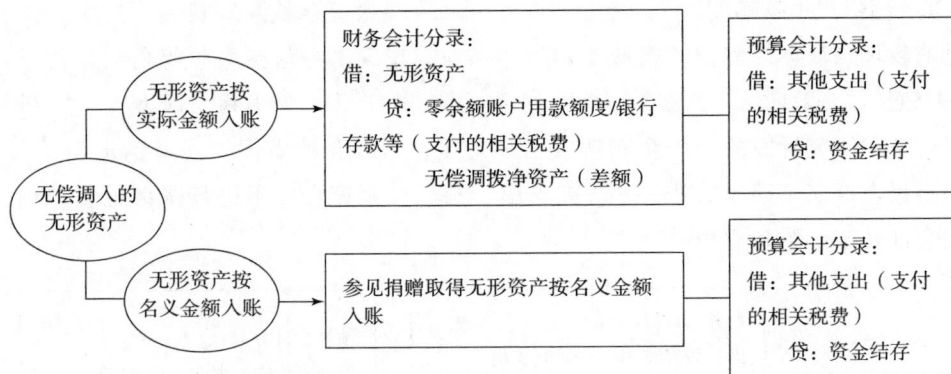

图 3 – 68　无偿调入无形资产的会计处理

3.11.3　研发支出

（一）研发支出概述

单位的无形资产可以通过自行研究开发产生，但自行研究开发过程中的研究与开发费用是否符合无形资产的定义和确认条件尚不确定，如自行研究开发过程中的研究与开发费用是否或何时能确定为单位产生预期的经济利益流入尚不确定。因此相比与其他方式形成的无形资产的确认与计量，自行研究开发无形资产过程中的研究与开发费用的会计处理需要进一步说明。

行政事业单位应当设置"研发支出"科目核算单位自行研究开发项目研究阶段和开发阶段发生的各项支出，包括研究与开发过程中所使用资产的折旧、消耗的原材料、直接参与开发人员的工资及福利费、开发过程中发生的租金以及借款费用等。建设项目中的软件研发支出，应当通过"在建工程"科目核算，不通过"研发支出"科目核算。"研发支出"科目下应当按照自行研究开发项目，分别"研究支出""开发支出"进行明细核算。

（二）研发支出的会计处理

对单位自行研究开发的项目，应当区分研究阶段与开发阶段两个部分分别进行核算。

1. 研究阶段的支出

自行研究开发项目研究阶段的支出，应当先在"研发支出"科目归集。按照从事研究及其辅助活动人员计提的薪酬，研究活动领用的库存物品，发生的与研究活动相关的管理费、间接费和其他各项费用，财务会计借记"研发支出——研究支出"科目，贷记"应付职工薪酬""库存物品""财政拨款收入"

"零余额账户用款额度""固定资产累计折旧""银行存款"等科目。按实际支付的款项预算会计借记"行政支出""事业支出""经营支出"等科目，贷记"财政拨款预算收入""资金结存"科目。期（月）末，应当将"研发支出"科目归集的研究阶段的支出金额转入当期费用，财务会计借记"业务活动费用"等科目，贷记"研发支出——研究支出"科目。预算会计不进行账务处理。相关会计处理如图 3－69 所示。

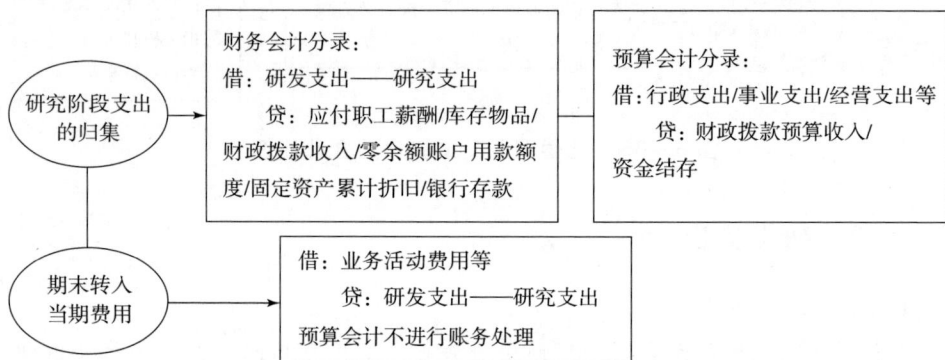

图 3－69　研究阶段支出的会计处理

2．开发阶段的支出

自行研究开发项目开发阶段的支出，先通过"研发支出"科目进行归集。按照从事开发及其辅助活动人员计提的薪酬，开发活动领用的库存物品，发生的与开发活动相关的管理费、间接费和其他各项费用，财务会计借记"研发支出——开发支出"科目，贷记"应付职工薪酬""库存物品""财政拨款收入""零余额账户用款额度""固定资产累计折旧""银行存款"等科目。按实际支付的款项，预算会计借记"行政支出""事业支出""经营支出"等科目，贷记"财政拨款预算收入""资金结存"科目。自行研究开发项目完成，达到预定用途形成无形资产的，按照"研发支出"科目归集的开发阶段的支出金额，财务会计借记"无形资产"科目，贷记"研发支出——开发支出"科目。预算会计不进行账务处理。相关会计处理如图 3－70 所示。

单位应于每年年度终了评估研究开发项目是否能达到预定用途，如预计不能达到预定用途（如无法最终完成开发项目并形成无形资产的），应当将已发生的开发支出金额全部转入当期费用。财务会计借记"业务活动费用"等科目，贷记"研发支出——开发支出"科目。预算会计不进行账务处理。自行研究开发项目时涉及增值税业务的，相关账务处理参见"应交增值税"科目。

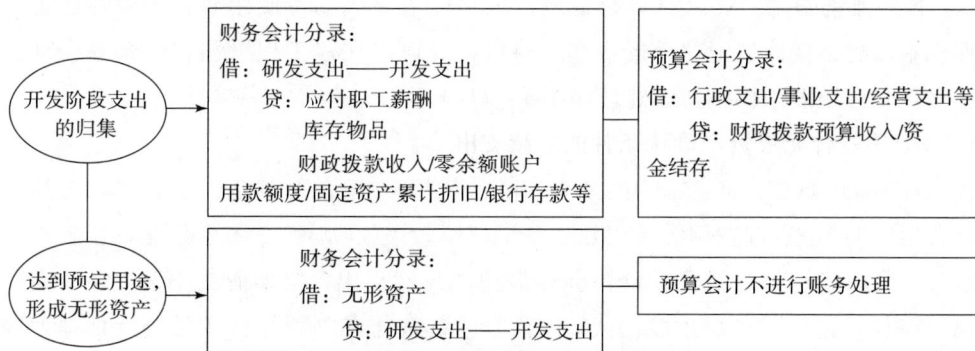

图 3 - 70　开发阶段支出的会计处理

3.11.4　无形资产的后续计量

（一）无形资产的摊销

行政事业单位对使用年限有限的无形资产应当按月计提累计摊销。单位应当设置"无形资产累计摊销"科目，该科目应当按照所对应无形资产的明细分类进行明细核算。

按月对无形资产进行摊销时：按照应摊销金额，财务会计借记"业务活动费用""单位管理费用""加工物品""在建工程"等科目，贷记"无形资产累计摊销"科目；预算会计不进行账务处理。

（二）与无形资产相关的其他后续支出

与固定资产类似，与无形资产相关的其他后续支出需要区分是否符合资产化条件，分别进行核算。

1. 符合无形资产确认条件的后续支出

为增加无形资产的使用效能对其进行升级改造或扩展其功能时，如需暂停对无形资产进行摊销的：按照无形资产的账面价值，财务会计借记"在建工程"科目，按照无形资产已摊销金额，借记"无形资产累计摊销"科目，按照无形资产的账面余额，贷记"无形资产"科目；预算会计不进行账务处理。

无形资产后续支出符合无形资产确认条件的：按照支出的金额，财务会计借记"无形资产"科目（无需暂停摊销的）或"在建工程"科目（需暂停摊销的），贷记"财政拨款收入""零余额账户用款额度""银行存款"等科目；预算会计按照实际支付的金额，借记"行政支出""事业支出""经营支出"等科目，贷记"财政拨款预算收入""资金结存"科目。

暂停摊销的无形资产升级改造或扩展功能等完成交付使用时：按照在建工程成本，财务会计借记"无形资产"科目，贷记"在建工程"科目；预算会计不进行账务处理。相关会计处理如图 3 - 71 所示。

2．不符合无形资产确认条件的后续支出

为保证无形资产正常使用发生的日常维护等支出，财务会计借记"业务活动费用""单位管理费用"等科目，贷记"财政拨款收入""零余额账户用款额度""银行存款"等科目；预算会计借记"行政支出""事业支出""经营支出"等科目，贷记"财政拨款预算收入""资金结存"科目。相关会计处理如图 3 - 71 所示。

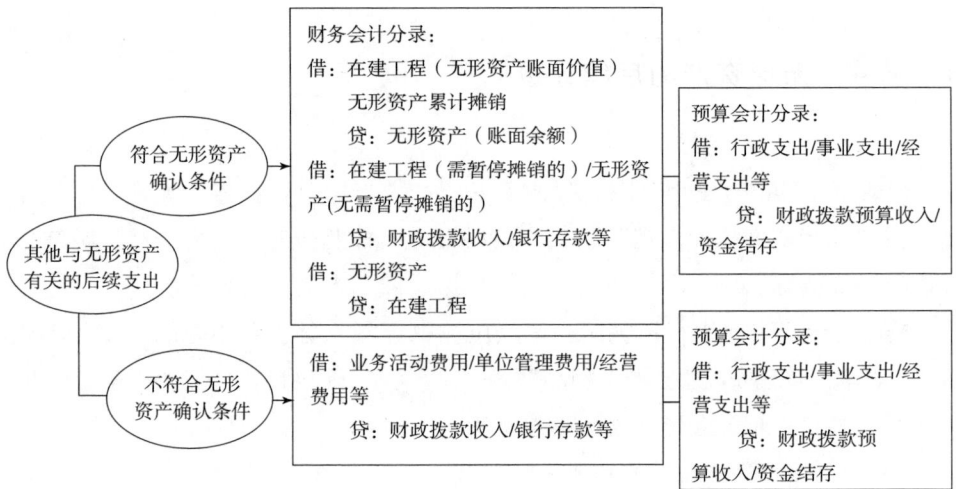

图 3 - 71　无形资产其他后续计量的会计处理

3.11.5　无形资产的处置

1．报经批准出售、转让无形资产

按照被出售、转让无形资产的账面价值，财务会计借记"资产处置费用"科目，按照无形资产已计提的摊销，借记"无形资产累计摊销"科目，按照无形资产账面余额，贷记"无形资产"科目。预算会计不进行账务处理。同时，按照收到的价款，财务会计借记"银行存款"等科目，按照处置过程中发生的相关费用，贷记"银行存款"等科目，按照其差额，贷记"应缴财政款"科目（按照规定应上缴无形资产转让净收入的）或"其他收入"科目（按照规定将无形资产转让收入纳入本单位预算管理的）。如转让收入按照规定纳入本单位预

算管理，预算会计借记"资金结存"科目，贷记"其他预算收入"科目。相关
会计处理如图 3 - 72 所示。

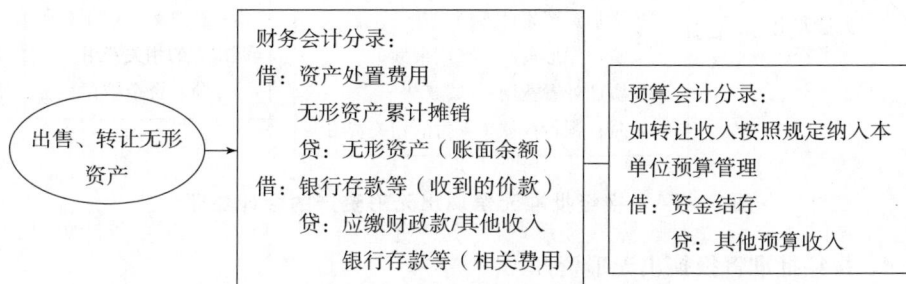

图 3 - 72　报经批准出售、转让无形资产的会计处理

2. 报经批准对外捐赠无形资产

按照无形资产已计提的摊销，财务会计借记"无形资产累计摊销"科目，
按照被处置无形资产账面余额，贷记"无形资产"科目，按照捐赠过程中发生
的归属于捐出方的相关费用，贷记"银行存款"等科目，按照其差额，借记
"资产处置费用"科目。按归属于指出方的相关费用，预算会计借记"其他支
出"科目，贷记"资金结存"科目。相关会计处理如图 3 - 73 所示。

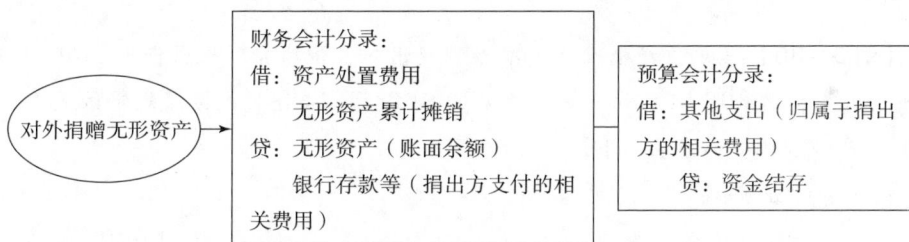

图 3 - 73　报经批准对外捐赠无形资产的会计处理

3. 报经批准无偿调出无形资产

按照无形资产已计提的摊销，财务会计借记"无形资产累计摊销"科目，
按照被处置无形资产账面余额，贷记"无形资产"科目，按照其差额，借记
"无偿调拨净资产"科目。预算会计不进行账务处理。同时，按照无偿调出过程
中发生的归属于调出方的相关费用：财务会计借记"资产处置费用"科目，贷
记"银行存款"等科目；预算会计借记"其他支出"科目，贷记"资金结存"
科目。相关会计处理如图 3 - 74 所示。

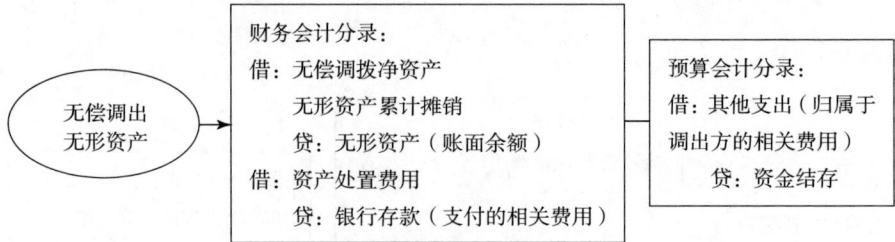

图 3-74　报经批准无偿调出无形资产的会计处理

4. 报经批准置换换出无形资产

财务会计和预算会计均参照"库存物品"科目中置换换入库存物品的规定进行账务处理。

5. 无形资产的核销

无形资产预期不能为单位带来服务潜力或经济利益，按照规定报经批准核销时：按照待核销无形资产的账面价值，财务会计借记"资产处置费用"科目，按照已计提摊销，借记"无形资产累计摊销"科目，按照无形资产的账面余额，贷记"无形资产"科目；预算会计不进行账务处理。

无形资产处置时涉及增值税业务的，相关账务处理参见"应交增值税"科目。

【例 3-30】某单位经批准将一项专利权出售，该项专利权原价为 500 000 元，已计提摊销 300 000 元，售价为 250 000 元，转让收入按照规定纳入本单位预算管理。其会计分录如下。

财务会计分录：

借：资产处置费用　　　　　　　　　　　　　　　　 200 000

　　无形资产累计摊销　　　　　　　　　　　　　　 300 000

　　　贷：无形资产　　　　　　　　　　　　　　　　 500 000

预算会计不进行账务处理。

财务会计分录：

借：银行存款　　　　　　　　　　　　　　　　　　 250 000

　　　贷：其他收入　　　　　　　　　　　　　　　　 250 000

预算会计分录：

借：资金结存——货币资金　　　　　　　　　　　　 250 000

　　　贷：其他预算收入　　　　　　　　　　　　　　 250 000

3.12　其他资产

3.12.1　政府储备物资

（一）政府储备物资的概念

政府储备物资，是指政府会计主体为满足实施国家安全与发展战略、进行抗灾救灾、应对公共突发事件、实施宏观调控等特定公共需求而控制的，同时具有以下特征的物资（如战略原料、抢险救灾物资、主要农产品、医药器材、重要商品物资等）：

①其购入、存储、保管、轮换、使用等由专门行政规章制度严格规范；

②其购入、轮换和使用的计划与执行需报经相关部门批准；

③在符合规定应对特定事件或情形时方能使用。

政府储备物资不包括企业接受政府委托收储并视为自有资产进行核算的储备物资。

（二）政府储备物资的确认和计量

政府储备物资同时满足下列条件的，应当予以确认：

①与该政府储备物资相关的服务潜力很可能实现或者经济利益很可能流入政府会计主体；

②该政府储备物资的成本或者价值能够可靠地计量。

对政府储备物资不负有行政管理责任但接受委托负责其存储、保管等工作的承储单位，应当将受托代储的政府储备物资作为受托代理资产核算。

政府储备物资在取得时应当按照成本进行初始计量。政府储备物资的初始成本包括购买价款及政府会计主体承担的相关税费、运输费、装卸费、保险费以及使政府储备物资达到目前场所和状态所发生的归属于政府储备物资成本的其他支出。委托加工的政府储备物资，其成本包括委托加工前物料成本、委托加工的成本（如委托加工费以及按规定应计入委托加工政府储备物资成本的相关税费等）以及政府会计主体承担的使政府储备物资达到目前场所和状态所发生的归属于政府储备物资成本的其他支出。具体各种方式取得的政府储备物资实际成本参见"3.4 存货"的具体规定。

下列各项不计入政府储备物资成本。

①仓储费用。

②日常维护费用。但政府储备物资需要特殊维护，其支出金额超过相关规定标准的，应当按规定报经批准后，将超过相关规定标准的支出金额计入政府储备物资成本。

③不能归属于使政府储备物资达到目前场所和状态所发生的其他支出。

政府储备物资发出的成本应当根据实际情况采用先进先出法、加权平均法或者个别计价法确定。计价方法一经确定，不得随意变更。具体方法介绍参见"3.4存货"。

对性质和用途相似的政府储备物资，应当采用相同的成本计价方法确定发出物资的成本。对不能替代使用的政府储备物资、为特定项目专门购入或加工的政府储备物资，通常采用个别计价法确定发出物资的成本。

（三）政府储备物资的会计核算

单位应当设置"政府储备物资"科目，核算单位控制的政府储备物资的成本。对政府储备物资不负有行政管理职责但接受委托具体负责执行其存储保管等工作的单位，其受托代储的政府储备物资应当通过"受托代理资产"科目核算，不通过"政府储备物资"科目核算。"政府储备物资"科目应当按照政府储备物资的种类、品种、存放地点等进行明细核算。单位根据需要，可在本科目下设置"在库""发出"等明细科目进行明细核算。

"政府储备物资"科目借方反映当期单位政府储备物资的增加；贷方反映当期单位政府储备物资的减少；本科目期末借方余额，反映政府储备物资的成本。

1. 政府储备物资取得的会计处理

政府储备物资取得时，应当按照其成本入账，具体会计处理与存货核算类似。购入的政府储备物资验收入库，按照确定的成本：财务会计借记"政府储备物资"科目，贷记"财政拨款收入""零余额账户用款额度""银行存款"等科目；预算会计借记"行政支出""事业支出"科目，贷记"财政拨款预算收入""资金结存"科目。涉及委托加工政府储备物资业务的，财务会计和预算会计相关账务处理均参照"加工物品"科目。

接受捐赠的政府储备物资验收入库：按照确定的成本，财务会计借记"政府储备物资"科目，按照单位承担的相关税费、运输费等，贷记"零余额账户用款额度""银行存款"等科目，按照其差额，贷记"捐赠收入"科目；预算会计按照捐入方承担的相关税费，借记"其他支出"科目，贷记"财政拨款预算收入""资金结存"科目。

接受无偿调入的政府储备物资验收入库：按照确定的成本，财务会计借记"政府储备物资"科目，按照单位承担的相关税费、运输费等，贷记"零余额账户用款额度""银行存款"等科目，按照其差额，贷记"无偿调拨净资产"科目；预算会计按照调入方承担的相关税费，借记"其他支出"科目，贷记"财政拨款预算收入""资金结存"科目。

2．政府储备物资发出的会计处理

政府储备物资发出时，应当分情况核算，具体见图 3 – 75。

因动用而发出无需收回的政府储备物资的：按照发出物资的账面余额，财务会计借记"业务活动费用"科目，贷记"政府储备物资"科目；预算会计不进行账务处理。

因动用而发出需要收回或者预期可能收回的政府储备物资的，在发出物资时：按照发出物资的账面余额，财务会计借记"政府储备物资——发出"科目，贷记"政府储备物资——在库"科目；预算会计不进行账务处理。按照规定的质量验收标准收回物资时：按照收回物资原账面余额，财务会计借记"政府储备物资——在库"科目，按照未收回物资的原账面余额，借记"业务活动费用"科目，按照物资发出时登记在"政府储备物资"科目所属"发出"明细科目中的余额，贷记"政府储备物资——发出"科目；预算会计不进行账务处理。

因行政管理主体变动等原因而将政府储备物资调拨给其他主体的：按照无偿调出政府储备物资的账面余额，财务会计借记"无偿调拨净资产"科目，贷记"政府储备物资"科目；预算会计不进行账务处理。

对外销售政府储备物资并将销售收入纳入单位预算统一管理的，发出物资时，按照发出物资的账面余额，财务会计借记"业务活动费用"科目，贷记"政府储备物资"科目；实现销售收入时，按照确认的收入金额，借记"银行存款""应收账款"等科目，贷记"事业收入"等科目；同时，按照支付的相关税费等费用，借记"业务活动费用"科目，贷记"银行存款"等科目。预算会计按照收到的销售价款，借记"资金结存"科目，贷记"事业预算收入"等科目；同时按照支付的相关税费等费用，借记"行政支出""事业支出"科目，贷记"资金结存"科目。

对外销售政府储备物资并按照规定将销售净收入上缴财政的：发出物资时，按照发出物资的账面余额，财务会计借记"资产处置费用"科目，贷记"政府储备物资"科目，取得销售价款时，按照实际收到的款项金额，借记"银行存款"等科目，按照发生的相关税费，贷记"银行存款"等科目，按照销售价款大于所承担的相关税费后的差额，贷记"应缴财政款"科目；预算会计不进行账务处理。具体会计处理如图 3－75 所示。

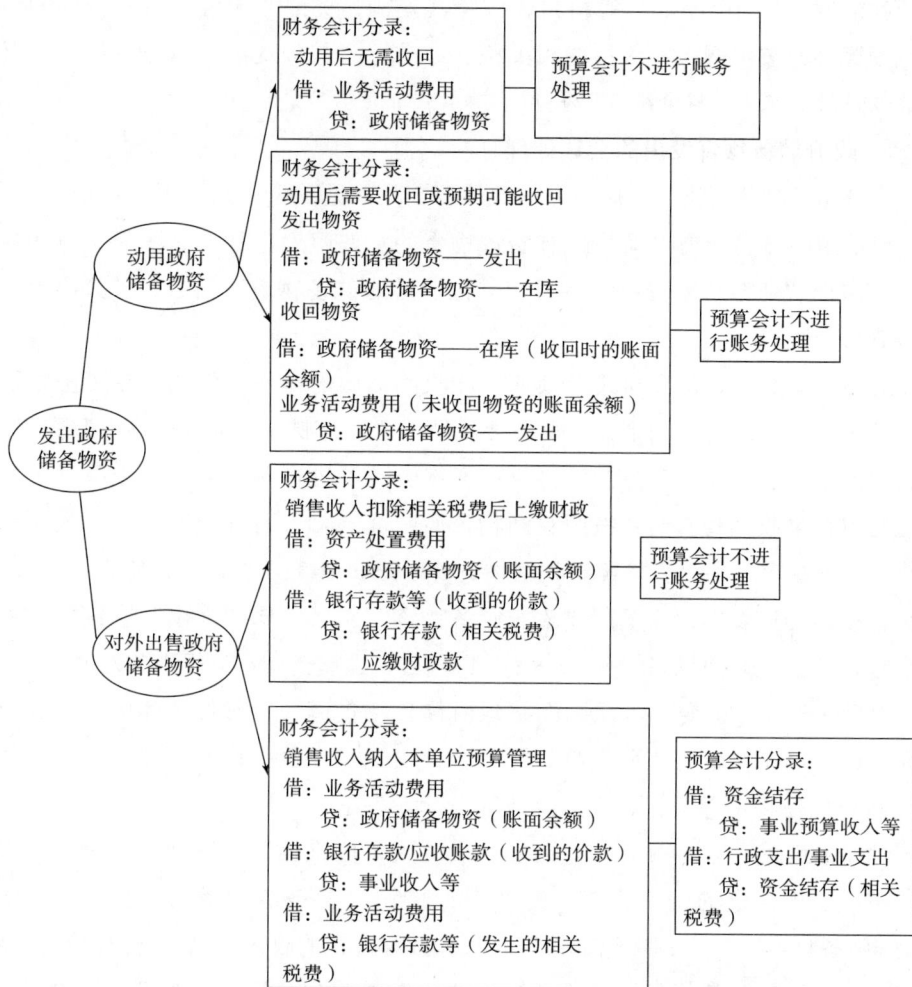

图 3－75　报经批准无偿调出无形资产的会计处理

3. 政府储备物资进行清查盘点的会计处理

政府储备物资应当每年至少盘点一次。对于发生的政府储备物资盘盈、盘亏或者报废、毁损：财务会计应当先记入"待处理财产损溢"科目，按照规定报经批准后及时进行后续账务处理；预算会计不进行账务处理。

盘盈的政府储备物资：按照确定的入账成本，财务会计借记"政府储备物资"科目，贷记"待处理财产损溢"科目；预算会计不进行账务处理。盘亏或者毁损、报废的政府储备物资：按照待处理政府储备物资的账面余额，财务会计借记"待处理财产损溢"科目，贷记"政府储备物资"科目；预算会计不进行账务处理。

【例 3 - 31】4 月 6 日，某行政单位购入一批抗震救灾政府储备物资，价款为 1 000 000 元，相关税费为 120 000 元，运费、保险费共计 20 000 元，使用财政直接支付方式进行结算。4 月 15 日，该行政单位经批准将这批政府储备物资向灾区捐赠，运输费用为 20 000 元，使用银行存款支付。其会计分录如下。

（1）购入政府储备物资。

财务会计分录：

借：政府储备物资　　　　　　　　　　　　　　1 150 000

　　贷：财政拨款收入　　　　　　　　　　　　　　1 150 000

预算会计分录：

借：行政支出　　　　　　　　　　　　　　　　1 150 000

　　贷：财政拨款预算收入　　　　　　　　　　　　1 150 000

（2）经批准对外捐赠。

财务会计分录：

借：资产处置费用　　　　　　　　　　　　　　1 170 000

　　贷：政府储备物资　　　　　　　　　　　　　　1 150 000

　　　　银行存款　　　　　　　　　　　　　　　　20 000

预算会计分录：

借：其他支出　　　　　　　　　　　　　　　　20 000

　　贷：资金结存——货币资金　　　　　　　　　　20 000

3.12.2　公共基础设施

（一）公共基础设施的概念

公共基础设施是指行政事业单位占有并直接负责维护管理、供社会公众使用的工程性公共基础设施资产，包括城市交通设施、公共照明设施、环保设施、防灾设施、健身设施、广场及公共构筑物等其他公共设施。

（二）公共基础设施的核算注意事项

①"公共基础设施"科目应当按照公共基础设施的类别、项目等进行明细核算。

②单位应当根据行业主管部门对公共基础设施的分类规定，制定适合于本

单位管理的公共基础设施目录、分类方法，作为进行公共基础设施核算的依据。

（三）公共基础设施的初始计量

自行建造的公共基础设施完工交付使用时：按照在建工程的成本，财务会计借记"公共基础设施"科目，贷记"在建工程"科目；预算会计不进行账务处理。已交付使用但尚未办理竣工决算手续的公共基础设施，按照估计价值入账，待办理竣工决算后再按照实际成本调整原来的暂估价值。

【例3-32】某单位根据市政规划自行建造市民广场，该项公共基础设施至交付使用前所完成的全部必要支出为3 600 000元。其会计分录如下。

财务会计分录：

借：公共基础设施　　　　　　　　　　　　　　　　　3 600 000

　　贷：在建工程　　　　　　　　　　　　　　　　　　3 600 000

预算会计不进行账务处理。

接受其他单位无偿调入的公共基础设施：按照确定的成本，财务会计借记"公共基础设施"科目，按照发生的归属于调入方的相关费用，贷记"财政拨款收入""零余额账户用款额度""银行存款"等科目，按照其差额，贷记"无偿调拨净资产"科目；按发生的归属于调入方的费用，预算会计借记"其他支出"科目，贷记"财政拨款预算收入""资金结存"科目。

无偿调入的公共基础设施成本无法可靠取得的：按照发生的相关税费、运输费等金额，财务会计借记"其他费用"科目，贷记"财政拨款收入""零余额账户用款额度""银行存款"等科目；按发生的归属于调入方的费用，预算会计借记"其他支出"科目，贷记"资金结存"科目。相关会计处理如图3-76所示。

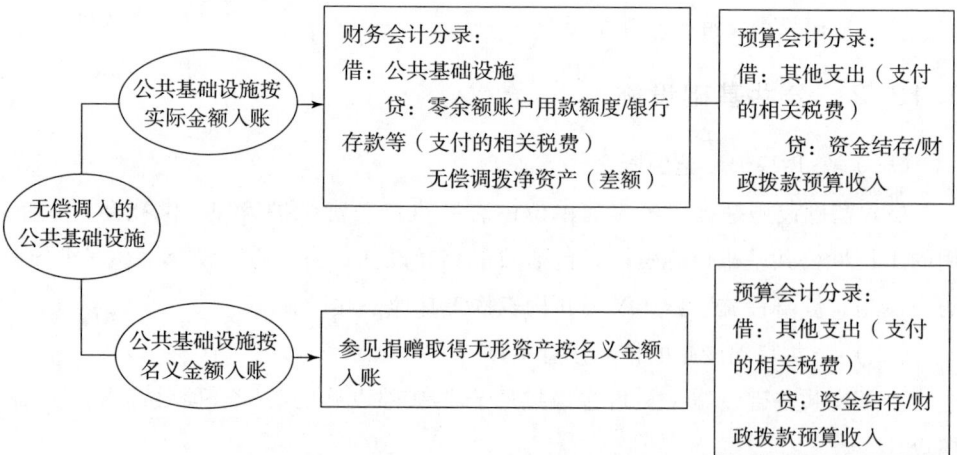

图3-76　无偿调入公共基础设施的会计处理

接受捐赠的公共基础设施：按照确定的成本，财务会计借记"公共基础设施"科目，按照发生的相关费用，贷记"财政拨款收入""零余额账户用款额度""银行存款"等科目，按照其差额，贷记"捐赠收入"科目；预算会计借记"其他支出"科目，贷记"财政拨款预算收入""资金结存"科目。接受捐赠的公共基础设施成本无法可靠取得的：按照发生的相关税费等金额，财务会计借记"其他费用"科目，贷记"财政拨款收入""零余额账户用款额度""银行存款"等科目；按支付的归属于捐入方的费用，预算会计借记"其他支出"科目，贷记"资金结存"等科目。相关会计处理如图 3 - 77 所示。

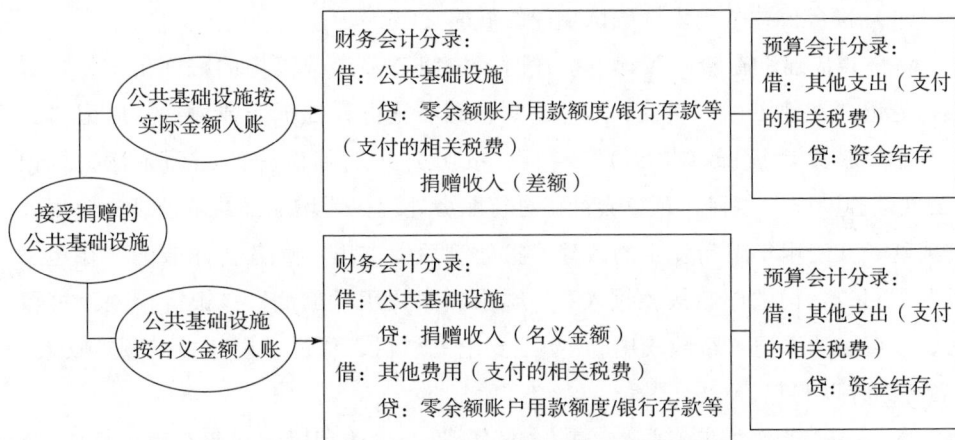

图 3 - 77 接受捐赠取得公共基础设施的会计处理

外购的公共基础设施，按照确定的成本：财务会计借记"公共基础设施"科目，贷记"财政拨款收入""零余额账户用款额度""银行存款"等科目；预算会计借记"行政支出""事业支出"科目，贷记"财政拨款预算收入""资金结存"科目。相关会计处理如图 3 - 78 所示。

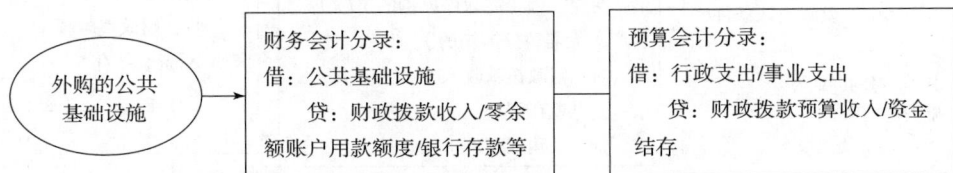

图 3 - 78 外购公共基础设施的会计处理

对于成本无法可靠取得的公共基础设施，单位应当设置备查簿进行登记，待成本能够可靠确定后按照规定及时入账。

（四）公共基础设施的后续计量

1. 公共基础设施的折旧摊销

按月计提公共基础设施折旧时：按照应计提的折旧额，财务会计借记"业务活动费用"科目，贷记"公共基础设施累计折旧"科目；预算会计不进行账务处理。

按月对确认为公共基础设施的单独计价入账的土地使用权进行摊销时：按照应计提的摊销额，财务会计借记"业务活动费用"科目，贷记"公共基础设施累计摊销"科目；预算会计不进行账务处理。

2. 与公共基础设施相关的其他后续支出

（1）符合公共基础设施确认条件的后续支出

将公共基础设施转入改建、扩建时：按照公共基础设施的账面价值，财务会计借记"在建工程"科目，按照公共基础设施已计提折旧或摊销，借记"公共基础设施累计折旧（摊销）"科目，按照公共基础设施的账面余额，贷记"公共基础设施"科目；预算会计不进行账务处理。为增加公共基础设施使用效能或延长其使用年限而发生的改建、扩建等后续支出：财务会计借记"在建工程"科目，贷记"财政拨款收入""零余额账户用款额度""银行存款"等科目；预算会计借记"行政支出""事业支出"科目，贷记"财政拨款预算收入""资金结存"科目。

公共基础设施改建、扩建完成，竣工验收交付使用时：按照在建工程成本，财务会计借记"公共基础设施"科目，贷记"在建工程"科目；预算会计不进行账务处理。相关会计处理如图3－79所示。

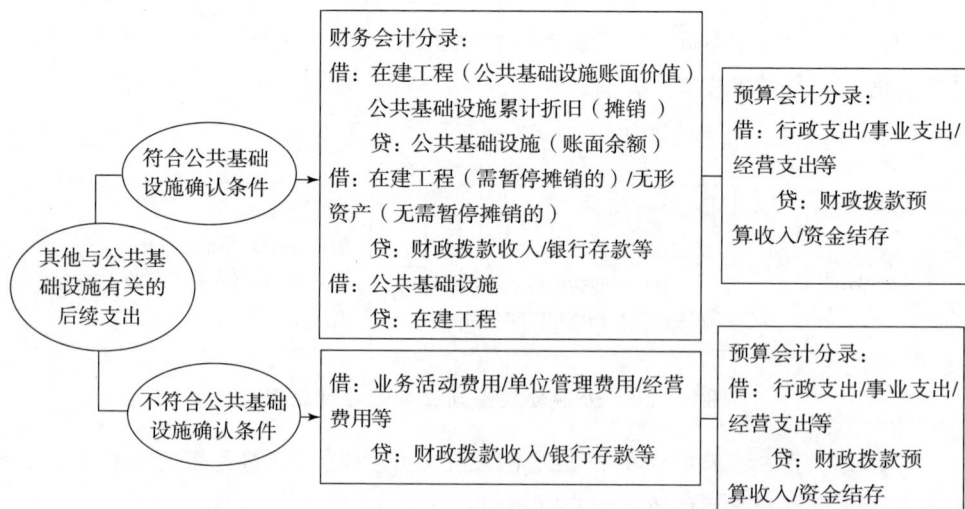

图3－79　公共基础设施其他后续支出的会计处理

（2）不符合公共基础设施确认条件的后续支出

对为保证公共基础设施正常使用发生的日常维修等支出：财务会计借记"业务活动费用""单位管理费用"等科目，贷记"财政拨款收入""零余额账户用款额度""银行存款"等科目；预算会计借记"行政支出""事业支出""经营支出"科目，贷记"财政拨款预算收入""资金结存"科目。相关会计处理如图 3－79 所示。

（五）公共基础设施的处置

按照规定报经批准处置公共基础设施，分别以下情况处理。

报经批准对外捐赠公共基础设施：按照公共基础设施已计提的折旧或摊销，财务会计借记"公共基础设施累计折旧（摊销）"科目，按照被处置公共基础设施账面余额，贷记"公共基础设施"科目，按照捐赠过程中发生的归属于捐出方的相关费用，贷记"银行存款"等科目，按照其差额，借记"资产处置费用"科目；预算会计按照支付的相关税费，借记"其他支出"科目，贷记"资金结存"科目。相关会计处理见图 3－80。

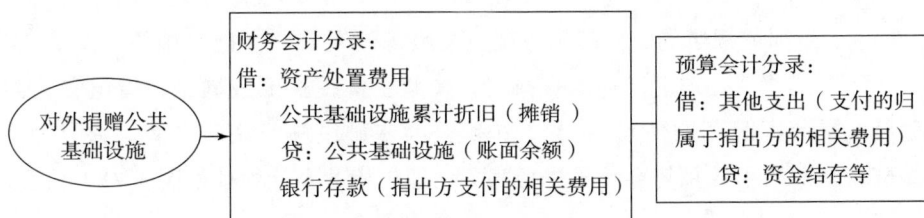

图 3－80　报经批准对外捐赠公共基础设施的会计处理

报经批准无偿调出公共基础设施：按照公共基础设施已计提的折旧或摊销，财务会计借记"公共基础设施累计折旧（摊销）"科目，按照被处置公共基础设施账面余额，贷记"公共基础设施"科目，按照其差额，借记"无偿调拨净资产"科目；预算会计不进行账务处理。同时，按照无偿调出过程中发生的归属于调出方的相关费用，财务会计借记"资产处置费用"科目，贷记"银行存款"等科目；预算会计按照支付的相关税费，借记"其他支出"科目，贷记"资金结存"科目。相关会计处理见图 3－81。

（六）公共基础设施的清查盘点

单位应当定期对公共基础设施进行清查盘点。对于发生的公共基础设施盘盈、盘亏、毁损或报废，应当先记入"待处理财产损溢"科目，按照规定报经批准后及时进行后续账务处理。

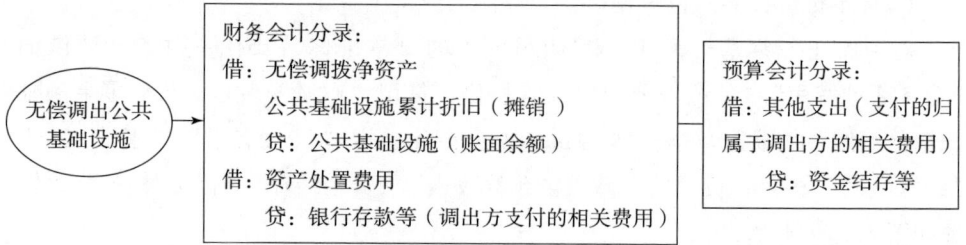

图 3 - 81　报经批准无偿调出公共基础设施的会计处理

盘盈的公共基础设施，其成本按照有关凭据注明的金额确定；没有相关凭据但按照规定经过资产评估的，其成本按照评估价值确定；没有相关凭据也未经过评估的，其成本按照重置成本确定。盘盈的公共基础设施成本无法可靠取得的，单位应当设置备查簿进行登记，待成本确定后按照规定及时入账。盘盈的公共基础设施：按照确定的入账成本，财务会计借记"公共基础设施"科目，贷记"待处理财产损溢"科目；预算会计不进行账务处理。相关会计处理如图 3 - 82 所示。

盘亏、毁损或报废的公共基础设施：按照待处置公共基础设施的账面价值，财务会计借记"待处理财产损溢"科目，按照已计提折旧或摊销，借记"公共基础设施累计折旧（摊销）"科目，按照公共基础设施的账面余额，贷记"公共基础设施"科目；预算会计不进行账务处理。相关会计处理如图 3 - 82 所示。

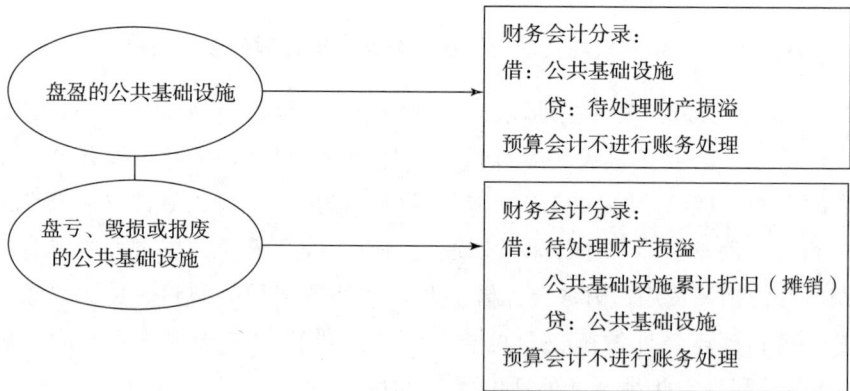

图 3 - 82　公共基础设施清查盘点会计处理

3.12.3　保障性住房

保障性住房是指政府为中低收入住房困难家庭所提供的限定标准、限定价格或租金的住房，一般由廉租住房、经济适用住房、政策性租赁住房、定向安置房等构成。"保障性住房"科目应当按照保障性住房的类别、项目等进行明细核算。

（一）保障性住房的初始与后续计量

①保障性住房在取得时，应当按其成本入账。具体会计处理类似于固定资产。

外购的保障性住房，其成本包括购买价款、相关税费以及可归属于该项资产达到预定用途前所发生的其他支出。外购的保障性住房，按照确定的成本：财务会计借记"保障性住房"科目，贷记"财政拨款收入""零余额账户用款额度""银行存款"等科目；预算会计借记"行政支出""事业支出"科目，贷记"财政拨款预算收入""资金结存"科目。

自行建造的保障性住房交付使用时：按照在建工程成本，财务会计借记"保障性住房"科目，贷记"在建工程"科目；预算会计不进行账务处理。已交付使用但尚未办理竣工决算手续的保障性住房，按照估计价值入账，待办理竣工决算后再按照实际成本调整原来的暂估价值。

接受其他单位无偿调入的保障性住房，其成本按照该项资产在调出方的账面价值加上归属于调入方的相关费用确定。无偿调入的保障性住房：按照确定的成本，财务会计借记"保障性住房"科目，按照发生的归属于调入方的相关费用，贷记"零余额账户用款额度""银行存款"等科目，按照其差额，贷记"无偿调拨净资产"科目；按支付的相关税费，预算会计借记"其他支出"科目，贷记"资金结存"等科目。

接受捐赠、融资租赁取得的保障性住房，参照"固定资产"科目相关规定进行处理。

②与保障性住房有关的后续支出，参照"固定资产"科目相关规定进行处理。

按月计提保障性住房折旧时：按照应计提的折旧额，财务会计借记"业务活动费用"科目，贷记"保障性住房累计折旧"科目；预算会计不进行账务处理。

（二）与保障性住房相关的收入的会计核算

按照规定出租保障性住房并将出租收入上缴同级财政的：财务会计按照收取的租金金额，借记"银行存款"等科目，贷记"应缴财政款"科目；预算会计不进行账务处理。相关会计处理如图 3 - 83 所示。

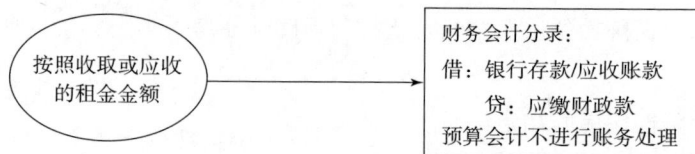

图 3－83　与保障性住房相关的收入的会计处理

（三）保障性住房的处置

保障性住房的处置的具体会计处理类似于固定资产。具体会计处理见图 3－84。

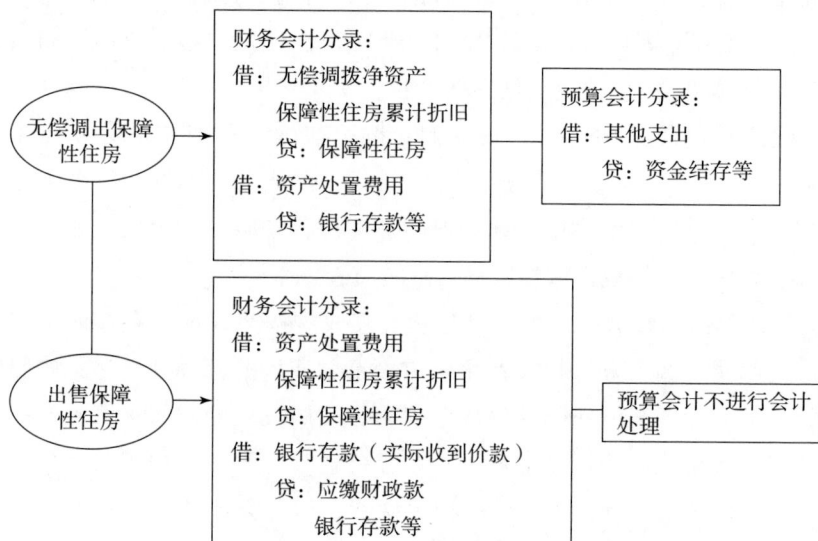

图 3－84　保障性住房处置的会计处理

①报经批准无偿调出保障性住房：按照保障性住房已计提的折旧，财务会计借记"保障性住房累计折旧"科目，按照被处置保障性住房账面余额，贷记"保障性住房"科目，按照其差额，借记"无偿调拨净资产"科目；预算会计不进行账务处理。同时，按照无偿调出过程中发生的归属于调出方的相关费用：财务会计借记"资产处置费用"科目，贷记"银行存款"等科目；预算会计借记"其他支出"科目，贷记"资金结存"等科目。相关会计处理如图 3－84 所示。

②报经批准出售保障性住房：按照被出售保障性住房的账面价值，财务会计借记"资产处置费用"科目，按照保障性住房已计提的折旧，借记"保障性住房累计折旧"科目，按照保障性住房账面余额，贷记"保障性住房"科目；

预算会计不进行账务处理。同时，按照收到的价款：财务会计借记"银行存款"等科目，按照出售过程中发生的相关费用，贷记"银行存款"等科目，按照其差额，贷记"应缴财政款"科目；预算会计不进行账务处理。

（四）保障性住房的清查盘点

单位应当定期对保障性住房进行清查盘点。对于发生的保障性住房盘盈、盘亏、毁损或报废等，财务会计和预算会计均参照"固定资产"科目相关规定进行会计处理，如图 3－85 所示。

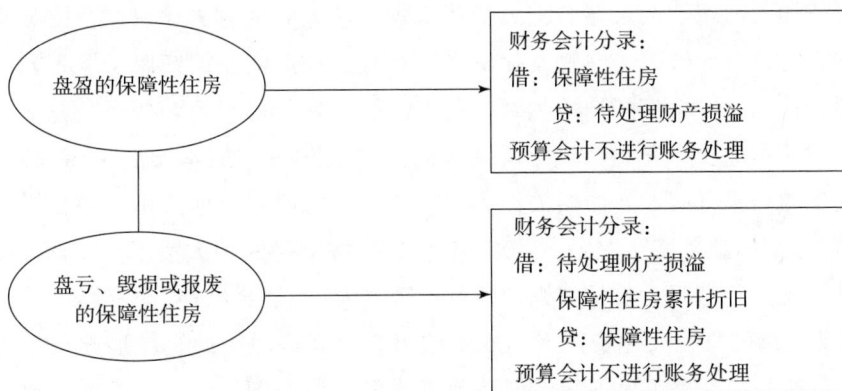

图 3－85　保障性住房清查盘点会计处理

3.12.4　文物文化资产

文物文化资产是指用于展览、教育或研究等目的的历史文物、艺术品以及其他具有文化或历史价值并用作长期或永久保存的典藏等。由于文物文化资产不介入生产经营过程，故不能将文物文化资产作为存货、固定资产、金融资产、无形资产等进行核算。

为了核算文物文化资产增减变动及结存情况，单位应增设"文物文化资产"科目。该科目属于资产类科目，其借方登记文物文化资产的增加额；贷方登记文物文化资产的减少额；期末借方余额反映单位期末文物文化资产的价值。其二级明细科目按文物文化资产类别设置。单位为满足自身开展业务活动或其他活动需要而控制的文物和陈列品，应当通过"固定资产"科目核算，不通过"文物文化资产"科目核算。

"文物文化资产"科目的核算基本与"固定资产""公共基础设施""保障性住房"科目相同。

（一）文物文化资产的初始计量

外购的文物文化资产，其成本包括购买价款、相关税费以及可归属于该项资产达到预定用途前所发生的其他支出（如运输费、安装费、装卸费等）。外购的文物文化资产：按照确定的成本，财务会计借记"文物文化资产"科目，贷记"财政拨款收入""零余额账户用款额度""银行存款"等科目；预算会计借记"行政支出""事业支出"科目，贷记"财政拨款预算收入""资金结存"科目。

接受其他单位无偿调入的文物文化资产，其成本按照该项资产在调出方的账面价值加上归属于调入方的相关费用确定。调入的文物文化资产，按照确定的成本，财务会计借记"文物文化资产"科目，按照发生的归属于调入方的相关费用，贷记"零余额账户用款额度""银行存款"等科目，按照其差额，贷记"无偿调拨净资产"科目。无偿调入的文物文化资产成本无法可靠取得的，按照发生的归属于调入方的相关费用，财务会计借记"其他费用"科目，贷记"零余额账户用款额度""银行存款"等科目。按支付的相关费用，预算会计借记"其他支出"科目，贷记"财政拨款预算收入""资金结存"科目。

接受捐赠的文物文化资产，其成本按照有关凭据注明的金额加上相关费用确定；没有相关凭据可供取得，但按照规定经过资产评估的，其成本按照评估价值加上相关费用确定；没有相关凭据可供取得也未经评估的，其成本比照同类或类似资产的市场价格加上相关费用确定。

接受捐赠的文物文化资产，按照确定的成本，财务会计借记"文物文化资产"科目，按照发生的相关税费、运输费等金额，贷记"零余额账户用款额度""银行存款"等科目，按照其差额，贷记"捐赠收入"科目。接受捐赠的文物文化资产成本无法可靠取得的，按照发生的相关税费、运输费等金额，财务会计借记"其他费用"科目，贷记"零余额账户用款额度""银行存款"等科目。按支付的相关费用，预算会计借记"其他支出"科目，贷记"财政拨款预算收入""资金结存"科目。

对于成本无法可靠取得的文物文化资产，单位应当设置备查簿进行登记，待成本能够可靠确定后按照规定及时入账。

（二）文物文化资产的后续计量

与文物文化资产有关的后续支出，参照"公共基础设施"科目相关规定进行处理。

（三）文物文化资产的处置

报经批准对外捐赠文物文化资产：按照被处置文物文化资产账面余额和捐

赠过程中发生的归属于捐出方的相关费用合计数，财务会计借记"资产处置费用"科目，按照被处置文物文化资产账面余额，贷记"文物文化资产"科目，按照捐赠过程中发生的归属于捐出方的相关费用，贷记"银行存款"等科目；按支付的相关费用，预算会计借记"其他支出"科目，贷记"资金结存"科目。

报经批准无偿调出文物文化资产：按照被处置文物文化资产账面余额，财务会计借记"无偿调拨净资产"科目，贷记"文物文化资产"科目；按支付的相关费用，预算会计借记"其他支出"科目，贷记"资金结存"科目。同时，按照无偿调出过程中发生的归属于调出方的相关费用，财务会计借记"资产处置费用"科目，贷记"银行存款"等科目。

（四）文物文化资产的清查盘点

单位应当定期对文物文化资产进行清查盘点，每年至少盘点一次。对于发生的文物文化资产盘盈、盘亏、毁损或报废等，参照"公共基础设施"科目相关规定进行账务处理。

3.12.5　受托代理资产

受托代理资产是指单位接受委托方委托管理的各项资产，包括受托指定转赠的物资、受托储存管理的物资等。

单位应当设置"受托代理资产"科目，核算单位接受委托方委托管理的各项资产，包括受托指定转赠的物资、受托存储保管的物资等的成本，单位管理的罚没物资也应当通过本科目核算。本科目应当按照资产的种类和委托人进行明细核算；属于转赠资产的，还应当按照受赠人进行明细核算。单位收到的受托代理资产为现金和银行存款的，不通过本科目核算，应当通过"库存现金""银行存款"科目进行核算。

"受托代理资产"科目借方反映当期行政事业单位受托代理资产的增加；贷方反映当期行政事业单位受托代理资产的减少；本科目期末借方余额，反映单位受托代理实物资产的成本。

（一）受托转赠物资

受托转赠物资的会计处理如图 3 - 86 所示。接受委托人委托需要转赠给受赠人的物资，其成本按照有关凭据注明的金额确定。接受委托转赠的物资验收入库，按照确定的成本，借记"受托代理资产"科目，贷记"受托代理负债"科目。预算会计不需要进行账务处理。

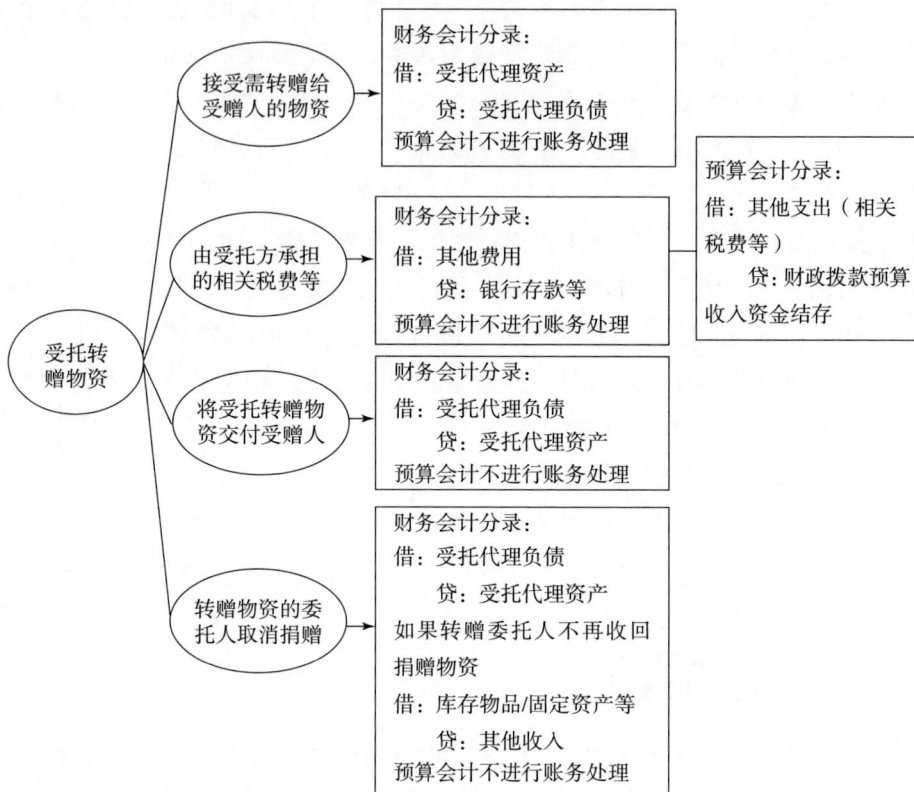

图 3-86　受托转赠物资的会计处理

　　受托协议约定由受托方承担相关税费、运输费等的，还应当按照实际支付的相关税费、运输费等金额，借记"其他费用"科目，贷记"银行存款"等科目。将受托转赠物资交付受赠人时，按照转赠物资的成本，借记"受托代理负债"科目，贷记"受托代理资产"科目。转赠物资的委托人取消了对捐赠物资的转赠要求，且不再收回捐赠物资的，应当将转赠物资转为单位的存货、固定资产等。按照转赠物资的成本，借记"受托代理负债"科目，贷记"受托代理资产"科目；同时，借记"库存物品""固定资产"等科目，贷记"其他收入"科目。预算会计应借记"其他支出"科目，贷记"资金结存"科目。

　　（二）受托存储保管物资

　　受托存储保管物资的会计处理如图 3-87 所示。接受委托人委托存储保管的物资，其成本按照有关凭据注明的金额确定。接受委托储存的物资验收入库，按照确定的成本，借记"受托代理资产"科目，贷记"受托代理负债"科目。预算会计不需要做账务处理。

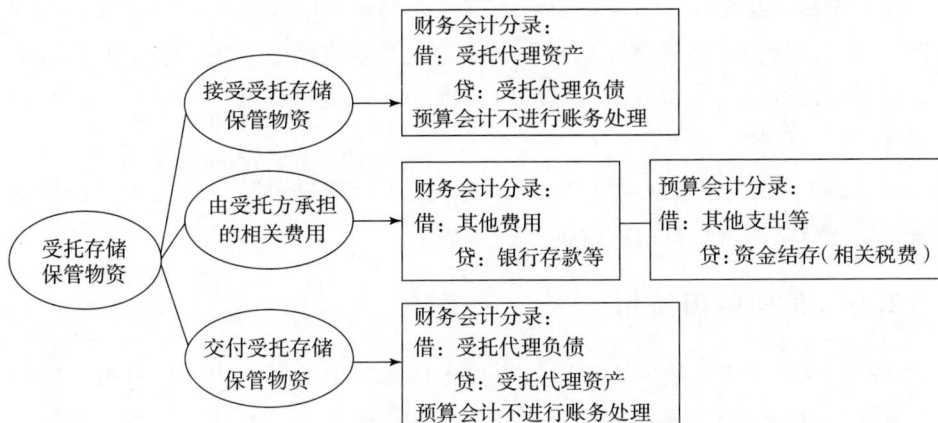

图 3 - 87　受托存储保管物资的会计处理

发生由受托单位承担的与受托存储保管的物资相关的运输费、保管费等费用时，按照实际发生的费用金额，借记"其他费用"等科目，贷记"银行存款"等科目。根据委托人要求交付或发出受托存储保管的物资时，按照发出物资的成本，借记"受托代理负债"科目，贷记"受托代理资产"科目。预算会计不需要做账务处理。

（三）罚没物资

单位罚没物资的会计处理如图 3 - 88 所示。取得罚没物资时，其成本按照有关凭据注明的金额确定。罚没物资验收（入库），按照确定的成本，借记"受托代理资产"科目，贷记"受托代理负债"科目。预算会计不进行账务处理，罚没物资成本无法可靠确定的，单位应当设置备查簿进行登记。

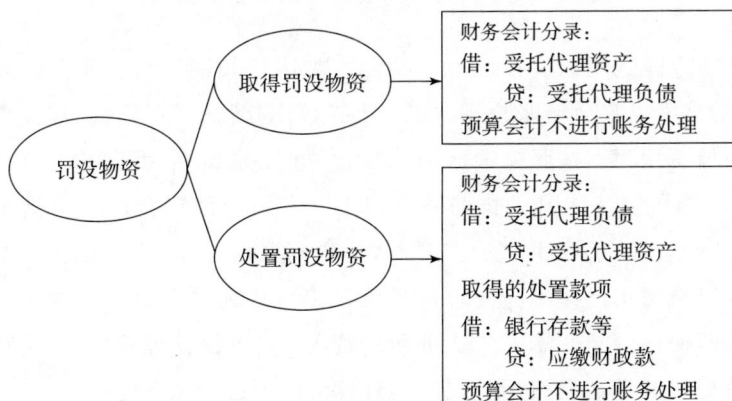

图 3 - 88　单位罚没物资的会计处理

　　按照规定处置或移交罚没物资时，按照罚没物资的成本，借记"受托代理负债"科目，贷记"受托代理资产"科目。处置时取得款项的，按照实际取得的款项金额，借记"银行存款"等科目，贷记"应缴财政款"等科目。预算会计不进行账务处理。

　　单位受托代理的其他实物资产，参照"受托代理资产"科目有关受托转赠物资、受托存储保管物资的规定进行账务处理。

3.12.6　长期待摊费用

　　单位应当设置"长期待摊费用"科目，核算单位已经支出，但应由本期和以后各期负担的分摊期限在1年以上（不含1年）的各项费用，如以经营租赁方式租入的固定资产发生的改良支出等。本科目应当按照费用项目进行明细核算。本科目期末借方余额，反映单位尚未摊销完毕的长期待摊费用。

　　长期待摊费用的主要会计处理如图3-89所示。

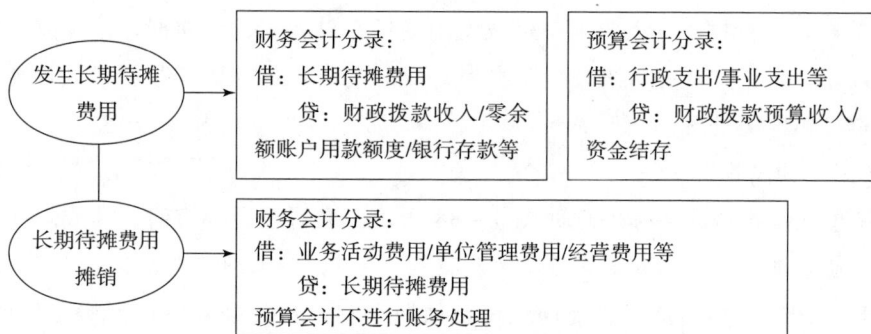

图3-89　长期待摊费用的主要会计处理

　　发生长期待摊费用时，按照支出金额，借记"长期待摊费用"科目，贷记"财政拨款收入""零余额账户用款额度""银行存款"等科目。按照受益期间摊销长期待摊费用时，按照摊销金额，借记"业务活动费用""单位管理费用""经营费用"等科目，贷记"长期待摊费用"科目。预算会计应当借记"行政支出""事业支出"等科目，贷记"财政拨款预算收入""资金结存"科目。如果某项长期待摊费用已经不能使单位受益，应当将其摊余金额一次全部转入当期费用。按照摊销金额，借记"业务活动费用""单位管理费用""经营费用"等科目，贷记"长期待摊费用"科目。预算会计不进行账务处理。

3.12.7　待处理财产损溢

（一）待处理财产损溢的概念

待处理财产损溢是指行政事业单位处理资产而发生的资产盘盈、盘亏和毁损的价值。行政事业单位财产的处理包括资产的出售、报废、毁损、盘盈、盘亏，以及货币性资产损失核销等。

（二）待处理财产损溢的会计核算

行政事业单位应当设置"待处理财产损溢"科目，核算单位在资产清查过程中查明的各种资产盘盈、盘亏和报废、毁损的价值。本科目应当按照待处理财产项目进行明细核算。对于在财产处理过程中取得收入或发生相关费用的项目，还应当设置"待处理财产价值""处理净收入"明细科目，进行明细核算。行政事业单位财产的处理，一般应当先记入本科目，按照规定报经批准后及时进行相应的账务处理。年终结账前一般应处理完毕。

"待处理财产损溢"科目期末如为借方余额，反映尚未处理完毕的各种财产的价值及净损失；期末如为贷方余额，反映尚未处理完毕的各种财产净溢余。年度终了，报经批准处理后，本科目一般应无余额。具体会计处理见表 3 – 18。

表 3 – 18　　　　"待处理财产损溢"科目的会计核算

会计事项			财务会计处理	预算会计处理
账款核对时发现的现金短缺或溢余			参照"库存现金"科目的账务处理	
盘盈的非现金资产	转入待处理财产时		借：库存物品/固定资产/无形资产/公共基础设施/政府储备物资/文物文化资产/保障性住房等 　贷：待处理财产损溢	—
	报经批准后处理时	对于流动资产	借：待处理财产损溢 　贷：单位管理费用（事业单位） 　　　业务活动费用（行政单位）	—
		对于非流动资产	借：待处理财产损溢 　贷：以前年度盈余调整	—
盘亏或毁损、报废的非现金资产	转入待处理财产时		借：待处理财产损溢——待处理财产价值 　　固定资产累计折旧/公共基础设施累计折旧（摊销）/无形资产累计摊销/保障性住房累计折旧 　贷：库存物品/固定资产/公共基础设施/无形资产/政府储备物资/文物文化资产/保障性住房等	—

续表

会计事项		财务会计处理	预算会计处理
账款核对时发现的现金短缺或溢余		参照"库存现金"科目的账务处理	
盘亏或毁损、报废的非现金资产	报经批准处理时	借：资产处置费用 　　贷：待处理财产损溢——待处理财产价值	—
	处理毁损、报废实物资产过程中取得的残值或残值变价收入、保险理赔或过失人赔偿等	借：库存现金/银行存款/库存物品/其他应收款等 　　贷：待处理财产损溢——处理净收入	—
	处理毁损、报废实物资产过程中发生的相关费用	借：待处理财产损溢——处理净收入 　　贷：库存现金/银行存款等	—
	处理收支结清，处理收入大于相关费用的	借：待处理财产损溢——处理净收入 　　贷：应缴财政款	—
	处理收支结清，处理收入小于相关费用的	借：资产处置费用 　　贷：待处理财产损溢——处理净收入	借：其他支出 　　贷：资金结存等（支付的处理净支出）

4.1 短期借款

4.1.1 短期借款的概念和管理

短期借款是指事业单位经批准向银行或其他金融机构借入的期限在 1 年内（含 1 年）的各种借款。从经济意义上来看，短期借款实质上反映了事业单位与资金供给之间短期资金借贷的关系。

事业单位借入款项时，应遵循表 4 – 1 所示的管理要求。

表 4 – 1　　　　　　事业单位借入款项的管理要求

条目	主要内容
符合政策	事业单位对借入的款项，必须按照国家的有关政策使用，不能盗用名义用于违背国家政策的事项
有借款计划	事业单位借入款项应事先编制计划，按批准的计划组织借款
有还款能力	事业单位在申请借入款项时，就应认真落实偿还借款的资金来源，不能盲目举借无还款能力的款项
有经济效益	事业单位的借入款项，构成一项负债。归还借入款项时，不仅要归还借入的本金，还应支付利息。因此，事业单位在申请借款时，必须考虑借入款项的经济效益，不能举借无经济效益的款项
遵守信用	事业单位借入款项必须按照合同的规定及时偿还本息，不可拖欠违约

4.1.2 短期借款的会计核算

短期借款的会计处理如图 4 – 1 所示。

借入各种短期借款时：按照实际借入的金额，财务会计应当借记"银行存款"科目，贷记"短期借款"科目；预算会计处理时，借记"资金结存——货币资金"科目，贷记"债务预算收入"科目。

银行承兑汇票到期，本单位无力支付票款的，按照银行承兑汇票的票面金额：财务会计应当借记"应付票据"科目，贷记"短期借款"科目；预算会计处理时，借记"经营支出"等科目，贷记"债务预算收入"科目。

支付短期借款利息时：财务会计应当借记"应付利息"科目，贷记"银行存款"科目；预算会计处理时，借记"其他支出"科目，贷记"资金结存——货币资金"科目。

归还短期借款时：财务会计应当借记"短期借款"科目，贷记"银行存款"科目；预算会计处理时，借记"债务还本支出"科目，贷记"资金结存——货币资金"科目。

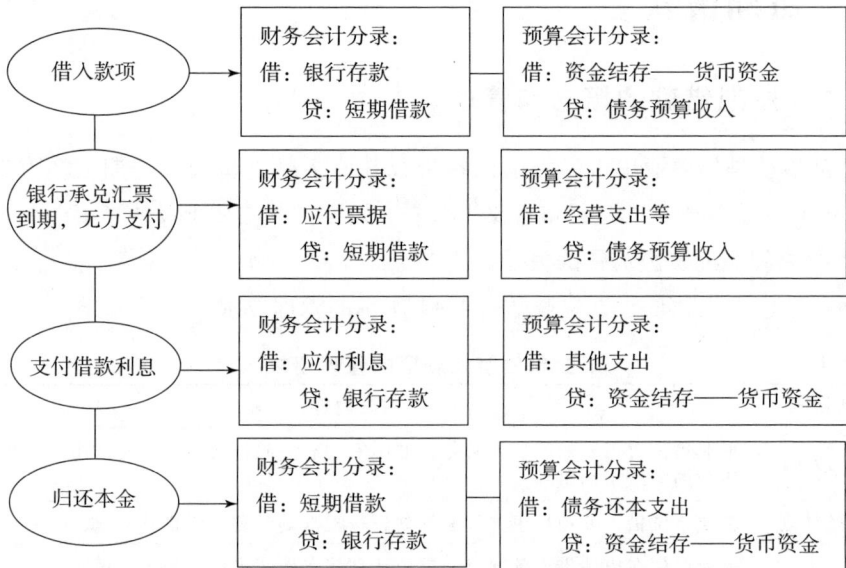

图 4-1　短期借款的会计处理

【例 4-1】某事业单位为满足事业业务发展的资金需要，从中国建设银行×××支行借入 100 000 元，借款期限为 8 个月，年利率为 6%。其会计分录如下。

财务会计分录：

借：银行存款　　　　　　　　　　　　　　　　　　　　100 000

　　贷：短期借款——中国建设银行×××支行　　　　　　　　100 000

预算会计分录：

借：资金结存——货币资金　　　　　　　　　　　　　　100 000

　　　贷：债务预算收入　　　　　　　　　　　　　　　　100 000

　　【例4-2】沿用【例4-1】，该事业单位到期归还短期借款，并支付借款利息。其会计分录如下。

　　借款利息＝100 000×6％×8/12＝4 000（元）

　　财务会计分录：

　　借：短期借款　　　　　　　　　　　　　　　　　　100 000

　　　　应付利息　　　　　　　　　　　　　　　　　　　4 000

　　　　贷：银行存款　　　　　　　　　　　　　　　　104 000

　　预算会计分录：

　　借：债务还本支出　　　　　　　　　　　　　　　　100 000

　　　　其他支出　　　　　　　　　　　　　　　　　　　4 000

　　　　贷：资金结存——货币资金　　　　　　　　　　104 000

4.2　应缴财政款

4.2.1　应缴财政款的概念

　　应缴财政款是指单位取得或应收的按照规定应当上缴财政的款项，包括应缴国库的款项和应缴财政专户的款项，但不包括单位按照国家税法等有关规定应当缴纳的各种税费。

　　（一）应缴国库款

　　应缴国库款是指事业单位在业务活动中按规定取得的应缴国库的各种款项，包括代收的纳入预算管理的基金、代收的行政性收费收入、罚没收入、无主财物变价收入以及其他按预算管理规定应上缴国库（不包括应交税费）的款项等。

　　①罚没收入是指单位依据国家法律、法规，对公民、法人和其他组织实施经济处罚所取得的各项罚款、没收款、没收财物变价款以及取得的无主财物变价款。

　　②行政性收费收入是指行政单位在行使行政职能的过程中，依据国家法律、法规向公民、法人和其他组织收取的行政性费用，如各级公安、司法、工商行政管理等行政单位为发放各种证照等向有关单位和个人收取的证照工本费、手续费、企业登记注册费。

　　③政府性基金是指行政单位依据有关的法律、法规向公民、法人和其他组织无偿征收的具有专门用途的财政资金。

（二）应缴财政专户款

应缴财政专户款是指行政事业单位按规定代收的应上缴财政专户款的预算外资金。

4.2.2 应缴财政款的会计核算

行政事业单位应当设置"应缴财政款"科目，对行政事业单位取得的按规定应当上缴财政的款项进行核算，具体会计处理见图4-2。"应缴财政款"科目应当按照应缴财政款项的类别进行明细核算。

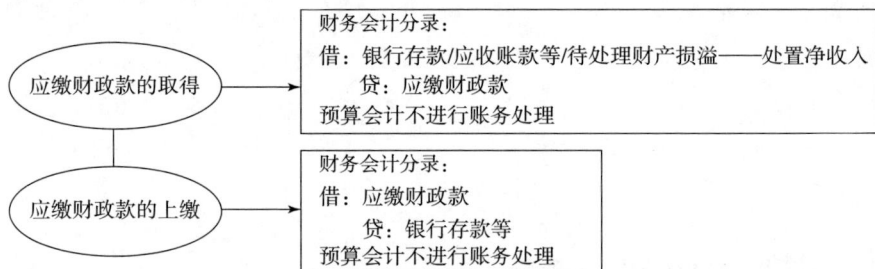

图4-2 应缴财政款的会计处理

"应缴财政款"科目借方反映当期行政事业单位应缴财政款的减少；贷方反映当期行政事业单位应缴财政款的增加；本科目贷方余额，反映行政事业单位应当上缴财政但尚未缴纳的款项。年终清缴后，本科目一般应无余额。

单位取得或应收按照规定应缴财政的款项时：财务会计应当借记"银行存款""应收账款"等科目，贷记"应缴财政款"科目；预算会计中不做处理。单位上缴应缴财政的款项时：按照实际上缴的金额，财务会计应当借记"应缴财政款"科目，贷记"银行存款"科目；预算会计中不做处理。单位处置资产取得的应上缴财政的处置净收入的账务处理，参见"待处理财产损溢"等科目。

【例4-3】某行政单位为减少经费开支，将一辆办公车辆予以出售，处置后获得净收入171 000元，该行政单位将该笔应缴财政款上缴财政。其会计分录如下。

（1）处置办公车辆完毕。

财务会计分录：

借：待处理财产损溢——处置净收入　　　　　　　　171 000

贷：应缴财政款　　　　　　　　　　　　　　　　171 000

预算会计不进行账务处理。

（2）上缴应缴财政款。

财务会计分录：

借：应缴财政款　　　　　　　　　　　　　　　　171 000

　　贷：银行存款　　　　　　　　　　　　　　　　171 000

预算会计不进行账务处理。

4.3　应交税费

应交税费是指行政事业单位按照国家税法等有关规定应当缴纳的各种税费，包括增值税、城市维护建设税、教育费附加、房产税、车船税、城镇土地使用税等。

4.3.1　应交增值税

应交增值税是指单位销售货物或者提供加工、修理修配劳务活动本期应缴纳的增值税，按照交税主体不同分为一般纳税人和小规模纳税人。

（一）应交增值税的科目设置

"应交增值税"明细科目设置见表 4 - 2。属于一般纳税人的单位为进行应交增值税的会计核算，应在"应交增值税"科目下设置"应交税金""未交税金""预交税金""待抵扣进项税额""待认证进项税额""待转销项税额""简易计税""转让金融商品应交增值税""代扣代交增值税"等明细科目。

表 4 - 2　　　　　　　　　　应交增值税的明细科目设置

科目	明细科目		核算内容
应交增值税	应交税金	进项税额	核算单位购进货物、加工修理修配劳务、服务、无形资产或不动产而支付或负担的、准予从当期销项税额中抵扣的增值税税额
		进项税额转出	核算单位购进货物、加工修理修配劳务、服务、无形资产或不动产等发生非正常损失以及其他原因而不应从销项税额中抵扣、按照规定转出的进项税额
		销项税额	核算单位销售货物、加工修理修配劳务、服务、无形资产或不动产应收取的增值税税额
		减免税款	核算单位按照现行增值税制度规定准予减免的增值税税额
		已交税金	核算单位当月缴纳的增值税税额
		转出未交增值税	核算单位月份终了，转出的应交未交的增值税税额
		转出多交增值税	核算单位月度终了，转出的多交的增值税税额

续表

科目	明细科目	核算内容
应交增值税	未交税金	核算单位月度终了从"应交税金"或"预交税金"明细科目转入当月应交未交、多交或预交的增值税税额，以及当月缴纳以前期间未交的增值税税额
	预交税金	核算单位转让不动产、提供不动产经营租赁服务等，以及其他按照现行增值税制度规定应预交的增值税税额
	待抵扣进项税额	核算单位已取得增值税扣税凭证并经税务机关认证，按照现行增值税制度规定准予以后期间从销项税额中抵扣的进项税额
	待认证进项税额	核算单位由于未经税务机关认证而不得从当期销项税额中抵扣的进项税额。其包括：一般纳税人已取得增值税扣税凭证并按规定准予从销项税额中抵扣，但尚未经税务机关认证的进项税额；一般纳税人已申请稽核但尚未取得稽核相符结果的海关缴款书进项税额
	待转销项税额	核算单位销售货物、加工修理修配劳务、服务、无形资产或不动产，已确认相关收入（或利得）但尚未发生增值税纳税义务而需于以后期间确认为销项税额的增值税税额
	简易计税	核算单位采用简易计税方法发生的增值税计提、扣减、预交、缴纳等业务
	转让金融商品应交增值税	核算单位转让金融商品发生的增值税税额
	代扣代交增值税	核算单位购进在境内未设经营机构的境外单位或个人在境内的应税行为代扣代缴的增值税

属于增值税小规模纳税人的单位只需在"应交增值税"科目下设置"转让金融商品应交增值税""代扣代交增值税"明细科目。

（二）应交增值税的会计处理（一般纳税人）

1. 单位取得资产或接受服务时进项税额的会计处理

进项税额抵扣的情况较为复杂，根据税法规定，不同业务进项税额抵扣的情形分为不可抵扣和可以抵扣，具体抵扣情况见图4-3。单位取得资产或接受服务进项税额会计处理见表4-3。

（1）单位购买用于增值税应税项目、增值税可以抵扣的资产或服务

财务会计处理中，按照应计入相关成本费用或资产的金额，借记"业务活动费用""在途物品""库存物品""工程物资""在建工程""固定资产""无形资产"等科目，按照当月已认证的可抵扣增值税税额，借记"应交增值税——应交税金（进项税额）"科目，按照当月未认证的可抵扣增值税税额，借记"应交增值税——待认证进项税额"科目，按照应付或实际支付的金额，贷

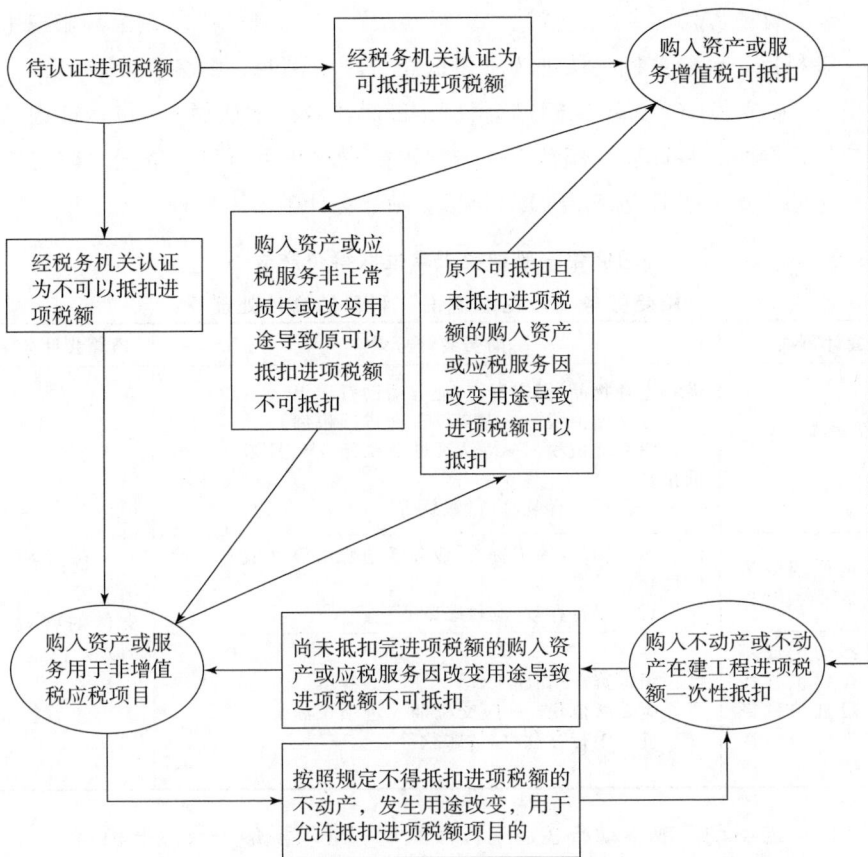

图 4 - 3　进项税额抵扣情况分类及抵扣情况发生改变

记"应付账款""应付票据""银行存款""零余额账户用款额度"等科目。预算会计处理时，按照当月已认证的可抵扣增值税税额借记"事业支出""经营支出"等科目，贷记"资金结存"等科目，当月未认证的可抵扣增值税税额在预算会计中不予处理。发生退货的，如原增值税专用发票已做认证，应根据税务机关开具的红字增值税专用发票做相反的会计分录；如原增值税专用发票未做认证，应将发票退回并做相反的会计分录。

（2）采购等业务进项税额不得抵扣

单位购进资产或服务等，用于简易计税方法计税项目、免征增值税项目、集体福利或个人消费等或小规模纳税人购买资产或服务等时，其进项税额按照现行增值税制度规定不得从销项税额中抵扣的：财务会计处理中，取得增值税专用发票时，应按照增值税发票注明的金额，借记相关成本费用或资产科目，按照待认证的增值税进项税额，借记"应交增值税——待认证进项税额"科目，按照实际支付或应付的金额，贷记"银行存款""应付账款""零余额账户用款额度"等科目。经税务机关认证为不可抵扣进项税额时，财务会计借记"应交增值税——应交税金（进项税额）"科目，贷记"应交增值税——待认证进项税额"科目，同时，将进项税额转出，借记相关成本费用科目，贷记"应交增值税——应交税金（进项税额转出）"科目。预算会计中不做处理。

表 4-3　　　　　　　　增值税一般纳税人单位取得资产或
接受劳务"应交增值税"科目的会计处理

会计事项	财务会计分录	预算会计分录
进项税额允许抵扣	借：库存物品/固定资产/业务活动费用等 　　应交增值税——应交税金（进项税额） 　　应交增值税——待认证进项税额（当月未认证可抵扣） 　贷：银行存款/应付账款等	借：事业支出等 　贷：资金结存等（实际支付的含税金额）
购入资产或服务用于非应税项目	借：库存物品/固定资产/业务活动费用等（成本＋增值税） 　贷：银行存款/应付账款等	
购进不动产或不动产在建工程按照规定进项税额在购进当期一次性抵扣	借：固定资产/在建工程 　　应交增值税——应交税金（进项税额） 　贷：银行存款/应付账款等	

（3）购进不动产或不动产在建工程按照规定进项税额一次性抵扣

单位取得应税项目为不动产或者不动产在建工程，其进项税额按照现行增值税制度规定自购进当期一次性从销项税额中抵扣：财务会计处理中，应当按照取得成本，借记"固定资产""在建工程"等科目，按照一次性可抵扣的增值税税额，借记"应交增值税——应交税金（进项税额）"科目，按照应付或实际支付的金额，贷记"应付账款""应付票据""银行存款""零余额账户用款额度"等科目；预算会计处理时借记"事业支出""经营支出"等科目，贷记"资金结存"科目。

自 2019 年 4 月 1 日起，《营业税改征增值税试点有关事项的规定》（财税〔2016〕36 号印发）第一条第（四）项第 1 点、第二条第（一）项第 1 点停止执行，纳税人取得不动产或者不动产在建工程的进项税额不再分 2 年抵扣。此前按照上述规定尚未抵扣完毕的待抵扣进项税额，可自 2019 年 4 月税款所属期起从销项税额中抵扣。

（4）进项税额抵扣情况发生改变

单位因发生非正常损失或改变用途等，原已计入进项税额、待抵扣进项税额或待认证进项税额，但按照现行增值税制度规定不得从销项税额中抵扣的：
财务会计处理中，借记"待处理财产损溢""固定资产""无形资产"等科目，
贷记"应交增值税——应交税金（进项税额转出）""应交增值税——待抵扣进
项税额""应交增值税——待认证进项税额"科目；预算会计中不做处理。

　　原不得抵扣且未抵扣进项税额的固定资产、无形资产等，因改变用途等用
于允许抵扣进项税额的应税项目的：应按照允许抵扣的进项税额，财务会计处
理中，借记"应交增值税——应交税金（进项税额）"科目，贷记"固定资产"
"无形资产"等科目。固定资产、无形资产等经上述调整后，应按照调整后的账
面价值在剩余尚可使用年限内计提折旧或摊销；预算会计中不做处理。具体会
计处理见表 4 - 4。

表 4 - 4　　　　　　　　进项税额抵扣情况发生改变的会计处理

进项税额抵扣情况变化	适用情形	进项税额处理	会计分录（仅涉及财务会计分录，不影响预算会计分录）
待认证进项税额转为可抵扣进项税额	待认证增值税经税务局认定为可以抵扣的进项税额	—	借：应交增值税——应交税金（进项税额）　　贷：应交增值税——待认证进项税额
待认证进项税额转为不可抵扣进项税额	待认证增值税经税务局认定为不可抵扣的进项税额	—	借：应交增值税——应交税金（进项税额）　　贷：应交增值税——待认证进项税额借：业务活动费用等　　贷：应交增值税——应交税金（进项税额转出）
可抵扣进项税额资产转为不可抵扣	原资产或应税服务非正常损失或改变用途，用于按现行税法规定不可抵扣进项税额的项目，导致其可以抵扣进项税额不可抵扣	按照下列公式，将进项税转出，计入相关资产成本或费用。转出的不得抵扣的进项税额 = 固定资产÷无形资产或不动产净值×适用税率固定资产、无形资产或不动产净值是指纳税人根据财务会计制度计提折旧或摊销后的余额	借：库存物品/固定资产/待处理财产损溢等（按照税法规定不得抵扣的进项税额）　　贷：应交增值税——应交税金（进项税额转出）　　　　应交增值税——待认证进项税额（未认证时用途发生改变）

续表

进项税额抵扣情况变化	适用情形	进项税额处理	会计处理（仅涉及财务会计处理，不影响预算会计处理）
不得抵扣进项税额的资产转为可以抵扣	原不得抵扣且未抵扣进项税额的固定资产、无形资产等，因改变用途等用于允许抵扣进项税额的应税项目	按照允许抵扣的进项税额，冲减原费用或固定资产、无形资产等的账面价值，固定资产、无形资产等经上述调整后，应按照调整后的账面价值在剩余尚可使用年限内计提折旧或摊销	借：应交增值税——应交税金（进项税额）（可以抵扣的进项税额） 贷：固定资产/无形资产等
	按照规定不得抵扣进项税额的不动产，改变用途改变，用于允许抵扣进项税额项目	在改变用途的次月进行进项税额抵扣。按下述公式计算的可抵扣进项税额，于改变用途的次月起第 13 个月从销项税额中抵扣。 可抵扣进项税额 = 增值税扣税凭证注明或计算的进项税额 × 不动产净值率	借：应交增值税——应交税金（进项税额） 贷：固定资产/在建工程等

（5）购买方作为扣缴义务人时的具体会计处理见图 4 - 4。

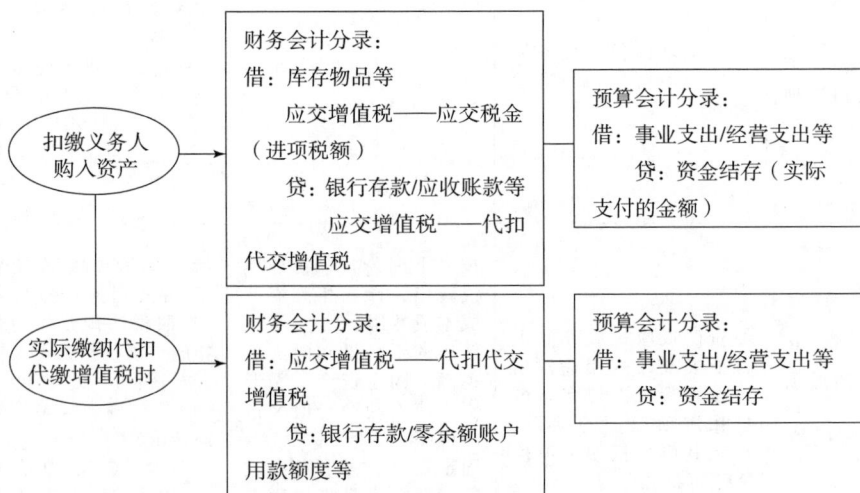

图 4 - 4　购买方作为扣缴义务人时的会计处理

2. 单位销售资产或提供服务等业务销项税额的会计处理

（1）销售资产或提供服务业务

单位销售货物或提供服务：应当按照应收或已收的金额，财务会计处理中，借记"应收账款""应收票据""银行存款"等科目，按照确认的收入金额，贷记"经营收入""事业收入"等科目，按照现行增值税制度规定计算的销项税额（或采用简易计税方法计算的应纳增值税额），贷记"应交增值税——应交税金（销项税额）"或"应交增值税——简易计税"（小规模纳税人应贷记"应交增值税"科目）科目，发生销售退回的，应根据按照规定开具的红字增值税专用发票做相反的会计分录。预算会计处理时按实际收到的含税金额借记"资金结存"科目，贷记"事业预算收入""经营预算收入"等科目。

财务会计处理中，按照《政府会计制度》及相关政府会计准则确认收入的时点早于按照增值税制度确认增值税纳税义务发生时点的，应将相关销项税额记入"应交增值税——待转销项税额"科目，待实际发生纳税义务时再转入"应交增值税——应交税金（销项税额）"或"应交增值税——简易计税"科目。按照增值税制度确认增值税纳税义务发生时点早于按照《政府会计制度》及相关政府会计准则确认收入的时点的，应按照应纳增值税额，借记"应收账款"科目，贷记"应交增值税——应交税金（销项税额）"或"应交增值税——简易计税"科目。预算会计中不做处理。

（2）金融商品转让按照规定以盈亏相抵后的余额作为销售额

金融商品实际转让月末：财务会计处理中，如产生转让收益，则按照应纳税额，借记"投资收益"科目，贷记"应交增值税——转让金融商品应交增值税"科目，如产生转让损失，则按照可结转下月抵扣税额，借记"应交增值税——转让金融商品应交增值税"科目，贷记"投资收益"科目；预算会计中不做处理。

实际缴纳增值税时：财务会计借记"应交增值税——转让金融商品应交增值税"科目，贷记"银行存款"等科目；预算会计借记"投资预算收入"等科目，贷记"资金结存"科目。

年末，如有借方余额：财务会计借记"投资收益"科目，贷记"应交增值税——转让金融商品应交增值税"科目；预算会计中不做处理。

3. 单位月末转出应交未交、多交的增值税的会计处理

月度终了，单位应当将当月应交未交或多交的增值税自"应交税金"明细科目转入"未交税金"明细科目。对于当月应交未交的增值税：财务会计处理中，借记"应交增值税——应交税金（转出未交增值税）"科目，贷记"应交增值税——未交税金"科目；预算会计中不做处理。

对于当月多交的增值税：财务会计处理中，借记"应交增值税——未交税金"科目，贷记"应交增值税——应交税金（转出多交增值税）"科目；预算会计中不做处理。

4．单位缴纳增值税的会计处理

（1）缴纳当月应交增值税

单位缴纳当月应交的增值税：财务会计处理中，借记"应交增值税——应交税金（已交税金）"科目（小规模纳税人借记"应交增值税"科目），贷记"银行存款"等科目；预算会计借记"事业支出""经营支出"等科目，贷记"资金结存"科目。

（2）缴纳以前期间未交增值税

单位缴纳以前期间未交的增值税：财务会计处理中，借记"应交增值税——未交税金"科目（小规模纳税人借记"应交增值税"科目），贷记"银行存款"等科目；预算会计借记"事业支出""经营支出"等科目，贷记"资金结存"科目。

（3）预交增值税

单位预交增值税时：财务会计处理中，借记"应交增值税——预交税金"科目，贷记"银行存款"等科目；月末，单位应将"预交税金"明细科目余额转入"未交税金"明细科目，借记"应交增值税——未交税金"科目，贷记"应交增值税——预交税金"科目；预算会计借记"事业支出""经营支出"等科目，贷记"资金结存"科目。

（4）减免增值税

对于当期直接减免的增值税：财务会计处理中，借记"应交增值税——应交税金（减免税款）"科目，贷记"业务活动费用""经营费用"等科目；预算会计中不做处理。

按照现行增值税制度规定，单位初次购买增值税税控系统专用设备支付的费用以及缴纳的技术维护费允许在增值税应纳税额中全额抵减的：按照规定抵减的增值税应纳税额，财务会计处理中，借记"应交增值税——应交税金（减免税款）"科目（小规模纳税人借记"应交增值税"科目），贷记"业务活动费用""经营费用"等科目；预算会计中不做处理。

增值税一般纳税人"应交增值税"科目的会计处理如表4－5所示。

表 4 - 5　　增值税一般纳税人"应交增值税"科目的会计处理

会计事项			财务会计分录	预算会计分录
单位销售资产或提供服务等业务	销售应税资产或提供服务业务		借：银行存款/应收账款等（包含增值税的价款总额） 　　贷：事业收入/经营收入等 　　　　应交增值税——应交税金（销项税额）/应交增值税——简易计税	借：资金结存（实际收到的含税金额） 　　贷：事业预算收入/经营预算收入等
	金融商品转让	产生收益	借：投资收益（按净收益计算的应纳增值税） 　　贷：应交增值税——转让金融商品应交增值税	—
		产生损失	借：应交增值税——转让金融商品应交增值税 　　贷：投资收益（按净损失计算的应纳增值税）	—
		缴纳增值税时	借：应交增值税——转让金融商品应交增值税 　　贷：银行存款等	借：投资预算收益等 　　贷：资金结存
		年末，如有借方余额	借：投资收益 　　贷：应交增值税——转让金融商品应交增值税	—
	发生销货退回		根据按照规定开具的红字增值税专用发票做相反的会计分录	—
月末转出多交和未交增值税	月末转出本月未交增值税		借：应交增值税——应交税金（转出未交增值税） 　　贷：应交增值税——未交税金	—
	月末转出本月多交增值税		借：应交增值税——未交税金 　　贷：应交增值税——应交税金（转出多交增值税）	—
缴纳增值税	本月缴纳本月增值税时		借：应交增值税——应交税金（已交税金） 　　贷：银行存款/零余额账户用款额度等	借：事业支出/经营支出等 　　贷：资金结存
	本月缴纳以前期间未交增值税		借：应交增值税——未交税金 　　贷：银行存款/零余额账户用款额度等	借：事业支出/经营支出等 　　贷：资金结存

续表

会计事项		财务会计分录	预算会计分录
缴纳增值税	按规定预交增值税	预交时 借：应交增值税——预交税金 　　贷：银行存款/零余额账户用款额度等 月末 借：应交增值税——未交税金 　　贷：应交增值税——预交税金	借：事业支出/经营支出等 　　贷：资金结存
	当期直接减免的增值税应纳税额	借：应交增值税——应交税金（减免税款） 　　贷：业务活动费用/经营费用等	—

5. 增值税小规模纳税人增值税的会计处理

小规模纳税人的单位，购进货物时，将支付的增值税计入材料的采购成本；销售货物或者提供劳务，一般情况下，只开普通发票，按不含税价格的3%计算应交增值税。采用销售额和应纳税金合并定价的，按照"销售额＝含税金额÷（1＋3%）"公式还原为不含税销售额。具体的会计处理如表4－6所示。

表4－6　增值税小规模纳税人"应交增值税"科目的会计处理

会计事项				财务会计分录	预算会计分录
增值税小规模纳税人	购入应税资产或服务	购入应税资产或服务时		借：业务活动费用/在途物品/库存物品等（价税合计金额） 　　贷：银行存款等/应付账款等	借：事业支出/经营支出等 　　贷：资金结存（实际支付的含税金额）
		购进资产或服务时作为扣缴义务人		借：在途物品/库存物品/固定资产/无形资产等 　　贷：应付账款/银行存款等 　　　　应交增值税——代扣代交增值税 实际缴纳增值税时参见一般纳税人的账务处理	
	销售应税资产或提供应税服务	销售资产或提供服务		借：银行存款/应收账款等（增值税价税合计） 　　贷：事业收入/经营收入等（不含增值税） 　　　　应交增值税	借：资金结存（实际收到的含税金额） 　　贷：事业预算收入/经营预算收入等
		金融商品转让	产生收益	借：投资收益（按净收益计算的应纳增值税） 　　贷：应交增值税——转让金融商品应交增值税	—
			产生损失	借：应交增值税——转让金融商品应交增值税 　　贷：投资收益（按净损失计算的应纳增值税）	—
			实际缴纳时	参见一般纳税人的账务处理	—

续表

会计事项		财务会计分录	预算会计分录
增值税小规模纳税人	缴纳增值税时	借：应交增值税 　　贷：银行存款等	借：事业支出/经营支出等 　　贷：资金结存
	减免增值税	借：应交增值税 　　贷：业务活动费用/经营费用等	—

【例 4 - 4】2×09 年 7 月 9 日，某事业单位购入一台打印机用于办公，取得增值税专用发票并认证通过，专用发票上注明的金额为 20 000 元，增值税为 2 600 元。进行以下会计处理。

财务会计分录：

借：固定资产　　　　　　　　　　　　　　　　　20 000

　　应交增值税——应交税金（进项税额）　　　　 2 600

　　　贷：财政拨款收入　　　　　　　　　　　　　　22 600

预算会计分录：

借：事业支出　　　　　　　　　　　　　　　　　22 600

　　贷：财政拨款预算收入　　　　　　　　　　　　22 600

假定该打印机分 10 年按直线法计提折旧，无残值。2×10 年 8 月 20 日，该打印机改用于免税项目。

打印机每年计提折旧＝20 000÷10＝2 000（元）

2×10 年 8 月打印机净值＝20 000－2 000＝18 000（元）

打印机转出进项税额＝18 000×13%＝2 340（元）

财务会计分录：

借：固定资产　　　　　　　　　　　　　　　　　 2 340

　　贷：应交增值税——应交税金（进项税额转出）　 2 340

预算会计不进行账务处理。

4.3.2　其他应交税费

（一）其他应交税费的概念

其他应交税费是核算行政事业单位按照国家税法等有关规定计算应当缴纳的除增值税以外的各种税费，包括城市维护建设税、教育费附加、地方教育费附加、房产税、车船税、城镇土地使用税和企业所得税等。单位代扣代缴的个人所得税也通过"其他应交税费"科目核算。应缴纳的印花税不需要预提应交税费，直接通过"业务活动费用""单位管理费用""经营费用"等科目核算，不通过"其他应交税费"科目核算。

（二）其他应交税费的会计核算

其他应交税费具体的会计核算见表 4-7。

单位应当设置"其他应交税费"科目，对按照税法等规定应当缴纳的各种税费进行核算。本科目应当按照应缴纳的税费种类进行明细核算。

"其他应缴税费"科目借方反映当期应缴税费的减少；贷方反映当期应缴税费的增加；本科目期末贷方余额，反映应交未交的税费金额。本科目期末贷方余额，反映单位应交未交的除增值税以外的税费金额；期末如为借方余额，反映单位多缴纳的除增值税以外的税费金额。

发生城市维护建设税、教育费附加、地方教育费附加、车船税、房产税、城镇土地使用税等纳税义务的：按照税法规定计算的应缴税费金额，财务会计处理中，借记"业务活动费用""单位管理费用""经营费用"等科目，贷记"其他应交税费——应交城市维护建设税、应交教育附加、应交地方教育费附加、应交车船税、应交房产税、应交城镇土地使用税"等科目；预算会计中不做处理。

按照税法规定计算应代扣代缴职工（含长期聘用人员）的个人所得税：财务会计处理中，借记"应付职工薪酬"科目，贷记"其他应交税费——应交个人所得税"科目；预算会计中不做处理。

按照税法规定计算应代扣代缴支付给职工（含长期聘用人员）以外人员的劳务费的个人所得税：财务会计处理中，借记"业务活动费用""单位管理费用"等科目，贷记"其他应交税费——应交个人所得税"科目；预算会计中不做处理。

发生企业所得税纳税义务的——按照税法规定计算的应交所得税额，财务会计处理中，借记"所得税费用"科目，贷记"其他应交税费——单位应交所得税"科目；预算会计中不做处理。

单位实际缴纳上述各种税费时：财务会计处理中，借记"其他应交税费——应交城市维护建设税、应交教育费附加、应交地方教育费附加、应交车船税、应交房产税、应交城镇土地使用税、应交个人所得税、单位应交所得税"等科目，贷记"财政拨款收入""零余额账户用款额度""银行存款"等科目；预算会计处理时，借记"事业支出""行政支出""经营支出""非财政拨款结余"等科目，贷记"资金结存""财政拨款预算收入"等科目。

表 4 - 7　　　　　　　　其他应交税费的会计处理

会计事项		财务会计分录	预算会计分录
城市维护建设税、教育费附加、车船税、房产税、城镇土地使用税等	发生时，按照税法规定计算的应缴税费金额	借：业务活动费用/单位管理费用/经营费用等 　　贷：其他应交税费——应交城市维护建设税等	—
	实际缴纳时	借：其他应交税费——应交城市维护建设税等 　　贷：银行存款等	借：事业支出/经营支出等 　　贷：资金结存
代扣代缴职工个人所得税	计算应代扣代缴职工的个人所得税金额	借：应付职工薪酬 　　贷：其他应交税费——应交个人所得税	—
	计算代扣代缴职工以外其他人员个人所得税	借：业务活动费用/单位管理费用等 　　贷：其他应交税费——应交个人所得税	—
	实际缴纳时	借：其他应交税费——应交个人所得税 　　贷：财政拨款收入/零余额账户用款额度/银行存款等	借：行政支出/事业支出/经营支出等 　　贷：财政拨款预算收入/资金结存
发生企业所得税纳税义务	按照税法规定计算的应缴税费金额	借：所得税费用 　　贷：其他应交税费——单位应交所得税	—
	实际缴纳时	借：其他应交税费——单位应交所得税 　　贷：银行存款等	借：非财政拨款结余/事业支出等 　　贷：资金结存/财政拨款预算收入

【例 4 - 5】 某行政单位 20×9 年 1 月，出租办公室取得含税租金收入 105 000 元，该行政单位出租收入符合简易计税办法，适用的增值税征收率为 5%，城市维护建设税以及教育费附加的税率分别为 7%、3%。其会计分录如下。

应交增值税 = 105 000 ÷ (1 + 5%) × 5% = 5 000（元）

应交城市维护建设税 = 5 000 × 7% = 350（元）

应交教育费附加 = 5 000 × 3% = 150（元）

(1) 收取租金。

财务会计分录：

借：银行存款　　　　　　　　　　　　　　　　105 000

　　贷：应缴财政款——国有资产出租收入　　　　　100 000

　　　　　应交增值税——应交税金（销项税额）　　　　　　　5 000

预算会计不进行账务处理。

（2）计算应交税费。

财务会计分录：

借：业务活动费用　　　　　　　　　　　　　　　　　500

　　贷：其他应交税费——城市维护建设税　　　　　　　　350

　　　　　　　　　　——教育费附加　　　　　　　　　　150

预算会计不进行账务处理。

（3）支付税费。

财务会计分录：

借：应交增值税——应交税金（销项税额）　　　　　5 000

　　其他应交税费——城市维护建设税　　　　　　　　　350

　　　　　　　　——教育费附加　　　　　　　　　　　150

　　贷：银行存款　　　　　　　　　　　　　　　　5 500

预算会计分录：

借：行政支出　　　　　　　　　　　　　　　　　5 500

　　贷：资金结存　　　　　　　　　　　　　　　　5 500

（4）将出租净收入上缴财政。

财务会计分录：

借：应缴财政款——国有资产出租收入　　　　　100 000

　　贷：银行存款　　　　　　　　　　　　　　100 000

预算会计不进行账务处理。

4.4　应付职工薪酬

　　应付职工薪酬是指行政事业单位按照有关规定应付给职工（含长期聘用人员）及为职工支付的各种薪酬，包括基本工资、国家统一规定的津贴补贴、规范津贴补贴（绩效工资）、改革性补贴、社会保险费（如职工基本养老保险费、职业年金、基本医疗保险费等）、住房公积金等。

　　（一）科目设置

　　行政事业单位应当设置"应付职工薪酬"科目，对单位应付给职工及为职工支付的各种薪酬进行核算。本科目应当根据国家有关规定按照"基本工资

（含离退休费）""国家统一规定的津贴补贴""规范津贴补贴（绩效工资）"
"改革性补贴""社会保险费""住房公积金""其他个人收入"等进行明细核
算。其中，"社会保险费"和"住房公积金"明细科目核算内容包括单位从职
工工资中代扣代缴的社会保险费、住房公积金，以及单位为职工计算缴纳的社
会保险费、住房公积金。"应付职工薪酬"科目的会计处理见图 4－5。

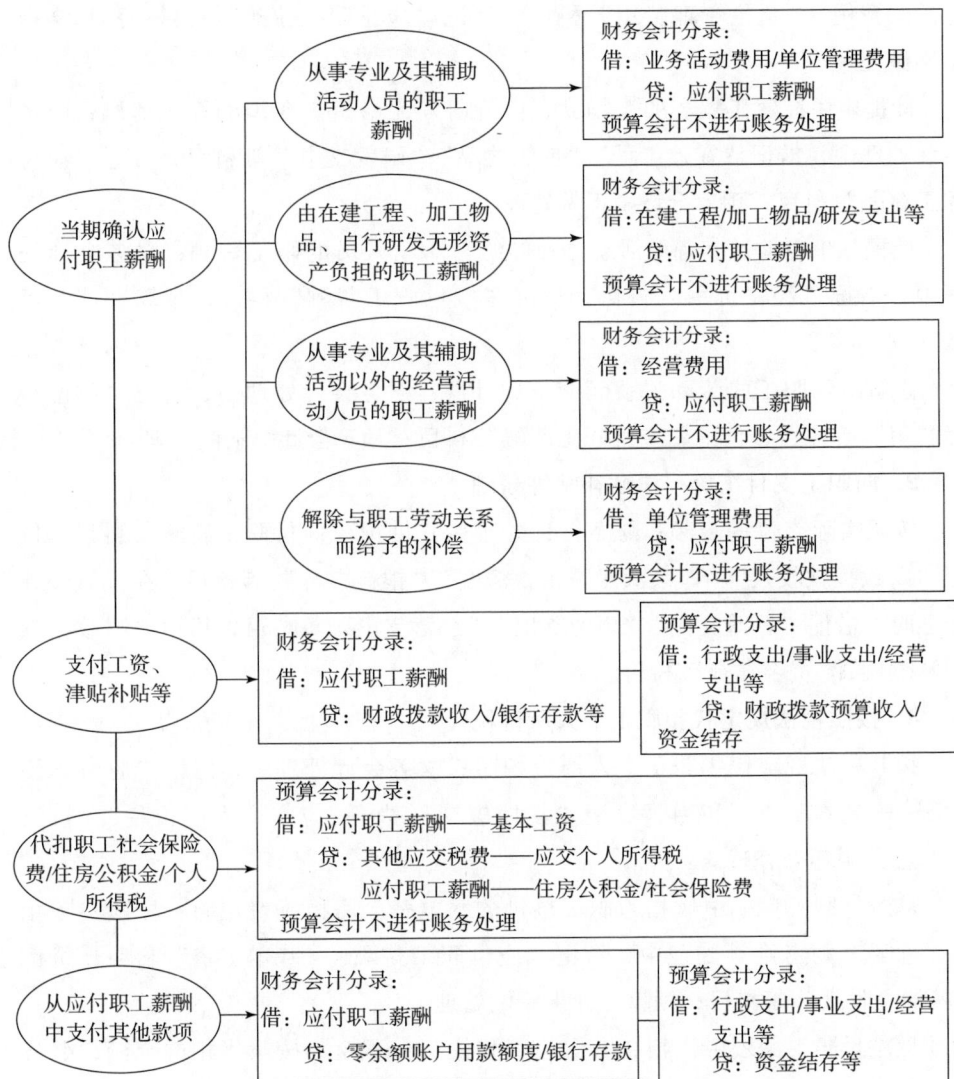

图 4－5　"应付职工薪酬"科目的会计处理

"应付职工薪酬"科目借方反映当期行政事业单位应付职工薪酬的减少；贷
方反映当期行政事业单位应付职工薪酬的增加；本科目期末贷方余额，反映行

政事业单位应付未付的职工薪酬。

（二）主要账务处理

1. 计算确认当期应付职工薪酬（含单位为职工计算缴纳的社会保险费、住房公积金）

计提从事专业及其辅助活动人员的职工薪酬：财务会计处理中，借记"业务活动费用""单位管理费用"科目，贷记"应付职工薪酬"科目；预算会计中不做处理。

计提应由在建工程、加工物品、自行研发无形资产负担的职工薪酬：财务会计处理中，借记"在建工程""加工物品""研发支出"等科目，贷记"应付职工薪酬"科目；预算会计中不做处理。

计提从事专业及其辅助活动之外的经营活动人员的职工薪酬：财务会计处理中，借记"经营费用"科目，贷记"应付职工薪酬"科目；预算会计中不做处理。

因解除与职工的劳动关系而给予的补偿：财务会计处理中，借记"单位管理费用"等科目，贷记"应付职工薪酬"科目；预算会计中不做处理。

2. 向职工支付工资、津贴补贴等薪酬

按照实际支付的金额：财务会计处理中，借记"应付职工薪酬"科目，贷记"财政拨款收入""零余额账户用款额度""银行存款"等科目；在预算会计处理时，借记"行政支出""事业支出""经营支出"等科目，贷记"财政拨款预算收入""资金结存"科目。

3. 按照税法规定代扣职工个人所得税

按照税法规定代扣职工个人所得税时：财务会计处理中，借记"应付职工薪酬——基本工资"科目，贷记"其他应交税费——应交个人所得税"科目；预算会计中不做处理。

从应付职工薪酬中代扣为职工垫付的水电费、房租等费用时：按照实际扣除的金额，财务会计处理中，借记"应付职工薪酬——基本工资"科目，贷记"其他应收款"等科目；预算会计中不做处理。

从应付职工薪酬中代扣社会保险费和住房公积金：按照代扣的金额，财务会计处理中，借记"应付职工薪酬——基本工资"科目，贷记"应付职工薪酬——社会保险费/住房公积金"科目；预算会计中不做处理。

4. 缴纳职工社会保险费和住房公积金

按照国家有关规定缴纳职工社会保险费和住房公积金时：按照实际支付的

金额，财务会计处理中，借记"应付职工薪酬——社会保险费/住房公积金"等科目，贷记"财政拨款收入""零余额账户用款额度""银行存款"等科目；预算会计处理时，借记"行政支出""事业支出""经营支出"等科目，贷记"财政拨款预算收入""资金结存"科目。

5．从应付职工薪酬中支付其他款项

财务会计处理中，借记"应付职工薪酬"科目，贷记"零余额账户用款额度""银行存款"等科目。预算会计处理时，借记"行政支出""事业支出""经营支出"等科目，贷记"资金结余"等科目。

【例 4 - 6】某行政单位本月职工薪酬总额为 900 000 元，代扣代缴住房公积金 50 000 元，代扣代缴社会保险费 12 000 元，代扣代缴个人所得税 36 000 元，代扣为职工垫付的房租、水电费共 75 000 元。其会计分录如下。

（1）计算本月应付职工薪酬。

财务会计分录：

借：业务活动费用　　　　　　　　　　　　　　　900 000

　　　贷：应付职工薪酬　　　　　　　　　　　　　900 000

预算会计不进行账务处理。

（2）计算本月代扣代缴税费和代扣垫付费用。

财务会计分录：

借：应付职工薪酬——基本工资　　　　　　　　173 000

　　　贷：应付职工薪酬——住房公积金　　　　　　50 000

　　　　　　　　　　　——社会保险费　　　　　　12 000

　　　其他应交税费——应交个人所得税　　　　　36 000

　　　其他应收款　　　　　　　　　　　　　　　75 000

预算会计不进行账务处理。

4.5　应付及暂收款项

应付及暂存款项是指行政事业单位在开展业务活动中发生的各项债务，包括应付账款、应付票据、其他应付款等。暂存款是行政事业单位的会计科目，相当于企业里的应付账款，或者其他应付款，用于记录单位应付的各个项目的金额。这一科目核算应付、暂收的各类款项，包括应付贷款、预收款、暂存款等。发生各种应付、暂存款时，借记"银行存款"等科目，贷记"应付账款"

科目；支付或结算时，借记"应付账款"科目，贷记"银行存款"等科目；用商业汇票支付或结算，借记"应付账款"科目，贷记"应付票据"科目。

4.5.1　应付账款

（一）应付账款的概念

应付账款是指行政事业单位因购买物资或服务、工程建设等而应付的偿还期限在 1 年以内（含 1 年）的款项。应付账款应当在收到所购物资或服务、完成工程时确认。

（二）应付账款的会计核算

单位应当设置"应付账款"科目，对单位因购买物资或服务、工程建设等而应付的偿还期限在 1 年以内（含 1 年）的款项进行核算。对于建设项目，还应设置"应付器材款""应付工程款"等明细科目。本科目应当按照债权单位（或个人）进行明细核算。具体会计处理见图 4－6。

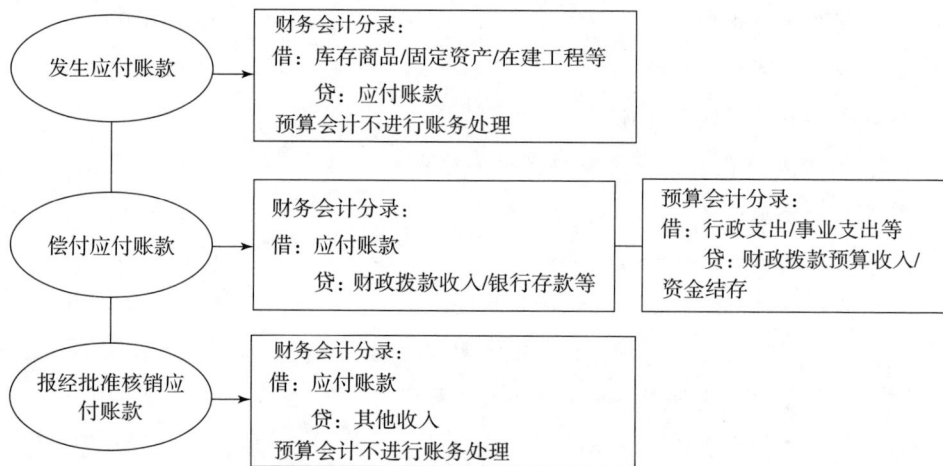

图 4－6　应付账款的会计处理

"应付账款"科目借方反映当期行政事业单位应付账款的减少；贷方反映当期行政事业单位应付账款的增加；本科目期末贷方余额，反映行政事业单位尚未支付的应付账款。

收到所购材料、物资、设备或服务以及确认完成工程进度但尚未付款时：根据发票及账单等有关凭证，按照应付未付款项的金额，财务会计处理中，借记"库存物品""固定资产""在建工程"等科目，贷记"应付账款"科目，涉及增值税业务的，相关账务处理参见"应交增值税"科目；预算会计中不做处理。

　　偿付应付账款时：按照实际支付的金额，财务会计处理中，借记"应付账款"科目，贷记"财政拨款收入""零余额账户用款额度""银行存款"等科目；预算会计处理时，借记"行政支出""事业支出"等科目，贷记"财政拨款预算收入""资金结存"科目。开出、承兑商业汇票抵付应付账款时：借记"应付账款"科目，贷记"应付票据"科目；预算会计中不做处理。

　　无法偿还或债权人豁免偿还的应付账款，应当按照规定报经批准后进行账务处理。经批准核销时：财务会计处理中，借记"应付账款"科目，贷记"其他收入"科目；预算会计中不做处理。

　　核销的应付账款应在备查簿中保留登记。

　　【例 4 - 7】3 月 10 日，某行政单位购入一批图书，价值 200 000 元，已验收入库，但尚未付款。3 月 15 日，该行政单位使用财政授权支付方式支付上述款项。其会计分录如下。

　　（1）购入图书。

　　财务会计分录：

　　借：固定资产——图书　　　　　　　　　　　　　　200 000

　　　　贷：应付账款　　　　　　　　　　　　　　　　　　200 000

　　预算会计不进行账务处理。

　　（2）支付款项。

　　财务会计分录：

　　借：应付账款　　　　　　　　　　　　　　　　　　200 000

　　　　贷：零余额账户用款额度　　　　　　　　　　　　　200 000

　　预算会计分录：

　　借：行政支出　　　　　　　　　　　　　　　　　　200 000

　　　　贷：资金结存——货币资金　　　　　　　　　　　　200 000

4.5.2　应付票据

　　（一）应付票据的概念

　　应付票据，是指事业单位因购买材料、物资时所开出、承兑的商业汇票，包括银行承兑汇票和商业承兑汇票。按国家有关规定，单位之间只有在商品交易的情况下，才能使用商业汇票结算方式。在会计核算中，购买商品在采用商业汇票结算方式下，如果开出的是商业承兑汇票，必须由付款方（购买单位）

承兑；如果是银行承兑汇票，必须经银行承兑。付款单位应在商业汇票到期前，及时将款项足额交存其开户银行，可使银行在到期日凭票将款项划转给收款人、被背书人或贴现银行。

（二）应付票据的会计核算

事业单位应设置"应付票据"科目，以便核算事业单位发生债务时所开出、承兑的各种商业汇票。具体会计处理见图4－7。本科目应当按照债权人进行明细核算。"应付票据"科目借方反映当期事业单位应付票据的减少；贷方反映当期应付票据的增加；本科目期末贷方余额，反映事业单位开出、承兑的尚未到期的应付票据金额。

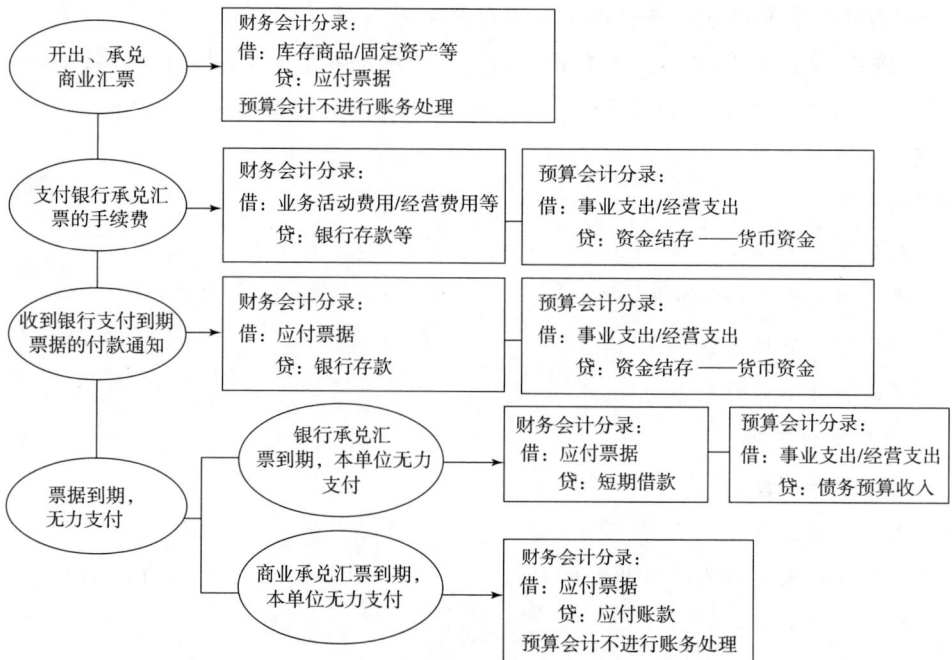

图4－7　应付票据的会计处理

开出、承兑商业汇票时：财务会计处理中，借记"库存物品""固定资产"等科目，贷记"应付票据"科目，涉及增值税业务的，相关账务处理参见"应交增值税"科目；预算会计中不做处理。以商业汇票抵付应付账款时：财务会计处理中，借记"应付账款"科目，贷记"应付票据"科目；预算会计中不做处理。

支付银行承兑汇票的手续费时：财务会计处理中，借记"业务活动费用""经营费用"等科目，贷记"银行存款""零余额账户用款额度"等科目；预算会计处理时，借记"事业支出""经营支出"等科目，贷记"资金结存——货币资金"科目。

商业汇票到期时，应当分别以下情况处理。

①收到银行支付到期票据的付款通知时：财务会计处理中，借记"应付票据"科目，贷记"银行存款"科目；预算会计处理时借记"事业支出""经营支出"等科目，贷记"资金结存——货币资金"科目。

②银行承兑汇票到期，单位无力支付票款的：按照应付票据账面余额，财务会计处理中，借记"应付票据"科目，贷记"短期借款"科目；预算会计处理时借记"事业支出""经营支出"等科目，贷记"债务预算收入"科目。商业承兑汇票到期，单位无力支付票款的：按照应付票据账面余额，财务会计处理中，借记"应付票据"科目，贷记"应付账款"科目；预算会计中不做处理。

为了加强事业单位应付票据的明细核算，各单位应设置应付票据备查簿，详细登记每一应付票据的种类、号数、出票日期、到期日、票面金额、合同交易号、收款人姓名或单位名称、付款日期和金额等详细资料。应付票据到期付清时，应在备查簿内逐笔注销。

【例4-8】某事业单位发生以下应付票据业务。

（1）为开展事业活动采用银行承兑汇票结算方式购入一批材料，根据发票账单，购入材料的价款为22 600元，其中包括增值税2 600元，材料已验收入库。单位开出2个月到期的银行承兑汇票，并支付银行承兑汇票手续费120元。其会计分录如下。

①开出银行承兑汇票。

财务会计分录：

借：库存物品　　　　　　　　　　　　　　　　20 000

　　应交增值税——应交税金（进项税额）　　　 2 600

　　贷：应付票据——银行承兑汇票　　　　　　　　　 22 600

预算会计不进行账务处理。

②支付银行承兑汇票手续费。

财务会计分录：

借：业务活动费用　　　　　　　　　　　　　　　120

　　贷：银行存款　　　　　　　　　　　　　　　　　 120

预算会计分录：

借：经营支出   120

    贷：资金结存——货币资金   120

③票据到期还款。

财务会计分录：

借：应付票据   22 600

    贷：银行存款   22 600

预算会计分录：

借：经营支出   22 600

    贷：资金结存——货币资金   22 600

④若票据到期不能如期支付票款。

财务会计分录：

借：应付票据   22 600

    贷：短期借款   22 600

预算会计分录：

借：事业支出   22 600

    贷：债务预算收入   22 600

（2）为开展经营活动，用商业承兑汇票结算方式购入材料一批，材料成本为40 000元，应交增值税为5 200元。单位开出期限为6个月带息商业承兑汇票1张，年利率为6%，材料已验收入库。其会计分录如下。

①购入材料。

财务会计分录：

借：库存物品   40 000

    应交增值税——应交税金（进项税额）   5 200

    贷：应付票据   45 200

预算会计不进行账务处理。

②票据到期偿还。

财务会计分录：

借：应付利息   1 356

    应付票据   45 200

    贷：银行存款   46 556

预算会计分录：

借：经营支出   46 556

　　　　贷：资金结存——货币资金　　　　　　　　　　　46 556

③若到期不能如期支付票款。

财务会计分录：

借：应付票据　　　　　　　　　　　　　　　　45 200

　　应付利息　　　　　　　　　　　　　　　　 1 356

　　　贷：应付账款　　　　　　　　　　　　　 46 556

预算会计不进行账务处理。

4.5.3　其他应付款

（一）其他应付款的概念

单位除应缴财政款、应交增值税、其他应交税费、应付职工薪酬、应付票据、应付政府补贴款、应付账款、应付利息、预收账款以外的其他各项偿还期在 1 年以内（含 1 年）的应付及暂存款项，如收取的押金、存入保证金、已经报销但尚未偿还银行的本单位公务卡欠款等。

同级政府财政部门预拨的下期预算款和没有纳入预算的暂付款项，以及采用实拨资金方式通过本单位转拨给下属单位的财政拨款，也通过"其他应付款"科目核算。

（二）其他应付款的会计核算

单位应当设置"其他应付款"科目，对其他应付款进行核算，本科目应当按照其他应付款的类别以及债权单位（或个人）进行明细核算。

"其他应付款"科目借方反映当期行政事业单位其他应付款的减少；贷方反映当期行政事业单位其他应付款的增加；本科目期末贷方余额，反映行政事业单位尚未支付的其他应付款。

发生其他应付及暂收款项时：按照发生其他应付及暂收款项的实际金额，财务会计处理中，借记"银行存款"等科目，贷记"其他应付款"科目；预算会计中不做处理。支付（或退回）其他应付及暂收款项时：借记"其他应付款"科目，贷记"银行存款"等科目；预算会计中不做处理。将暂收款项转为收入时：财务会计处理中，借记"其他应付款"科目，贷记"事业收入"等科目；在预算会计中发生暂收款项，确认为收入时，借记"资金结存"科目，贷记"事业预算收入"等科目。具体会计处理如表 4 - 8 所示。

表 4 - 8 　　　　　　　　其他应付款的会计处理

会计事项		财务会计处理	预算会计处理
发生暂收款项	取得暂收款项时	借：银行存款等 　贷：其他应付款	—
	确认收入时	借：其他应付款 　贷：事业收入等	借：资金结存 　贷：事 业 预 算 收入等
	退回（转拨）暂收款时	借：其他应付款 　贷：银行存款等	—
收到同级财政部门预拨的下期预算款和没有纳入预算的暂付款项	按照实际收到的金额	借：银行存款等 　贷：其他应付款	—
	待到下一预算期或批准纳入预算时	借：其他应付款 　贷：财政拨款收入	借：资金结存 　贷：财 政 拨 款 预算收入
发生其他应付义务	确认其他应付款项时	借：业务活动费用/单位管理费用等 　贷：其他应付款	—
	支付其他应付款项	借：其他应付款 　贷：银行存款等	借：行政支出/事业支出等 　贷：资金结存
无法偿付或债权人豁免偿还的其他应付款项		借：其他应付款 　贷：其他收入	—

收到同级政府财政部门预拨的下期预算款和没有纳入预算的暂付款项：按照实际收到的金额，财务会计处理中，借记"银行存款"等科目，贷记"其他应付款"科目；预算会计中不做处理。收到同级政府财政部门预拨的下期预算款不在当期进行预算会计处理，待到下一预算期或批准纳入预算时：财务会计处理中，借记"其他应付款"科目，贷记"财政拨款收入"科目；同时按照预算会计处理，借记"资金结存"科目，贷记"财政拨款预算收入"科目。

采用实拨资金方式通过本单位转拨给下属单位的财政拨款：按照实际收到的金额，财务会计处理中，借记"银行存款"科目，贷记"其他应付款"科目；预算会计不做账务处理。向下属单位转拨财政拨款时：按照转拨的金额，借记"其他应付款"科目，贷记"银行存款"科目；预算会计中不做处理。

本单位公务员卡持卡人报销时：按照审核报销的金额，财务会计处理中，借记"业务活动费用""单位管理费用"等科目，贷记"其他应付款"科目；

预算会计中不做处理。偿还公务卡欠款时，财务会计处理中，借记"其他应付款"科目，贷记"零余额账户用款额度"等科目；预算会计处理时，按照支付其他应付款项，借记"行政支出""事业支出"等科目，贷记"资金结存"科目。

涉及质保金形成其他应付款的：相关账务处理参见"固定资产"科目。

无法偿还或债权人豁免偿还的其他应付款项，应当按照规定报经审批后进行账务处理。经批准核销时：财务会计处理中，借记"其他应付款"科目，贷记"其他收入"科目；预算会计中不做处理。

核销的其他应付款应在备查簿中保留登记。

【例 4-9】某行政单位将办公楼出租，收取 A 公司押金 10 000 元。该行政单位与 A 公司的租赁合约到期，A 公司不再租用办公楼，该行政单位返还押金。其会计分录如下。

（1）收取押金。

财务会计分录：

借：银行存款　　　　　　　　　　　　　　　　　　10 000

　　贷：其他应付款——押金（A 公司）　　　　　　　　　10 000

预算会计不进行账务处理。

（2）返还押金。

财务会计分录：

借：其他应付款——押金（A 公司）　　　　　　　　10 000

　　贷：银行存款　　　　　　　　　　　　　　　　　　10 000

预算会计不进行账务处理。

4.5.4　应付利息

（一）应付利息的概念

应付利息是指事业单位按照合同约定应支付的借款利息，包括短期借款、分期付息到期还本的长期借款等应支付的利息。

（二）应付利息的会计核算

事业单位应按照债权人等对应付利息进行明细核算，相关会计处理如图 4-8 所示。"应付利息"科目期末为贷方余额，反映事业单位应付未付的利息金额。

为建造固定资产、公共基础设施等借入的专门借款的利息：财务会计处理

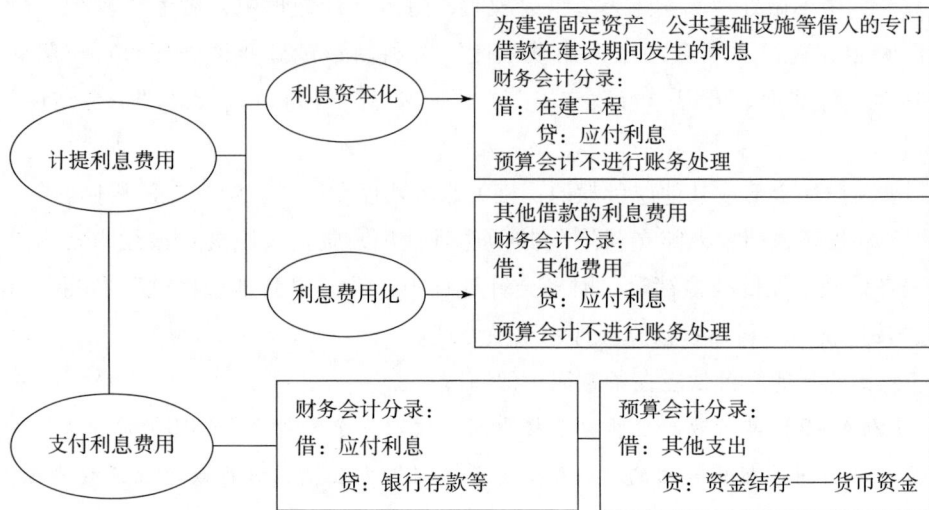

图 4 - 8 应付利息的会计处理

中，属于建设期间发生的，按期计提利息费用时，按照计算确定的金额，借记"在建工程"科目，贷记"应付利息"科目，不属于建设期间发生的，按期计提利息费用时，按照计算确定的金额，借记"其他费用"科目，贷记"应付利息"科目；预算会计中不做处理。

对于其他借款，按期计提利息费用时：按照计算确定的金额，财务会计处理中，借记"其他费用"科目，贷记"应付利息"科目；预算会计中不做处理。

实际支付应付利息时：按照支付的金额，财务会计处理中，借记"应付利息"科目，贷记"银行存款"等科目；预算会计处理时借记"其他支出"科目，贷记"资金结存——货币资金"科目。

【例 4 - 10】事业单位将借入 5 年期到期还本每年付息的长期借款 5 000 000元，合同约定年利率为 3.5%。其会计分录如下。

（1）计算确定利息费用。

单位每年支付的利息＝5 000 000×3.5%＝175 000（元）

财务会计分录：

借：其他费用　　　　　　　　　　　　　　　　　　　　175 000

　　贷：应付利息　　　　　　　　　　　　　　　　　　　　175 000

预算会计不进行账务处理。

（2）实际支付利息。

财务会计分录：

借：应付利息　　　　　　　　　　　　　　　175 000
　　　贷：银行存款　　　　　　　　　　　　　　　175 000

预算会计分录：

借：其他支出　　　　　　　　　　　　　　　175 000
　　　贷：资金结存——货币资金　　　　　　　　　175 000

4.5.5　应付政府补贴款

（一）应付政府补贴款的概念

应付政府补贴款是指负责发放政府补贴的行政单位，按照有关规定应付给政府补贴接受者的各种政府补贴款。应付政府补贴款应当在规定发放政府补贴的时间确认。

（二）应付政府补贴款的会计核算

行政单位应当设置"应付政府补贴款"科目，对按照有关规定应付给政府补贴接受者的各种政府补贴款进行核算。本科目应当按照应支付的政府补贴种类进行明细核算，还应该根据需要按照补贴接受者进行明细核算，或者按照补贴接受者建立备查簿，进行相应明细核算。具体会计处理见图 4 - 9。

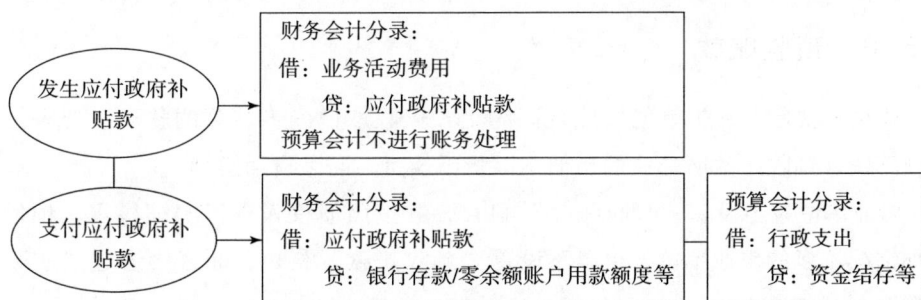

图 4 - 9　应付政府补贴款的会计处理

"应付政府补贴款"科目借方反映当期行政单位应付政府补贴款的减少，贷方反映当期行政单位应付政府补贴款的增加；本科目期末贷方余额，反映行政单位应付未付的政府补贴金额。

发生应付政府补贴时：按照依规定计算确定的应付政府补贴金额，财务会计处理中，借记"业务活动费用"科目，贷记"应付政府补贴款"科目；预算会计中不做处理。

支付应付政府补贴款时：按照支付的金额，财务会计处理中，借记"应付政府补贴款"科目，贷记"零余额账户用款额度""银行存款"等科目；预算会计处理时借记"行政支出"科目，贷记"资金结存"等科目。

【例4－11】某行政单位负责给当地的低保居民发放政府给予的生活补助，共计650 000元，该行政单位用财政授权支付方式支付上述政府补贴款。其会计分录如下。

（1）计算应付政府补贴款。

财务会计分录：

借：业务活动费用　　　　　　　　　　　　　　　　650 000

　　贷：应付政府补贴款　　　　　　　　　　　　　　　　650 000

预算会计不进行账务处理。

（2）支付应付政府补贴款。

财务会计分录：

借：应付政府补贴款　　　　　　　　　　　　　　　650 000

　　贷：零余额账户用款额度　　　　　　　　　　　　　　650 000

预算会计分录：

借：行政支出　　　　　　　　　　　　　　　　　　650 000

　　贷：资金结存——零余额账户用款额度　　　　　　　　650 000

4.5.6　预收账款

预收账款是指事业单位按照合同约定预先收取但尚未结算的款项。与应付账款不同，预收账款所形成的负债不以货币偿付，而以货物偿付。

事业单位应当设置"预收账款"科目，并按照债权人进行明细核算，预付款项情况不多的事业单位，可以不设置"预收账款"科目，而直接通过"应收账款"科目核算。

"预收账款"科目借方反映当期事业单位预收账款的减少，贷方反映当期事业单位预收账款的增加；本科目期末贷方余额，反映事业单位期末预先收取尚未结算的款项余额。具体会计处理见图4－10。

从付款方预收款项时，按照实际预收的金额：财务会计处理中，借记"银行存款"等科目，贷记"预收账款"科目；预算会计处理时借记"资金结存——货币结存"科目，贷记"事业预算收入""经营预算收入"等科目。

确认有关收入时：按照预收账款账面余额，财务会计处理中，借记"预收

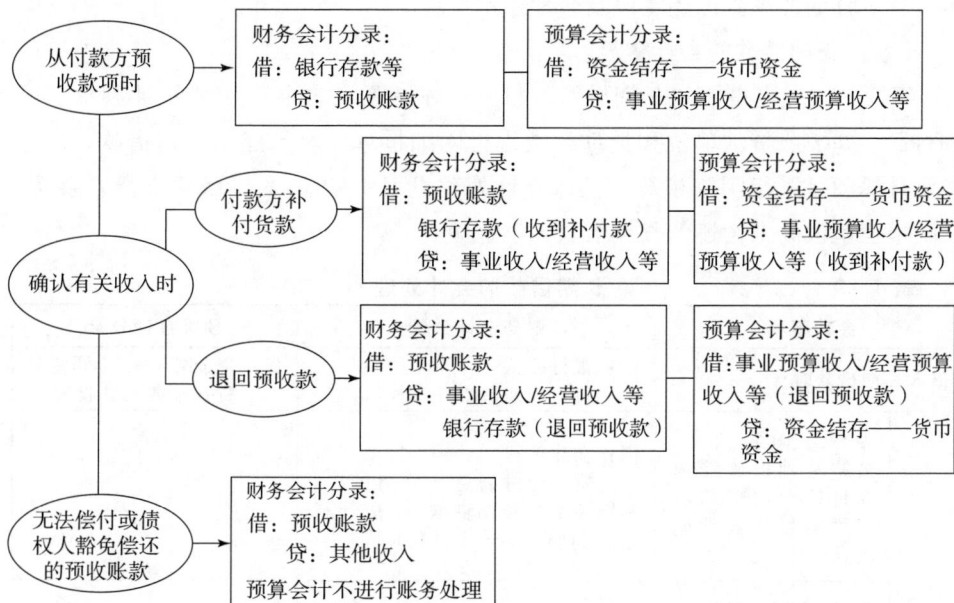

图 4-10 预收账款的会计处理

账款"科目,按照应确认的收入金额,贷记"事业收入""经营收入"等科目,按照付款方补付或退回付款方的金额,借记或贷记"银行存款"等科目,涉及增值税业务的,相关账务处理参见"应交增值税"科目;预算会计处理时,收到补付款借记"资金结存——货币资金"科目,贷记"事业预算收入""经营预算收入"等科目,退回预收款时做相反会计分录。

无法偿付或债权人豁免偿还的预收账款,应当按照规定报经批准后进行账务处理。经批准核销时:财务会计处理中,借记"预收账款"科目,贷记"其他收入"科目;预算会计中不做处理。

核销的预收账款应在备查簿中保留登记。

4.6 长期应付款项

4.6.1 长期借款

(一)长期借款的概念

长期借款是事业单位经批准向银行或其他金融机构等借入的期限超过 1 年(不含 1 年)的各种借款本息。长期借款的偿付方式一般包括以下三种:到期还本付息、分期付息到期还本以及分期还本付息。

（二）长期借款的会计核算

事业单位应当设置"长期借款"科目，并设置"本金"和"应计利息"明细科目，并按照贷款单位和贷款种类进行明细核算。对于建设项目借款，还应按照具体项目进行明细核算。具体会计处理见表4－9。本科目期末贷方余额，反映事业单位尚未偿还的长期借款本息金额。

表4－9　　　　　　　　长期借款的会计处理

会计事项		财务会计分录	预算会计分录
借入长期借款时		借：银行存款 　　贷：长期借款——本金	借：资金结存——货币资金 　　贷：债务预算收入
计提利息	为构建固定资产、公共基础设施等应支付的专门借款的工程项目建设期间利息	借：在建工程 　　贷：应付利息（分期付息、到期还本)/长期借款——应计利息（到期一次还本付息）	—
	为构建固定资产、公共基础设施等应支付的专门借款的工程项目完工交付使用后发生的利息	借：其他费用 　　贷：应付利息（分期付息、到期还本)/长期借款——应计利息（到期一次还本付息）	—
	其他长期借款利息	借：其他费用 　　贷：应付利息（分期付息、到期还本)/长期借款——应计利息（到期一次还本付息）	—
实际支付分期计息借款利息时		借：应付利息 　　贷：银行存款等	借：其他支出 　　贷：资金结存
归还长期借款分期计息本金和到期一次还本付息的本金和利息		借：长期借款——本金 　　　　　　——应计利息（到期一次还本付息） 　　贷：银行存款	借：债务还本支出（支付的本金） 　　其他支出（支付的利息） 　　贷：资金结存

1. 借入各项长期借款

借入各项长期借款时，按照实际借入的金额：财务会计处理中，借记"银行存款"科目，贷记"长期借款——本金"科目；预算会计处理时借记"资金结存——货币资金"科目，贷记"债务预算收入"科目。

2. 长期借款利息计提

（1）资本化利息

为建造固定资产、公共基础设施等应支付的专门借款利息，按期计提利息时，属于工程项目建设期间发生的利息：计入工程成本，按照计算确定的应支付的利息金额，财务会计处理中，借记"在建工程"科目，贷记"应付利息"科目；预算会计中不做处理。

（2）费用化利息

为建造固定资产、公共基础设施等应支付的专门借款利息，按期计提利息时，属于工程项目完工交付使用后发生的利息：计入当期费用，按照计算确定的应支付的利息金额，财务会计处理中，借记"其他费用"科目，贷记"应付利息"科目；预算会计中不做处理。

（3）其他长期借款利息

按期计提其他长期借款的利息时：按照计算确定的应支付的利息金额，财务会计处理中，借记"其他费用"科目，贷记"应付利息"科目（分期付息、到期还本借款的利息）或"长期借款——应计利息"科目（到期一次还本付息借款的利息）；预算会计中不做处理。

3. 利息支付

实际支付分期计息借款利息时：财务会计处理中，借记"应付利息"科目，贷记"银行存款"等科目；预算会计处理时，借记"其他支出"科目，贷记"资金结存"科目。

4. 本息偿付

到期归还长期借款本金、利息时：财务会计处理中，借记"长期借款——本金""长期借款——应计利息"科目，贷记"银行存款"科目；预算会计处理时按支付的本金借记"债务还本支出"科目，按支付的利息借记"其他支出"科目，贷记"资金结存"科目。

【例 4-12】某事业单位于 2×12 年 1 月 1 日从银行借入资金 300 000 元，借款期限为 5 年，年利率为 8%，按年支付利息，到期一次还本。

（1）2×12 年 1 月 1 日，取得借款。

财务会计分录：

借：银行存款　　　　　　　　　　　　　　　300 000
　　贷：长期借款——本金　　　　　　　　　　　　300 000

预算会计分录：

借：资金结存——货币资金　　　　　　　　　　300 000
　　贷：债务预算收入　　　　　　　　　　　　　　300 000

（2）2×12 年 12 月 31 日，支付利息。

财务会计分录：

借：其他费用 24 000

　　贷：银行存款 24 000

预算会计分录：

借：其他支出 24 000

　　贷：资金结存——货币资金 24 000

（3）2×16 年 12 月 31 日，长期借款到期，归还本金及支付本期利息。

财务会计分录：

借：长期借款——本金 300 000

　　其他费用 24 000

　　贷：银行存款 324 000

预算会计分录：

借：债务资本支出 300 000

　　其他支出 24 000

　　贷：资金结存——货币资金 324 000

4.6.2　长期应付款

（一）长期应付款的概念

长期应付款是指行政事业单位发生的除长期借款之外的长期应付款项，如以融资租赁方式取得固定资产应付的租赁费、以分期付款方式购入固定资产发生的应付款项等。长期应付款是指偿还期限超过 1 年（不含 1 年）的应付款项。

（二）长期应付款的会计核算

单位应当设置"长期应付款"科目，对长期应付款进行核算，具体会计处理见图 4－11。本科目应当按照长期应付款的类别以及债权单位（或个人）进行明细核算。

"长期应付款"科目借方反映当期单位长期应付款的减少，贷方反映当期单位长期应付款的增加；本科目期末贷方余额，反映单位尚未支付的长期应付款。

发生长期应付款时：财务会计处理中，借记"固定资产""在建工程"等科目，贷记"长期应付款"科目；预算会计中不做处理。

支付长期应付款时：按照实际支付的金额，财务会计处理中，借记"长期应付款"科目，贷记"财政拨款收入""零余额账户用款额度""银行存款"等科目；预算会计处理时，借记"行政支出""事业支出""经营支出"等科目，

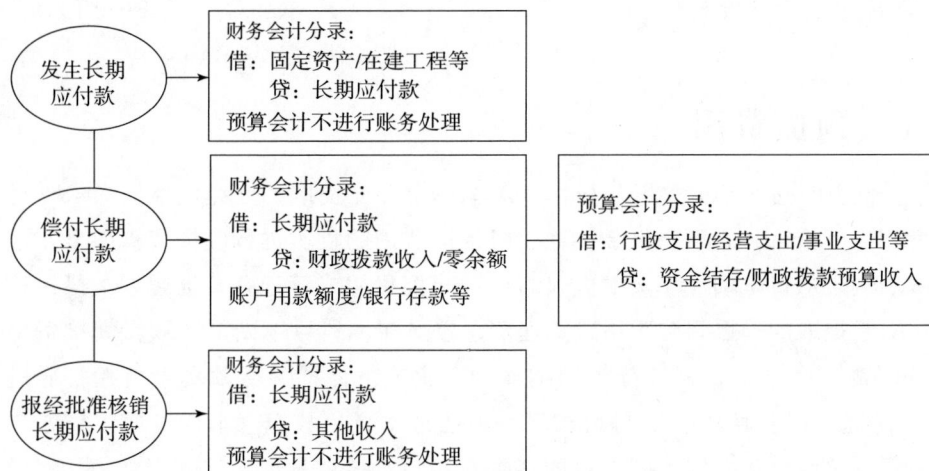

图 4 - 11 长期应付款的会计处理

贷记"财政拨款预算收入""资金结存"等科目。涉及增值税业务的,相关账务处理参考"应交增值税"科目。

无法偿付或债权人豁免偿付的长期应付款,应当按照规定报经批准后进行账务处理。经批准核销时:财务会计处理中,借记"长期应付款"科目,贷记"其他收入"科目;预算会计中不做处理。核销的长期应付款应当在备查簿中保留登记。涉及质保金形成长期应付款的,相关账务处理参见"固定资产"科目。

【例 4 - 13】某行政单位以分期付款方式购入一台仪器,总价款为 240 000元,分三年支付,于每年年末用财政授权支付方式进行支付。不考虑相关税费。其会计分录如下。

(1)购入仪器。

财务会计分录:

借:固定资产   240 000

  贷:长期应付款   240 000

预算会计不进行账务处理。

(2)每年年末支付款项。

财务会计分录:

借:长期应付款   80 000

  贷:零余额账户用款额度   80 000

预算会计分录:

借:行政支出   80 000

　　　贷：财政拨款预算收入　　　　　　　　　　　　　　　　80 000

4.7　预提费用

　　单位应设立"预提费用"科目，对本单位预先提取的已经发生但尚未支付的费用进行核算，如预提租金，并按照预提费用的种类进行明细核算。事业单位按照规定从科研项目收入中提取的项目间接费用或管理费，也通过本科目核算。对于提取的项目间接费用或管理费，应当在本科目下设置"项目间接费用或管理费"明细科目，进行明细核算。事业单位计提的借款利息费用，通过"应付利息""长期借款"科目核算，不通过本科目核算。本科目期末贷方余额，反映单位已预提但尚未支付的各项费用。本科目具体会计处理如表 4 - 10所示。

表 4 - 10　　　　　　　　　"预提费用"科目会计处理

费用类型	业务阶段	财务会计分录	预算会计分录
项目间接费用或管理费	按规定计提时	借：单位管理费用 　　贷：预提费用——项目间接费用或管理费	借：非财政拨款结转——项目间接费用或管理费 　　贷：非财政拨款结余——项目间接费用或管理费
	实际使用时	借：预提费用——项目间接费用或管理费 　　贷：银行存款等	借：事业支出等 　　贷：资金结存
租金	按期预提时	借：业务活动费用/单位管理费用/经营费用等 　　贷：预提费用	—
	实际支付时	借：预提费用 　　贷：银行存款等	借：行政支出/事业支出/经营支出等 　　贷：资金结存

1. 项目间接费用或管理费

　　按规定从科研项目收入中提取项目间接费用或管理费用时：按照计提的金额，财务会计处理中，借记"单位管理费用"科目，贷记"预提费用——项目间接费用或管理费"科目；预算会计处理时，借记"非财政拨款结转——项目间接费用或管理费"科目，贷记"非财政拨款结余——项目间接费用或管理费"科目。实际使用计提的项目间接费用或管理费时：按照实际支付的金额，财务会计处理中，借记"预提费用——项目间接费用或管理费"科目，贷记"银行存款""库存现金"等科目；预算会计处理时，借记"事业支出"等科目，贷记"资金结存"等科目。

2．其他预提费用

按期预提租金等费用时：按照预提的金额，财务会计处理中，借记"业务活动费用""单位管理费用""经营费用"等科目，贷记"预提费用"科目；预算会计中不做处理。实际支付款项时：按照支付金额，财务会计处理中，借记"预提费用"科目，贷记"零余额账户用款额度""银行存款"等科目；预算会计处理时借记"行政支出""事业支出""经营支出"等科目，贷记"资金结存"科目。

4.8　预计负债

4.8.1　或有事项

或有事项，是指过去的交易或者事项形成的，其结果须由某些未来事项的发生或不发生才能决定的不确定事项。其具有以下特征。

①由过去交易或事项形成，是指或有事项的现存状况是过去交易或事项引起的客观存在。比如，未决诉讼虽然是正在进行中的诉讼，但该诉讼是单位因过去的经济行为导致起诉其他单位或被其他单位起诉。这是现存的一种状况而不是未来将要发生的事项。未来可能发生的自然灾害、交通事故、经营亏损等，不属于或有事项。

②结果具有不确定性，是指或有事项的结果是否发生具有不确定性，或者或有事项的结果预计将会发生，但发生的具体时间或金额具有不确定性。比如，债务担保事项的担保方到期是否承担和履行连带责任，需要根据债务到期时被担保方能否按时还款加以确定。这一事项的结果在担保协议达成时具有不确定性。

③由未来事项决定，是指或有事项的结果只能由未来不确定事项的发生或不发生才能决定。比如，债务担保事项只有在被担保方到期无力还款时单位（担保方）才履行连带责任。

常见的或有事项主要包括未决诉讼或仲裁、债务担保、产品质量保证（含产品安全保证）、承诺、亏损合同、重组义务、环境污染整治等。

4.8.2　预计负债

预计负债指行政事业单位对因或有事项所产生的现时义务而确认的负债，

如对未决诉讼等确认的负债。

单位应当设立"预计负债"科目，对预计负债进行核算。本科目应当按照预计负债的项目进行明细核算。借方反映当期单位预计负债的减少，贷方反映当期单位预计负债的增加。本科目期末贷方余额，反映单位已经确认但尚未支付的预计负债金额。具体会计处理如图 4 - 12 所示。

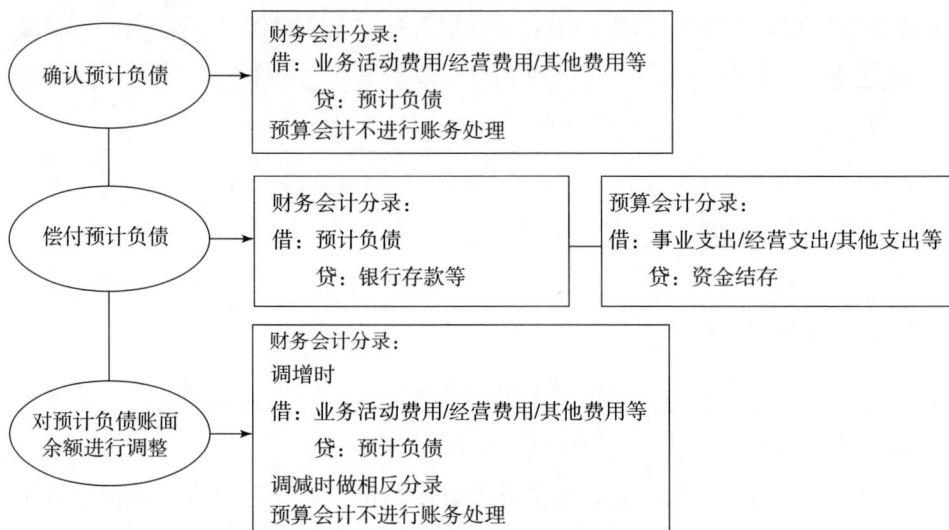

图 4 - 12　长期应付款的会计处理

确认预计负债时：按照预计的金额，财务会计处理中，借记"业务活动费用""经营费用""其他费用"等科目，贷记"预计负债"科目；预算会计中不做处理。

实际偿付预计负债时：按照偿付的金额，财务会计处理中，借记"预计负债"科目，贷记"银行存款""零余额账户用款额度"等科目；预算会计处理时，借记"事业支出""经营支出""其他支出"等科目，贷记"资金结存"等科目。

根据确凿证据需要对已确认的预计负债账面余额进行调整的：财务会计处理中，按照调整增加的金额，借记有关科目，贷记"预计负债"科目，按照调整减少的金额，借记"预计负债"科目，贷记有关科目；预算会计中不做处理。

4.9　受托代理负债

受托代理负债是指行政事业单位接受委托，取得受托管理资产时形成的负债。受托代理负债应当在行政事业单位收到受托代理资产并产生受托代理义务时确认。

单位应当设置"受托代理负债"科目，对受托代理负债进行核算。本科目应当按照委托人等进行明细核算；属于指定转赠物资和资金的，还应当按照指定受赠人进行明细核算。

"受托代理负债"科目借方反映当期单位受托代理负债的减少；贷方反映当期单位受托代理负债的增加；本科目期末贷方余额，反映单位尚未清偿的受托代理负债。

受托代理负债的会计核算参见"受托代理资产""库存现金""银行存款"等科目。

第 5 章
净资产的会计核算

5.1　净资产概述

5.1.1　净资产的概念

净资产是指单位所有，并可以自由支配的资产。行政事业单位净资产是指行政事业单位资产扣除负债后的余额，反映国家和行政事业单位的资产所有权。净资产金额取决于资产和负债的计量。

5.1.2　净资产的分类

与企业的所有者权益相比，由于政府会计主体持有的金融工具相对较为单一，因此行政事业单位持有的金融负债与权益工具的区分较为简单。行政事业单位的净资产包括累计盈余、专用基金、权益法调整、本期盈余、本年盈余分配、无偿调拨净资产、以前年度盈余调整等。各类净资产的详细介绍见表 5 - 1。

表 5 - 1　　　　　　　　　　　净资产分类

净资产类型	内容	其他
累计盈余	单位历年实现的盈余扣除盈余分配后滚存的金额、因无偿调入调出资产产生的净资产变动额、因以前年度盈余调整产生的净资产变动额，以及按照规定上缴、缴回、单位间调剂结转结余资金产生的净资产变动额	—
专用基金	事业单位按照规定提取或设置的具有专门用途的净资产	—
权益法调整	事业单位持有的长期股权投资采用权益法核算时，按照被投资单位除净损益和利润分配以外的所有者权益变动份额调整长期股权投资账面余额并计入净资产的金额	—
本期盈余	单位本期各项收入、费用相抵后的余额	期末无余额

净资产类型	内容	其他
本年盈余分配	单位本年度盈余分配的情况和结果	期末无余额
无偿调拨净资产	单位无偿调入或调出非现金资产所引起的净资产变动金额	期末无余额
以前年度盈余调整	单位本年度发生的调整以前年度盈余的事项产生的净资产金额的变动，包括本年度发生的重要前期差错更正涉及调整以前年度盈余的事项	期末无余额

其中本期盈余、本年盈余分配、无偿调拨净资产、以前年度盈余调整期末无余额，净资产的总额为累计盈余、专用基金和权益法调整余额汇总。本期盈余、本年盈余分配、无偿调拨净资产、以前年度盈余调整与累计盈余、专用基金之间的结转流程如图 5 – 1 所示。

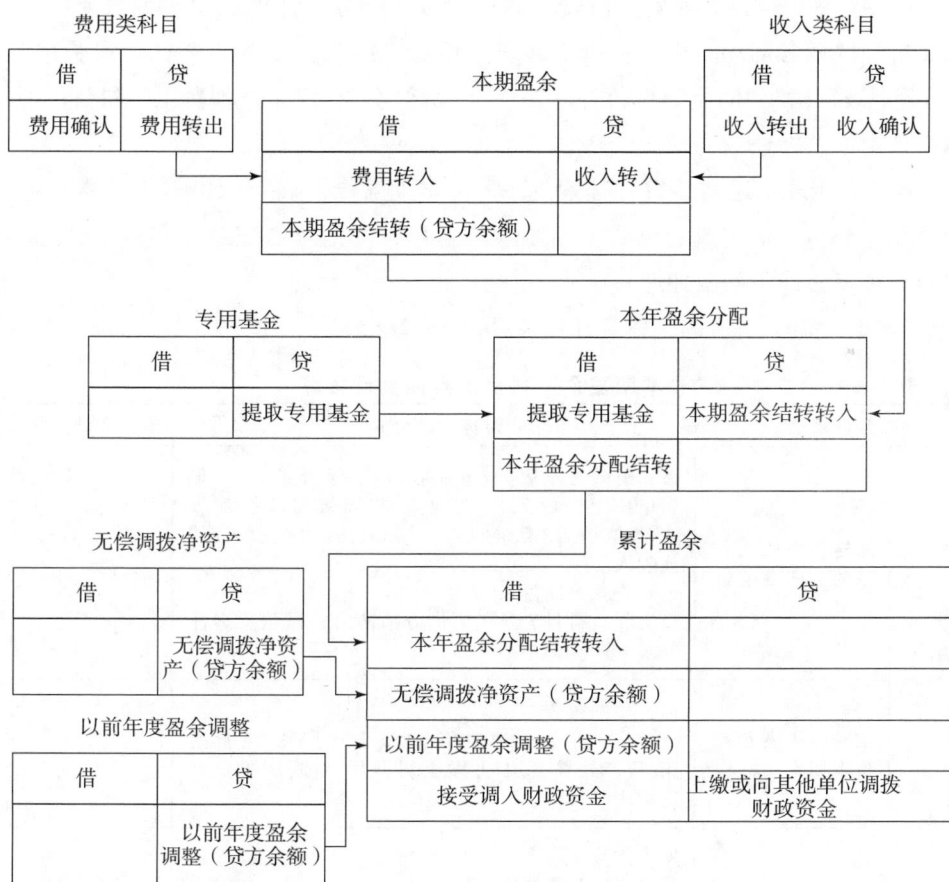

图 5 – 1　净资产部分科目结转流程

5.2　本期盈余

本期盈余是指行政事业单位本期各项收入、费用相抵后的余额。"本期盈余"科目期末如为贷方余额，反映单位自年初至当期期末累计实现的盈余；如为借方余额，反映单位自年初至当期期末累计发生的亏损。年末结账后，本科目应无余额。

期末，将各类收入科目的本期发生额转入本期盈余：财务会计借记"财政拨款收入""事业收入""上级补助收入""附属单位上缴收入""经营收入""非同级财政拨款收入""投资收益""捐赠收入""利息收入""租金收入""其他收入"科目，贷记"本期盈余"科目；预算会计中不做处理。

将各类费用科目本期发生额转入本期盈余：财务会计借记"本期盈余"科目，贷记"业务活动费用""单位管理费用""经营费用""资产处置费用""上缴上级费用""对附属单位补助费用""所得税费用""其他费用"科目；预算会计中不做处理。

年末，完成上述结转后：财务会计将"本期盈余"科目余额转入"本年盈余分配"科目，借记或贷记"本期盈余"科目，贷记或借记"本年盈余分配"科目；预算会计中不做处理。

"本期盈余"科目的具体会计核算见表 5 - 2。

表 5 - 2　　　　　"本期盈余"科目的具体会计核算

会计事项		财务会计分录	预算会计分录
期末结转	结转各类收入科目的本期发生额	借：财政拨款收入/事业收入/上级补助收入/附属单位上缴收入/经营收入/非同级财政拨款收入/投资收益/捐赠收入/利息收入/租金收入/其他收入 　　贷：本期盈余 投资收益科目为发生额借方净额时，做相反会计分录	—
	结转各类费用科目本期发生额	借：本期盈余 　　贷：业务活动费用/单位管理费用/经营费用/资产处置费用/上缴上级费用/对附属单位补助费用/所得税费用/其他费用	—
结转本科目余额		期末为贷方余额 借：本期盈余 　　贷：本年盈余分配 期末为借方余额时做相反会计分录	—

【例 5－1】 某行政单位在 20 ×7 年发生以下业务。

（1）11 月 30 日，"财政拨款收入"科目余额为 10 000 元，"事业收入"科目余额为 5 000 元，"上级补助收入"科目余额为 5 000 元，"附属单位上缴收入"科目余额为 10 000 元，"经营收入"科目余额为 5 000 元，"投资收益"科目余额为 5 000 元，"其他收入"科目余额为 5 000 元。

（2）11 月 30 日，"业务活动费用"科目余额为 5 000 元，"单位管理费用"科目余额为 2 000 元，"经营费用"科目余额为 2 000 元，"资产处置费用"科目余额为 1 000 元，"所得税费用"科目余额为 5 000 元，"其他费用"科目余额为 5 000 元。

（3）12 月 31 日结转"本期盈余"科目余额为 25 000 元。

该行政单位应做会计分录如下。

（1）期末结转收入。

财务会计分录：

借：财政拨款收入 10 000
　　事业收入 5 000
　　上级补助收入 5 000
　　附属单位上缴收入 10 000
　　经营收入 5 000
　　投资收益 5 000
　　其他收入 5 000
　　　贷：本期盈余 45 000

预算会计不进行账务处理。

（2）期末结转费用。

财务会计分录：

借：本期盈余 20 000
　　　贷：业务活动费用 5 000
　　　　　单位管理费用 2 000
　　　　　经营费用 2 000
　　　　　资产处置费用 1 000
　　　　　所得税费用 5 000
　　　　　其他费用 5 000

预算会计不进行账务处理。

（3）结转"本期盈余"科目余额。

财务会计分录：

借：本期盈余 25 000

　　贷：本年盈余分配 25 000

预算会计不进行账务处理。

5.3　本年盈余分配

本年盈余分配是指行政事业单位本年度盈余分配的情况和结果。"本年盈余分配"科目年末结账后，应无余额。

年末，将"本期盈余"科目余额转入"本年盈余分配"科目：财务会计借记或贷记"本期盈余"科目，贷记或借记"本年盈余分配"科目；预算会计中不做处理。

年末，根据有关规定从本年度非财政拨款结余或经营结余中提取专用基金的：财务会计按照预算会计下计算的提取金额，借记"本年盈余分配"科目，贷记"专用基金"科目；预算会计处理时，借记"非财政拨款结余分配"科目，贷记"专用结余"科目。

年末，按照规定完成上述处理后，将"本年盈余分配"科目余额转入累计盈余：财务会计借记或贷记"本年盈余分配"科目，贷记或借记"累计盈余"科目；预算会计中不做处理。

"本年盈余分配"科目的具体会计核算见表5-3。

表5-3　　　　"本年盈余分配"科目的具体会计核算

会计事项		财务会计分录	预算会计分录
结转"本期盈余"科目余额	"本期盈余"科目为贷方余额时	借：本期盈余 　　贷：本年盈余分配	—
	"本期盈余"科目为借方余额时	借：本年盈余分配 　　贷：本期盈余	—
从本年度非财政拨款结余或经营结余中提取专用基金的		借：本年盈余分配 　　贷：专用基金	借：非财政拨款结余分配 　　贷：专用结余
结转"本年盈余分配"科目余额	"本年盈余分配"科目为贷方余额时	借：本年盈余分配 　　贷：累计盈余	—
	"本年盈余分配"科目为借方余额时	借：累计盈余 　　贷：本年盈余分配	—

【例5-2】某行政单位20×7年12月31日"本期盈余"科目贷方余额为

25 000 元，按预算会计下计算提取专用基金 5 000 元，年末"本年盈余分配"科目贷方余额为 40 000 元。其会计分录如下。

（1）转入"本期盈余"科目余额。

财务会计分录：

借：本期盈余   25 000

  贷：本年盈余分配   25 000

预算会计不进行账务处理。

（2）提取专用基金。

财务会计分录：

借：本年盈余分配   5 000

  贷：专用基金   5 000

预算会计分录：

借：非财政拨款结余分配   5 000

  贷：专用结余   5 000

（3）结转"本年盈余分配"科目余额。

财务会计分录：

借：本年盈余分配   20 000

  贷：累计盈余   20 000

预算会计不进行账务处理。

5.4 累计盈余

5.4.1 累计盈余的概念

累计盈余是指行政事业单位历年实现的盈余扣除盈余分配后滚存的金额，以及因无偿调入调出资产产生的净资产变动额。按照规定上缴、缴回、单位间调剂结转结余资金产生的净资产变动额，以及对以前年度盈余的调整金额，也通过"累计盈余"科目核算。

5.4.2 累计盈余的会计核算

累计盈余的具体会计核算见表 5-4。

表 5 - 4　　　　　　　　　累计盈余的具体会计核算

会计事项	财务会计分录	预算会计分录
结转"本年盈余分配"科目余额	本年盈余分配为贷方余额 借：本年盈余分配 　　贷：累计盈余 本年盈余分配为借方余额时做相反分录	—
结转"无偿调拨净资产"科目余额	无偿调拨净资产为贷方余额 借：无偿调拨净资产 　　贷：累计盈余 无偿调拨净资产为借方余额时做相反分录	—
从其他单位调入财政拨款结转资金	借：零余额账户用款额度/银行存款等 　　贷：累计盈余	借：资金结存——零余额账户用款额度/货币资金 　　贷：财政拨款结转——归集调入
结转"以前年度盈余调整"科目余额	以前年度盈余调整为贷方余额 借：以前年度盈余调整 　　贷：累计盈余 以前年度盈余调整为借方余额时做相反分录	—
上缴财政拨款结转结余、缴回非财政拨款结转资金、向其他单位调出财政拨款结转资金	借：累计盈余 　　贷：财政应返还额度/零余额账户用款额度/银行存款等	借：财政拨款结转——归集上缴/归集调出 　　贷：资金结存——财政应返还额度/零余额账户用款额度等
使用专用基金购置固定资产、无形资产	借：固定资产/无形资产等 　　贷：银行存款 借：专用基金 　　贷：累计盈余	借：事业支出（使用从收入中提取并列入费用的专用基金）/专用结余（使用从非财政拨款结余或经营结余中提取的专用基金） 　　贷：资金结存等

　　年末，将"本年盈余分配"科目的余额转入累计盈余：财务会计借记或贷记"本年盈余分配"科目，贷记或借记"累计盈余"科目；预算会计中不做处理。

　　年末，将"无偿调拨净资产"科目的余额转入累计盈余：财务会计借记或贷记"无偿调拨净资产"科目，贷记或借记"累计盈余"科目；预算会计中不做处理。

　　按照规定上缴财政拨款结转结余、缴回非财政拨款结转资金、向其他单位调出财政拨款结转资金时，按照实际上缴、缴回、调出金额：财务会计借记

"累计盈余"科目，贷记"财政应返还额度""零余额账户用款额度""银行存款"等科目；预算会计处理时借记"财政拨款结转——归集上缴/归集调出"科目，贷记"资金结存——财政应返还额度/零余额账户用款额度"等科目。

按照规定从其他单位调入财政拨款结转资金时，按照实际调入金额：财务会计借记"零余额账户用款额度""银行存款"等科目，贷记"累计盈余"科目；预算会计处理时，借记"资金结存——零余额账户用款额度/货币资金"等科目，贷记"财政拨款结转——归集调入"等科目。

将"以前年度盈余调整"科目的余额转入"累计盈余"科目：财务会计借记或贷记"以前年度盈余调整"科目，贷记或借记"累计盈余"科目；预算会计中不做处理。

按照规定使用专用基金购置固定资产、无形资产的，按照固定资产、无形资产成本金额：财务会计借记"固定资产""无形资产"科目，贷记"银行存款"等科目，同时，按照专用基金使用金额，借记"专用基金"科目，贷记"累计盈余"科目；预算会计处理时借记"事业支出""专用结余"等科目，贷记"资金结存"等科目。

"累计盈余"科目期末余额，反映单位未分配盈余（或未弥补亏损）的累计数以及截至上年末无偿调拨净资产变动的累计数。

"累计盈余"科目年末余额，反映单位未分配盈余（或未弥补亏损）以及无偿调拨净资产变动的累计数。

【例 5-3】某行政单位在 2×17 年度发生以下与净资产相关的业务：

（1）12 月 31 日"本年盈余分配"科目贷方余额为 35 000 元；

（2）12 月 31 日"无偿调拨净资产"科目贷方余额为 200 000 元；

（3）12 月 31 日"以前年度盈余调整"科目贷方余额为 500 000 元；

（4）12 月 31 日使用从非财政拨款结余或经营结余中提取的固定资产专用基金购置 100 000 元固定资产。

该行政单位在 2×17 年应做会计分录如下。

（1）年末将"本年盈余分配"科目余额转入累计盈余。

财务会计分录：

借：本年盈余分配　　　　　　　　　　　　　　35 000

　　贷：累计盈余　　　　　　　　　　　　　　　　35 000

预算会计不进行账务处理。

（2）年末将"无偿调拨净资产"科目余额转入累计盈余。

财务会计分录：

借：无偿调拨净资产   200 000

  贷：累计盈余   200 000

预算会计不进行账务处理。

（3）年末结转"以前年度盈余调整"科目余额。

财务会计分录：

借：以前年度盈余调整   500 000

  贷：累计盈余   500 000

预算会计不进行账务处理。

（4）年末使用专用基金购置固定资产。

财务会计分录：

借：固定资产   100 000

  贷：银行存款   100 000

借：专用基金   100 000

  贷：累计盈余   100 000

预算会计分录：

借：专用结余   100 000

  贷：资金结存——货币资金   100 000

5.5 专用基金

5.5.1 专用基金概述

根据《事业单位财务规则》的规定，专用基金是指事业单位按照规定提取或者设置的有专门用途的资金。专用基金包括以下几方面。

①修购基金，即按照事业收入和经营收入的一定比例提取，在修缮费和设备购置费中列支（各列50%），以及按照其他规定转入，用于事业单位固定资产维修和购置的资金。

②职工福利基金，即按照结余的一定比例提取以及按照其他规定提取转入，用于单位职工的集体福利设施、集体福利待遇等的资金。

③医疗基金，即未纳入公费医疗经费开支范围的事业单位，按照当地财政部门规定的公费医疗经费开支标准从收入中提取，并参照公费医疗制度有关规

定用于职工公费医疗开支的资金。

④其他基金，即按照其他有关规定提取或者设置的专用资金。各项基金的提取比例和管理办法，国家有统一规定的，按照统一规定执行，没有统一规定的，由主管部门会同同级财政部门确定。进一步的详细规定见《财政部关于事业单位提取专用基金比例问题的通知》。

5.5.2 专用基金的账务处理

专用基金是指事业单位按照规定提取或设置的具有专门用途的净资产。事业单位应当设置"专用基金"科目，并按照专用基金的类别进行明细核算。本科目期末贷方余额，反映事业单位累计提取或设置的尚未使用的专用基金。

1. 专用基金的提取或设置

年末，根据有关规定从本年度非财政拨款结余或经营结余中提取专用基金的，按照预算会计下计算的提取金额：财务会计借记"本年盈余分配"科目，贷记"专用基金"科目；预算会计处理时，借记"非财政拨款结余分配"科目，贷记"专用结余"科目。根据有关规定从收入中提取专用基金并计入费用的，一般按照预算会计下基于预算收入计算提取的金额：财务会计借记"业务活动费用"等科目，贷记"专用基金"科目；预算会计中不做处理。国家另有规定的，从其规定。根据有关规定设置的其他专用基金：按照实际收到的基金金额，财务会计借记"银行存款"等科目，贷记"专用基金"科目；预算会计中不做处理。

2. 专用基金的使用

按照规定使用提取的专用基金时，财务会计借记"专用基金"科目，贷记"银行存款"等科目。使用提取的专用基金购置固定资产、无形资产的，财务会计按照固定资产、无形资产成本金额，借记"固定资产""无形资产"科目，贷记"银行存款"等科目；同时，按照专用基金使用金额，借记"专用基金"科目，贷记"累计盈余"科目。预算会计处理，当使用从收入中提取并列入费用的专用基金时借记"事业支出"等科目，贷记"资金结存"等科目，当使用从非财政拨款结余或经营结余中提取的专用基金时，借记"专用结余"科目，贷记"资金结存——货币资金"科目。

"专用基金"科目的具体会计核算见表5-5。

表 5 - 5　　　　　　　　"专用基金" 科目的具体会计核算

会计事项		财务会计分录	预算会计分录
专用基金的提取或设置	从非财政拨款结余或经营结余中提取专用基金	借：本年盈余分配 　　贷：专用基金（按照预算会计下计算的提取金额）	借：非财政拨款结余分配 　　贷：专用结余
	从收入中提取专用基金并计入费用	借：业务活动费用等 　　贷：专用基金（一般按照预算收入计算提取的金额）	—
	按有关规定设置的其他专用基金	借：银行存款等 　　贷：专用基金	—
专用基金的使用	使用提取的专用基金	借：专用基金 　　贷：银行存款等	借：事业支出（使用从收入中提取并列入费用的专用基金）/专用结余（使用从非财政拨款结余或经营结余中提取的专用基金） 　　贷：资金结存等
	使用提取的专用基金购置固定资产、无形资产	借：固定资产/无形资产 　　贷：银行存款等 借：专用基金 　　贷：累计盈余	

5.6　权益法调整

5.6.1　权益法调整的概念

权益法调整是指事业单位持有的长期股权投资采用权益法核算时，按照被投资单位除净损益和利润分配以外的所有者权益变动份额，调整长期股权投资账面余额而计入净资产的金额。事业单位应当设置"权益法调整"科目，并按照被投资单位进行明细核算。本科目期末余额，反映事业单位在被投资单位除净损益和利润分配以外的所有者权益变动中累积享有（或分担）的份额。

5.6.2　权益法调整的会计核算

1. 资产负债表日被投资单位除净损益和利润分配以外的所有者权益变动

年末，按照被投资单位除净损益和利润分配以外的所有者权益变动应享有（或应分担）的份额：财务会计借记或贷记"长期股权投资——其他权益变动"科目，贷记或借记"权益法调整"科目；预算会计中不做处理。

2. 处置长期股权投资

采用权益法核算的长期股权投资，因被投资单位除净损益和利润分配以外的所有者权益变动而将应享有（或应分担）的份额计入单位净资产的，处置该项投资时：财务会计按照原计入净资产的相应部分金额，借记或贷记"权益法调整"科目，贷记或借记"投资收益"科目；预算会计中不做处理。

"权益法调整"科目的具体会计核算见表 5 - 6。

表 5 - 6　　　　　"权益法调整" 科目的具体会计核算

会计事项	财务会计分录	预算会计分录
被投资单位除净损益和利润分配以外的所有者权益变动	被投资单位除净损益和利润分配以外的所有者权益增加 借：长期股权投资——其他权益变动 　　贷：权益法调整 被投资单位除净损益和利润分配以外的所有者权益减少做相反分录	—
因被投资单位除净损益和利润分配以外的所有者权益变动而将应享有（或应分担）的份额计入单位净资产的，处置该项投资时	权益法调整为贷方金额 借：权益法调整（与所处置投资对应部分的金额） 　　贷：投资收益 权益法调整为借方金额做相反分录	—

【例 5 - 4】20×7 年 12 月 31 日，某事业单位的被投资单位实现净利润 200 000 元，该被投资单位为事业单位在 20×5 年 1 月以一台固定资产出资联合其他单位共同设立，并持有该被投资单位 70% 的股权，采用权益法进行后续核算。

20×7 年 12 月 31 日除净损益和利润分配以外的被投资单位所有者权益变动为 10 000 元；该事业单位在 20×7 年 12 月 31 日应做以下会计分录。

财务会计分录：

借：长期股权投资——损益调整　　　　　　　　　　140 000

　　　　　　　　——其他权益变动　　　　　　　　　7 000

　　贷：投资收益　　　　　　　　　　　　　　　　140 000

　　　　权益法调整　　　　　　　　　　　　　　　　7 000

预算会计不进行账务处理。

20×8 年 5 月 31 日处置所持该项长期股权投资的 20%；该长期股权投资的账面余额为 200 万元，其中损益调整为 50 万元，其他权益变动为 5 万元，处置收入为 60 万元。不考虑相关税费，无已宣告尚未发放的股利。处置净收入纳入单位预算管理。

财务会计分录：

借：资产处置费用　　　　　　　　　　　　　　　　400 000

贷：长期股权投资——成本		290 000
——损益调整		100 000
——其他权益变动		10 000
借：银行存款		600 000
贷：投资收益		200 000
应缴财政款		400 000
借：权益法调整		10 000
贷：投资收益		10 000
借：资金结存		2 000 000
贷：投资预算收益		2 000 000

预算会计不进行账务处理。

5.7　无偿调拨净资产

单位应当设置"无偿调拨净资产"科目，核算行政事业单位无偿调入或调出非现金资产所引起的净资产变动金额。"无偿调拨净资产"科目年末余额结转到"累计盈余"科目，因此年末结账后，"无偿调拨净资产"科目应无余额。

5.7.1　经批准无偿调入净资产

按照规定取得无偿调入的存货、长期股权投资、固定资产、无形资产、公共基础设施、政府储备物资、文物文化资产、保障性住房等：财务会计按照确定的成本，借记"库存物品""长期股权投资""固定资产""无形资产""公共基础设施""政府储备物资""文物文化资产""保障性住房"等科目，按照调入过程中发生的归属于调入方的相关费用，贷记"零余额账户用款额度""银行存款"等科目，按照其差额，贷记"无偿调拨净资产"科目；预算会计处理时，按支付的相关费用，借记"其他支出"科目，贷记"资金结存"等科目。

5.7.2　经批准无偿调出净资产

按照规定经批准无偿调出存货、长期股权投资、固定资产、无形资产、公共基础设施、政府储备物资、文物文化资产、保障性住房等：财务会计按照调出资产的账面余额或账面价值，借记"无偿调拨净资产"科目，按照固定资产累计折旧、无形资产累计摊销、公共基础设施累计折旧或摊销、保障性住房累计折旧的金额，借记"固定资产累计折旧""无形资产累计摊销""公共基础设施累计折旧（摊销）""保障性住房累计折旧"科目，按照调出资产的账面余额，贷记"库存物品""长期股权投资""固定资产""无形资产""公共基础设施""政府储备物资""文物文化资产""保障性住房"等科目，同时，按照调出过程中发生的归属于调出方的相关费用，借记"资产处置费用"科目，贷记"零余额账户用款额度""银行存款"等科目；预算会计处理时，按支付的相关费用，借记"其他支出"科目，贷记"资金结存"等科目。

年末，将"无偿调拨净资产"科目余额转入累计盈余：财务会计借记或贷记"无偿调拨净资产"科目，贷记或借记"累计盈余"科目；预算会计中不做处理。

"无偿调拨净资产"科目的具体会计核算见表 5 - 7。

表 5 - 7　　　　"无偿调拨净资产"科目的具体会计核算

会计事项	财务会计分录	预算会计分录
取得无偿调入的存货、长期股权投资、固定资产、无形资产、公共基础设施、政府储备物资、文物文化资产、保障性住房等	借：库存物品/长期股权投资/固定资产/无形资产/公共基础设施/政府储备物资/保障性住房等 　贷：零余额账户用款额度/银行存款等（发生的归属于调入方的相关费用） 　　无偿调拨净资产	借：其他支出（发生的归属于调入方的相关费用） 　贷：资金结存等
无偿调出存货、长期股权投资、固定资产、无形资产、公共基础设施、政府储备物资、文物文化资产、保障性住房等	借：无偿调拨净资产 　固定资产累计折旧/无形资产累计摊销/公共基础设施累计折旧（摊销）/保障性住房累计折旧等 　贷：库存物品/固定资产/无形资产/长期股权投资/公共基础设施/政府储备物资等（账面余额） 借：资产处置费用 　贷：银行存款/零余额账户用款额度等（发生的归属于调出方的相关费用）	借：其他支出（发生的归属于调出方的相关费用） 　贷：资金结存等
结转"无偿调拨净资产"科目余额	"无偿调拨净资产"科目为贷方余额 借：无偿调拨净资产 　贷：累计盈余 "无偿调拨净资产"科目为借方余额时做相反分录	—

【例 5 - 5】某事业单位 2×17 年 12 月无偿调入一批存货 10 000 元，固定资产 10 000 元，长期股权投资 10 000 元，政府储备物资 10 000 元，保障性住房 10 000 元；12 月经批准无偿调出无形资产原价 22 000 元，已计提摊销

2 000 元，无偿调出长期股权投资 5 000 元，无偿调出保障性住房原价 10 000 元，已计提折旧 1 000 元；无偿调入资产发生处置费用 1 000 元，无偿调出资产发生处置费用 1 000 元，以银行存款支付。其会计分录如下。

（1）取得无偿调入资产。

财务会计分录：

借：库存物品	10 000	
固定资产	10 000	
长期股权投资	10 000	
政府储备物资	10 000	
保障性住房	10 000	
贷：无偿调拨净资产		49 000
银行存款		1 000

预算会计分录：

借：其他支出	1 000	
贷：资金结存		1 000

（2）无偿调出资产。

财务会计分录：

借：无偿调拨净资产	34 000	
无形资产累计摊销	2 000	
保障性住房累计折旧	1 000	
贷：无形资产		22 000
长期股权投资		5 000
保障性住房		10 000
借：资产处置费用	1 000	
贷：银行存款		1 000

预算会计分录：

借：其他支出	1 000	
贷：资金结存		1 000

（3）结转"无偿调拨净资产"科目余额。

财务会计分录：

借：无偿调拨净资产	15 000	
贷：累计盈余		15 000

预算会计不进行账务处理。

5.8　以前年度盈余调整

以前年度盈余调整是指行政事业单位本年度发生的调整以前年度盈余的事项，包括本年度发生的重要前期差错更正涉及调整以前年度盈余的事项。"以前年度盈余调整"科目年末余额转入"累计盈余"科目，因此年末结账后，"以前年度盈余调整"科目应无余额。

5.8.1　以前年度收入和费用调整

调整增加以前年度收入时：财务会计按照调整增加的金额，借记有关科目，贷记"以前年度盈余调整"科目，调整减少的，做相反会计分录；预算会计处理时，按实际收到的金额借记"资金结存"科目，贷记"财政拨款结转——年初余额调整""财政拨款结余——年初余额调整""非财政拨款结转——年初余额调整""非财政拨款结余——年初余额调整"等科目，按实际支付的金额做相反分录。

调整增加以前年度费用时：财务会计按照调整增加的金额，借记"以前年度盈余调整"科目，贷记有关科目；预算会计处理时，按实际支付的金额借记"财政拨款结转——年初余额调整""财政拨款结余——年初余额调整""非财政拨款结转——年初余额调整""非财政拨款结余——年初余额调整"等科目，贷记"资金结存"科目。调整减少的，做相反会计分录。

5.8.2　资产盘盈

盘盈的各种非流动资产，报经批准后处理时：财务会计借记"待处理财产损溢"科目，贷记"以前年度盈余调整"科目；预算会计中不做处理。

5.8.3　年末结转

经上述调整后，应将"以前年度盈余调整"科目的余额转入累计盈余：财务会计借记或贷记"累计盈余"科目，贷记或借记"以前年度盈余调整"科目；预算会计中不做处理。

"以前年度盈余调整"科目的具体会计核算见表 5 – 8。

表5-8　　　"以前年度盈余调整"科目的具体会计核算

会计事项	财务会计分录	预算会计分录
调整增加以前年度收入或调整减少以前年度费用时	借：有关资产或负债科目 　　贷：以前年度盈余调整	借：资金结存（实际支付的金额） 　　贷：财政拨款结转——年初余额调整/财政拨款结余——年初余额调整/非财政拨款结转——年初余额调整/非财政拨款结余——年初余额调整
调整减少以前年度收入或调整增加以前年度费用	借：以前年度盈余调整 　　贷：有关资产或负债科目	借：财政拨款结转——年初余额调整/财政拨款结余——年初余额调整/非财政拨款结转——年初余额调整/非财政拨款结余——年初余额调整 　　贷：资金结存（实际支付的金额）
盘盈非流动资产	借：待处理财产损溢 　　贷：以前年度盈余调整	—
结转"以前年度盈余调整"科目	"以前年度盈余调整"科目为借方余额 借：累计盈余 　　贷：以前年度盈余调整 "以前年度盈余调整"科目为贷方余额时做相反分录	—

【例5-6】2×16年9月税务局在对某单位进行日常检查时，发现该单位2×15年度1月将购入的一批已达到固定资产标准的办公设备记入"管理费用"科目，金额达到120万元。另外2×15年10月有一笔预收账款，付款方已经收到商品，并达到收入确认条件，当年没有确认收入。不考虑相关税费。其会计分录如下。

（1）调整2×15年1月凭证。

财务会计分录：

借：固定资产——办公设备　　　　　　　　　　　1 200 000

　　贷：以前年度盈余调整　　　　　　　　　　　　　1 200 000

预算会计分录：

借：资金结存　　　　　　　　　　　　　　　　　1 200 000

　　贷：财政拨款结转　　　　　　　　　　　　　　　1 200 000

（2）补提11个月折旧（残值率为零，按直线法计提折旧，预计使用年限为10年）。

财务会计分录：

借：以前年度盈余调整　　　　　　　　　110 000
　　贷：固定资产累计折旧　　　　　　　　　　110 000
预算会计分录：
借：财政拨款结转　　　　　　　　　　　110 000
　　贷：资金结存　　　　　　　　　　　　　　110 000

第 6 章
收 入 的 会 计 核 算

6.1　行政事业单位收入概述

6.1.1　收入的概念

行政事业单位收入是指行政事业单位依法取得的非偿还性资金，行政事业单位依法取得的应当上缴财政收入等款项，不属于行政事业单位的收入。

6.1.2　收入的分类

行政事业单位的收入，按来源可以分为政府部门拨款收入、非财政拨款收入、经营收入、其他收入等。各收入类型的内容如表 6-1 所示。

表 6-1　行政、事业单位收入的分类、内容及涉及的会计科目

	分类	内容	涉及会计科目
行政、事业单位共同收入来源	财政拨款收入	指从同级政府财政部门取得的各类财政拨款	财政拨款收入
	非同级财政拨款收入	指从同级政府其他部门取得的横向转拨财政款和从上级或下级政府财政部门取得的经费拨款等	非同级财政拨款收入
	租金收入	指利用国有资产出租取得并按照规定纳入单位预算管理的租金收入	租金收入
	利息收入	指单位取得的银行存款利息收入	利息收入
	捐赠收入	指单位接受其他单位或者个人捐赠取得的收入	捐赠收入

	分类	内容	涉及会计科目
事业单位特有收入来源	上级补助收入	指事业单位从主管部门和上级单位取得的非财政拨款收入	上级补助收入
	附属单位上缴收入	指事业单位取得的附属独立核算单位按照有关规定上缴的收入	附属单位上缴收入
	经营活动收入	指事业单位开展专业业务活动、辅助活动以及在专业业务活动及其辅助活动之外开展非独立核算经营活动取得的收入	事业收入、经营收入、投资收益

6.1.3　收入的确认

一般来讲，收入的确认至少应该符合三个条件：

①收入相关的经济利益应当很可能流入行政事业单位；

②经济利益流入行政事业单位的结果会导致资产的增加或者负债的减少；

③经济利益的流入额能够可靠计量。

根据《政府会计制度》规定，行政事业单位的收入应当以收付实现制为基础确认。

6.2　行政事业单位收入的会计核算

6.2.1　财政拨款收入

行政事业单位应当设置"财政拨款收入"科目核算单位从同级政府财政部门取得的各类财政拨款。同级政府财政部门预拨的下期预算款和没有纳入预算的暂付款项，以及采用实拨资金方式通过本单位转拨给下属单位的财政拨款，通过"其他应付款"科目核算，不通过"财政拨款收入"科目核算。"财政拨款收入"科目可按照一般公共预算财政拨款、政府性基金预算财政拨款等拨款种类进行明细核算。期末，将本科目本期发生额转入本期盈余：财务会计处理中，借记"财政拨款收入"科目，贷记"本期盈余"科目；预算会计处理中，借记"财政拨款预算收入"科目，贷记"财政拨款结转——本年收支结转"科目。本科目年末无余额。财政拨款收入按照收付实现制核算。

财政拨款收入的主要会计处理如表 6 - 2 所示。

表 6－2 财政拨款收入的主要会计处理

	会计事项	财务会计分录	预算会计分录
取得财政拨款收入	财政直接支付	借：库存物品/业务活动费用等 贷：财政拨款收入	借：行政支出/事业支出等 贷：财政拨款预算收入
	财政授权支付	借：零余额账户用款额度 贷：财政拨款收入	借：资金结存——零余额账户用款额度 贷：财政拨款预算收入
	其他方式支付	借：银行存款等 贷：财政拨款收入	借：资金结存——货币资金 贷：财政拨款预算收入
因差错更正或购货退回等发生的国库直接支付款项退回的	属于本年度支付的款项	借：财政拨款收入 贷：业务活动费用/库存物品等	借：财政拨款预算收入 贷：行政支出/事业支出等
	属于以前年度支付的款项（财政拨款结转资金）	借：财政应返还额度——财政直接支付 贷：以前年度盈余调整/库存物品等	借：资金结存——财政应返还额度 贷：财政拨款结转——年初余额调整
	属于以前年度支付的款项（财政拨款结余资金）		借：资金结存——财政应返还额度 贷：财政拨款结余——年初余额调整
期末确认拨款差额	财政直接支付预算指标＞实际直接支付数	借：财政应返还额度——财政直接支付 贷：财政拨款收入	借：资金结存——财政应返还额度 贷：财政拨款预算收入
	财政授权支付预算指标数＞零余额账户用款额度下达数	借：财政应返还额度——财政授权支付 贷：财政拨款收入	借：资金结存——财政应返还额度 贷：财政拨款预算收入
期末结转		借：财政拨款收入 贷：本期盈余	借：财政拨款预算收入 贷：财政拨款结转——本年收支结转

　　财政拨款收入需要分别按照财政直接支付、财政授权支付和其他支付方式进行不同的账务处理。

　　财政直接支付方式下，根据收到的财政直接支付入账通知书及相关原始凭证，按照通知书中的直接支付入账金额：财务会计处理中，借记"库存物品""固定资产""业务活动费用""单位管理费用""应付职工薪酬"等科目，贷记"财政拨款收入"科目，涉及增值税业务的，相关账务处理参见"应交增值税"科目；预算会计处理时，借记"行政支出""事业支出"等科目，贷记"财政拨款预算收入"科目。

　　年末，根据本年度财政直接支付预算指标数与当年财政直接支付实际支付数的差额：财务会计处理中，借记"财政应返还额度——财政直接支付"科目，贷记"财政拨款收入"科目；预算会计处理时，借记"资金结存——财政应返还额度"科目，贷记"财政拨款预算收入"科目。

　　财政授权支付方式下，根据收到的财政授权支付额度到账通知书，按照通知书中的授权支付额度：财务会计处理中，借记"零余额账户用款额度"科目，贷记"财政拨款收入"科目；预算会计处理时，借记"资金结存——零余额账户用款额度"科目，贷记"财政拨款预算收入"科目。年末，本年度财政授权支付预算指标数大于零余额账户用款额度下达数的，根据未下达的用款额度：财务会计处理中，借记"财政应返还额度——财政授权支付"科目，贷记"财政拨款收入"科目；预算会计处理时，借记"资金结存——财政应返还额度"科目，贷记"财政拨款预算收入"科目。

　　其他方式下收到财政拨款收入时，按照实际收到的金额：财务会计处理中，借记"银行存款"等科目，贷记"财政拨款收入"科目；预算会计处理时，借记"资金结存——货币资金"科目，贷记"财政拨款预算收入"科目。

　　因差错更正或购货退回等发生国库直接支付款项退回的，属于以前年度支付的款项，按照退回金额：财务会计处理中，借记"财政应返还额度——财政直接支付"科目，贷记"以前年度盈余调整""库存物品"等科目；预算会计处理时，属于财政拨款结转资金的借记"资金结存——财政应返还额度"科目，贷记"财政拨款结转——年初余额调整"科目，属于财政拨款结余资金的，借记"资金结存——财政应返还额度"科目，贷记"财政拨款结余——年初余额调整"科目。属于本年度支付的款项，按照退回金额，财务会计借记"财政拨款收入"科目，贷记"业务活动费用""库存物品"等科目；预算会计借记"财政拨款预算收入"科目，贷记"行政支出""事业支出"等科目。

　　期末，将"财政拨款收入"科目本期发生额转入本期盈余：财务会计处理中，借记"财政拨款收入"科目，贷记"本期盈余"科目；预算会计处理时，借记"财政拨款预算收入"科目，贷记"财政拨款结转——本年收支结转"科目。

【例 6 - 1】 某行政单位收到财政部门委托其代理银行转来的财政直接支付入账通知书，其中包含财政部门为行政部门支付 100 000 元的日常行政活动经费、200 000 元在职人员工资、70 000 元为开展某项专业业务活动所发生的费用。该行政单位本年度财政直接支付的基本支出拨款预算指标数为 800 000 元，而当年财政直接支付实际基本支出为 730 000 元，年末确定该行政单位应收财政返还的资金额度为 70 000 元。其会计分录如下。

（1）收到财政直接支付入账通知书。

财务会计分录：

借：业务活动费用 170 000

应付职工薪酬 200 000

　贷：财政拨款收入——基本支出拨款（日常公用经费） 370 000

预算会计分录：

借：行政支出 370 000

　贷：财政拨款预算收入 370 000

（2）年末确定应收财政返还资金额度。

财务会计分录：

借：财政应返还额度——财政直接支付 70 000

　　贷：财政拨款收入——基本支出拨款 70 000

预算会计分录：

借：资金结存——财政应返还额度 70 000

　　贷：财政拨款预算收入 70 000

【例 6 - 2】 某行政单位年终进行结账，财政拨款收入贷方余额为 7 900 000 元。其会计分录如下。

财务会计分录：

借：财政拨款收入 7 900 000

　贷：本期盈余 7 900 000

预算会计分录：

借：财政拨款预算收入——基本支出拨款（日常公用经费）

7 900 000

　贷：财政拨款结转——本年收支结转 7 900 000

6.2.2　非同级财政拨款收入

单位应当设置"非同级财政拨款收入"科目核算单位从非同级政府财政部门取得的经费拨款，包括从同级政府其他部门取得的横向转拨财政款、从上级或下级政府财政部门取得的经费拨款等。事业单位因开展科研及其辅助活动从非同级政府财政部门取得的经费拨款，应当通过"事业收入——非同级财政拨款"科目核算，不通过"非同级财政拨款收入"科目核算。"非同级财政拨款收入"科目应当按照本级横向转拨财政款和非本级财政拨款进行明细核算，并按照收入来源进行明细核算。期末结转后，本科目应无余额。具体会计处理见图 6 - 1。

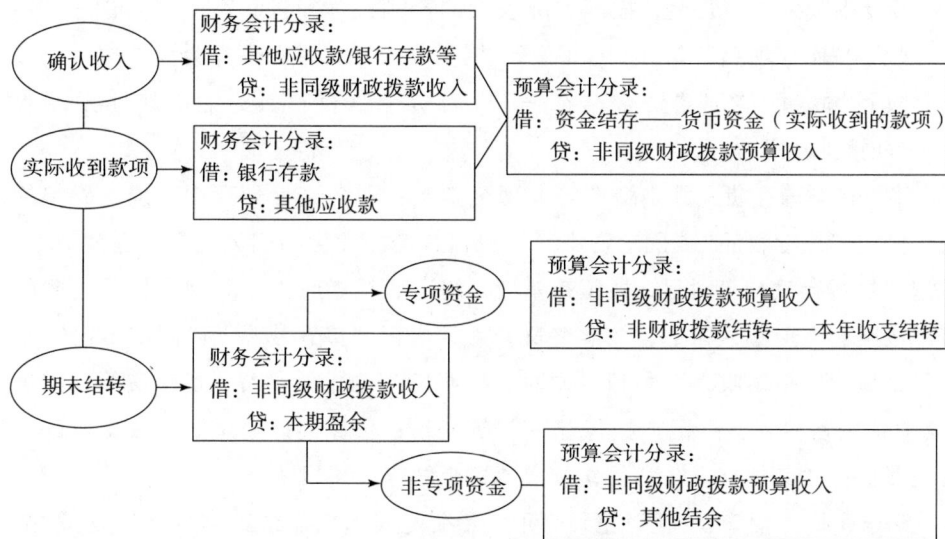

图 6 - 1　非同级财政拨款收入会计处理

确认非同级财政拨款收入时：按照应收或实际收到的金额，财务会计处理中，借记"其他应收款""银行存款"等科目，贷记"非同级财政拨款收入"科目；预算会计处理时，按实际收到的金额借记"资金结存——货币资金"科目，贷记"非同级财政拨款预算收入"科目。

实际收到款项时，按照实际收到的金额：财务会计处理中，借记"银行存款"科目，贷记"其他应收款"科目；预算会计处理时，借记"资金结存——货币资金"科目，贷记"非同级财政拨款预算收入"科目。

期末，将"非同级财政拨款收入"科目本期发生额转入本期盈余：财务会计处理中，借记"非同级财政拨款收入"科目，贷记"本期盈余"科目；预算会计处理时，专项资金借记"非同级财政拨款预算收入"科目，贷记"非财政拨款结转——本年收支结转"科目，非专项资金借记"非同级财政拨款预算收入"科目，贷记"其他结余"科目。

6.2.3　其他收入科目

1. 捐赠收入

单位应当设置"捐赠收入"科目核算单位接受其他单位或者个人捐赠取得的收入。"捐赠收入"科目应当按照捐赠资产的用途和捐赠单位等进行明细核算。期末结转后，本科目应无余额。

接受捐赠的货币资金，按照实际收到的金额：财务会计处理中，借记"银行存款""库存现金"等科目，贷记"捐赠收入"科目；预算会计处理时，按实际收到的款项借记"资金结存——货币资金"科目，贷记"其他预算收入——捐赠收入"科目。

接受捐赠的存货、固定资产等非现金资产：财务会计处理中，按照确定的成本借记"库存物品""固定资产"等科目，按照发生的相关税费、运输费等，贷记"银行存款"等科目，按照其差额，贷记"捐赠收入"科目；接受捐赠的资产按照名义金额入账的，按照名义金额，借记"库存物品""固定资产"等科目，贷记"捐赠收入"科目，同时，按照发生的相关税费、运输费等，借记"其他费用"科目，贷记"银行存款"等科目；预算会计处理时，按支付的相关税费借记"其他支出"科目，贷记"资金结存"科目。

期末，将"捐赠收入"科目本期发生额转入本期盈余：财务会计处理中，借记"捐赠收入"科目，贷记"本期盈余"科目；预算会计处理时，属于专项资金的借记"其他预算结转——捐赠收入"科目，贷记"非财政拨款结转——本年收支结转"科目，属于非专项资金的，借记"其他预算收入——捐赠收入"科目，贷记"其他结余"科目。相关会计处理见图6-2。

2. 利息收入

单位应当设置"利息收入"科目核算单位取得的银行存款利息收入，本科目期末结转后，无余额。

确认银行存款利息收入时：财务会计处理中，借记"应收利息"科目，贷记"利息收入"科目；预算会计中不做处理。

取得银行存款利息时，按照实际收到的金额：财务会计处理中，借记"银

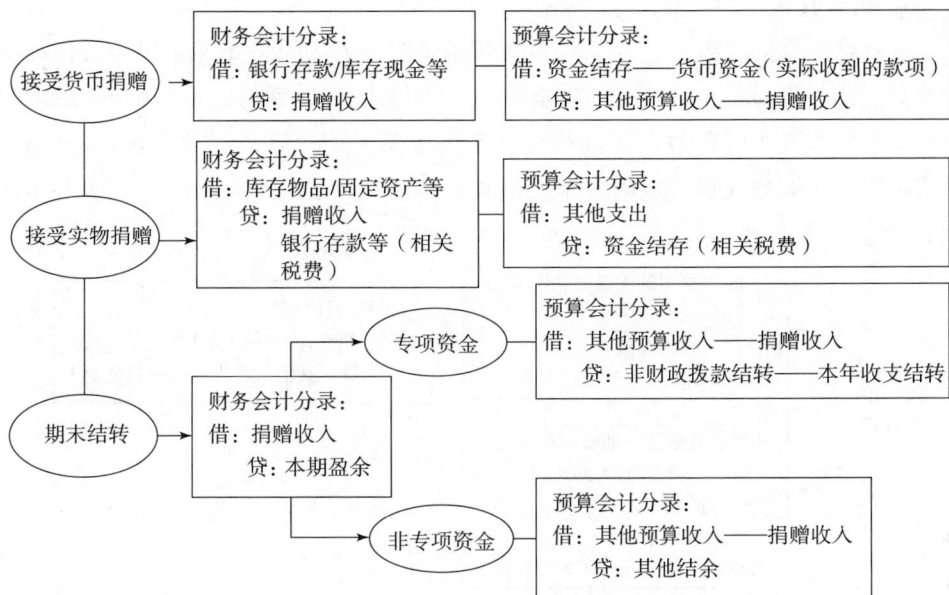

图 6 - 2 捐赠收入会计处理

行存款"科目,贷记"利息收入"科目;预算会计处理时,借记"资金结存——货币资金"科目,贷记"其他预算收入——利息收入"科目。

期末,将"利息收入"科目本期发生额转入本期盈余:财务会计处理中,借记"利息收入"科目,贷记"本期盈余"科目;预算会计处理时,借记"其他预算收入——利息收入"科目,贷记"其他结余"科目。相关会计处理如图 6 - 3所示。

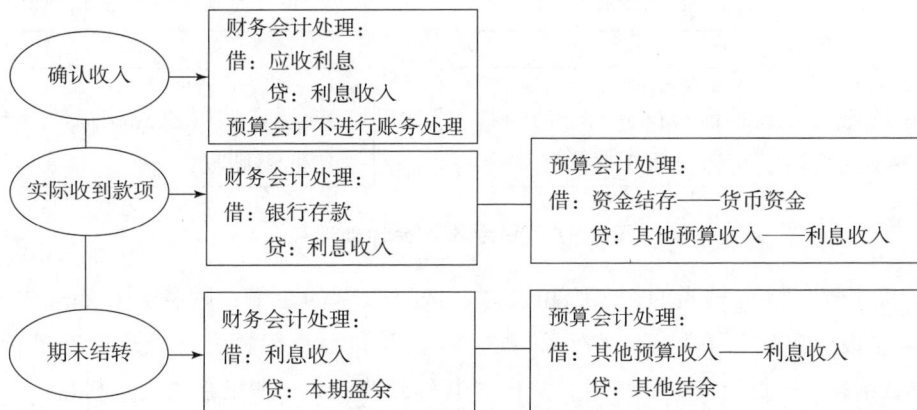

图 6 - 3 利息收入会计处理

3. 租金收入

单位应当设置"租金收入"科目核算单位经批准利用国有资产出租取得并按照规定纳入本单位预算管理的租金收入。"租金收入"科目应当按照出租国有资产类别和收入来源等进行明细核算。本科目期末结转后，应无余额。国有资产出租收入，应当在租赁期内各个期间按照直线法予以确认。相关会计处理见图6-4。

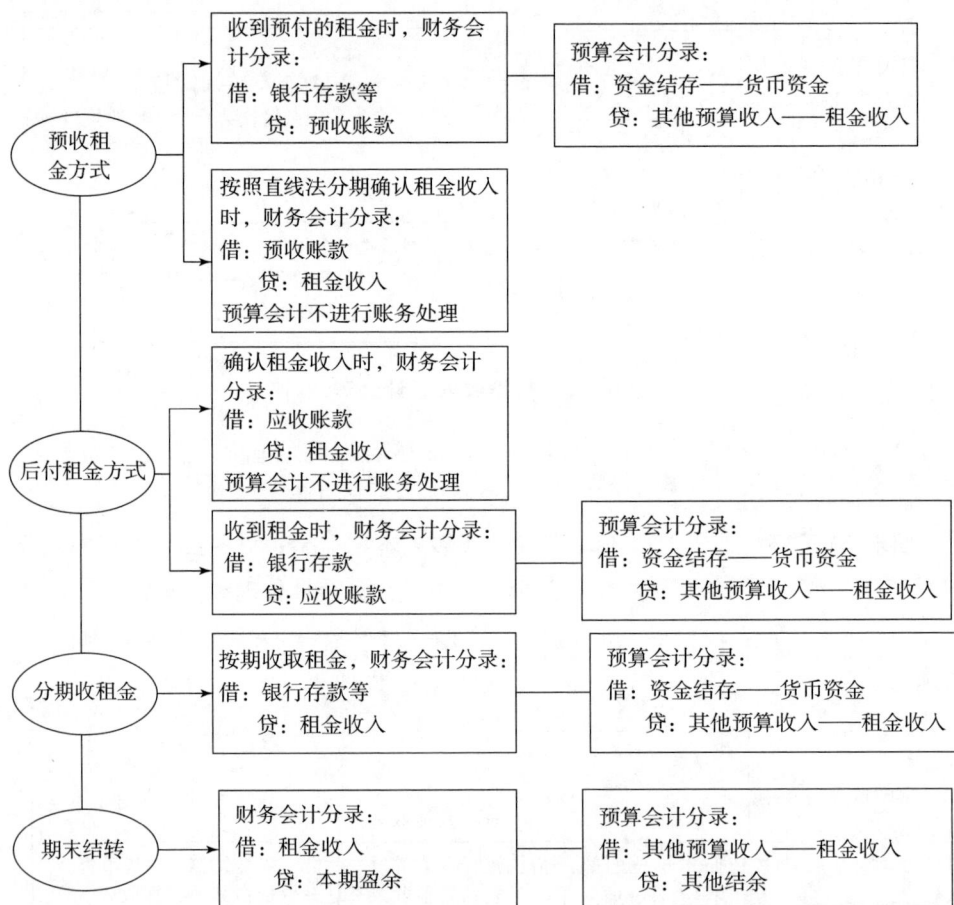

图6-4 租金收入会计处理

采用预收租金方式的，预收租金时，按照收到的金额：财务会计处理中，借记"银行存款"等科目，贷记"预收账款"科目；预算会计处理时，借记"资金结存——货币资金"科目，贷记"其他预算收入——租金收入"科目。分期确认租金收入时：按照各期租金金额，财务会计处理中，借记"预收账款"科目，贷记"租金收入"科目；预算会计中不做处理。

采用后付租金方式的，每期确认租金收入时：按照各期租金金额，财务会计处理中，借记"应收账款"科目，贷记"租金收入"科目；预算会计中不做处理。收到租金时，按照实际收到的金额：财务会计处理中，借记"银行存款"等科目，贷记"应收账款"科目；预算会计处理时，借记"资金结存——货币资金"科目，贷记"其他预算收入——租金收入"科目。

采用分期收取租金方式的，每期收取租金时，按照租金金额：财务会计处理中，借记"银行存款"等科目，贷记"租金收入"科目，涉及增值税业务的，相关账务处理参见"应交增值税"科目；预算会计处理时，借记"资金结存——货币资金"科目，贷记"其他预算收入——租金收入"科目。

期末，将"租金收入"科目本期发生额转入本期盈余：财务会计处理中，借记"租金收入"科目，贷记"本期盈余"科目；预算会计处理时，借记"其他预算收入——租金收入"科目，贷记"其他结余"科目。

4. 其他收入

单位应当设置"其他收入"科目核算单位取得的除财政拨款收入、事业收入、上级补助收入、附属单位上缴收入、经营收入、非同级财政拨款收入、投资收益、捐赠收入、利息收入、租金收入以外的各项收入，包括现金盘盈收入、按照规定纳入单位预算管理的科技成果转化收入、行政事业单位收回已核销的其他应收款、无法偿付的应付及预收款项、置换换出资产评估增值等。"其他收入"科目应当按照其他收入的类别、来源等进行明细核算。本科目期末结转后，无余额。相关会计处理见表 6 - 3。

表 6 - 3　　　　　　　　　其他收入会计处理

会计事项	计量	财务会计分录	预算会计分录
现金盘盈收入	无法查明原因的现金盘盈	借：待处理财产损溢 贷：其他收入	—
科技成果转化收入	按留归本单位的部分	借：银行存款等 贷：其他收入	借：资金结存——货币资金 贷：其他预算收入
行政事业单位收回的已核销其他应收款	按实际收回的金额	借：银行存款等 贷：其他收入	借：资金结存——货币资金 贷：其他预算收入
应付及预收款项无法偿付	按无法偿付的金额	借：应付账款/预收账款等 贷：其他收入	—

会计事项	计量	财务会计分录	预算会计分录
置换换出的资产评估增值	按换出资产评估价值高于资产账面价值的金额	借：有关科目 　　贷：其他收入	—
其他	按应收或实际收到的金额	借：其他应收款/银行存款等 　　贷：其他收入	借：资金结存——货币资金（按实际收到的金额） 　　贷：其他预算收入

期末，将"其他收入"科目本期发生额转入本期盈余：财务会计处理中，借记"其他收入"科目，贷记"本期盈余"科目；预算会计处理时，专项资金借记"其他预算收入"科目，贷记"非财政拨款结转——本年收支结转"科目，非专项资金借记"其他预算收入"科目，贷记"其他结余"科目。

6.3　事业单位专有收入会计核算

6.3.1　事业收入

1. 事业收入的概念

事业收入是指事业单位开展专业业务活动及辅助活动所取得的收入。其中，专业业务活动是指事业单位根据本单位专业特点所从事或开展的主要业务活动，如文化事业单位的演出活动、科研事业单位的科研活动、教育事业单位的教育活动、医疗卫生事业单位的医疗保健活动等。辅助活动是指与其专业业务活动相关的、直接为专业业务活动服务的单位行政管理活动、后勤服务活动以及其他有关活动。

根据《事业单位财务规则》的规定，事业单位确认事业收入时，应注意以下两点：

①事业单位按规定应上缴财政预算的资金和应缴财政专户的预算外资金不计入事业收入；

②从财政专户核拨的预算外资金和部分经财政部门核准不上缴财政专户管理的预算外资金，应计入事业收入。

2. 事业收入的分类

事业收入的分类标准及其主要内容如表 6-4 所示。

表 6 - 4　　　　　　　　　事业收入的分类标准及其主要内容

分类标准	分类名称	主要内容
管理方式	财政专户返还收入	财政专户返还收入是采用财政专户返还方式管理的事业收入。承担政府规定的社会公益性服务任务的事业单位，面向社会提供的公益服务是无偿的，或只按政府指导价格收取部分费用，其事业收费需要纳入财政专户管理。如果事业单位的某项事业收费纳入财政专户管理，事业收入需要按"收支两条线"的方式管理。在这种管理方式下，事业单位取得的各项事业型收费不能立即安排支出，需要上缴统计财政部门设立的财政资金专户，支出时同级财政部门按资金收支计划从财政专户中拨付。事业单位经过审批取得从财政专户核拨的款项时，方可确认事业收入
	其他事业收入	其他事业收入是未采用财政专户返还方式管理的普通事业收入。许多事业单位的业务活动具有公益属性，在国家政策的支持下可以通过事业收费正常运转，提供的公益性服务不以营利为目的，但需要按成本补偿的原则制定价格并收取服务费用，其事业收费不需要纳入财政专户管理。如果事业单位的某项事业收费没有纳入财政专户管理，事业单位在收到各项服务收费时即可确认事业收入
需要注意，事业单位业务活动的各项收费并非均属于事业收入。事业单位因代行政府职能而收取的款项需要上缴国库，形成政府的财政收入。事业单位收取的纳入财政专户管理的各项收入需要上缴财政专户，核拨后形成事业单位的财政专户返还收入。事业单位应当根据预算管理的要求，正确区分一项事业收费是属于事业收入，还是属于应缴国库款或应缴财政专户款		

3．事业收入的会计核算

单位应当设置"事业收入"科目核算事业单位开展专业业务活动及其辅助活动实现的收入，不包括从同级政府财政部门取得的各类财政拨款。"事业收入"科目应当按照事业收入的类别、来源等进行明细核算。对于因开展科研及其辅助活动从非同级政府财政部门取得的经费拨款，应当在本科目下单设"非同级财政拨款"明细科目进行核算。本科目期末结转后，无余额。相关会计处理如图 6 - 5 所示。

（1）采用财政专户返还方式管理的事业收入

确认应上缴财政专户的事业收入时：按照实际收到或应收的金额，财务会计处理中，借记"银行存款""应收账款"等科目，贷记"应缴财政款"科目；预算会计中不做处理。

向财政专户上缴款项时：按照实际上缴的款项金额，财务会计处理中，借记"应缴财政款"科目，贷记"银行存款"等科目；预算会计中不做处理。

收到从财政专户返还的事业收入时：按照实际收到的返还金额，财务会计处理中，借记"银行存款"等科目，贷记"事业收入"科目；预算会计处理

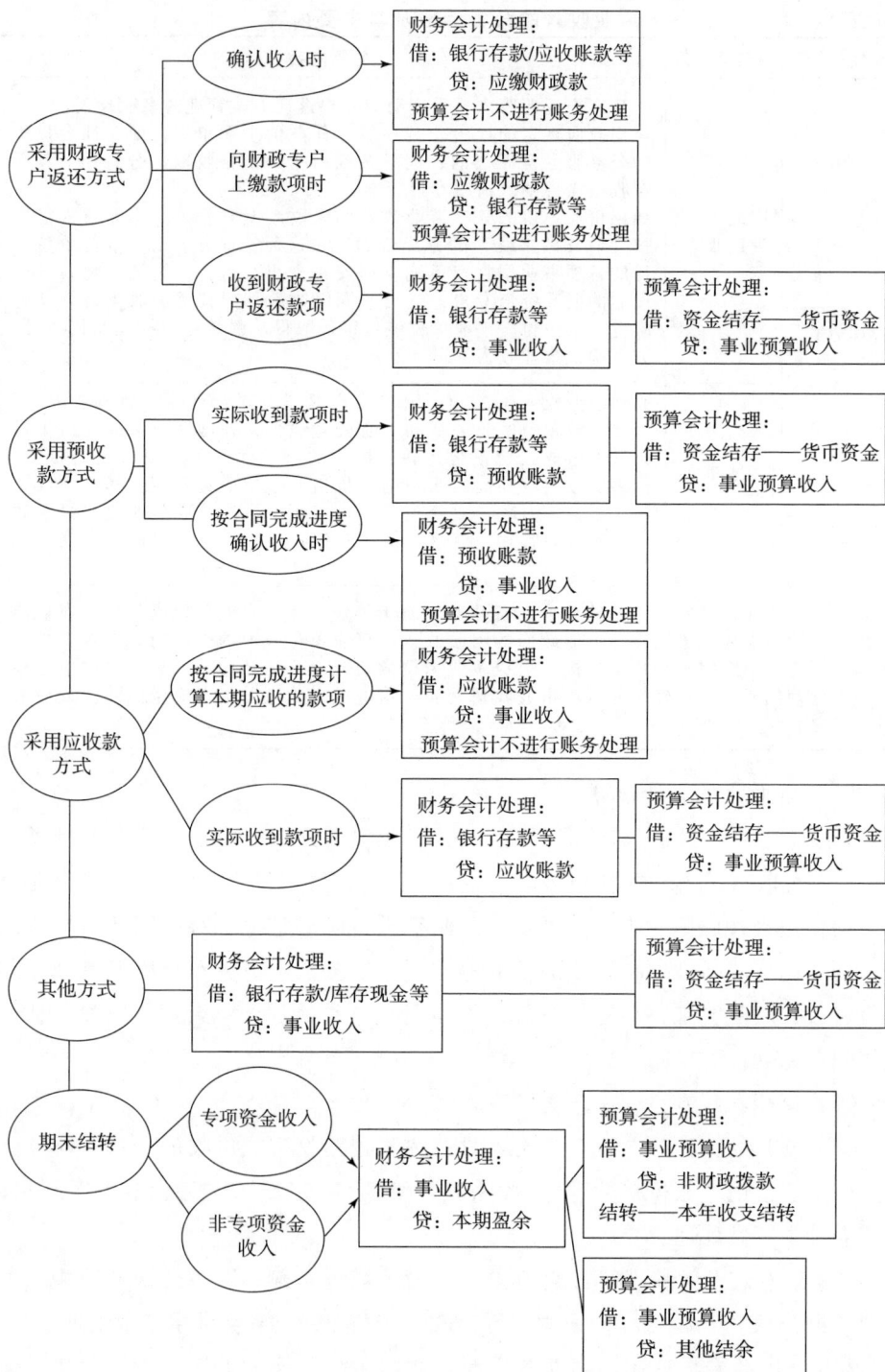

图6-5　事业收入会计处理

时，借记"资金结存——货币资金"科目，贷记"事业预算收入"科目。

（2）采用预收款方式确认的事业收入

实际收到预收款项时，按照收到的款项金额：财务会计处理中，借记"银行存款"等科目，贷记"预收账款"科目；预算会计处理时，借记"资金结存——货币资金"科目，贷记"事业预算收入"科目。

以合同完成进度确认事业收入时，按照基于合同完成进度计算的金额：财务会计处理中，借记"预收账款"科目，贷记"事业收入"科目；预算会计处理时，借记"资金结存——货币资金"科目，贷记"事业预算收入"科目。

（3）采用应收款方式确认的事业收入

根据合同完成进度计算本期应收的款项：财务会计处理中，借记"应收账款"科目，贷记"事业收入"科目；预算会计中不做处理。

实际收到款项时：财务会计处理中，借记"银行存款"等科目，贷记"应收账款"科目；预算会计处理时，借记"资金结存——货币资金"科目，贷记"事业预算收入"科目。

（4）其他方式下确认的事业收入

按照实际收到的金额：财务会计处理中，借记"银行存款""库存现金"等科目，贷记"事业收入"科目；预算会计处理时，借记"资金结存——货币资金"科目，贷记"事业预算收入"科目。

上述（1）至（4）业务中涉及增值税业务的，相关账务处理参见"应交增值税"科目。

（5）期末，将"事业收入"科目本期发生额转入本期盈余：财务会计处理中，借记"事业收入"科目，贷记"本期盈余"科目；预算会计处理时，专项资金收入借记"事业预算收入"科目，贷记"非财政拨款结转——本年收支结转"科目，非专项资金收入借记"事业预算收入"科目，贷记"其他结余"科目。

【例 6-3】某事业单位开展咨询服务，咨询服务费为 10 000 元，款项尚未收到。其会计分录如下。

财务会计分录：

借：应收账款   10 000

　　贷：事业收入——科技咨询业务（××收费项目）   10 000

预算会计不进行账务处理。

【例 6-4】某科研单位销售科研中间产品一批，单价为 260 元/件，共 800

件，共计 200 000 元，增值税为 26 000 元，款已收到。其会计分录如下。

财务会计分录：

借：银行存款   226 000

    贷：事业收入   200 000

        应交增值税——应交税金（销项税额）   26 000

预算会计分录：

借：资金结存——货币资金   226 000

    贷：事业预算收入   226 000

若上述已销科研中间产品有 40 件因质量问题被退货，货款为 10 000 元，增值税为 1 300 元。其会计分录如下。

财务会计分录：

借：事业收入   10 000

    应交增值税——应交税金（销项税额）   1 300

        贷：银行存款   11 300

预算会计分录：

借：资金结存——货币资金   113 000

    贷：事业预算收入   113 000

6.3.2　经营收入

1. 经营收入的概念

经营收入是事业单位在专业业务活动及辅助活动之外开展非独立核算经营活动取得的收入。经营收入是一种有偿收入，以提供各项服务或商品为前提，是事业单位在经营活动中通过收费等方式取得的。事业单位的主要业务活动是专业业务活动，在专业业务活动及辅助活动以外开展各项业务活动即为经营活动。事业单位开展经营活动的目的是通过经营活动获取一定的收入，来弥补事业经费的不足。

事业单位经营收入的确认，有两个条件：一是经营收入是事业单位在专业业务活动及辅助活动之外取得的收入；二是经营收入是事业单位非独立核算单位取得的收入。一个收入事项同时具备以上两个条件方能确认为事业收入。事业单位所属独立核算单位的各项收入，由所属独立核算单位自行组织核算，上级单位不进行记录。事业单位收到所属独立核算单位上缴的收入，通过"附属单位上缴收入"科目进行核算。相关确认条件如表 6-5 所示。

表 6 - 5　　　　　　　　　经营收入的确认条件

条件	内容
经营收入的确认条件	一是经营收入事业单位在专业业务活动及辅助活动之外取得的收入
	二是经营收入事业单位非独立核算单位取得的收入

注意：一个收入事项同时具备以上两个条件方能确认为事业收入。
事业单位所属独立核算单位的各项收入，由所属独立核算单位自行组织核算，上级单位不进行记录。事业单位收到所属独立核算单位上缴的收入，通过"附属单位上缴收入"科目进行核算

2. 经营收入的分类

经营收入的分类标准及其主要内容见表 6 - 6。

表 6 - 6　　　　　　　经营收入的分类及其主要内容

分类标准	分类名称	主要内容
经营业务类型	服务收入	是事业单位非独立核算部门对外提供经营服务取得的收入
	销售收入	是事业单位非独立核算部门开展商品生产、加工对外销售商品取得的收入
	租赁收入	是事业单位对外出租房屋、场地和设备等取得的收入
	其他经营收入	是除上述收入以外的各项经营类业务收入

3. 经营收入的会计核算

为了反映事业单位经营业务的收入情况，事业单位应当设置"经营收入"科目。"经营收入"科目核算事业单位在专业业务活动及辅助活动之外开展非独立核算经营活动取得的收入。本科目应当按照经营活动类别、项目和收入来源等进行明细核算。本科目期末结转后，应无余额。

经营收入应当在提供服务或发出存货，同时收讫价款或者取得索取价款的凭证时，按照实际收到或应收的金额予以确认。经营收入的主要会计处理如图 6 - 6 所示。

确认经营收入时，按照确定的收入金额：财务会计处理中，借记"银行存款""应收账款""应收票据"科目，贷记"经营收入"科目；预算会计处理时，借记"资金结存——货币资金"科目，贷记"经营预算收入"科目。

实际收到款项时，按照实际收到的收入金额：财务会计处理中，借记"银行存款"等科目，贷记"应收账款""应收票据"科目；预算会计处理时，借记"资金结存——货币资金"科目，贷记"经营预算收入"科目。涉及增值税业务的，相关账务处理参见"应交增值税"科目。

年末，将"经营收入"科目本期发生额转入本期盈余：财务会计处理中，

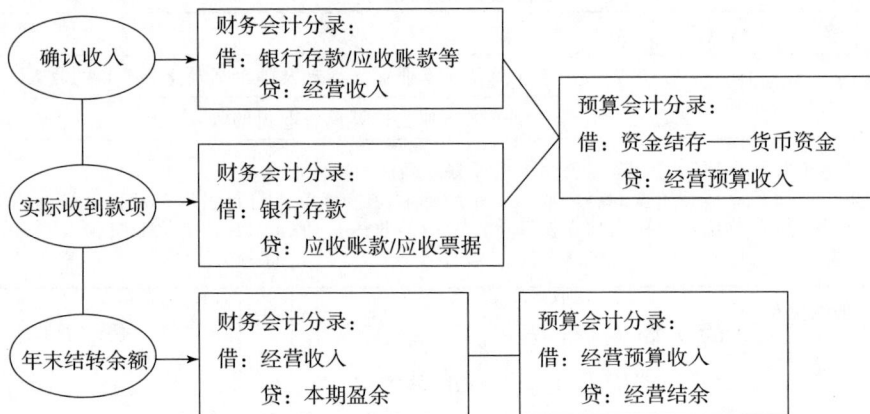

图 6-6　经营收入的主要会计处理

借记"经营收入"科目，贷记"本期盈余"科目；预算会计处理时，借记"经营预算收入"科目，贷记"经营结余"科目。

【例6-5】某事业单位为公众提供检测服务（没有实行独立核算），1 000元的款项已经收讫并存入银行。其会计分录如下。

财务会计分录：

借：银行存款　　　　　　　　　　　　　　　　　　　　　 1 000

　　贷：经营收入——检测服务费　　　　　　　　　　　　　　 1 000

预算会计分录：

借：资金结存——货币资金　　　　　　　　　　　　　　　　 1 000

　　贷：经营预算收入——检测服务费　　　　　　　　　　　　 1 000

【例6-6】某事业单位附属的服务部提供打印服务应收取打印费1 000元，实际收到800元，款项已经存入银行。其会计分录如下。

财务会计分录：

借：银行存款　　　　　　　　　　　　　　　　　　　　　　　 800

　　应收账款　　　　　　　　　　　　　　　　　　　　　　　 200

　　贷：经营收入——打印服务（打印费）　　　　　　　　　 1 000

预算会计分录：

借：资金结存——货币资金　　　　　　　　　　　　　　　　　 800

　　贷：经营预算收入——打印服务（打印费）　　　　　　　　 800

如果事业单位的经营收入按规定应当缴纳增值税，应当按扣除增值税后的金额确认经营收入。相关会计处理如图 6 - 7 所示。

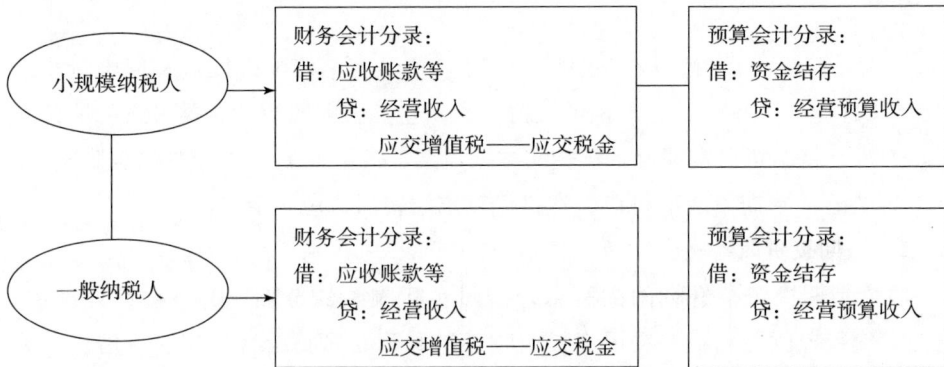

图 6 - 7　涉及增值税的经营收入的会计处理

属于增值税小规模纳税人的事业单位实现经营收入：按实际出售价款，财务会计处理中，借记"银行存款""应收账款""应收票据"等科目，按出售价款扣除增值税后的金额，贷记"经营收入"科目，按应交增值税金额，贷记"应交增值税——应交税金（销项税额）"科目；预算会计处理时，借记"资金结存"科目，贷记"经营预算收入"科目。属于增值税一般纳税人的事业单位实现经营收入：按包含增值税的价款总额，财务会计处理中，借记"银行存款""应收账款""应收票据"等科目，按扣除增值税销项税额后的价款金额，贷记"经营收入"科目，按增值税专用发票上注明的增值税金额，贷记"应交增值税——应交税金（销项税额）"科目；预算会计处理时，借记"资金结存"科目，贷记"经营预算收入"科目。

【例 6 - 7】某事业单位利用其技术条件对外销售一项附属产品，当期销售商品一批，价值 226 000 元（含税），款项尚未收到。该事业单位为增值税一般纳税人，销售商品的增值税税率为 13%，增值税销项税额为 26 000 元。其会计分录如下。

财务会计分录：

借：应收账款　　　　　　　　　　　　　　　　　　226 000

　　贷：经营收入——生产业务（产品销售收入）　　　200 000

　　　　应交增值税——应交税金（销项税额）　　　　 26 000

预算会计分录：

借：资金结存　　　　　　　　　　　　　　　　　　226 000

　　贷：经营预算收入　　　　　　　　　　　　　　　226 000

6.3.3 投资收益

事业单位应当设置"投资收益"科目核算事业单位股权投资和债券投资所实现的收益或发生的损失。"投资收益"科目应当按照投资的种类等进行明细核算。期末，将本科目本期发生额转入本期盈余，借记或贷记"投资收益"科目，贷记或借记"本期盈余"科目。本科目期末结转后，应无余额。

1. 短期投资收益

收到短期投资持有期间的利息，按照实际收到的金额：财务会计处理中，借记"银行存款"科目，贷记"投资收益"科目；预算会计处理时，借记"资金结存——货币资金"科目，贷记"投资预算收益"科目。

出售或到期收回短期债券本息：按照实际收到的金额，财务会计处理中，借记"银行存款"科目，按照出售或收回短期投资的成本，贷记"短期投资"科目，按照其差额，贷记或借记"投资收益"科目；预算会计处理时，按实际收到的金额，借记"资金结存——货币资金"科目，贷记"投资支出""其他结余"等科目，按其差额借记或贷记"投资预算收益"科目。涉及增值税业务的，相关账务处理参见"应交增值税"科目。短期投资收益的会计处理如图 6 - 8 所示。

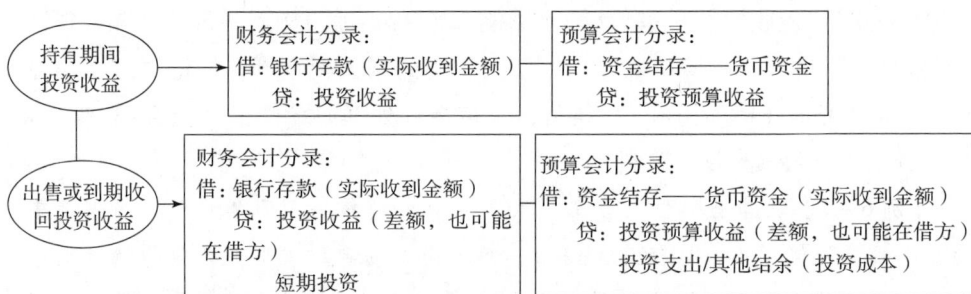

图 6 - 8　短期投资收益的会计处理

2. 长期债券投资的投资收益

持有的分期付息、一次还本的长期债券投资，按期确认利息收入时，按照计算确定的应收未收利息：财务会计处理中，借记"应收利息"科目，贷记"投资收益"科目；预算会计中不做处理。

持有的到期一次还本付息的债券投资，按期确认利息收入时，按照计算确定的应收未收利息：财务会计处理中，借记"长期债券投资——应计利息"科目，贷记"投资收益"科目；预算会计中不做处理。

出售长期债券投资或到期收回长期债券投资本息：按照实际收到的金额，财务会计处理中，借记"银行存款"等科目，按照债券初始投资成本和已计未收利息金额，贷记"长期债券投资——成本、应计利息"科目（到期一次还本付息债券）或"长期债券投资""应收利息"科目（分期付息债券），按照其差额，贷记或借记"投资收益"科目；预算会计处理时，按实际收到的款项，借记"资金结存——货币资金"科目，贷记"投资支出""其他结余"科目，按其差额借记或贷记"投资预算收益"科目。涉及增值税业务的，相关账务处理参见"应交增值税"科目。

长期债券投资的投资收益的会计处理如图 6-9 所示。

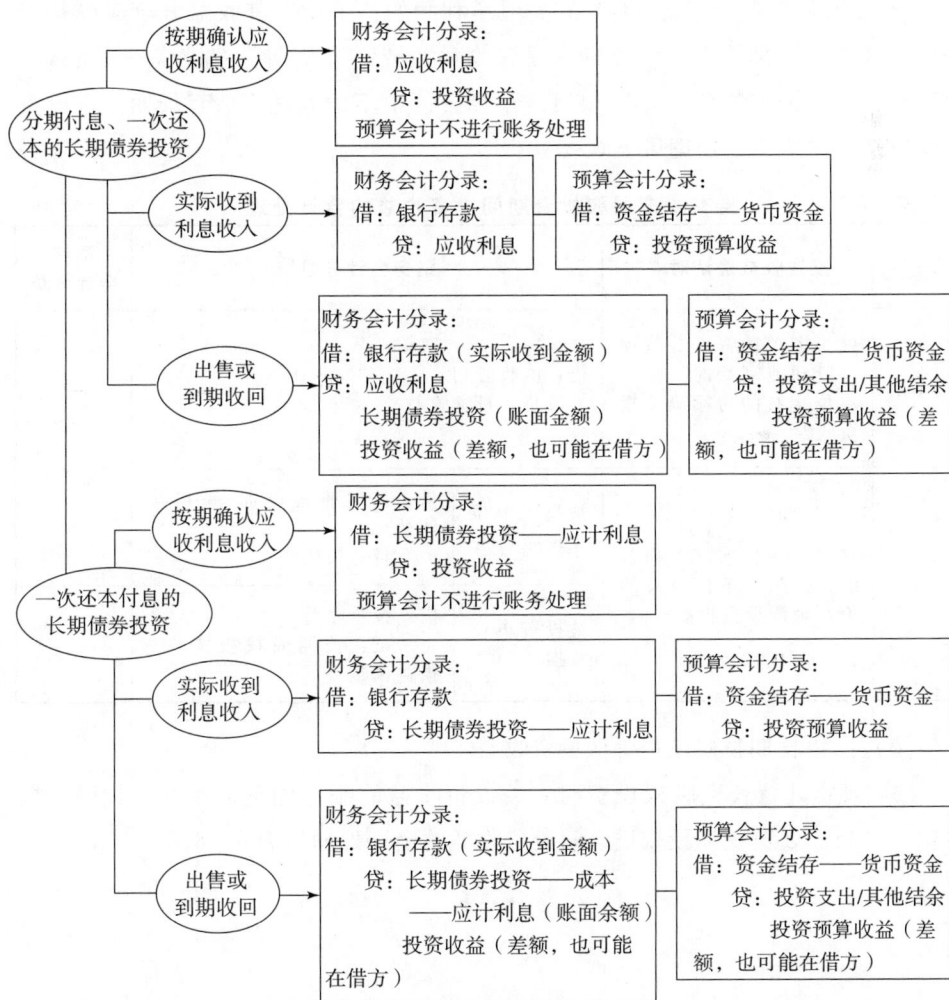

图 6-9　长期债券投资的投资收益的会计处理

3．长期股权投资的投资收益

（1）持有长期股权投资期间投资收益的确认

采用成本法核算的长期股权投资持有期间，被投资单位宣告分派现金股利或利润时，按照宣告分派的现金股利或利润中属于单位应享有的份额：财务会计处理中，借记"应收股利"科目，贷记"投资收益"科目；预算会计中不做处理。

采用权益法核算的长期股权投资持有期间：财务会计处理中，按照应享有或应分担的被投资单位实现的净损益的份额，借记或贷记"长期股权投资——损益调整"科目，贷记或借记"投资收益"科目；预算会计中不做处理。被投资单位发生净亏损，但以后年度又实现净利润的：单位在其收益分享额弥补未确认的亏损分担额等后，恢复确认投资收益，借记"长期股权投资——损益调整"科目，贷记"投资收益"科目；预算会计中不做处理。持有长期股权投资期间投资收益的会计处理见表6－7。

表6－7　　　　持有长期股权投资期间投资收益的会计处理

	投资收益确认时点	财务会计分录		预算会计分录
成本法	被投资单位宣告分派现金股利或利润时，按本单位享有的份额确认投资收益	借：应收股利 　贷：投资收益		—
权益法	被投资单位实现净损益时，按照本单位享有的份额确认投资收益	被投资单位实现净利润	借：长期股权投资——损益调整 　　贷：投资收益	—
		被投资单位亏损	借：投资收益 　　贷：长期股权投资——损益调整	—

（2）出售长期股权投资确认投资收益

按照规定处置长期股权投资时有关投资收益的账务处理，参见"长期股权投资"科目。处置长期股权投资时投资收益的会计处理见表6－8。

表 6-8　　　　　　处置长期股权投资时投资收益的会计处理

	处置资产取得方式	财务会计分录	预算会计分录
处置收益纳入单位预算管理	以现金取得	借：银行存款（实际取得的价款） 　贷：长期股权投资（账面余额） 　　　应收股利（已宣告尚未领取的现金股利或利润） 　　　银行存款（支付的相关税费） 　　　投资收益（差额，可以在借方）	借：资金结存——货币资金 　贷：投资支出/其他结余（投资款） 　　　投资预算收益
	以现金以外的其他资产取得	借：资产处置费用 　贷：长期股权投资 借：银行存款（实际取得的价款） 　贷：应收股利（已宣告尚未领取的现金股利或利润） 　　　投资收益（取得价款减去投资账面余额、应收股利与相关税费） 　　　应缴财政款（贷差）	借：资金结存——货币资金（取得价款减去投资账面余额与相关税费） 　贷：投资预算收益
处置投资收益上缴财政	不确认投资收益		

【例 6-8】某事业单位一项长期股权投资按权益法核算，年底被投资单位实现净利润 60 000 元，按投资份额计算，属于该事业单位的被投资单位净利润为 30 000 元。其会计分录如下。

财务会计分录：

借：长期股权投资——损益调整　　　　　　　　　　30 000

　　贷：投资收益　　　　　　　　　　　　　　　　　30 000

预算会计不进行账务处理。

被投资单位次年 3 月宣告分配股利 20 000 元，属于本单位享有的股利份额为 12 000 元，股利尚未收到。其会计分录如下。

财务会计分录：

借：应收股利　　　　　　　　　　　　　　　　　　12 000

　　贷：长期股权投资——损益调整　　　　　　　　　12 000

预算会计不进行账务处理。

【例 6-9】某事业单位一项短期国债投资到期兑付，其收到国债投资本息 61 200 元，其中短期投资成本为 60 000 元，利息为 1 200 元。其会计分录如下。

财务会计分录：

借：银行存款　　　　　　　　　　　　　　　　　　61 200

　　贷：短期投资　　　　　　　　　　　　　　　　　60 000

投资收益	1 200

预算会计分录：

借：资金结存——货币资金	61 200
贷：投资支出	60 000
投资预算收益	1 200

6.3.4 上级补助收入

1. 上级补助收入的概念

上级补助收入是事业单位收到主管部门或上级单位拨入的非财政补助资金。根据事业单位的管理体制，每个事业单位均有主管部门或上级单位，主管部门或上级单位可以利用自身的收入或集中的收入，对所属事业单位给予补助，以调剂事业单位的资金余缺。上级补助收入不同于财政补助收入，上级补助收入并非来源于财政部门，也不是财政部门安排的财政预算资金，而是由主管部门或上级单位拨入的非财政性资金。上级补助收入并不是事业单位的常规收入，主管单位或上级单位一般根据自身的资金情况和事业单位的需要进行拨付。

2. 上级补助收入的分类

上级补助收入是事业单位的非财政补助资金，需要按照主管部门或上级单位的要求进行管理，需按规定的用途安排使用，具体分类如表 6 - 9 所示。

表 6 - 9　　　　　　　上级补助收入的分类及其主要内容

分类标准	分类名称	主要内容
使用要求	专项资金收入	是主管部门或上级单位拨入的用于完成特定任务的款项。专项资金收入应当专款专用、单独核算，并按照规定向主管部门或上级单位报送专项资金使用情况；项目完成后，应当报送专项资金支出决算和使用效果的书面报告，接受主管部门或上级单位的检查、验收。当年未完成的项目结转到下一年继续使用。已经完成项目结余的资金，按规定缴回原拨款单位，或留归事业单位转入事业基金
	非专项资金收入	是主管部门或上级单位拨入用于维持正常运行和完成日常工作任务的款项。非专项资金收入无限定的用途，年度结余的资金可以转入事业结余并进行分配

3. 上级补助收入的会计核算

为了反映事业单位取得主管部门或上级单位的补助情况，事业单位应当设置"上级补助收入"科目。"上级补助收入"科目按照发放补助单位、补助项目等进行明细核算。本科目期末结转后，应无余额。

确认上级补助收入时，按照应收或实际收到的金额：财务会计处理中，借记"其他应收款""银行存款"等科目，贷记"上级补助收入"科目；预算会计处理时，借记"资金结存——货币资金"科目，贷记"上级补助预算收入"科目。

实际收到应收的上级补助款时，按照实际收到的金额：财务会计处理中，借记"银行存款"等科目，贷记"其他应收款"科目；预算会计处理时，借记"资金结存——货币资金"科目，贷记"上级补助预算收入"科目。

期末，将"上级补助收入"科目本期发生额转入本期盈余：财务会计处理中，借记"上级补助收入"科目，贷记"本期盈余"科目；预算会计处理时，属于专项资金收入的借记"上级补助预算收入"科目，贷记"非财政拨款结转——本年收支结转"科目，属于非专项资金收入的借记"上级补助预算收入"科目，贷记"其他结余"科目。上级补助收入的相关会计处理见图 6-10。

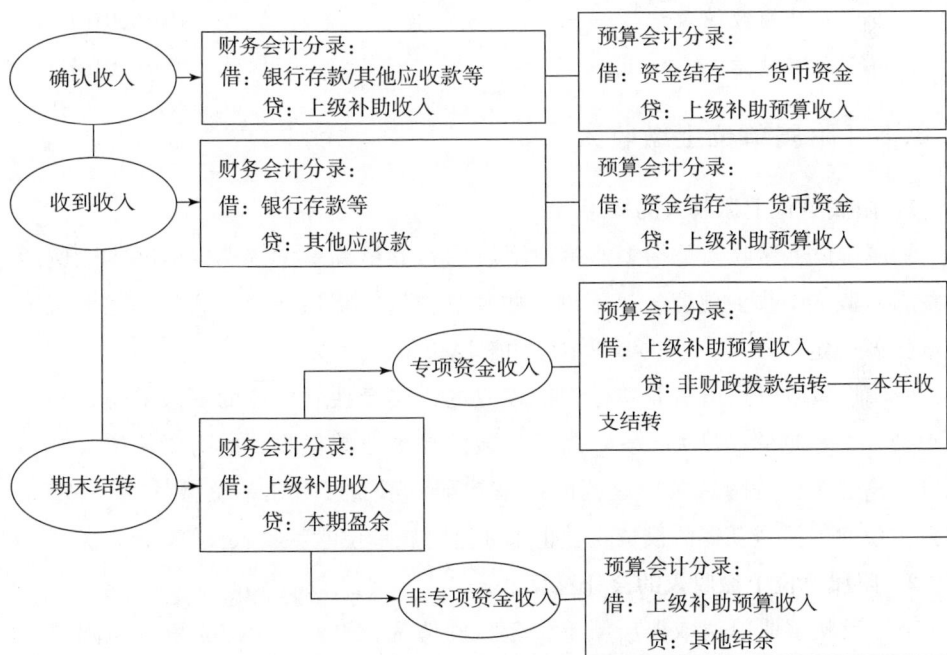

图 6-10 上级补助收入的相关会计处理

【例 6-10】某事业单位收到主管部门拨来的补助款 100 000 元，款项已经存入银行。此款项是上级单位用其所集中的款项对附属单位基本支出进行的调剂。其会计分录如下。

财务会计分录：

借：银行存款   100 000

　　　　贷：上级补助收入——主管部门　　　　　　　　　100 000

　　预算会计分录：

　　借：资金结存——货币资金　　　　　　　　　　　　100 000

　　　　贷：上级补助预算收入　　　　　　　　　　　　　100 000

　　年终，结转"上级补助收入"科目，其中专项资金为600 000元，非专项资金为300 000元。

　　财务会计分录：

　　借：上级补助收入　　　　　　　　　　　　　　　　900 000

　　　　贷：本期盈余　　　　　　　　　　　　　　　　　900 000

　　预算会计分录：

　　借：上级补助预算收入　　　　　　　　　　　　　　900 000

　　　　贷：非财政拨款结转——本年收支结转　　　　　　600 000

　　　　　　其他结余　　　　　　　　　　　　　　　　　300 000

6.3.5　附属单位上缴收入

1. 附属单位上缴收入的概念

　　附属单位上缴收入是指事业单位附属的独立核算单位按规定标准或比例缴纳的各项收入。事业单位一般下设一些独立核算的附属单位。这些单位按规定应当上缴一定的收入，形成事业单位的附属单位上缴收入。

　　所谓附属单位是指事业单位内部设立的，实行独立核算的下级单位，与上级单位存在一定的体制关系。附属单位缴款是事业单位收到的附属单位上缴的款项，事业单位与附属单位之间的往来款项，不通过附属单位缴款收入核算，事业单位对外投资获得的投资收益也不通过附属单位缴款收入核算。

2. 附属单位上缴收入的会计核算

　　为了反映事业单位取得所属单位缴款的情况，事业单位应当设置"附属单位上缴收入"科目。该科目核算事业单位收到独立核算附属单位按规定上缴的款项。"附属单位上缴收入"科目应当按照附属单位、缴款项目进行明细核算。本科目期末结转后无余额。相关会计处理如图6-11所示。

　　确认附属单位上缴收入时，按照应收或收到的金额：财务会计处理中，借记"其他应收款""银行存款"等科目，贷记"附属单位上缴收入"科目；预算会计处理时，借记"资金结存——货币资金"科目，贷记"附属单位上缴预算收入"科目。

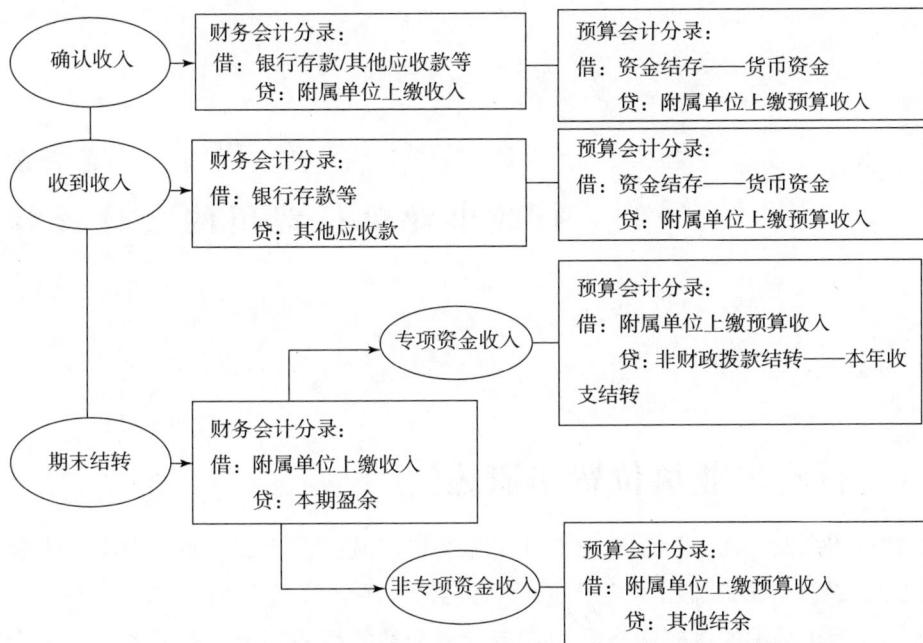

图 6 - 11　附属单位上缴收入会计处理

实际收到应收附属单位上缴款时,按照实际收到的金额:财务会计处理中,借记"银行存款"等科目,贷记"其他应收款"科目;预算会计处理时,借记"资金结存——货币资金"科目,贷记"附属单位上缴预算收入"科目。

期末,将"附属单位上缴收入"科目本期发生额转入本期盈余:财务会计处理中,借记"附属单位上缴收入"科目,贷记"本期盈余"科目;预算会计处理时,属于专项资金收入的借记"附属单位上缴预算收入"科目,贷记"非财政拨款结转——本年收支结转"科目,属于非专项资金收入的借记"附属单位上缴预算收入"科目,贷记"其他结余"科目。

【例 6 - 11】某事业单位下属的招待所为独立核算的附属单位。按事业单位与招待所签订的收入分配办法规定,2×13 年招待所应缴纳分成款 60 000 元,事业单位已收到招待所上缴的款项。其会计分录如下。

财务会计分录:

借:银行存款　　　　　　　　　　　　　　　　　　　　　60 000

　　贷:附属单位上缴收入——招待所(2×13 年分成款)　　60 000

预算会计分录:

借:资金结存——货币资金　　　　　　　　　　　　　　　60 000

　　贷:附属单位上缴预算收入　　　　　　　　　　　　　　60 000

第7章
行政事业单位费用的会计核算

7.1　行政事业单位费用概述

费用是指报告期内导致政府会计主体净资产减少的、含有服务潜力或者经济利益的经济资源的流出。费用的确认应当同时满足以下条件：

①与费用相关的含有服务潜力或者经济利益的经济资源很可能流出政府会计主体；

②含有服务潜力或者经济利益的经济资源流出会导致政府会计主体资产减少或者负债增加；

③流出金额能够可靠地计量。

行政事业单位的费用按照发生费用的业务活动类型可以分为业务活动费用、单位管理费用、经营费用等，具体内容如表7-1所示。

表7-1　　　　行政事业单位的费用分类及其内容

	分类	内容
行政、事业单位共同费用	业务活动费用	指单位为实现其职能目标，依法履职或开展专业业务活动及其辅助活动所发生的各项费用
	资产处置费用	指单位经批准处置资产时，如无偿调拨、出售、出让、转让、置换、对外捐赠资产等，发生的费用
	其他费用	指除业务活动费用、单位管理费用、经营费用、资产处置费用、上缴上级费用、对附属单位补助费用、所得税费用以外的各项费用，包括利息费用、坏账损失、罚没支出、现金资产捐赠支出以及相关税费、运输费等

续表

	分类	内容
事业单位 专有费用	上缴上级费用	指事业单位按照财政部门和主管部门的规定上缴上级单位款项发生的费用
	对附属单位补助费用	指事业单位用财政拨款收入之外的收入对附属单位补助发生的费用
	经营费用	指事业单位在专业业务活动及其辅助活动之外开展非独立核算经营活动发生的各项费用
	单位管理费用	指事业单位本级行政及后勤管理部门开展管理活动发生的各项费用
	所得税费用	指有企业所得税缴纳义务的事业单位按规定缴纳企业所得税所形成的费用

7.2　行政事业单位费用的会计核算

7.2.1　业务活动费用

单位应当设置"业务活动费用"科目核算单位为实现其职能目标，依法履职或开展专业业务活动及其辅助活动所发生的各项费用。"业务活动费用"科目应当按照项目、服务或者业务类别、支付对象等进行明细核算。为了满足成本核算需要，本科目下还可按照"工资福利费用""商品和服务费用""对个人和家庭的补助费用""对企业补助费用""固定资产折旧费""无形资产摊销费""公共基础设施折旧（摊销）费""保障性住房折旧费""计提专用基金"等成本项目设置明细科目，归集能够直接计入业务活动或采用一定方法计算后计入业务活动的费用。期末结转后，本科目应无余额。

1. 为履职或开展业务活动的本单位人员以及外部人员计提的薪酬和劳务费

为履职或开展业务活动的本单位人员以及外部人员计提的薪酬和劳务费的会计处理如图 7-1 所示。

计提时：财务会计中，按照计算确定的金额，借记"业务活动费用"科目，贷记"应付职工薪酬"科目；预算会计中不做处理。

实际支付时：财务会计中，按照代扣代缴个人所得税的金额，贷记"其他应交税费——应交个人所得税"科目，按照扣税后应付或实际支付的金额，贷记"财政拨款收入""零余额账户用款额度""银行存款"等科目，借记"应付职工薪酬"科目；预算会计处理时，按支付给个人部分借记"行政支出""事业支出"等科目，贷记"财政拨款预算收入""资金结存"科目。

实际缴纳个人所得税时：财务会计中，借记"其他应交税费——应交个人所

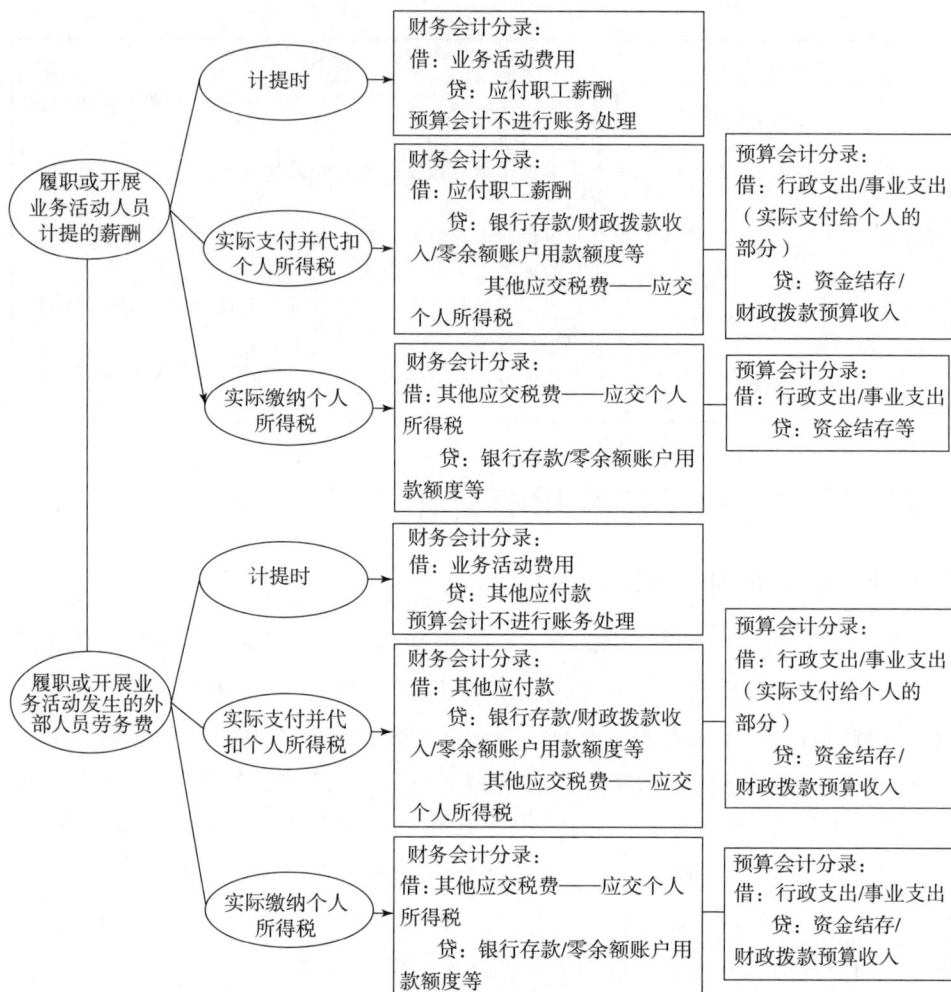

图 7 - 1　为履职或开展业务活动的本单位人员以及外部人员计提的
薪酬和劳务费会计处理

得税"科目，贷记"银行存款""零余额账户用款额度"等科目；预算会计处理时，借记"行政支出""事业支出"科目，贷记"资金结存"等科目。

2. 为履职或开展业务活动领用库存物品，以及动用发出相关政府储备物资

按照领用库存物品或发出相关政府储备物资的账面余额：财务会计借记"业务活动费用"科目，贷记"库存物品"等科目；预算会计中不做处理。

3. 为履职或开展业务活动所使用的固定资产、无形资产以及为所控制的公共基础设施、保障性住房计提的折旧、摊销

按照计提金额：财务会计借记"业务活动费用"科目，贷记"固定资产累计折旧""无形资产累计摊销""公共基础设施累计折旧（摊销）""保障性住房累计折旧"科目；预算会计中不做处理。

4．为履职或开展业务活动发生的各项税费

为履职或开展业务活动发生的城市维护建设税、教育费附加、地方教育费附加、车船税、房产税、城镇土地使用税等，按照计算确定应交的金额：财务会计借记"业务活动费用"科目，贷记"其他应交税费"等科目；预算会计中不做处理。

5．为履职或开展业务活动发生其他各项费用

按照费用确认金额：财务会计借记"业务活动费用"科目，贷记"财政拨款收入""零余额账户用款额度""银行存款""应付账款""其他应付款"等科目；预算会计处理时，按实际支付的金额借记"行政支出""事业支出"等科目，贷记"财政拨款预算收入""资金结存"等科目。

按照规定从收入中提取专用基金并计入费用的，一般按照预算会计下基于预算收入计算提取的金额：财务会计借记"业务活动费用"科目，贷记"专用基金"科目，国家另有规定的，从其规定；预算会计中不做处理。

发生当年购货退回等业务，对于已计入本年业务活动费用的，按照收回或应收的金额：财务会计借记"财政拨款收入""零余额账户用款额度""银行存款""应收账款"等科目，贷记"库存物品""业务活动费用"科目；预算会计处理时，借记"财政拨款预算收入""资金结存"科目，贷记"行政支出""事业支出"科目。

期末：财务会计将"业务活动费用"科目本期发生额转入本期盈余，借记"本期盈余"科目，贷记"业务活动费用"科目；预算会计处理时，属于财政拨款支出的借记"财政拨款结转——本年收支结转"科目，属于非同级财政专项资金支出的借记"非财政拨款结转——本年收支结转"科目，属于非同级财政、非专项资金支出的借记"其他结余"科目，贷记"行政支出""事业支出"科目。上述业务的会计核算总结见表 7-2。

表 7-2　　　　业务活动费用会计核算

会计事项	财务会计分录	预算会计分录
为履职或开展业务活动领用库存物品	借：业务活动费用 　贷：库存物品	—
为履职或开展业务活动所使用的固定资产、无形资产以及为所控制的公共基础设施、保障性住房计提的折旧、摊销	借：业务活动费用 　贷：固定资产累计折旧/无形资产累计摊销/公共基础设施累计折旧（摊销）/保障性住房累计折旧等	—

续表

会计事项	财务会计分录	预算会计分录
为履职或开展业务活动发生其他税费	借：业务活动费用 　　贷：财政拨款收入/零余额账户用款额度/银行存款/应付账款/其他应付款等	借：行政支出/事业支出 　　贷：资金结存等
按照规定从收入中提取专用基金并计入费用	借：业务活动费用 　　贷：专用基金	—
当年已计入本年业务活动费用的购货退回等业务	借：财政拨款收入/零余额账户用款额度/银行存款/应收账款等 　　贷：库存物品/业务活动费用	借：财政拨款预算收入/资金结存 　　贷：行政支出/事业支出
期末，将"业务活动费用"科目本期发生额转入本期盈余	借：本期盈余 　　贷：业务活动费用	借：财政拨款结转——本年收支结转/非财政拨款结转——本年收支结转/其他结余 　　贷：行政支出/事业支出

7.2.2　资产处置费用

资产处置的形式按照规定包括无偿调拨、出售、出让、转让、置换、对外捐赠、报废、毁损以及货币性资产损失核销等。单位在资产清查中查明的资产盘亏、毁损以及资产报废等，应当先通过"待处理财产损溢"科目进行核算，再将处理资产价值和处理净支出计入"资产处置费用"科目。短期投资、长期股权投资、长期债券投资的处置，按照相关资产科目的规定进行账务处理。资产处置的会计处理如图7－2所示。

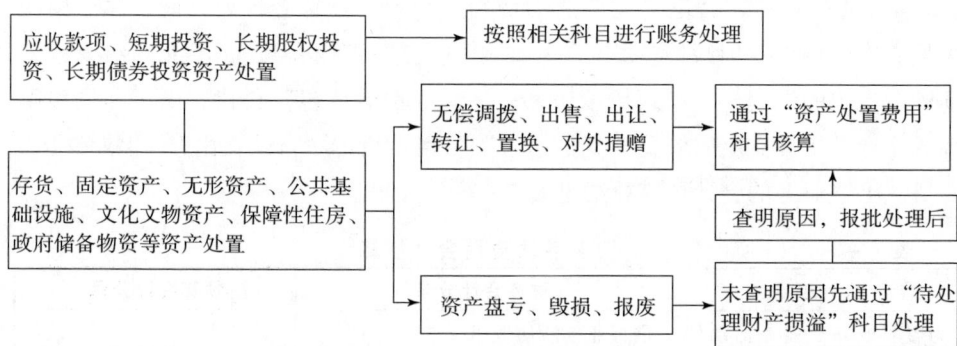

图7－2　资产处置的会计处理

单位应当设置"资产处置费用"科目核算单位经批准处置资产时发生的费用，包括转销的被处置资产价值，以及在处置过程中发生的相关费用或者处置收入小于相关费用形成的净支出。"资产处置费用"科目应当按照处置资产的类别、形式等进行明细核算。本科目期末结转后无余额。资产处置费用的主要会计处理见图 7 – 3。

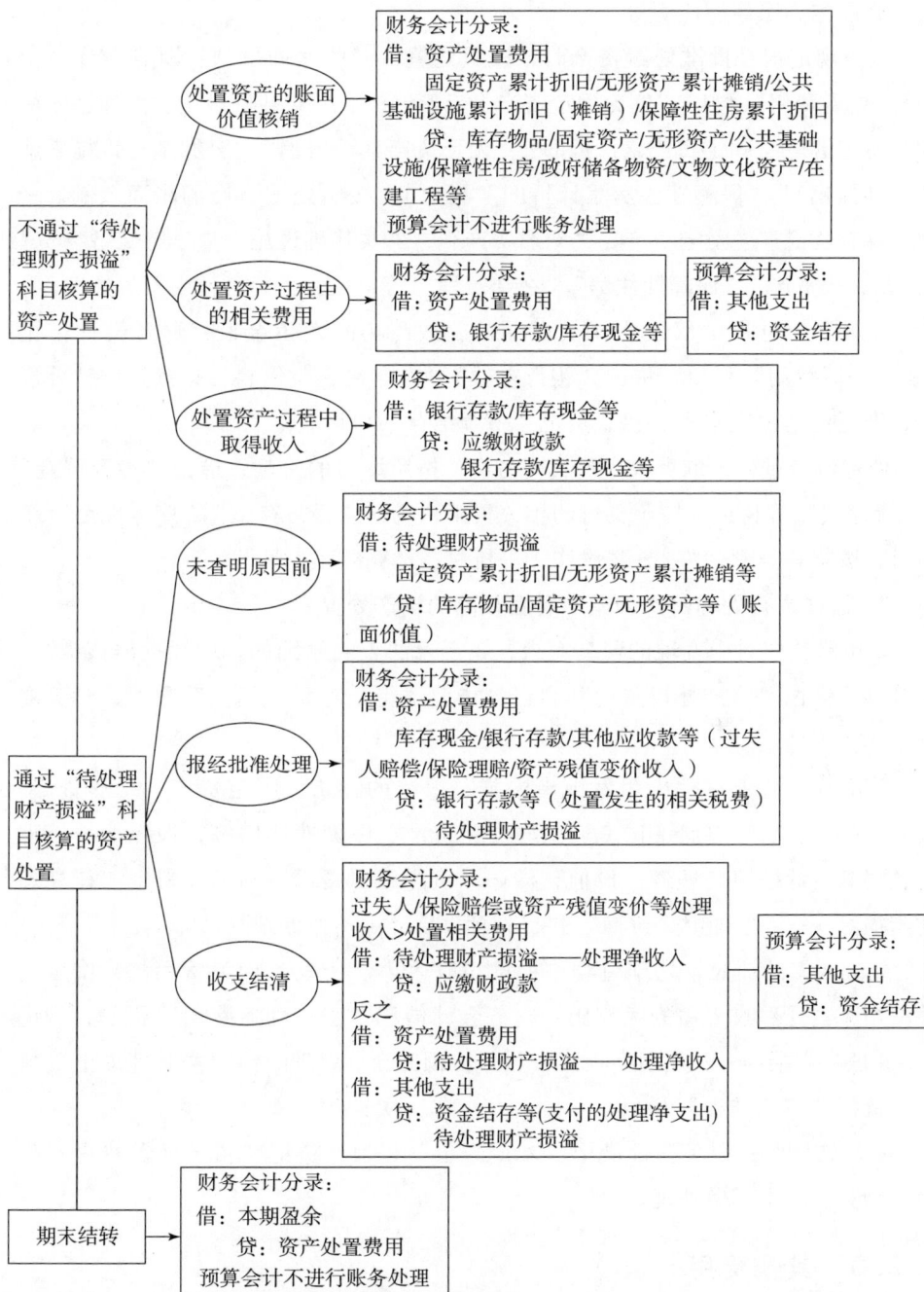

图 7 – 3　资产处置费用的主要会计处理

处置资产的账面价值核销

财务会计分录：
借：资产处置费用
　　固定资产累计折旧/无形资产累计摊销/公共基础设施累计折旧（摊销）/保障性住房累计折旧
　　贷：库存物品/固定资产/无形资产/公共基础设施/保障性住房/政府储备物资/文物文化资产/在建工程等
预算会计不进行账务处理

处置资产过程中的相关费用

财务会计分录：
借：资产处置费用
　　贷：银行存款/库存现金等

预算会计分录：
借：其他支出
　　贷：资金结存

处置资产过程中取得收入

财务会计分录：
借：银行存款/库存现金等
　　贷：应缴财政款
　　　　银行存款/库存现金等

不通过"待处理财产损溢"科目核算的资产处置

未查明原因前

财务会计分录：
借：待处理财产损溢
　　固定资产累计折旧/无形资产累计摊销等
　　贷：库存物品/固定资产/无形资产等（账面价值）

报经批准处理

财务会计分录：
借：资产处置费用
　　库存现金/银行存款/其他应收款等（过失人赔偿/保险理赔/资产残值变价收入）
　　贷：银行存款等（处置发生的相关税费）
　　　　待处理财产损溢

通过"待处理财产损溢"科目核算的资产处置

收支结清

财务会计分录：
过失人/保险赔偿或资产残值变价等处理收入>处置相关费用
借：待处理财产损溢——处理净收入
　　贷：应缴财政款
反之
借：资产处置费用
　　贷：待处理财产损溢——处理净收入
借：其他支出
　　贷：资金结存等(支付的处理净支出)
　　　　待处理财产损溢

预算会计分录：
借：其他支出
　　贷：资金结存

期末结转

财务会计分录：
借：本期盈余
　　贷：资产处置费用
预算会计不进行账务处理

1. 不通过"待处理财产损溢"科目核算的资产处置

不通过"待处理财产损溢"科目核算的资产包括固定资产、无形资产、公共基础设施、保障性住房等。

按照规定报经批准处置资产时，按照处置资产的账面价值：财务会计借记"资产处置费用"科目〔处置固定资产、无形资产、公共基础设施、保障性住房的，还应借记"固定资产累计折旧""无形资产累计摊销""公共基础设施累计折旧（摊销）""保障性住房累计折旧"科目〕，按照处置资产的账面余额，贷记"库存物品""固定资产""无形资产""公共基础设施""政府储备物资""文物文化资产""保障性住房""在建工程"等科目；预算会计中不做处理。

处置资产过程中仅发生相关费用的，按照实际发生金额：财务会计借记"资产处置费用"科目，贷记"银行存款""库存现金"等科目；预算会计处理时，借记"其他支出"科目，贷记"资金结存"科目。

处置资产过程中取得收入的：财务会计按照取得的价款，借记"库存现金""银行存款"等科目，按照支付的相关费用，贷记"银行存款""库存现金"等科目，按照其差额，"应缴财政款"等科目；预算会计中不做处理。

2. 通过"待处理财产损溢"科目核算的资产处置

单位账款核对中发现的现金短缺，属于无法查明原因的，报经批准核销时：财务会计借记"资产处置费用"科目，贷记"待处理财产损溢"科目；预算会计中不做处理。

单位资产清查过程中盘亏或者毁损、报废的存货、固定资产、无形资产、公共基础设施、政府储备物资、文物文化资产、保障性住房等，报经批准处理时：财务会计按照处理资产价值，借记"资产处置费用"科目，贷记"待处理财产损溢——待处理财产价值"科目；预算会计中不做处理。

处理收支结清时，处理过程中所取得收入小于所发生相关费用的，按照相关费用减去处理收入后的净支出：财务会计借记"资产处置费用"科目，贷记"待处理财产损溢——处理净收入"科目；预算会计处理时借记"其他支出"科目，贷记"资金结存"科目。

期末结转时：财务会计借记"本期盈余"科目，贷记"资产处置费用"科目；预算会计中不做处理。

7.2.3 其他费用

单位应当设置"其他费用"科目核算单位发生的除业务活动费用、单位管理费用、经营费用、资产处置费用、上缴上级费用、对附属单位补助费用、所得税费用以外的各项费用，包括利息费用、坏账损失、罚没支出、现金资产捐赠支出以及相关税费、运输费等。"其他费用"科目应当按照其他费用的类别等进行明细核算。单位发生的利息费用较多的，可以单独设置"利息费用"科目。"其他费用"科目期末结转后无余额。其具体会计核算如表 7-3 所示。

表 7-3　　　　　　　　　　其他费用会计核算

会计事项	财务会计分录	预算会计分录
利息费用	借：其他费用/在建工程 　　贷：应付利息/长期借款—— 应计利息	—
不需上缴财政的应收账款和其他应收款计提坏账损失	借：其他费用 　　贷：坏账准备	—
罚没支出	借：其他费用 　　贷：银行存款/库存现金/其他应付款	借：其他支出 　　贷：资金结存——货币资金（实际支付金额）
现金资产捐赠	借：其他费用 　　贷：银行存款/库存现金等	借：其他支出 　　贷：资金结存——货币资金
接受捐赠（或无偿调入）以名义金额计量的存货、固定资产、无形资产，以及成本无法可靠取得的公共基础设施、文物文化资产等发生的相关税费、运输费等	借：其他费用 　　贷：银行存款/库存现金/其他应付款/零余额账户用款额度	借：其他支出 　　贷：资金结存
与受托代理资产相关的税费、运输费、保管费等	借：其他费用 　　贷：银行存款/库存现金/其他应付款/零余额账户用款额度	借：其他支出 　　贷：资金结存
期末结转	借：本期盈余 　　贷：其他费用	借：其他结余 　　非财政拨款结转——本年收支结转/财政拨款结转——本年收支结转 　　贷：其他支出

7.3　事业单位专有费用的会计核算

7.3.1　单位管理费用

单位应当设置"单位管理费用"科目核算事业单位本级行政及后勤管理部

门开展管理活动发生的各项费用，包括单位行政及后勤管理部门发生的人员经费、公用经费、资产折旧（摊销）等费用，以及由单位统一负担的离退休人员经费、工会经费、诉讼费、中介费等。"单位管理费用"科目应当按照项目、费用类别、支付对象等进行明细核算。为了满足成本核算需要，本科目下还可按照"工资福利费用""商品和服务费用""对个人和家庭的补助费用""固定资产折旧费""无形资产摊销费"等成本项目设置明细科目，归集能够直接计入单位管理活动或采用一定方法计算后计入单位管理活动的费用。本科目期末结转后应当无余额。单位活动费用的账务处理如表7-4所示。

表7-4   单位活动费用的账务处理

会计事项	财务会计分录	预算会计分录
管理活动人员职工薪酬	计提时，按照计算金额 借：单位管理费用 　　贷：应付职工薪酬	—
	实际支付给职工并代扣个人所得税时 借：应付职工薪酬 　　贷：财政拨款收入/零余额账户用款额度/银行存款等 　　　　其他应交税费——应交个人所得税	借：事业支出（按照支付给个人部分） 　　贷：财政拨款预算收入/资金结存
	实际缴纳税款时 借：其他应交税费——应交个人所得税 　　贷：银行存款/零余额账户用款额度等	借：事业支出（按照实际缴纳额） 　　贷：资金结存等
为开展管理活动发生的外部人员劳务费	计提时，按照计算的金额 借：单位管理费用 　　贷：其他应付款	—
	实际支付并代扣个人所得税时 借：其他应付款 　　贷：财政拨款收入/零余额账户用款额度/银行存款等 　　　　其他应交税费——应交个人所得税	借：事业支出（按照实际支付给个人部分） 　　贷：财政拨款预算收入/资金结存
	实际支付税款时 借：其他应交税费——应交个人所得税 　　贷：银行存款/零余额账户用款额度等	借：事业支出（按照实际缴纳额） 　　贷：资金结存等
为开展管理活动发生应负担的税金及附加	按照计算确定应缴纳的金额 借：单位管理费用 　　贷：其他应交税费	—
	实际缴纳时 借：其他应交税费 　　贷：银行存款等	借：事业支出 　　贷：资金结存等

续表

会计事项	财务会计分录	预算会计分录
开展管理活动内部领用库存物品	按库存物品的成本 借：单位管理费用 　　贷：库存物品	—
为管理活动所使用固定资产、无形资产计提的折旧、摊销	按计提的折旧、摊销额 借：单位管理费用 　　贷：固定资产累计折旧/无形资产累计摊销	—
为开展管理活动发生的其他各项费用	借：单位管理费用 　　贷：财政拨款收入/零余额账户用款额度/银行存款/应付账款等	借：事业支出（按照实际支付的金额） 　　贷：财政拨款预算收入/资金结存
发生当年购货退回等业务，对于已计入本年单位管理费用的	借：财政拨款收入/零余额账户用款额度/银行存款/其他应收款等 　　贷：库存物品单位管理费用等	借：财政拨款预算收入/资金结存 　　贷：事业支出
期末，将"单位管理费用"科目本期发生额转入本期盈余	借：本期盈余 　　贷：单位管理费用	借：财政拨款结转——本年收支结转/非财政拨款结转——本年收支结转/其他结余 　　贷：事业支出

7.3.2　经营费用

单位应当设置"经营费用"科目核算事业单位在专业业务活动及其辅助活动之外开展非独立核算经营活动发生的各项费用。"经营费用"科目应当按照经营活动类别、项目、支付对象等进行明细核算。为了满足成本核算需要，本科目下还可按照"工资福利费用""商品和服务费用""对个人和家庭的补助费用""固定资产折旧费""无形资产摊销费"等成本项目设置明细科目，归集能够直接计入单位经营活动或采用一定方法计算后计入单位经营活动的费用。本科目期末结转后无余额。经营活动费用的账务处理如表 7-5 所示。

表 7-5　　　　　　　　经营活动费用的账务处理

会计事项	财务会计分录	预算会计分录
为经营活动人员支付职工薪酬	计提时，按照计算的金额 借：经营费用 　　贷：应付职工薪酬	—

会计事项	财务会计分录	预算会计分录
为经营活动人员支付职工薪酬	实际支付给职工时 借：应付职工薪酬 　　贷：银行存款等 　　　　其他应交税费——应交个人所得税	借：经营支出（按照支付给个人部分） 　　贷：资金结存——货币资金
	实际支付税款时 借：其他应交税费——应交个人所得税 　　贷：银行存款等	借：经营支出（按照实际缴纳额） 　　贷：资金结存——货币资金
为开展经营活动发生应负担的税金及附加时	按照计算确定的缴纳金额 借：经营费用 　　贷：其他应交税费	—
	实际缴纳时 借：其他应交税费 　　贷：银行存款等	借：经营支出 　　贷：资金结存——货币资金
开展经营活动内部领用库存物品	按照实际成本 借：经营费用 　　贷：库存物品	—
为经营活动所使用固定资产、无形资产计提的折旧、摊销	按计提的折旧、摊销额 借：经营费用 　　贷：固定资产累计折旧/无形资产累计摊销	—
按照预算收入一定比例计提专用基金	借：经营费用 　　贷：专用基金	—
发生与经营活动相关的其他各项费用	借：经营费用 　　贷：银行存款/应付账款等	借：经营支出（按照实际支付的金额） 　　贷：资金结存——货币资金
发生当年购货退回等业务，对于已计入本年经营费用的	按当年发生的费用 借：银行存款/应收账款等 　　贷：库存物品/经营费用等	借：资金结存——货币资金（按照实际收到的金额） 　　贷：经营支出
期末，将"经营费用"科目本期发生额转入本期盈余	借：本期盈余 　　贷：经营费用	借：经营结余 　　贷：经营支出

7.3.3　上缴上级费用

　　事业单位应当设置"上缴上级费用"科目核算事业单位按照财政部门和主管部门的规定上缴上级单位款项发生的费用。"上缴上级费用"科目应当按照收缴款项单位、缴款项目等进行明细核算。本科目期末结转后，应无余额。

单位发生上缴上级支出的：按照实际上缴的金额或者按照规定计算出应当上缴上级单位的金额，财务会计借记"上缴上级费用"科目，贷记"银行存款""其他应付款"等科目；预算会计处理时，按实际上缴的金额借记"上缴上级支出"科目，贷记"资金结存——货币资金"科目。

期末，将"上缴上级费用"科目本期发生额转入本期盈余：财务会计借记"本期盈余"科目，贷记"上缴上级费用"科目；预算会计处理时，借记"其他结余"科目，贷记"上缴上级支出"科目。

7.3.4　对附属单位补助费用

事业单位应当设置"对附属单位补助费用"科目核算事业单位用财政拨款收入之外的收入对附属单位补助发生的费用。"对附属单位补助费用"科目应当按照接受补助单位、补助项目等进行明细核算。本科目期末结转后，应无余额。

单位发生对附属单位补助支出的：按照实际补助的金额或者按照规定计算出应当对附属单位补助的金额，财务会计借记"对附属单位补助费用"科目，贷记"银行存款""其他应付款"等科目；预算会计处理时，按实际补助的金额借记"对附属单位补助支出"科目，贷记"资金结存——货币资金"科目。

期末，将"对附属单位补助费用"科目本期发生额转入本期盈余：财务会计借记"本期盈余"科目，贷记"对附属单位补助费用"科目；预算会计处理时，借记"其他结余"科目，贷记"对附属单位补助支出"科目。

7.3.5　所得税费用

事业单位应当设置"所得税费用"科目核算有企业所得税缴纳义务的事业单位按规定缴纳企业所得税所形成的费用。"所得税费用"科目年末结转后无余额。

发生企业所得税纳税义务的：按照税法规定计算的应交税金数额，财务会计借记"所得税费用"科目，贷记"其他应交税费——单位应交所得税"科目；预算会计中不做处理。实际缴纳时：按照缴纳金额，财务会计借记"其他应交税费——单位应交所得税"科目，贷记"银行存款"科目；预算会计处理时，借记"非财政拨款结余——累计结余"科目，贷记"资金结存——货币资金"科目。

年末，将"所得税费用"科目本年发生额转入本期盈余：财务会计借记"本期盈余"科目，贷记"所得税费用"科目；预算会计中不做处理。

第 8 章
行政事业单位预算收入的会计核算

8.1　预算收入概述

8.1.1　预算收入的确认

预算收入是指政府会计主体在预算年度内依法取得的并纳入预算管理的现金流入。预算收入一般在实际收到时予以确认，以实际收到的金额计量。

8.1.2　预算收入的管理

加强行政事业单位收入的管理，对提高财政资金的使用效益、保护社会公众的基本权益有着重要的意义。根据《行政事业单位财务管理制度》《行政单位财务规则》的要求，行政事业单位收入管理的内容主要包括以下 3 方面。

①加强收入的预算管理。行政事业单位应当将各项收入全部纳入单位预算，统一核算，统一管理。

②保证收入的合法性与合理性。行政事业单位的各项收入应当依法取得，符合国家有关法律、法规和规章制度的规定。各收费项目、收费范围和收费标准必须按照法定程序审批，取得收费许可后方可实施。

③及时上缴各项财政收入。行政单位依法取得的应当上缴财政的罚没收入、行政事业性收费、政府性基金、国有资产处置和出租出借收入等，事业单位对按照规定上缴国库或者财政专户的资金不属于行政事业单位的收入，应当按照国库集中收缴的有关规定及时足额上缴，不得隐瞒、滞留、截留、挪用和坐支。

8.2　行政事业单位预算收入的会计核算

8.2.1　财政拨款预算收入

1. 财政拨款预算收入的科目设置

单位应当设置"财政拨款预算收入"科目，核算单位从同级政府财政部门取得的各类财政拨款。"财政拨款预算收入"科目应当设置"基本支出"和"项目支出"两个明细科目，并按照《政府收支分类科目》中"支出功能分类科目"的项级科目进行明细核算；同时，在"基本支出"明细科目下按照"人员经费"和"日常公用经费"进行明细核算，在"项目支出"明细科目下按照具体项目进行明细核算。有一般公共预算财政拨款、政府性基金预算财政拨款等两种或两种以上财政拨款的单位，还应当按照财政拨款的种类进行明细核算。本科目年末结转后，无余额。

2. 财政拨款预算收入的主要账务处理

财政直接支付方式下：单位根据收到的财政直接支付入账通知书及相关原始凭证，按照通知书中的直接支付金额，预算会计应当借记"行政支出""事业支出"等科目，贷记"财政拨款预算收入"科目；财务会计处理时，根据收到的财政直接支付入账通知书及相关原始凭证，按照通知书中的直接支付入账金额，借记"库存物品""固定资产""业务活动费用""单位管理费用""应付职工薪酬"等科目，贷记"财政拨款收入"科目。

年末，根据本年度财政直接支付预算指标数与当年财政直接支付实际支出数的差额：预算会计应当借记"资金结存——财政应返还额度"科目，贷记"财政拨款预算收入"科目；财务会计处理时，借记"财政应返还额度——财政直接支付"科目，贷记"财政拨款收入"科目。

财政授权支付方式下：单位根据收到的财政授权支付额度到账通知书，按照通知书中的授权支付额度，预算会计应当借记"资金结存——零余额账户用款额度"科目，贷记"财政拨款预算收入"科目；财务会计处理时，根据收到的财政授权支付额度到账通知书，按照通知书中的授权支付额度，借记"零余额账户用款额度"科目，贷记"财政拨款收入"科目。

年末，单位本年度财政授权支付预算指标数大于零余额账户用款额度下达数的，按照两者差额：预算会计应当借记"资金结存——财政应返还额度"科目，贷记"财政拨款预算收入"科目；财务会计处理时，借记"财政应返还额度——财政授权支付"科目，贷记"财政拨款收入"科目。

其他方式下：单位按照本期预算收到财政拨款预算收入时，按照实际收到的金额，预算会计应当借记"资金结存——货币资金"科目，贷记"财政拨款预算收入"科目，单位收到下期预算的财政预拨款，应当在下个预算期，按照预收的金额，借记"资金结存——货币资金"科目，贷记"财政拨款预算收入"科目；财务会计处理时，按照实际收到的金额，借记"银行存款"等科目，贷记"财政拨款收入"科目。

因差错更正、购货退回等发生国库直接支付款项退回的，属于本年度支付的款项：按照退回金额，预算会计应当借记"财政拨款预算收入"科目，贷记"行政支出""事业支出"等科目；财务会计处理时，借记"财政拨款收入"科目，贷记"业务活动费用""库存物品"等科目。

年末，将"财政拨款预算收入"科目本年发生额转入财政拨款结转：预算会计应当借记"财政拨款预算收入"科目，贷记"财政拨款结转——本年收支结转"科目；财务会计处理时，借记"财政拨款收入"科目，贷记"本期盈余"科目。财政预算拨款收入会计核算如表 8-1 所示。

表 8-1　　　　　　　财政预算拨款收入会计核算

会计事项			预算会计分录	财务会计分录
取得财政拨款收入		财政直接支付	借：行政支出/事业支出等 　　贷：财政拨款预算收入	借：库存物品/业务活动费用等 　　贷：财政拨款收入
		财政授权支付	借：资金结存——零余额账户用款额度 　　贷：财政拨款预算收入	借：零余额账户用款额度 　　贷：财政拨款收入
		其他方式支付	借：资金结存——货币资金 　　贷：财政拨款预算收入	借：银行存款等 　　贷：财政拨款收入
取得差错更正、退货收入	财政直接支付	属于本年支付的款项	借：财政拨款预算收入 　　贷：行政支出/事业支出等	借：财政拨款收入 　　贷：库存物品/业务活动费用等
		以前年度支付的款项	借：资金结存——财政应返还额度 　　贷：财政拨款结转——年初余额调整/财政拨款结余——年初余额调整	借：财政返还额度——财政直接支付 　　贷：以前年度盈余调整/库存物品等

续表

会计事项			预算会计分录	财务会计分录
取得差错更正、退货收入	财政授权支付	属于本年支付的款项	借：资金结存——零余额账户用款额度 　　贷：行政/事业支出等	借：零余额账户用款额度 　　贷：库存物品/业务活动费用等
		以前年度支付的款项	借：资金结存——零余额账户用款额度 　　贷：财政拨款结转——年初余额调整/财政拨款结余——年初余额调整	借：零余额账户用款额度 　　贷：以前年度盈余调整/库存物品等
期末确认拨款差额	财政直接支付预算指标数＞实际直接支付数		借：资金结存——财政应返还额度 　　贷：财政拨款预算收入	借：财政应返还额度——财政直接支付 　　贷：财政拨款收入
	财政授权支付预算指标数＞零余额账户用款额度下达数		借：资金结存——财政应返还额度 　　贷：财政拨款预算收入	借：财政应返还额度——财政授权支付 　　贷：财政拨款收入
期末结转			借：财政拨款预算收入 　　贷：财政拨款结转——本年收支结转	借：财政拨款收入 　　贷：本期盈余

【例 8-1】某行政单位 4 月 1 日收到财政授权支付额度到账通知书，收到财政拨款 300 000 元。其会计分录如下。

预算会计分录：

借：资金结存——零余额账户用款额度　　　　　　　300 000

　　贷：财政拨款预算收入　　　　　　　　　　　　　　300 000

财务会计分录：

借：零余额账户用款额度　　　　　　　　　　　　　300 000

　　贷：财政拨款收入　　　　　　　　　　　　　　　　300 000

4 月 12 日，收到财政部门委托其代理银行转来的财政直接支付入账通知书，其中包含财政部门为行政部门支付 150 000 元的日常行政活动经费、7 000 元的为开展某项专业业务活动所发生的费用。收到财政直接支付入账通知书。其会计分录如下。

预算会计分录：

借：行政支出　　　　　　　　　　　　　　　　　　157 000

　　贷：财政拨款预算收入——基本支出拨款（日常公用经费）

　　　　　　　　　　　　　　　　　　　　　　　　157 000

财务会计分录：

借：业务活动费用 157 000

    贷：财政拨款收入——基本支出拨款（日常公用经费） 157 000

【例8－2】3月15日，某事业单位通过财政直接支付本单位职工薪酬200 000元、为开展管理活动发生的外部人员劳务费15 000元。本单位职工的薪酬包括业务人员工资150 000元和行政及后勤人员工资50 000元，其会计分录如下。

预算会计分录：

借：事业支出 215 000

    贷：财政拨款预算收入 215 000

财务会计分录：

借：业务活动费用 150 000

    单位管理费用 65 000

    贷：财政拨款收入 215 000

8.2.2 非同级财政拨款预算收入

1. 科目设置

行政事业单位应当设置"非同级财政拨款预算收入"科目核算单位从非同级政府财政部门取得的财政拨款，包括本级横向转拨财政款和非本级财政拨款。对于因开展科研及其辅助活动从非同级政府财政部门取得的经费拨款，应当通过"事业预算收入——非同级财政拨款"科目进行核算，不通过"非同级财政拨款预算收入"科目核算。"非同级财政拨款预算收入"科目应当按照非同级财政拨款预算收入的类别、来源、《政府收支分类科目》中"支出功能分类科目"的项级科目等进行明细核算。非同级财政拨款预算收入中如有专项资金收入，还应按照具体项目进行明细核算。本科目年末结转后，应无余额。

2. 非同级财政拨款预算收入的主要账务处理

取得非同级财政拨款预算收入时，按照实际收到的金额：预算会计应当借记"资金结存——货币资金"科目，贷记"非同级财政拨款预算收入"科目；财务会计处理时，借记"其他应收款""银行存款"等科目，贷记"非同级财政拨款收入"科目。

年末：将"非同级财政拨款预算收入"科目本年发生额中的专项资金收入转入非财政拨款结转，预算会计应当借记"非同级财政拨款预算收入"科目下各专项资金收入明细科目,贷记"非财政拨款结转——本年收支结转"科目;将本科目本年发生额中的非专项资金收入转入其他结余,预算会计应当借记"非同级财政拨款预算收入"科目下各非专项资金收入明细科目,贷记"其他结余"科目;财务会计处理时,借记"非同级财政拨款收入"科目,贷记"本期盈余"科目。非同级财政拨款预算收入会计处理如图 8-1 所示。

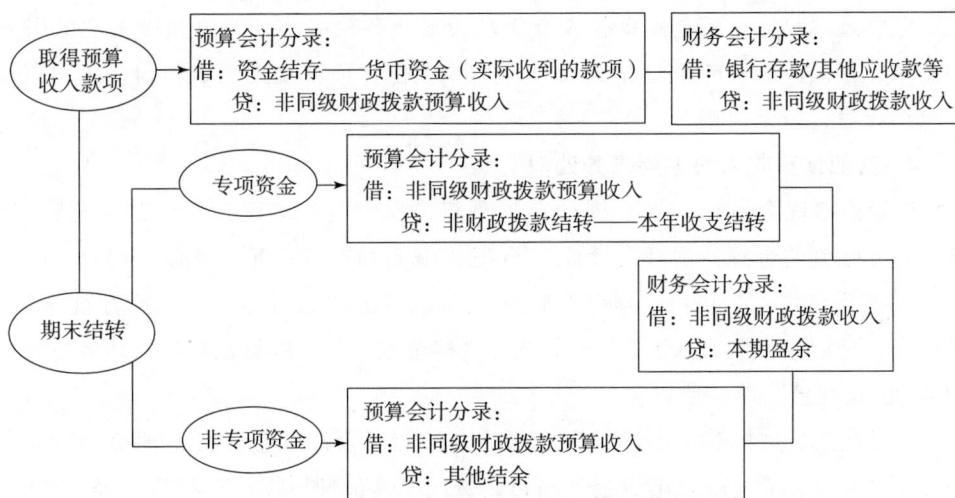

图 8-1　非同级财政拨款预算收入会计处理

【例 8-3】某事业单位收到非同级财政拨款 100 000 元,款项已经到账。其会计分录如下。

预算会计分录:

借:资金结存——货币资金　　　　　　　　　　　100 000

　　贷:非同级财政拨款预算收入　　　　　　　　　　　100 000

财务会计分录:

借:银行存款　　　　　　　　　　　　　　　　　100 000

　　贷:非同级财政拨款收入　　　　　　　　　　　　　100 000

同时,需要按"支出功能分类"的要求进行明细核算。

8.2.3　其他预算收入

1. 科目设置

行政事业单位应当设置"其他预算收入"科目核算单位除财政拨款预算收

入、事业预算收入、上级补助预算收入、附属单位上缴预算收入、经营预算收入、债务预算收入、非同级财政拨款预算收入、投资预算收益之外的纳入部门预算管理的现金流入，包括捐赠预算收入、利息预算收入、租金预算收入、现金盘盈收入等。"其他预算收入"科目应当按照其他收入类别、《政府收支分类科目》中"支出功能分类科目"的项级科目等进行明细核算。其他预算收入中如有专项资金收入，还应按照具体项目进行明细核算。单位发生的捐赠预算收入、利息预算收入、租金预算收入金额较大或业务较多的，可单独设置"6603捐赠预算收入""6604 利息预算收入""6605 租金预算收入"等科目。本科目年末结转后，应无余额。

2. 其他预算收入的主要账务处理

接受捐赠现金资产、收到银行存款利息、收到资产承租人支付的租金时，按照实际收到的金额：预算会计应当借记"资金结存——货币资金"科目，贷记"其他预算收入"科目；财务会计处理时，借记"银行存款""库存现金"等科目，贷记"捐赠收入""利息收入""租金收入""应收账款""其他应收款""应收利息"等科目。

每日现金账款核对中如发现现金溢余，按照溢余的现金金额：预算会计应当借记"资金结存——货币资金"科目，贷记"其他预算收入"科目。经核实，属于应支付给有关个人和单位的部分，按照实际支付的金额，预算会计应当借记"其他预算收入"科目，贷记"资金结存——货币资金"科目。

收到其他预算收入时，按照收到的金额：预算会计应当借记"资金结存——货币资金"科目，贷记"其他预算收入"科目；财务会计处理时，借记"银行存款"等科目，贷记"其他收入"科目。其他预算收入会计处理见表 8－2。

表 8－2　　　　　　　　　　其他预算收入会计处理

会计事项	计量	预算会计分录	财务会计分录
接受捐赠现金资产、收到银行存款利息、收到资产承租人支付的租金	按实际收到的金额	借：资金结存——货币资金 　　贷：其他预算收入	借：银行存款/库存现金 　　贷：捐赠收入/利息收入/租金收入 或 借：银行存款/库存现金 　　贷：应收账款/其他应收款/应收利息

续表

会计事项		计量	预算会计分录	财务会计分录	
现金盘盈	无法查明原因	按实际盘盈的金额	—	借：库存现金 　　贷：待处理财产损溢	借：待处理财产损溢 　　贷：其他收入
	应支付给有关单位		借：其他预算收入 　　贷：资金结存——货币资金		借：待处理财产损溢 　　贷：其他应付款
其他收入		按照收到的金额	借：资金结存——货币资金 　　贷：其他预算收入	借：银行存款等 　　贷：其他收入	

年末，将"其他预算收入"科目本年发生额中的专项资金收入转入非财政拨款结转：预算会计应当借记"其他预算收入"科目下各专项资金收入明细科目，贷记"非财政拨款结转——本年收支结转"科目；将本科目本年发生额中的非专项资金收入转入其他结余，预算会计应当借记"其他预算收入"科目下各非专项资金收入明细科目，贷记"其他结余"科目；财务会计处理时，借记"其他收入"科目，贷记"本期盈余"科目，如图 8-2 所示。

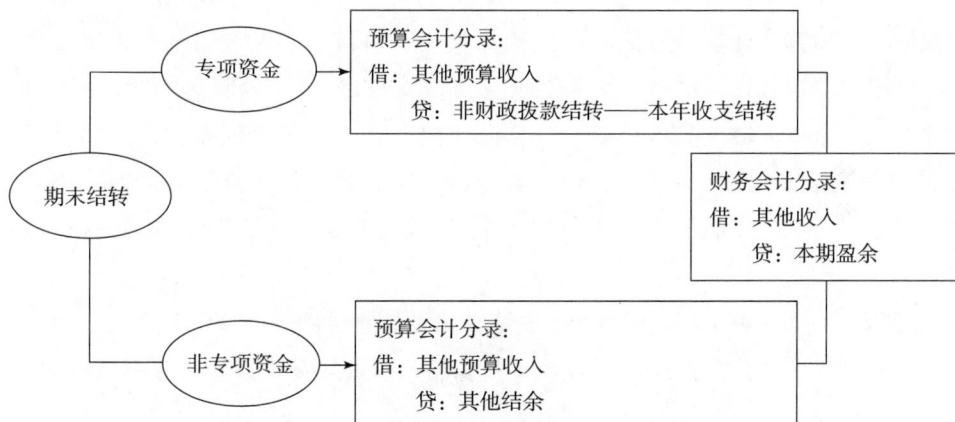

图 8-2　其他预算收入期末结转会计处理

8.3　事业单位专有预算收入的会计核算

8.3.1　事业预算收入

1. 科目设置

事业单位应当设置"事业预算收入"科目核算事业单位开展专业业务活动

及其辅助活动取得的现金流入。事业单位因开展科研及其辅助活动从非同级政府财政部门取得的经费拨款，也通过"事业预算收入"科目核算。"事业预算收入"科目应当按照事业预算收入类别、项目、来源、《政府收支分类科目》中"支出功能分类科目"项级科目等进行明细核算。对于因开展科研及其辅助活动从非同级政府财政部门取得的经费拨款，应当在本科目下单设"非同级财政拨款"明细科目进行明细核算；事业预算收入中如有专项资金收入，还应按照具体项目进行明细核算。本科目年末结转后，无余额。

2．事业预算收入的主要账务处理

采用财政专户返还方式管理的事业预算收入，收到从财政专户返还的事业预算收入时，按照实际收到的返还金额：预算会计应当借记"资金结存——货币资金"科目，贷记"事业预算收入"科目；财务会计处理时，借记"银行存款"等科目，贷记"事业收入"科目。

收到其他事业预算收入时，按照实际收到的款项金额：预算会计应当借记"资金结存——货币资金"科目，贷记"事业预算收入"科目；财务会计处理时，借记"银行存款"等科目，贷记"事业收入"科目。

年末：将"事业预算收入"科目本年发生额中的专项资金收入转入非财政拨款结转，预算会计应当借记"事业预算收入"科目下各专项资金收入明细科目，贷记"非财政拨款结转——本年收支结转"科目；将本科目本年发生额中的非专项资金收入转入其他结余，预算会计应当借记"事业预算收入"科目下各非专项资金收入明细科目，贷记"其他结余"科目；财务会计处理时，借记"事业收入"科目，贷记"本期盈余"科目。事业预算收入会计处理如图8-3所示。

【例8-4】某事业单位开展专业业务活动收到事业服务费10 000元，款项已经存入银行账户。此款项纳入财政专户管理，按规定需要全额上缴财政专户。其会计分录如下。

财务会计分录：

借：银行存款　　　　　　　　　　　　　　　　　10 000

　　贷：应缴财政款　　　　　　　　　　　　　　　　　10 000

预算会计不进行账务处理。

【例8-5】某事业单位收到银行通知，申请财政专户核拨的基本经费50 000元已经到账。此款项是事业单位上缴的检测服务收费。其会计分录如下。

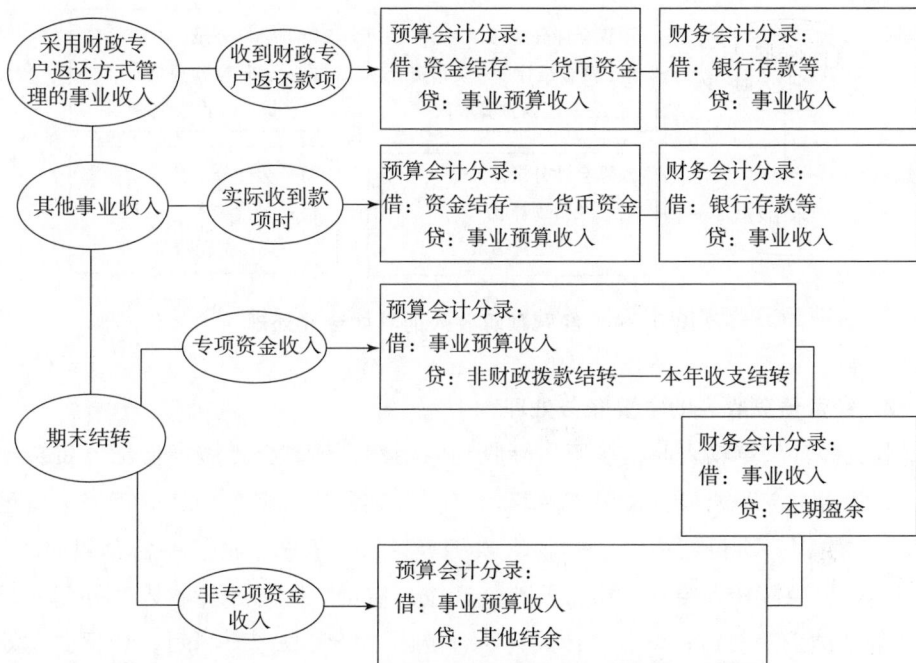

图 8 - 3　事业预算收入会计处理

预算会计分录：

借：资金结存——货币资金　　　　　　　　　　　　　　　50 000

　　贷：事业预算收入——检测业务（××收费项目）　　　　50 000

财务会计分录：

借：银行存款　　　　　　　　　　　　　　　　　　　　　50 000

　　贷：事业收入——检测业务（××收费项目）　　　　　　50 000

8.3.2　经营预算收入

1. 科目设置

　　事业单位应当设置"经营预算收入"科目核算事业单位在专业业务活动及其辅助活动之外开展非独立核算经营活动取得的现金流入。"经营预算收入"科目应当按照经营活动类别、项目、《政府收支分类科目》中"支出功能分类科目"的项级科目等进行明细核算。本科目年末结转后，无余额。经营预算收入的具体会计处理见图 8 - 4。

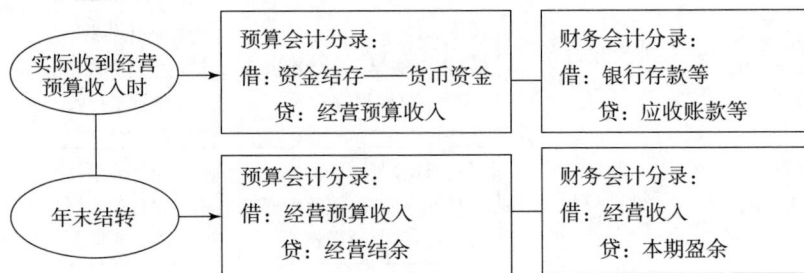

图 8-4　经营预算收入的具体会计处理

2．经营预算收入的主要账务处理

收到经营预算收入时，按照实际收到的金额：预算会计应当借记"资金结存——货币资金"科目，贷记"经营预算收入"科目；财务会计处理时，借记"银行存款"等科目，贷记"应收账款"等科目。年末，将"经营预算收入"科目本年发生额转入经营结余：预算会计应当借记"经营预算收入"科目，贷记"经营结余"科目；财务会计处理时，借记"经营收入"科目，贷记"本期盈余"科目。

8.3.3　投资预算收益

1．科目设置

事业单位应当设置"投资预算收益"科目核算事业单位取得的按照规定纳入部门预算管理的属于投资收益性质的现金流入，包括股权投资收益、出售或收回债券投资所取得的收益和债券投资利息收入。"投资预算收益"科目应当按照《政府收支分类科目》中"支出功能分类科目"的项级科目等进行明细核算。本科目年末结转后，应无余额。

2．投资预算收益的主要账务处理

投资预算收益的会计处理如图 8-5 所示。持有的短期投资以及分期付息、一次还本的长期债券投资收到利息时，按照实际收到的金额，预算会计应当借记"资金结存——货币资金"科目，贷记"投资预算收益"科目。持有长期股权投资取得被投资单位分派的现金股利或利润时，按照实际收到的金额，预算会计应当借记"资金结存——货币资金"科目，贷记"投资预算收益"科目。财务会计处理时，借记"银行存款"科目，贷记"应收利息""应收股利""投资收益"科目。

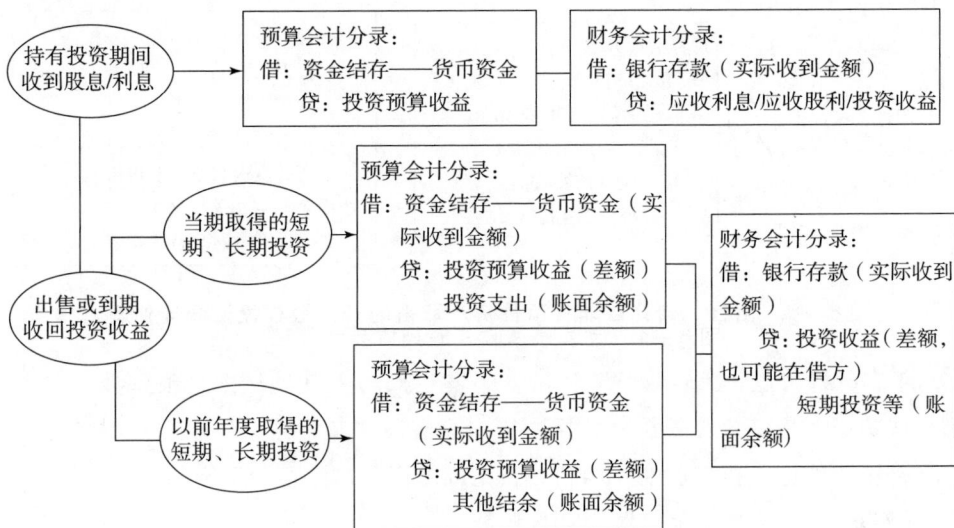

图 8 - 5　投资预算收益的会计处理

出售或到期收回本年度取得的短期、长期债券，按照实际取得的价款或实际收到的本息金额：预算会计应当借记"资金结存——货币资金"科目，按照取得债券时"投资支出"科目的发生额，贷记"投资支出"科目，按照其差额，贷记或借记"投资预算收益"科目；财务会计处理时，借记"银行存款"科目，贷记"短期投资"科目，按其差额贷记或借记"投资收益"科目。

出售或到期收回以前年度取得的短期、长期债券，按照实际取得的价款或实际收到的本息金额：预算会计应当借记"资金结存——货币资金"科目，按照取得债券时"投资支出"科目的发生额，贷记"其他结余"科目，按照其差额，贷记或借记"投资预算收益"科目；财务会计处理时，借记"银行存款"科目，贷记"短期投资"科目，按其差额贷记或借记"投资收益"科目。

出售、转让以货币资金取得的长期股权投资的，其账务处理参照出售或到期收回债券投资。

出售、转让以非货币性资产取得的长期股权投资时，按照实际取得的价款扣减支付的相关费用和应缴财政款后的余额（按照规定纳入单位预算管理的）：预算会计应当借记"资金结存——货币资金"科目，贷记"投资预算收益"科目；财务会计处理时借记"资产处置费用"科目，贷记"长期股权投资"科目，同时按实际取得存款借记"银行存款"科目，贷记"投资收益"科目，差额贷记"应缴财政款"科目。其会计处理如图 8 - 6 所示。

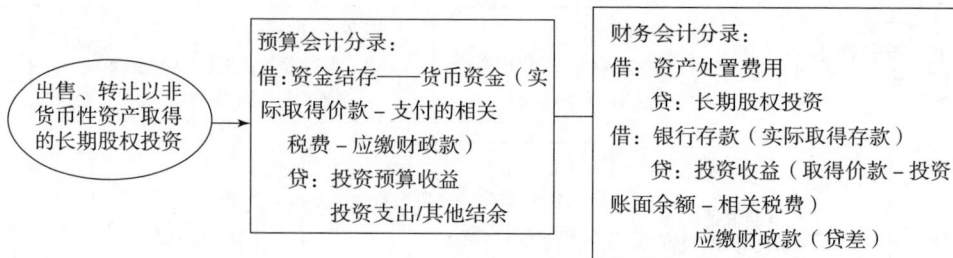

图 8-6　出售、转让以非货币性资产取得的长期股权投资会计处理

年末，将"投资预算收益"科目本年发生额转入其他结余：预算会计应当借记或贷记"投资预算收益"科目，贷记或借记"其他结余"科目；财务会计应当借记或贷记"投资收益"科目，贷记或借记"本期盈余"科目。

【例 8-6】 某事业单位发生以下业务。

（1）3 月 1 日，某事业单位将单位闲置资金 300 000 元用于购买三年期国债，该国债每年付息一次，到期还本。准备持有至到期。

预算会计分录：

借：投资支出　　　　　　　　　　　　　　　　　　300 000

　　贷：资金结存——货币资金　　　　　　　　　　　　300 000

财务会计分录：

借：长期债券投资　　　　　　　　　　　　　　　　300 000

　　贷：银行存款　　　　　　　　　　　　　　　　　　300 000

（2）12 月 31 日，该事业单位的全资子公司实现利润 1 200 000 元。

财务会计分录：

借：长期股权投资——损益调整　　　　　　　　　1 200 000

　　贷：投资收益　　　　　　　　　　　　　　　　　1 200 000

预算会计不进行账务处理。

（3）次年，3 月 2 日，该事业单位的全资子公司宣告并发放股息分红 700 000 元。

预算会计分录：

借：资金结存——货币资金　　　　　　　　　　　　700 000

　　贷：投资预算收益　　　　　　　　　　　　　　　　700 000

财务会计分录：

借：应收股利　　　　　　　　　　　　　　　　　　700 000

  贷：长期股权投资——损益调整　　　　　　　　　　700 000
借：银行存款　　　　　　　　　　　　　　　　700 000
  贷：应收股利　　　　　　　　　　　　　　　　700 000

8.3.4　上级补助预算收入

1. 科目设置

事业单位应当设置"上级补助预算收入"科目核算事业单位从主管部门和上级单位取得的非财政补助现金流入。"上级补助预算收入"科目应当按照发放补助单位、补助项目、《政府收支分类科目》中"支出功能分类科目"的项级科目等进行明细核算。上级补助预算收入中如有专项资金收入，还应按照具体项目进行明细核算。本科目年末结转后无余额。

2. 上级补助预算收入的主要账务处理

收到上级补助预算收入时，按照实际收到的金额：预算会计应当借记"资金结存——货币资金"科目，贷记"上级补助预算收入"科目；财务会计处理时，借记"其他应收款""银行存款"等科目，贷记"上级补助收入"科目。

年末：将"上级补助预算收入"科目本年发生额中的专项资金收入转入非财政拨款结转，预算会计应当借记"上级补助预算收入"科目下各专项资金收入明细科目，贷记"非财政拨款结转——本年收支结转"科目；将"上级补助预算收入"科目本年发生额中的非专项资金收入转入其他结余，预算会计应当借记"上级补助预算收入"科目下各非专项资金收入明细科目，贷记"其他结余"科目；财务会计处理时借记"上级补助收入"科目，贷记"本期盈余"科目。上级补助预算收入会计处理如图 8-7 所示。

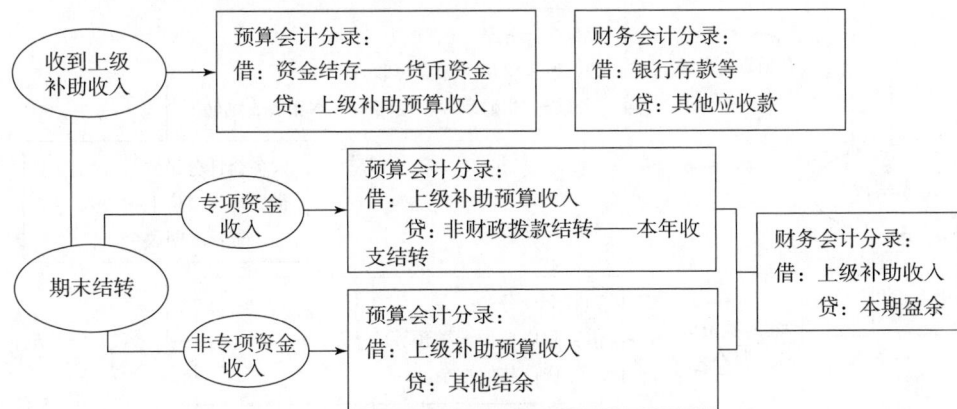

图 8-7　上级补助预算收入会计处理

8.3.5 附属单位上缴预算收入

1. 科目设置

事业单位应当设置"附属单位上缴预算收入"科目核算事业单位取得附属独立核算单位根据有关规定上缴的现金流入。"附属单位上缴预算收入"科目应当按照附属单位、缴款项目、《政府收支分类科目》中"支出功能分类科目"的项级科目等进行明细核算。附属单位上缴预算收入中如有专项资金收入，还应按照具体项目进行明细核算。本科目年末结转后，应无余额。

2. 附属单位上缴预算收入的主要账务处理

收到附属单位缴来款项时：按照实际收到的金额，预算会计应当借记"资金结存——货币资金"科目，贷记"附属单位上缴预算收入"科目；财务会计处理中，借记"其他应收款""银行存款"等科目，贷记"附属单位上缴收入"科目。

年末：将"附属单位上缴预算收入"科目本年发生额中的专项资金收入转入非财政拨款结转，预算会计应当借记"附属单位上缴预算收入"科目下各专项资金收入明细科目，贷记"非财政拨款结转——本年收支结转"科目；将"附属单位上缴预算收入"科目本年发生额中的非专项资金收入转入其他结余，预算会计应当借记"附属单位上缴预算收入"科目下各非专项资金收入明细科目，贷记"其他结余"科目；财务会计处理时，借记"附属单位上缴收入"科目，贷记"本期盈余"科目。附属单位上缴预算收入会计处理如图 8-8 所示。

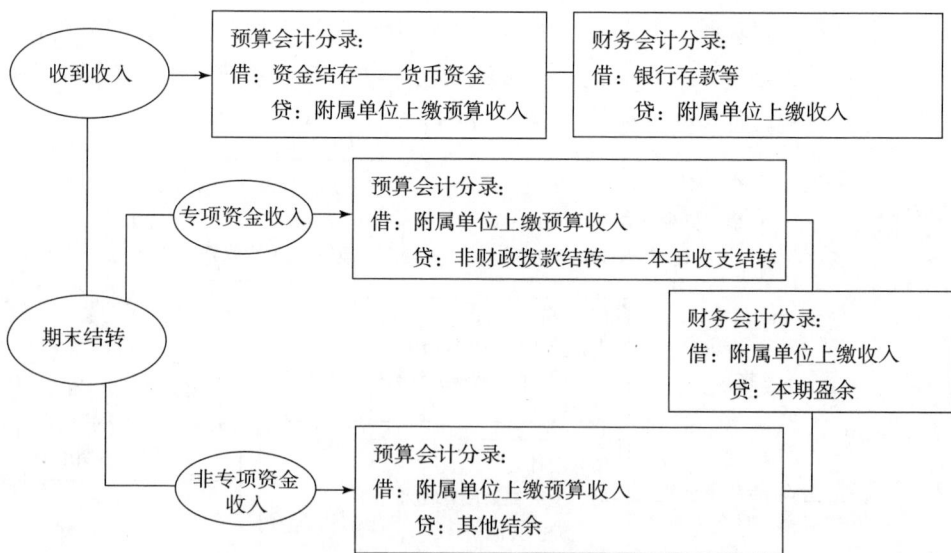

图 8-8 附属单位上缴预算收入会计处理

【例8-7】12月31日，某事业单位收到下属独立核算的附属单位上缴分成款100 000元，进行以下会计处理。

预算会计分录：

借：资金结存——货币资金　　　　　　　　　　　　100 000

　　贷：附属单位上缴预算收入　　　　　　　　　　　　100 000

财务会计分录：

借：银行存款　　　　　　　　　　　　　　　　　　100 000

　　贷：附属单位上缴收入　　　　　　　　　　　　　　100 000

8.3.6　债务预算收入

1. 科目设置

事业单位应当设置"债务预算收入"科目核算事业单位按照规定从银行和其他金融机构等借入的、纳入部门预算管理的、不以财政资金作为偿还来源的债务本金。"债务预算收入"科目应当按照贷款单位、贷款种类、《政府收支分类科目》中"支出功能分类科目"的项级科目等进行明细核算。债务预算收入中如有专项资金收入，还应按照具体项目进行明细核算。本科目年末结转后，无余额。

2. 债务预算收入的主要账务处理

借入各项短期或长期借款时：按照实际借入的金额，预算会计应当借记"资金结存——货币资金"科目，贷记"债务预算收入"科目；财务会计处理时，借记"银行存款"科目，贷记"短期借款""长期借款——本金"等科目。

年末：将"债务预算收入"科目本年发生额中的专项资金收入转入非财政拨款结转，预算会计应当借记"债务预算收入"科目下各专项资金收入明细科目，贷记"非财政拨款结转——本年收支结转"科目；将"债务预算收入"科目本年发生额中的非专项资金收入转入其他结余，预算会计应当借记"债务预算收入"科目下各非专项资金收入明细科目，贷记"其他结余"科目。债务预算收入会计处理见图8-9。

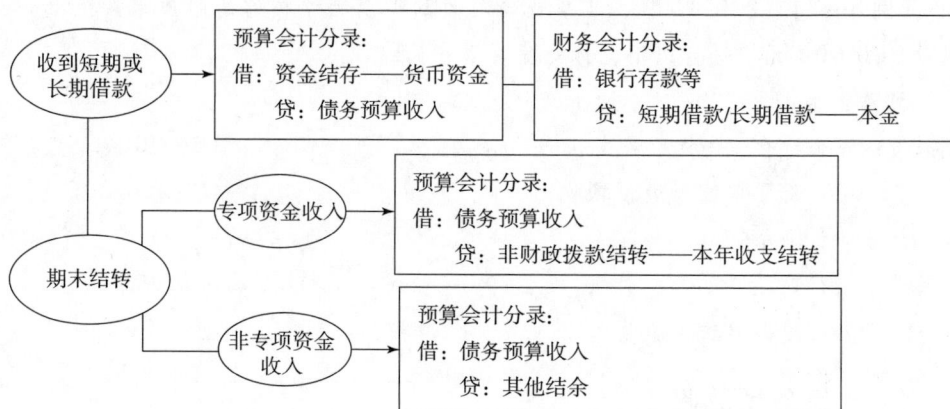

图 8 - 9　债务预算收入会计处理

第9章
预算支出的会计核算

9.1 预算支出概述

（一）预算支出的确认

预算支出是指政府会计主体在预算年度内依法发生并纳入预算管理的现金流出。预算支出一般在实际支付时予以确认，以实际支付的金额计量。

（二）预算支出的管理规定

行政事业单位对预算支出管理规定的详细内容如表 9 - 1 所示。

表 9 - 1 　　　　　　　　行政事业单位支出管理规定

行政单位支出管理规定	事业单位支出管理规定
支出是指行政单位为保障机构正常运转和完成工作任务所发生的资金耗费和损失，包括基本支出和项目支出。 1. 基本支出，是指行政单位为保障机构正常运转和完成日常工作任务发生的支出，包括人员支出和公用支出 2. 项目支出，是指行政单位为完成特定的工作任务，在基本支出之外发生的支出	支出是指事业单位开展业务及其他活动发生的资金耗费和损失 事业单位支出包括： 1. 事业支出，即事业单位开展专业业务活动及其辅助活动发生的基本支出和项目支出。基本支出是指事业单位为了保障其正常运转、完成日常工作任务而发生的人员支出和公用支出。项目支出是指事业单位为了完成特定工作任务和事业发展目标，在基本支出之外所发生的支出 2. 经营支出，即事业单位在专业业务活动及其辅助活动之外开展非独立核算经营活动发生的支出 3. 对附属单位补助支出，即事业单位用财政补助收入之外的收入对附属单位补助发生的支出 4. 上缴上级支出，即事业单位按照财政部门和主管部门的规定上缴上级单位的支出 5. 其他支出，即上述规定范围以外的各项支出，包括利息支出、捐赠支出等

行政单位支出管理规定	事业单位支出管理规定
行政单位应当将各项支出全部纳入单位预算。各项支出由单位财务部门按照批准的预算和有关规定审核办理	事业单位应当将各项支出全部纳入单位预算，建立健全支出管理制度
行政单位的支出应当严格执行国家规定的开支范围及标准，建立健全支出管理制度，对节约潜力大、管理薄弱的支出进行重点管理和控制	事业单位的支出应当严格执行国家有关财务规章制度规定的开支范围及开支标准；国家有关财务规章制度没有统一规定的，由事业单位规定，报主管部门和财政部门备案。事业单位的规定违反法律制度和国家政策的，主管部门和财政部门应当责令改正
行政单位从财政部门或者上级预算单位取得的项目资金，应当按照批准的项目和用途使用，专款专用、单独核算，并按照规定向同级财政部门或者上级预算单位报告资金使用情况，接受财政部门和上级预算单位的检查监督。 项目完成后，行政单位应当向同级财政部门或者上级预算单位报送项目支出决算和使用效果的书面报告	事业单位从财政部门和主管部门取得的有指定项目和用途的专项资金，应当专款专用、单独核算，并按照规定向财政部门或者主管部门报送专项资金使用情况；项目完成后，应当报送专项资金支出决算和使用效果的书面报告，接受财政部门或者主管部门的检查、验收
行政单位应当严格执行国库集中支付制度和政府采购制度等规定	事业单位应当严格执行国库集中支付制度和政府采购制度等有关规定
行政单位应当加强支出的绩效管理，提高资金的使用效益	事业单位应当加强支出的绩效管理，提高资金使用的有效性
行政单位应当依法加强各类票据管理，确保票据来源合法、内容真实、使用正确，不得使用虚假票据	事业单位应当依法加强各类票据管理，确保票据来源合法、内容真实、使用正确，不得使用虚假票据
	事业单位在开展非独立核算经营活动中，应当正确归集实际发生的各项费用数；不能归集的，应当按照规定的比例合理分摊。经营支出应当与经营收入配比
	事业单位应当加强经济核算，可以根据开展业务活动及其他活动的实际需要，实行内部成本核算办法

9.2 行政支出会计核算

（一）科目设置

行政单位应当设置"行政支出"科目核算行政单位履行其职责实际发生的各项现金流出。"行政支出"科目应当分别按照"财政拨款支出""非财政专项资金支出""其他资金支出"及"基本支出""项目支出"等进行明细核算，并按照《政府收支分类科目》中"支出功能分类科目"的项级科目进行明细核算；"基本支出"和"项目支出"明细科目下应当按照《政府收支分类科目》中"部门预算支出经济分类科目"的款级科目进行明细核算，同时在"项目支出"明细科目下按照具体项目进行明细核算。有一般公共预算财政拨款、政府性基金预算财政拨款等两种或两种以上财政拨款的行政单位，还应当在"财政拨款支出"明细科目下按照财政拨款的种类进行明细核算。对于预付款项，可通过在本科目下设置"待处理"明细科目进行核算，待确认具体支出项目后再转入本科目下相关明细科目。年末结账前，应将本科目"待处理"明细科目余额全部转入本科目下相关明细科目。本科目年末结转后无余额。

（二）行政支出的主要账务处理

行政支出的账务处理根据业务活动不同有不同的处理方式，具体如表 9 - 2 所示。

表 9 - 2　　　　　　　　行政支出账务处理

会计事项	预算会计分录	财务会计分录
实际向单位职工个人、外部人员支付薪酬和劳务费	借：行政支出（实际支付给个人的部分） 　　贷：资金结存/财政拨款预算收入	借：应付职工薪酬/其他应付款 　　贷：银行存款/零余额账户用款额度/财政拨款收入等
实际缴纳代扣代缴的个人所得税以及代扣代缴或为职工缴纳职工社会保险费、住房公积金等	借：行政支出（实际支付给个人的部分） 　　贷：资金结存/财政拨款预算收入	借：其他应交税费——应交个人所得税（代扣代缴个人所得税金额） 　　贷：银行存款/财政拨款收入等
实际支付购买存货、固定资产、无形资产等相关款项（不包括暂付款项）	借：行政支出 　　贷：资金结存/财政拨款预算收入	借：库存物品/固定资产/预付账款等 　　贷：零余额账户用款额度/银行存款/财政拨款收入等
发生其他各项支出	借：行政支出 　　贷：资金结存/财政拨款预算收入	借：业务活动费用 　　贷：零余额账户用款额度/银行存款/财政拨款收入等
当年的购货发生退回等业务或对当年的业务进行差错更正	借：财政拨款预算收入/资金结存 　　贷：行政支出	借：财政拨款收入/零余额账户用款额度/银行存款/应收账款等 　　贷：业务活动费用/库存物品
期末，结转"行政支出"科目本期发生额	借：财政拨款结转——本年收支结转/非财政拨款结转——本年收支结转/其他结余等 　　贷：行政支出	借：本期盈余 　　贷：业务活动费用

1. 支付单位职工薪酬与外部人员劳务费

向单位职工个人与外部人员个人支付薪酬时，按照实际支付的金额：预算会计应当借记"行政支出"科目，贷记"财政拨款预算收入""资金结存"科目；财务会计处理时，借记"应付职工薪酬""其他应付款"科目，贷记"银行存款""零余额账户用款额度""财政拨款收入"等科目。

按照规定代扣代缴个人所得税以及代扣代缴或为职工缴纳职工社会保险费、住房公积金等时：按照实际缴纳的金额，预算会计应当借记"行政支出"科目，贷记"财政拨款预算收入""资金结存"科目；财务会计处理时，按代扣代缴个人所得税金额，借记"其他应交税费——应交个人所得税"科目，贷记"银行存款""财政拨款收入"等科目。

2. 为购买存货、固定资产、无形资产等以及在建工程支付相关款项

按照实际支付的金额：预算会计应当借记"行政支出"科目，贷记"财政拨款预算收入""资金结存"科目；财务会计处理时，借记"库存物品""固定资产""预付账款"等科目，贷记"零余额账户用款额度""银行存款""财政拨款收入"等科目。

3. 发生预付账款

按照实际支付的金额，预算会计应当借记"行政支出"科目，贷记"财政拨款预算收入""资金结存"科目；财务会计处理时借记"预付账款"科目，贷记"财政拨款收入""零余额账户用款额度""银行存款"等科目。对于暂付款项，在支付款项时可不做预算会计处理，待结算或报销时，按照结算或报销的金额，预算会计应当借记"行政支出"科目，贷记"资金结存"科目。

4. 发生其他各项支出

按照实际支付的金额，预算会计应当借记"行政支出"科目，贷记"财政拨款预算收入""资金结存"科目；财务会计处理时，借记"业务活动费用"科目，贷记"零余额账户用款额度""银行存款""财政拨款收入"等科目。

5. 因购货退回等发生款项退回，或者发生差错更正

属于当年支出收回的，按照收回或更正金额：预算会计应当借记"财政拨款预算收入""资金结存"科目，贷记"行政支出"科目；财务会计处理时借记"零余额账户用款额度""银行存款""财政拨款收入""应收账款"等科目，贷记"业务活动费用""库存物品"科目。

年末：将"行政支出"科目本年发生额中的财政拨款支出转入财政拨款结转，预算会计应当借记"财政拨款结转——本年收支结转"科目，贷记"行政支出"科目下各财政拨款支出明细科目；将"行政支出"科目本年发生额中的非财政专项资金支出转入非财政拨款结转，预算会计应当借记"非财政拨款结转——本年收支结转"科目，贷记"行政支出"科目下各非财政专项资金支出明细科目；将"行政支出"科目本年发生额中的其他资金支出（非财政非专项资金支出）转入其他结余，预算会计应当借记"其他结余"科目，贷记"行政支出"科目下其他资金支出明细科目；财务会计处理时借记"本期盈余"科目，贷记"业务活动费用"科目。

9.3　事业单位专有预算支出会计核算

9.3.1　事业支出

（一）科目设置

事业单位应当设置"事业支出"科目核算事业单位开展专业业务活动及其辅助活动实际发生的各项现金流出。单位发生教育、科研、医疗、行政管理、后勤保障等活动的，可在"事业支出"科目下设置相应的明细科目进行核算，或单设"7201 教育支出""7202 科研支出""7203 医疗支出""7204 行政管理支出""7205 后勤保障支出"等一级会计科目进行核算。"事业支出"科目应当分别按照"财政拨款支出""非财政专项资金支出""其他资金支出"以及"基本支出"和"项目支出"等进行明细核算，并按照《政府收支分类科目》中"支出功能分类科目"的项级科目进行明细核算；"基本支出"和"项目支出"明细科目下应当按照《政府收支分类科目》中"部门预算支出经济分类科目"的款级科目进行明细核算，同时在"项目支出"明细科目下按照具体项目进行明细核算。有一般公共预算财政拨款、政府性基金预算财政拨款等两种或两种以上财政拨款的事业单位，还应当在"财政拨款支出"明细科目下按照财政拨款的种类进行明细核算。对于预付款项，可通过在本科目下设置"待处理"明细科目进行明细核算，待确认具体支出项目后再转入本科目下相关明细科目。年末结账前，应将本科目"待处理"明细科目余额全部转入本科目下相关明细科目。本科目年末结转后无余额。

（二）事业支出的主要账务处理

1. 支付单位职工（经营部门职工除外）薪酬

向单位职工个人支付薪酬时，按照实际支付的数额：预算会计应当借记

"事业支出"科目，贷记"财政拨款预算收入""资金结存"科目；财务会计处理时，借记"应付职工薪酬""其他应付款"科目，贷记"银行存款""零余额账户用款额度""财政拨款收入"等科目。按照规定代扣代缴个人所得税以及代扣代缴或为职工缴纳职工社会保险费、住房公积金等时，按照实际缴纳的金额：预算会计应当借记"事业支出"科目，贷记"财政拨款预算收入""资金结存"科目；按代扣代缴个人所得税金额，财务会计处理时借记"其他应交税费——应交个人所得税"科目，贷记"银行存款""零余额账户用款额度"等科目。

2. 为专业业务活动及其辅助活动支付外部人员劳务费

按照实际支付给外部人员个人的金额：预算会计应当借记"事业支出"科目，贷记"财政拨款预算收入""资金结存"科目；财务会计处理时，借记"应付职工薪酬""其他应付款"科目，贷记"银行存款""零余额账户用款额度""财政拨款收入"等科目。按照规定代扣代缴个人所得税时，按照实际缴纳的金额：预算会计应当借记"事业支出"科目，贷记"财政拨款预算收入""资金结存"科目；财务会计处理时借记"其他应交税费——应交个人所得税"科目，贷记"银行存款""零余额账户用款额度"等科目。

3. 开展专业业务活动及其辅助活动过程中为购买存货、固定资产、无形资产等以及在建工程支付相关款项

按照实际支付的金额：预算会计应当借记"事业支出"科目，贷记"财政拨款预算收入""资金结存"科目；财务会计处理时借记"库存物品""固定资产""预付账款"等科目，贷记"零余额账户用款额度""银行存款""财政拨款收入"等科目。

4. 开展专业业务活动及其辅助活动过程中发生预付账款

按照实际支付的金额：预算会计应当借记"事业支出"科目，贷记"财政拨款预算收入""资金结存"科目；财务会计处理时借记"预付账款"科目，贷记"财政拨款收入""零余额账户用款额度""银行存款"等科目。

对于暂付款项，在支付款项时可不做预算会计处理，待结算或报销时，按照结算或报销的金额，预算会计应当借记"事业支出"科目，贷记"资金结存"科目；财务会计在支付款项时借记"其他应收款"科目，贷记"银行存款"等科目，待结算或报销时借记"单位管理费用"科目，贷记"其他应收款"科目。

5. 开展专业业务活动及其辅助活动过程中缴纳的相关税费以及发生的其他各项支出

按照实际支付的金额：预算会计应借记"事业支出"科目，贷记"财政拨款预算收入""资金结存"科目；财务会计处理时借记"业务活动费用""单位管理费用"科目，贷记"零余额账户用款额度""银行存款""财政拨款收入"等科目。

6. 开展专业业务活动及其辅助活动过程中因购货退回等发生款项退回，或者发生差错更正的

属于当年支出收回的：按照收回或更正金额，预算会计应当借记"财政拨款预算收入""资金结存"科目，贷记"事业支出"科目；财务会计处理时借记"财政拨款收入""零余额账户用款余额""银行存款""其他应收款"等科目，贷记"业务活动费用""单位管理费用"等科目。

7. 年末结转

将"事业支出"科目本年发生额中的财政拨款支出转入财政拨款结转，预算会计应当借记"财政拨款结转——本年收支结转"科目，贷记"事业支出"科目下各财政拨款支出明细科目；将"事业支出"科目本年发生额中的非财政专项资金支出转入非财政拨款结转，预算会计应当借记"非财政拨款结转——本年收支结转"科目，贷记"事业支出"科目下各非财政专项资金支出明细科目；将"事业支出"科目本年发生额中的其他资金支出（非财政非专项资金支出）转入其他结余，预算会计应当借记"其他结余"科目，贷记"事业支出"科目下其他资金支出明细科目。财务会计处理时借记"本期盈余"科目，贷记"业务活动费用""单位管理费用"等科目。事业支出的账务处理如表 9 - 3 所示。

表 9 - 3　　　　　　　　　　事业支出的账务处理

会计事项	预算会计分录	财务会计分录
实际向单位职工个人、外部人员支付薪酬和劳务费	借：事业支出（实际支付给个人的部分） 　　贷：资金结存/财政拨款预算收入	借：应付职工薪酬/其他应付款 　　贷：银行存款/零余额账户用款额度/财政拨款收入等
实际缴纳代扣代缴的个人所得税以及代扣代缴或为职工缴纳职工社会保险费、住房公积金等	借：事业支出（实际支付给个人的部分） 　　贷：资金结存/财政拨款预算收入	借：其他应交税费——应交个人所得税（代扣代缴个人所得税金额） 　　贷：银行存款/财政拨款收入等

续表

会计事项	预算会计分录	财务会计分录
实际支付购买存货、固定资产、无形资产等以及在建工程支付相关款项（不包括暂付款项）	借：事业支出 　　贷：资金结存/财政拨款预算收入	借：库存物品/固定资产/预付账款等 　　贷：零余额账户用款额度/银行存款/财政拨款收入等
发生其他各项支出	借：事业支出 　　贷：资金结存/财政拨款预算收入	借：业务活动费用/单位管理费用 　　贷：零余额账户用款额度/银行存款/财政拨款收入等
当年的购货发生退回等业务或对当年的业务进行差错更正	借：财政拨款预算收入/资金结存 　　贷：事业支出	借：财政拨款收入/零余额账户用款额度/银行存款/其他应收款等 　　贷：业务活动费用/单位管理费用
期末，结转"事业支出"科目本期发生额	借：财政拨款结转——本年收支结转/非财政拨款结转——本年收支结转/其他结余等 　　贷：事业支出	借：本期盈余 　　贷：业务活动费用/单位管理费用

9.3.2　经营支出

（一）科目设置

事业单位应当设置"经营支出"科目核算事业单位在专业业务活动及其辅助活动之外开展非独立核算经营活动实际发生的各项现金流出。"经营支出"科目应当按照经营活动类别、项目、《政府收支分类科目》中"支出功能分类科目"的项级科目和"部门预算支出经济分类科目"的款级科目等进行明细核算。对于预付款项，可通过在本科目下设置"待处理"明细科目进行明细核算，待确认具体支出项目后再转入本科目下相关明细科目。年末结账前，应将本科目"待处理"明细科目余额全部转入本科目下相关明细科目。本科目年末结转后无余额。

（二）经营支出的主要账务处理

事业单位根据不同业务活动对经营支出进行不同账务处理，如表9-4所示。

表 9 - 4　　　　　　　　　　　经营支出账务处理

会计事项	预算会计分录	财务会计分录
实际向单位职工个人、外部人员支付薪酬和劳务费	借：经营支出（实际支付给个人的部分） 　　贷：资金结存	借：应付职工薪酬/其他应付款 　　贷：银行存款/零余额账户用款额度/财政拨款收入等
实际缴纳代扣代缴的个人所得税以及代扣代缴或为职工缴纳职工社会保险费、住房公积金等	借：经营支出（实际支付给个人的部分） 　　贷：资金结存	借：其他应交税费——应交个人所得税（代扣代缴个人所得税金额） 　　贷：银行存款/财政拨款收入等
实际支付购买存货、固定资产、无形资产等以及在建工程支付相关款项（不包括暂付款项）	借：经营支出 　　贷：资金结存	借：库存物品/固定资产/预付账款等 　　贷：零余额账户用款额度/银行存款/财政拨款收入等
发生其他各项支出	借：经营支出 　　贷：资金结存	借：经营费用 　　贷：零余额账户用款额度/银行存款/财政拨款收入等
当年的购货发生退回等业务或对当年的业务进行差错更正	借：资金结存等 　　贷：经营支出	借：财政拨款收入/零余额账户用款额度/银行存款/应收账款等 　　贷：经营费用等
期末，结转"经营支出"科目本期发生额	借：经营结余 　　贷：经营支出	借：本期盈余 　　贷：经营费用

1. 支付经营部门职工薪酬

向职工个人支付薪酬时，按照实际的金额：预算会计应当借记"经营支出"科目，贷记"资金结存"科目；财务会计处理时借记"应付职工薪酬""其他应付款"科目，贷记"银行存款""零余额账户用款额度""财政拨款收入"等科目。

按照规定代扣代缴个人所得税以及代扣代缴或为职工缴纳职工社会保险费、住房公积金时：按照实际缴纳的金额，预算会计应当借记"经营支出"科目，贷记"资金结存"科目；按代扣代缴个人所得税金额，财务会计处理时借记"其他应交税费——应交个人所得税"科目，贷记"银行存款""财政拨款收入"等科目。

2．为经营活动支付外部人员劳务费

按照实际支付给外部人员个人的金额：预算会计应当借记"经营支出"科目，贷记"资金结存"科目；财务会计处理时借记"应付职工薪酬""其他应付款"科目，贷记"银行存款""零余额账户用款额度""财政拨款收入"等科目。按照规定代扣代缴个人所得税时，按照实际缴纳的金额，预算会计应当借记"经营支出"科目，贷记"资金结存"科目；财务会计处理时借记"其他应交税费——应交个人所得税"科目，贷记"银行存款""财政拨款收入"等科目。

3．开展经营活动过程中为购买存货、固定资产、无形资产等以及在建工程支付相关款项

按照实际支付的金额：预算会计应当借记"经营支出"科目，贷记"资金结存"科目；财务会计处理时，借记"库存物品""固定资产""预付账款"等科目，贷记"零余额账户用款额度""银行存款""财政拨款收入"等科目。

4．开展经营活动过程中发生预付账款

按照实际支付的金额：预算会计应当借记"经营支出"科目，贷记"资金结存"科目；财务会计处理时，借记"预付账款"科目，贷记"银行存款"科目。对于暂付款项，在支付款项时可不做预算会计处理，待结算或报销时，按照结算或报销的金额：预算会计借记"经营支出"科目，贷记"资金结存"科目；财务会计处理时，借记"经营费用"科目，贷记"预付账款""银行存款"等科目。

5．因开展经营活动缴纳的相关税费以及发生的其他各项支出

按照实际支付的金额：预算会计应当借记"经营支出"科目，贷记"资金结存"科目；财务会计处理时借记"经营费用"科目，贷记"零余额账户用款额度""银行存款""财政拨款收入"等科目。

6．开展经营活动中因购货退回等发生款项退回，或者发生差错更正

属于当年支出收回的，按照收回或更正金额：预算会计应当借记"资金结存"科目，贷记"经营支出"科目；财务会计处理时借记"财政拨款收入""零余额账户用款额度""银行存款""应收账款"等科目，贷记"经营费用"等科目。

7．年末结转

将"经营支出"科目本年发生额转入经营结余：预算会计应当借记"经营结余"科目，贷记"经营支出"科目；财务会计处理时借记"本期盈余"科目，贷记"经营费用"科目。

9.3.3　上缴上级支出

（一）科目设置

事业单位应当设置"上缴上级支出"科目核算事业单位按照财政部门和主管部门的规定上缴上级单位款项发生的现金流出。"上缴上级支出"科目应当按照收缴款项单位、缴款项目、《政府收支分类科目》中"支出功能分类科目"的项级科目和"部门预算支出经济分类科目"的款级科目等进行明细核算。本科目年末结转后无余额。

（二）上缴上级支出的主要账务处理

按照规定将款项上缴上级单位的，按照实际上缴的金额：预算会计应当借记"上缴上级支出"科目，贷记"资金结存"科目；财务会计处理时借记"上缴上级费用"科目，贷记"银行存款""其他应付款"等科目。年末：将"上缴上级支出"科目本年发生额转入其他结余，预算会计应当借记"其他结余"科目，贷记"上缴上级支出"科目；财务会计处理时借记"本期盈余"科目，贷记"上缴上级费用"科目。

【例 9-1】某事业单位根据体制安排和本年事业收入的数额，经过计算，本年应上缴上级单位款项 100 000 元。事业单位通过银行转账上缴了款项。其会计分录如下。

预算会计分录：

借：上缴上级支出——上缴单位××　　　　　　　　　100 000

　　贷：资金结存——货币资金　　　　　　　　　　　　100 000

财务会计分录：

借：上缴上级费用——上缴单位××　　　　　　　　　100 000

　　贷：银行存款　　　　　　　　　　　　　　　　　　100 000

9.3.4　对附属单位补助支出

（一）科目设置

事业单位应当设置"对附属单位补助支出"科目核算事业单位用财政拨款预算收入之外的收入对附属单位补助发生的现金流出。"对附属单位补助支出"科目应当按照接受补助单位、补助项目、《政府收支分类科目》中"支出功能分类科目"的项级科目和"部门预算支出经济分类科目"的款级科目等进行明细核算。本科目年末结转后无余额。

（二）对附属单位补助支出的主要账务处理

发生对附属单位补助支出的，按照实际补助的金额：预算会计应当借记"对附属单位补助支出"科目，贷记"资金结存"科目；财务会计处理时借记"对附属单位补助费用"科目，贷记"银行存款""其他应付款"等科目。年末，将"对附属单位补助支出"科目本年发生额转入其他结余：预算会计应当借记"其他结余"科目，贷记"对附属单位补助支出"科目；财务会计处理时借记"本期盈余"科目，贷记"对附属单位补助费用"科目。

【例9－2】某事业单位用自有经费对所属独立核算杂志社补助10 000元，以银行存款支付。其会计分录如下。

预算会计分录：

借：对附属单位补助支出——杂志社　　　　　　　　　　　　10 000

　　贷：资金结存——货币资金　　　　　　　　　　　　　　　　10 000

财务会计分录：

借：对附属单位补助费用——杂志社　　　　　　　　　　　　10 000

　　贷：银行存款　　　　　　　　　　　　　　　　　　　　　10 000

9.3.5　投资支出

（一）科目设置

事业单位应当设置"投资支出"科目核算事业单位以货币资金对外投资发生的现金流出。"投资支出"科目应当按照投资类型、投资对象、《政府收支分类科目》中"支出功能分类科目"的项级科目和"部门预算支出经济分类科目"的款级科目等进行明细核算。本科目年末结转后无余额。

（二）投资支出的主要账务处理

以货币资金对外投资时，按照投资金额和所支付的相关税费金额的合计数：预算会计应当借记"投资支出"科目，贷记"资金结存"科目；财务会计处理时借记"短期投资""长期股权投资""长期债券投资"科目，贷记"银行存款"科目。

出售、对外转让或到期收回本年度以货币资金取得的对外投资的，如果按规定将投资收益纳入单位预算，按照实际收到的金额，预算会计应当借记"资金结存"科目，按照取得投资时"投资支出"科目的发生额，贷记"投资支出"科目，按照其差额，贷记或借记"投资预算收益"科目；如果按规定将投资收益上缴财政的，按照取得投资时"投资支出"科目的发生额，预算会计应当借记"资金结存"科目，贷记"投资支出"科目。

出售、对外转让或到期收回以前年度以货币资金取得的对外投资的，如果按规定将投资收益纳入单位预算，按照实际收到的金额，预算会计应当借记"资金结存"科目，按照取得投资时"投资支出"科目的发生额，贷记"其他结余"科目，按照其差额，贷记或借记"投资预算收益"科目；如果按规定将投资收益上缴财政的，按照取得投资时"投资支出"科目的发生额，借记"资金结存"科目，贷记"其他结余"科目。

年末：将"投资支出"科目本年发生额转入其他结余，预算会计应当借记"其他结余"科目，贷记"投资支出"科目；财务会计中不做处理。投资支出账务处理见表 9 - 5。

表 9 - 5　　　　　　　　投资支出账务处理

会计事项		预算会计分录	财务会计分录
以货币资金对外投资时		借：投资支出 　贷：资金结存——货币资金	借：短期投资/长期股权投资/长期债券投资 　贷：银行存款
出售、对外转让或到期收回本年度以货币资金取得的对外投资	实际取得价款大于投资成本	借：资金结存——货币资金 　贷：投资支出（投资成本） 　　投资预算收益	借：银行存款等（实际取得或收回的金额） 　贷：短期投资/长期债券投资等（账面余额） 　　　应收利息（账面余额） 　　　投资收益
	实际取得价款小于投资成本	借：资金结存——货币资金 　　投资预算收益 　贷：投资支出（投资成本）	借：银行存款等（实际取得或收回的金额） 　　投资收益 　贷：短期投资/长期债券投资等（账面余额） 　　　应收利息（账面余额）
年末结转		借：其他结余 　贷：投资支出	—

9.3.6　债务还本支出

（一）科目设置

事业单位应当设置"债务还本支出"科目核算事业单位偿还自身承担的纳入预算管理的从金融机构举借的债务本金的现金流出。"债务还本支出"科目应当按照贷款单位、贷款种类、《政府收支分类科目》中"支出功能分类科目"的项级科目和"部门预算支出经济分类科目"的款级科目等进行明细核算。本科目年末结转后无余额。

（二）债务还本支出的主要账务处理

偿还各项短期或长期借款时，按照偿还的借款本金：预算会计应当借记"债务还本支出"科目，贷记"资金结存"科目；财务会计处理时借记"长期借款——本金""短期借款"科目，贷记"银行存款"科目。年末：将"债务还本支出"科目本年发生额转入其他结余，借记"其他结余"科目，贷记"债务还本支出"科目；财务会计中不做处理。

9.4　行政事业单位其他支出的会计核算

（一）科目设置

单位应当设置"其他支出"科目核算单位除行政支出、事业支出、经营支出、上缴上级支出、对附属单位补助支出、投资支出、债务还本支出以外的各项现金流出，包括利息支出、对外捐赠现金支出、现金盘亏损失、接受捐赠（调入）和对外捐赠（调出）非现金资产发生的税费支出、资产置换过程中发生的相关税费支出、罚没支出等。"其他支出"科目应当按照其他支出的类别，"财政拨款支出""非财政专项资金支出""其他资金支出"，《政府收支分类科目》中"支出功能分类科目"的项级科目和"部门预算支出经济分类科目"的款级科目等进行明细核算。其他支出中如有专项资金支出，还应按照具体项目进行明细核算。

有一般公共预算财政拨款、政府性基金预算财政拨款等两种或两种以上财政拨款的事业单位，还应当在"财政拨款支出"明细科目下按照财政拨款的种类进行明细核算。单位发生利息支出、捐赠支出等其他支出金额较大或业务较多的，可单独设置"7902 利息支出""7903 捐赠支出"等科目。"其他支出"科目年末结转后无余额。

（二）其他支出的主要账务处理

1. 利息支出

支付银行借款利息时，按照实际支付金额：预算会计应当借记"其他支出"科目，贷记"资金结存"科目；财务会计处理时，借记"应付利息"等科目，贷记"银行存款"科目。

2. 对外捐赠现金资产

对外捐赠现金资产时，按照捐赠金额：预算会计应当借记"其他支出"科目，贷记"资金结存——货币资金"科目；财务会计处理时借记"其他费用"科目，贷记"银行存款""库存现金"等科目。

3. 现金盘亏损失

每日现金账款核对中如发现现金短缺，按照短缺的现金金额：预算会计应当借记"其他支出"科目，贷记"资金结存——货币资金"科目；财务会计处理时借记"待处理财产损溢"科目，贷记"库存现金"科目。经核实，属于应当由有关人员赔偿的，按照收到的赔偿金额：预算会计借记"资金结存——货币资金"科目，贷记"其他支出"科目；财务会计处理时，借记"库存现金"科目，贷记"其他应收款"科目。

4. 接受捐赠（无偿调入）和对外捐赠（无偿调出）非现金资产发生的税费支出

接受捐赠（无偿调入）非现金资产发生的归属于捐入方（调入方）的相关税费、运输费等，以及对外捐赠（无偿调出）非现金资产发生的归属于捐出方（调出方）的相关税费、运输费等，按照实际支付金额：预算会计应当借记"其他支出"科目，贷记"资金结存"科目；财务会计处理时，借记"其他费用"科目，贷记"银行存款""库存现金""其他应付款""零余额账户用款额度"科目。

5. 资产置换过程中发生的相关税费支出

资产置换过程中发生的相关税费，按照实际支付金额：预算会计应当借记"其他支出"科目，贷记"资金结存"科目；财务会计处理时借记"其他费用"科目，贷记"银行存款""库存现金""其他应付款""零余额账户用款额度"等科目。

6. 其他支出

发生罚没等其他支出时，按照实际支出金额：预算会计应当借记"其他支出"科目，贷记"资金结存"科目；财务会计处理时，借记"其他费用"科目，贷记"银行存款""库存现金""其他应付款"科目。

7. 年末结转

将"其他支出"科目本年发生额中的财政拨款支出转入财政拨款结转，预算会计应当借记"财政拨款结转——本年收支结转"科目，贷记"其他支出"科目下各财政拨款支出明细科目；将"其他支出"科目本年发生额中的非财政专项资金支出转入非财政拨款结转，借记"非财政拨款结转——本年收支结转"科目，贷记"其他支出"科目下各非财政专项资金支出明细科目；将"其他支出"科目本年发生额中的其他资金支出（非财政非专项资金支出）转入其他结余，借记"其他结余"科目，贷记"其他支出"科目下各其他资金支出明细科目。财务会计处理时借记"本期盈余"科目，贷记"其他费用"科目。其他支出账务处理见表9－6。

表9－6 其他支出账务处理

会计事项		预算会计分录	财务会计分录
利息支出		借：其他支出 　　贷：资金结存——货币资金	借：应付利息等 　　贷：银行存款等
现金资产捐赠		借：其他支出 　　贷：资金结存——货币资金	借：其他费用 　　贷：银行存款/库存现金等
现金盘亏损失	发现现金短缺	借：其他支出 　　贷：资金结存——货币资金	借：待处理财产损溢 　　贷：库存现金
	责任人赔偿	借：资金结存——货币资金 　　贷：其他支出	借：库存现金 　　贷：其他应收款
接受捐赠（无偿调入）以名义金额计量的存货、固定资产、无形资产，以及成本无法可靠取得的公共基础设施、文物文化资产等和资产置换过程中发生的相关税费、运输费等		借：其他支出 　　贷：资金结存——货币资金	借：其他费用 　　贷：银行存款/库存现金/其他应付款/零余额账户用款额度
其他支出		借：其他支出 　　贷：资金结存——货币资金	借：其他费用 　　贷：银行存款/库存现金/其他应付款
期末结转		借：其他结余 　　非财政拨款结转——本年收支结转/财政拨款结转——本年收支结转 　　贷：其他支出	借：本期盈余 　　贷：其他费用

【例9－3】某事业单位因专业业务发展的需要从银行借入了一笔5年期的长期借款，按规定以银行存款支付本期借款利息10 000元。其会计分录如下。

预算会计分录：

借：其他支出——利息支出　　　　　　　　　　　　　　10 000

　　贷：资金结存——货币资金　　　　　　　　　　　　　　　10 000

财务会计分录：

借：应付利息　　　　　　　　　　　　　　　　　　　10 000

　　贷：银行存款　　　　　　　　　　　　　　　　　　　　10 000

【例 9 - 4】某事业单位为支持社会公益事业发展，向某慈善机构捐赠现款 100 000 元。其会计分录如下。

预算会计分录：

借：其他支出——捐赠支出　　　　　　　　　　　100 000

　　贷：资金结存——货币资金　　　　　　　　　　　100 000

财务会计分录：

借：其他费用——捐赠费用　　　　　　　　　　　100 000

　　贷：银行存款　　　　　　　　　　　　　　　　　100 000

【例 9 - 5】某事业单位在当日现金账款核对中发现短缺 50 元，无法查明原因。经批准予以核销。

（1）发现短缺。

预算会计分录：

借：其他支出——现金盘亏　　　　　　　　　　　50

　　贷：资金结存——货币资金　　　　　　　　　　　50

财务会计分录：

借：待处理财产损溢　　　　　　　　　　　　　　50

　　贷：库存现金　　　　　　　　　　　　　　　　　50

（2）经批准予以核销。

财务会计分录：

借：资产处置费用　　　　　　　　　　　　　　　50

　　贷：待处理财产损溢　　　　　　　　　　　　　　50

预算会计不进行账务处理。

第 10 章
预算结余的会计核算

预算结余是指政府会计主体预算年度内预算收入扣除预算支出后的资金余额，以及历年滚存的资金余额。预算结余包括结余资金和结转资金。结余资金是指年度预算执行终了，预算收入实际完成数扣除预算支出和结转资金后剩余的资金。结转资金是指预算安排项目的支出年终尚未执行完毕或者因故未执行，且下年需要按原用途继续使用的资金。

10.1 资金结存的会计核算

10.1.1 资金结存的明细科目设置

单位应设置"资金结存"科目，核算反映单位纳入部门预算管理的资金的流入、流出、调整和滚存等情况。"资金结存"科目下应设以下明细科目。

①零余额账户用款额度。本明细科目核算实行国库集中支付的单位根据财政部门批复的用款计划收到和支用的零余额账户用款额度。年末结账后，本明细科目应无余额。

②货币资金。本明细科目核算单位以库存现金、银行存款、其他货币资金形态存在的资金。本明细科目年末借方余额，反映单位尚未使用的货币资金。

③财政应返还额度。本明细科目核算实行国库集中支付的单位可以使用的以前年度财政直接支付资金额度和财政应返还的财政授权支付资金额度。本明细科目下可设置"财政直接支付""财政授权支付"两个明细科目进行明细核算。本明细科目年末借方余额，反映单位应收财政返还的资金额度。

10.1.2 资金结存的账务处理

"资金结存"科目核算的流入、流出、调整、滚存的"资金"，仅限于货币资金（包括库存现金、银行存款、其他货币资金以及零余额账户用款额度）和财政应返还额度，因此资金结存的明细科目反映的是资金的形式。与"资金结存"科目相关的业务活动包括资金流入行政事业单位和资金流出行政事业单位，以及不同形式的资金之间的转换。凡涉及财务会计科目"库存现金""银行存款""其他货币资金""零余额账户用款额度""财政应返还额度"的经济业务及事项都属于资金结存的核算范围。资金结存具体会计处理见表 10 - 1。

表 10 - 1　　　　　　　　　资金结存具体会计处理

会计事项		预算会计分录	财务会计分录
资金流入：			
取得预算收入	国库集中支付方式下	财政授权支付下： 借：资金结存——零余额账户用款额度 　　贷：财政拨款预算收入 财政直接支付下，代理银行根据支付指令将资金直接支付到收款人，行政事业单位不发生资金流入	借：零余额账户用款额度 　　贷：财政拨款收入
	国库集中支付以外的其他支付方式下	借：资金结存——货币资金 　　贷：财政拨款预算收入/事业预算收入/经营预算收入等	借：银行存款 　　贷：财政拨款收入/事业收入/经营收入等
收到调入的财政拨款结转资金		借：资金结存——货币资金/零余额账户用款额度/财政应返还额度 　　贷：财政拨款结转——归集调入	借：银行存款/零余额账户用款额度/财政应返还额度 　　贷：累计盈余
因购货退回、差错更正发生国库直接支付、授权支付款项，或货币资金退回	属于本年度的	借：财政拨款预算收入/资金结存——货币资金、零余额账户用款额度 　　贷：行政支出/事业支出等	借：财政拨款收入/银行存款/零余额账户用款额度等 　　贷：业务活动费用/库存物品等
	属于以前年度	借：资金结存——财政应返还额度/货币资金/零余额账户用款额度 　　贷：财政拨款结转——年初余额调整/财政拨款结余——年初余额调整/非财政拨款结转——年初余额调整/非财政拨款结余——年初余额调整	借：财政应返还额度/银行存款/零余额账户用款额度 　　贷：以前年度盈余调整
年末，确认未下达的财政用款额度	财政授权支付方式下	借：资金结存——财政应返还额度 　　贷：财政拨款预算收入	借：财政应返还额度——财政授权支付 　　贷：财政拨款收入
	财政直接支付下		借：财政应返还额度——财政直接支付 　　贷：财政拨款收入

续表

会计事项		预算会计分录	财务会计分录
资金流出：			
发生预算支出	国库集中支付下	借：行政支出/事业支出等 贷：资金结存——零余额账户用款额度（财政授权支付）/财政应返还额度（以前年度财政直接支付额度）	借：业务活动费用/单位管理费用/库存物品等 贷：零余额账户用款额度（财政授权支付）/财政应返还额度（以前年度财政直接支付额度）
	国库集中支付方式以外其他方式下	借：事业支出/经营支出等 贷：资金结存——货币资金	借：业务活动费用/单位管理费用/库存物品等 贷：银行存款/库存现金等
	使用提取的专用基金支付	借：事业支出（使用从收入中计提并计入费用的专用基金）/专用结余（使用从非财政拨款结余或经营结余中计提的专用基金） 贷：资金结存——货币资金	费用支出 借：专用基金 贷：银行存款等 形成资产 借：固定资产/无形资产等 贷：银行存款等 借：专用基金 贷：累计盈余
上缴或缴回财政资金	上缴财政拨款结转结余资金或注销财政拨款结转结余额度	借：财政拨款结转——归集上缴/财政拨款结余——归集上缴 贷：资金结存——财政应返还额度/零余额账户用款额度/货币资金	借：累计盈余 贷：财政应返还额度/零余额账户用款额度/银行存款等
	缴回非财政拨款结转资金	借：非财政拨款结转——缴回资金 贷：资金结存——货币资金等	借：累计盈余 贷：银行存款
缴纳所得税		借：非财政拨款结余——累计结余 贷：资金结存——货币资金等	借：其他应交税费——单位应交所得税 贷：银行存款等
资金形式转换：			
零余额账户用款额度注销		借：资金结存——财政应返还额度 贷：资金结存——零余额账户用款额度	借：财政应返还额度——财政授权支付 贷：零余额账户用款额度
下年初零余额账户用款额度恢复或收到上年末未下达零余额账户用款额度		借：资金结存——零余额账户用款额度 贷：资金结存——财政应返还额度	借：零余额账户用款额度 贷：财政应返还额度——财政授权支付

（一）资金流入的会计核算

对资金流入的经济业务及事项，预算会计一般应当借记"资金结存"科目，贷记相关的预算会计科目。同时按财务会计，借记"库存现金""银行存款""其他货币资金""零余额账户用款额度""财政应返还额度"等科目，贷记相关科目。

1. 取得预算收入

财政授权支付方式下，单位根据代理银行转来的财政授权支付额度到账通知书，按照通知书中的授权支付额度：预算会计应当借记"资金结存——零余额账户用款额度"科目，贷记"财政拨款预算收入"科目；财务会计处理时借记"零余额账户用款额度"科目，贷记"财政拨款收入"科目。以国库集中支付以外的其他支付方式取得预算收入时，按照实际收到的金额：预算会计应当借记"资金结存——货币资金"科目，贷记"财政拨款预算收入""事业预算收入""经营预算收入"等科目；财务会计处理时借记"银行存款"科目，贷记"财政拨款收入""事业收入""经营收入"等科目。

【例 10 - 1】某行政单位本年度取得财政授权支付方式下的预算收入为 1 000 000 元，相应的分录如下。

预算会计分录：

借：资金结存——零余额账户用款额度　　　　　　1 000 000

　　贷：财政拨款预算收入　　　　　　　　　　　　　1 000 000

财务会计分录：

借：零余额账户用款额度　　　　　　　　　　　　1 000 000

　　贷：财政拨款收入　　　　　　　　　　　　　　　1 000 000

2. 收到调入的财政拨款结转资金

收到从其他单位调入的财政拨款结转资金的，按照实际调入资金数额：预算会计应当借记"资金结存——财政应返还额度、零余额账户用款额度、货币资金"科目，贷记"财政拨款结转——归集调入"科目；财务会计处理时，借记"财政应返还额度""零余额账户用款额度""银行存款"科目，贷记"累计盈余"科目。

3. 购货退回、差错更正退回

因购货退回、发生差错更正等退回国库直接支付、授权支付款项，或者收回货币资金的：属于本年度支付的，预算会计应当借记"财政拨款预算收入"科目或"资金结存——零余额账户用款额度、货币资金"科目，贷记相关支出科目；财务会计处理时，借记"财政拨款收入""零余额账户用款额度""银行存款"等科目，贷记"业务活动费用""库存物品"等科目；属于以前年度支付的，预算会计应当借记"资金结存——财政应返还额度、零余额账户用款额度、货币资金"科目，贷记"财政拨款结转""财政拨款结余""非财政拨款结转""非财政拨款结余"科目，财务会计处理时，借记"财政应返还额度""银行存款""零余额账户用款额度"科目，贷记"以前年度盈余调度"科目。

4．年末，确认未下达的财政用款额度

年末，根据本年度财政直接支付预算指标数与当年财政直接支付实际支出数的差额：预算会计应当借记"资金结存——财政应返还额度"科目，贷记"财政拨款预算收入"科目；财务会计处理时，借记"财政应返还额度——财政直接支付"科目，贷记"财政拨款收入"科目。

本年度财政授权支付预算指标数大于零余额账户用款额度下达数的，根据未下达的用款额度：预算会计应当借记"资金结存——财政应返还额度"科目，贷记"财政拨款预算收入"科目；财务会计处理时，借记"财政应返还额度——财政授权支付"科目，贷记"财政拨款收入"科目。

（二）资金流出的会计核算

1．发生预算支出

财政授权支付方式下，发生相关支出时，按照实际支付的金额：预算会计应当借记"行政支出""事业支出"等科目，贷记"资金结存——零余额账户用款额度"科目；财务会计处理时借记"业务活动费用""单位管理费用""库存物品""固定资产"等科目，贷记"零余额账户用款额度"科目。

从零余额账户提取现金时：预算会计应当借记"资金结存——货币资金"科目，贷记"资金结存——零余额账户用款额度"科目；财务会计处理中，借记"库存现金"科目，贷记"零余额账户用款额度"科目。退回现金时，做相反会计分录。

使用以前年度财政直接支付额度发生支出时，按照实际支付金额：预算会计应当借记"行政支出""事业支出"等科目，贷记"资金结存——财政应返还额度"科目；财务会计处理中，借记"业务活动费用""单位管理费用""库存物品""固定资产"等科目，贷记"财政应返还额度"科目。

国库集中支付以外的其他支付方式下，发生相关支出时，按照实际支付的金额：预算会计应当借记"事业支出""经营支出"等科目，贷记"资金结存——货币资金"科目；财务会计处理时借记"业务活动费用""单位管理费用""库存物品""固定资产"等科目，贷记"银行存款""库存现金"等科目。

按照规定使用提取的专用基金支付相关项目时，按照实际支付金额：预算会计应当借记"专用结余"科目（从非财政拨款结余中提取的专用基金）或"事业支出"等科目（从预算收入中计提的专用基金），贷记"资金结存——货币资金"科目。

【例 10-2】某事业单位本年度使用本年度财政支付额度购买固定资产支出300 000元，以前年度的财政支付额度发生的管理支出为500 000元，相应的分录如下。

（1）购买固定资产。

预算会计分录：

借：事业支出　　　　　　　　　　　　　　　　　　300 000
　　贷：资金结存——零余额账户用款额度　　　　　　　300 000

财务会计分录：

借：固定资产　　　　　　　　　　　　　　　　　　300 000
　　贷：零余额账户用款额度　　　　　　　　　　　　300 000

（2）发生管理支出。

预算会计分录：

借：事业支出　　　　　　　　　　　　　　　　　　500 000
　　贷：资金结存——财政应返还额度　　　　　　　　　500 000

财务会计分录：

借：单位管理费用　　　　　　　　　　　　　　　　500 000
　　贷：财政应返还额度　　　　　　　　　　　　　　500 000

2. 上缴或缴回财政资金

按照规定上缴财政拨款结转结余资金或注销财政拨款结转结余资金额度的，按照实际上缴资金数额或注销的资金额度数额：预算会计应当借记"财政拨款结余——归集上缴""财政拨款结转——归集上缴"科目，贷记"资金结存——财政应返还额度、零余额账户用款额度、货币资金"科目，财务会计处理中，借记"累计盈余"科目，贷记"财政应返还额度""零余额账户用款额度""银行存款"等科目。

按规定向原资金拨入单位缴回非财政拨款结转资金的，按照实际缴回资金数额：预算会计应当借记"非财政拨款结转——缴回资金"科目，贷记"资金结存——货币资金"科目；财务会计处理中，借记"累计盈余"科目，贷记"银行存款"科目。

【例10-3】某事业单位按照规定上缴财政拨款结转资金3 100 000元，并按规定缴回非财政拨款结转资金1 500 000元，相应的分录如下。

（1）上缴财政拨款结转资金。

预算会计分录：

借：财政拨款结转——归集上缴　　　　　　　　　3 100 000

　　贷：资金结存——货币资金　　　　　　　　　　　3 100 000

财务会计分录：

借：累计盈余　　　　　　　　　　　　　　　　　3 100 000

　　贷：零余额账户用款额度　　　　　　　　　　　　3 100 000

（2）缴回非财政拨款结转资金。

预算会计分录：

借：非财政拨款结转——缴回资金　　　　　　　　1 500 000

　　贷：资金结存——货币资金　　　　　　　　　　　1 500 000

财务会计分录：

借：累计盈余　　　　　　　　　　　　　　　　　1 500 000

　　贷：银行存款　　　　　　　　　　　　　　　　　1 500 000

【例10-4】某单位使用从非财政拨款结余中提取的专用基金购置了一台价值为300 000元的固定资产，相应的分录如下。

预算会计分录：

借：专用结余　　　　　　　　　　　　　　　　　300 000

　　贷：资金结存——货币资金　　　　　　　　　　　300 000

财务会计分录：

借：固定资产　　　　　　　　　　　　　　　　　300 000

　　贷：银行存款　　　　　　　　　　　　　　　　　300 000

借：专用基金　　　　　　　　　　　　　　　　　300 000

　　贷：累计盈余　　　　　　　　　　　　　　　　　300 000

3. 缴纳所得税

有企业所得税缴纳义务的事业单位缴纳所得税时，按照实际缴纳金额：预算会计应当借记"非财政拨款结余——累计结余"科目，贷记"资金结存——货币资金"科目；财务会计处理中，借记"其他应交税费——单位应交所得税"

科目，贷记"银行存款"等科目。

【例 10 - 5】某单位本年应缴纳的所得税为 1 100 000 元，相应的分录如下。

预算会计分录：

借：非财政拨款结余——累计结余　　　　　　　　1 100 000

　　贷：资金结存——货币资金　　　　　　　　　　　　1 100 000

财务会计分录：

借：其他应交税费——单位应交所得税　　　　　　1 100 000

　　贷：银行存款　　　　　　　　　　　　　　　　　　1 100 000

（三）资金形式转换的会计核算

资金形式转换的事项仅涉及"资金结存"明细科目之间的结转。

1. 零余额账户用款额度注销

年末，单位依据代理银行提供的对账单做注销额度的相关账务处理：预算会计应当借记"资金结存——财政应返还额度"科目，贷记"资金结存——零余额账户用款额度"科目；财务会计处理时，借记"财政应返还额度——财政授权支付"科目，贷记"零余额账户用款额度"科目。

2. 下年初零余额账户用款额度恢复或收到上年末未下达零余额账户用款额度

下年初，单位依据代理银行提供的额度恢复到账通知书做恢复额度的相关账务处理：预算会计应当借记"资金结存——零余额账户用款额度"科目，贷记"资金结存——财政应返还额度"科目；财务会计处理时，借记"零余额账户用款额度"科目，贷记"财政应返还额度——财政授权支付"科目。

单位收到财政部门批复的上年末未下达零余额账户用款额度的：预算会计应当借记"资金结存——零余额账户用款额度"科目，贷记"资金结存——财政应返还额度"科目；财务会计处理时，借记"零余额账户用款额度"科目，贷记"财政应返还额度——财政授权支付"科目。注意上年末未下达的财政直接支付用款额度，因为不需要通过零余额账户支付，所以不再转入"零余额账户用款额度"科目。下年使用上年度未下达的财政直接支付用款额度时，直接借记支付项目相关科目，贷记"财政应返还额度"科目。

【例 10 - 6】某单位本年末注销零余额账户用款额度 1 300 000 元，相应的分录如下。

预算会计分录：

借：资金结存——财政应返还额度　　　　　　　　1 300 000

   贷：资金结存——零余额账户用款额度   1 300 000

 财务会计分录：

 借：财政应返还额度——财政授权支付   1 300 000

   贷：零余额账户用款额度   1 300 000

10.2 行政事业单位结转结余资金的会计核算

10.2.1 结转结余资金概述

  根据《中央部门结转和结余资金管理办法》，结转结余资金是指与中央财政有缴拨款关系的中央级行政单位、事业单位（含企业化管理的事业单位）、社会团体及企业，按照财政部批复的预算，在年度预算执行结束时，未列支出的一般公共预算和政府性基金预算资金。结转资金和结余资金的区别见表10–2。

表 10–2   **结转资金和结余资金的区别**

	定义
结转资金	指预算未全部执行或未执行，下年需按原用途继续使用的预算资金
结余资金	1. 项目实施周期已结束、项目目标完成或项目提前终止，尚未列支的项目支出预算资金 2. 因项目实施计划调整，不需要继续支出的预算资金 3. 预算批复后连续两年未用完的预算资金

  财政拨款结转核算单位取得的同级财政拨款结转资金的调整、结转和滚存情况。

10.2.2 财政拨款结转

  单位应设置"财政拨款结转"科目核算单位取得的同级财政拨款结转资金的调整、结转和滚存情况。"财政拨款结转"科目年末贷方余额，反映单位滚存的财政拨款结转资金数额。

  （一）科目设置

  1. 与会计差错更正、以前年度支出收回相关的明细科目

  年初余额调整。本明细科目核算因发生会计差错更正、以前年度支出收回等原因，需要调整财政拨款结转的金额。年末结账后，本明细科目应无余额。

  2. 与财政拨款调拨业务相关的明细科目

  ①归集调入。本明细科目核算按照规定从其他单位调入财政拨款结转资金

时，实际调增的额度数额或调入的资金数额。年末结账后，本明细科目应无余额。

②归集调出。本明细科目核算按照规定向其他单位调出财政拨款结转资金时，实际调减的额度数额或调出的资金数额。年末结账后，本明细科目应无余额。

③归集上缴。本明细科目核算按照规定上缴财政拨款结转资金时，实际核销的额度数额或上缴的资金数额。年末结账后，本明细科目应无余额。

④单位内部调剂。本明细科目核算经财政部门批准对财政拨款结余资金改变用途，调整用于本单位其他未完成项目等的调整金额。年末结账后，本明细科目应无余额。

3．与年末财政拨款结转业务相关的明细科目

①本年收支结转。本明细科目核算单位本年度财政拨款收支相抵后的余额。年末结账后，本明细科目应无余额。

②累计结转。本明细科目核算单位滚存的财政拨款结转资金。本明细科目年末贷方余额，反映单位财政拨款滚存的结转资金数额。

本科目还应当设置"基本支出结转""项目支出结转"两个明细科目，并在"基本支出结转"明细科目下按照"人员经费""日常公用经费"进行明细核算，在"项目支出结转"明细科目下按照具体项目进行明细核算；同时，本科目还应按照《政府收支分类科目》中"支出功能分类科目"的相关科目进行明细核算。有一般公共预算财政拨款、政府性基金预算财政拨款等两种或两种以上财政拨款的，还应当在本科目下按照财政拨款的种类进行明细核算。

（二）财政拨款结转的账务处理

1．与会计差错更正、以前年度支出收回相关的账务处理

因发生会计差错更正退回以前年度国库直接支付、授权支付款项或财政性货币资金，或者因发生会计差错更正增加以前年度国库直接支付、授权支付支出或财政性货币资金支出，属于以前年度财政拨款结转资金的：预算会计应当借记或贷记"资金结存——财政应返还额度""资金结存——零余额账户用款额度""资金结存——货币资金"科目，贷记或借记"财政拨款结转——年初余额调整"科目；财务会计处理时，借记"以前年度盈余调整"科目，贷记"零余额账户用款额度""银行存款"等科目。

因购货退回、预付款项收回等发生以前年度支出又收回国库直接支付、授权支付款项或收回财政性货币资金，属于以前年度财政拨款结转资金的：预算会计应当借记"资金结存——财政应返还额度、零余额账户用款额度、货币资金"科目，贷记"财政拨款结转——年初余额调整"科目；财务会计处理时，借记"零余额账户用款额度""银行存款"等科目，贷记"以前年度盈余调整"科目。

2. 与财政拨款结转结余资金调整业务相关的账务处理

按照规定从其他单位调入财政拨款结转资金的，按照实际调增的额度数额或调入的资金数额：预算会计应当借记"资金结存——财政应返还额度、零余额账户用款额度、货币资金"科目，贷记"财政拨款结转——归集调入"科目；财务会计处理时，借记"财政应返还额度""零余额账户用款额度""银行存款"科目，贷记"累计盈余"科目。

按照规定向其他单位调出财政拨款结转资金的，按照实际调减的额度数额或调出的资金数额：预算会计应当借记"财政拨款结转——归集调出"科目，贷记"资金结存——财政应返还额度、零余额账户用款额度、货币资金"科目；财务会计处理时，借记"累计盈余"科目，贷记"财政应返还额度""零余额账户用款额度""银行存款"科目。

按照规定上缴财政拨款结转资金或注销财政拨款结转资金额度的，按照实际上缴资金数额或注销的资金额度数额：预算会计应当借记"财政拨款结转——归集上缴"科目，贷记"资金结存——财政应返还额度、零余额账户用款额度、货币资金"科目；财务会计处理时，借记"累计盈余"科目，贷记"财政应返还额度""零余额账户用款额度""银行存款"科目。

经财政部门批准对财政拨款结余资金改变用途，调整用于本单位基本支出或其他未完成项目支出的，按照批准调剂的金额：预算会计应当借记"财政拨款结余——单位内部调剂"科目，贷记"财政拨款结转——单位内部调剂"科目；财务会计不需要做账务处理。

3. 与年末财政拨款结转和结余业务相关的账务处理

年末：将财政拨款预算收入本年发生额转入"财政拨款结转"科目，预算会计应当借记"财政拨款预算收入"科目，贷记"财政拨款结转——本年收支结转"科目；将各项支出中财政拨款支出本年发生额转入"财政拨款结转"科目，预算会计应当借记"财政拨款结转——本年收支结转"科目，贷记各项支出（财政拨款支出）科目；财务会计不需要做账务处理。

年末冲销有关明细科目余额：预算会计将"财政拨款结转——本年收支结转、年初余额调整、归集调入、归集调出、归集上缴、单位内部调剂"科目余额转入"财政拨款结转——累计结转"科目，结转后，"财政拨款结转"科目除"累计结转"明细科目外，其他明细科目应无余额；财务会计不需要做账务处理。

年末完成上述结转后，应当对财政拨款结转各明细项目执行情况进行分析，按照有关规定将符合财政拨款结余性质的项目余额转入财政拨款结余：预算会计应当借记"财政拨款结转——累计结转"科目，贷记"财政拨款结余——结转转入"科目；财务会计不需要做账务处理。

财政拨款结转会计处理如表 10-3 所示。

表 10-3　　　　　　　　　财政拨款结转会计处理

会计事项		预算会计分录	财务会计分录
财政拨款结转贷方增加：			
发生会计差错更正、购货退回、预付款项收回等以前年度调整事项	涉及以前年度收入费用调整	当且仅当业务涉及国库直接支付、授权支付款项，或货币资金退回时 借：资金结存 　　贷：财政拨款结转——年初余额调整	借：有关资产或负债科目 　　贷：以前年度盈余调整
	仅涉及以前年度资产负债科目之间的调整		借：有关资产或负债科目 　　贷：有关资产或负债科目
从其他单位调入财政拨款结转资金		借：资金结存——财政应返还额度/零余额账户用款额度/货币资金 　　贷：财政拨款结转——归集调入	借：财政应返还额度/零余额账户用款额度/银行存款 　　贷：累计盈余
单位内部调剂财政拨款结余资金		借：财政拨款结余——单位内部调剂 　　贷：财政拨款结转——单位内部调剂	—
财政拨款结转借方增加：			
发生会计差错更正、购货退回、预付款项收回等以前年度调整事项	涉及以前年度收入费用调整	当且仅当业务涉及增加国库直接支付、授权支付款项，或货币资金支出时 借：财政拨款结转——年初余额调整 　　贷：资金结存	借：以前年度盈余调整 　　贷：有关资产或负债科目
	仅涉及以前年度资产负债科目之间的调整		借：有关资产或负债科目 　　贷：有关资产或负债科目

续表

会计事项		预算会计分录	财务会计分录
向其他单位调出财政拨款结转资金		借：财政拨款结转——归集调出 　　贷：资金结存——财政应返还额度/零余额账户用款额度/货币资金	借：累计盈余 　　贷：财政应返还额度/零余额账户用款额度/银行存款
按照规定上缴财政拨款结转资金或注销财政拨款结转额度		借：财政拨款结转——归集上缴 　　贷：资金结存——财政应返还额度/零余额账户用款额度/货币资金	借：累计盈余 　　贷：财政应返还额度/零余额账户用款额度/银行存款
年末结转：			
结转财政拨款预算收入、支出	结转财政拨款预算收入	借：财政拨款预算收入 　　贷：财政拨款结转——本年收支结转	—
	结转财政拨款预算支出	借：财政拨款结转——本年收支结转 　　贷：行政支出/事业支出等（财政拨款支出部分）	
冲销"财政拨款结转"科目有关明细科目余额		冲销有关明细科目贷方余额 借：财政拨款结转——年初余额调整（该明细科目为贷方余额时）/归集调入/单位内部调剂/本年收支结转（该明细科目为贷方余额时） 　　贷：财政拨款结转——累计结转 冲销有关明细科目借方余额 借：财政拨款结转——累计结转 　　贷：财政拨款结转——归集上缴/年初余额调整（该明细科目为借方余额时）/归集调出/本年收支结转（该明细科目为借方余额时）	—
按照有关规定将符合财政拨款结余性质的项目余额转入财政拨款结余		借：财政拨款结转——累计结转 　　贷：财政拨款结余——结转转入	—

【例 10－7】某单位年初发生了 500 000 元的预售账款退回，该账款退回至银行账户，该款项属于以前年度结转资金。相应的分录如下。

预算会计分录：

借：财政拨款结转——年初余额调整　　　　　　　500 000

　　贷：资金结存——货币资金　　　　　　　　　　　500 000

财务会计分录：

借：预收账款　　　　　　　　　　　　　　　　　500 000

　　贷：银行存款　　　　　　　　　　　　　　　　　500 000

【例 10 - 8】某单位本年从其他单位调入财政授权内拨款结转资金 10 000 000
元，相应的分录如下。

预算会计分录：

借：资金结存——零余额账户用款额度　　　　10 000 000

　　贷：财政拨款结转——归集调入　　　　　　　10 000 000

财务会计分录：

借：零余额账户用款额度　　　　　　　　　　10 000 000

　　贷：累计盈余　　　　　　　　　　　　　　　10 000 000

10.2.3　财政拨款结余

单位应设置"财政拨款结余"科目核算单位取得的同级财政拨款项目支出
结余资金的调整、结转和滚存情况。"财政拨款结余"科目年末贷方余额，反映
单位滚存的财政拨款结余资金数额。

（一）科目设置

（1）与会计差错更正、以前年度支出收回相关的明细科目

年初余额调整。本明细科目核算因发生会计差错更正、以前年度支出收回
等原因，需要调整财政拨款结余的金额。年末结账后，本明细科目应无余额。

（2）与财政拨款结余资金调整业务相关的明细科目

①归集上缴。本明细科目核算按照规定上缴财政拨款结余资金时，实际核
销的额度数额或上缴的资金数额。年末结账后，本明细科目应无余额。

②单位内部调剂。本明细科目核算经财政部门批准对财政拨款结余资金改
变用途，调整用于本单位其他未完成项目等的调整金额。年末结账后，本明细
科目应无余额。

（3）与年末财政拨款结余业务相关的明细科目

①结转转入。本明细科目核算单位按照规定转入财政拨款结余的财政拨款
结转资金。年末结账后，本明细科目应无余额。

②累计结余。本明细科目核算单位滚存的财政拨款结余资金。本明细科目年末贷方余额，反映单位财政拨款滚存的结余资金数额。

本科目还应当按照具体项目、《政府收支分类科目》中"支出功能分类科目"的相关科目等进行明细核算。

有一般公共预算财政拨款、政府性基金预算财政拨款等两种或两种以上财政拨款的，还应当在"财政拨款结余"科目下按照财政拨款的种类进行明细核算。

（二）财政拨款结余的账务处理

1. 与会计差错更正、以前年度支出收回相关的账务处理

因发生会计差错更正退回以前年度国库直接支付、授权支付款项或财政性货币资金，或者因发生会计差错更正增加以前年度国库直接支付、授权支付支出或财政性货币资金支出，属于以前年度财政拨款结余资金的：预算会计应当借记或贷记"资金结存——财政应返还额度、零余额账户用款额度、货币资金"科目，贷记或借记"财政拨款结余——年初余额调整"科目；财务会计处理时，借记"以前年度盈余调整"科目，贷记"零余额账户用款额度""银行存款"等科目。

因购货退回、预付款项收回等发生以前年度支出又收回国库直接支付、授权支付款项或收回财政性货币资金，属于以前年度财政拨款结余资金的：预算会计应当借记"资金结存——财政应返还额度、零余额账户用款额度、货币资金"科目，贷记"财政拨款结余——年初余额调整"科目；财务会计处理时，借记"零余额账户用款额度""银行存款"等科目，贷记"以前年度盈余调整"科目。

2. 与财政拨款结余资金调整业务相关的账务处理

经财政部门批准对财政拨款结余资金改变用途，调整用于本单位基本支出或其他未完成项目支出的：按照批准调剂的金额，预算会计应当借记"财政拨款结余——单位内部调剂"科目，贷记"财政拨款结转——单位内部调剂"科目；财务会计不需要做账务处理。

按照规定上缴财政拨款结余资金或注销财政拨款结余资金额度的，按照实际上缴资金数额或注销的资金额度数额：预算会计应当借记"财政拨款结余——归集上缴"科目，贷记"资金结存——财政应返还额度、零余额账户用款额度、货币资金"科目；财务会计处理时，借记"累计盈余"科目，贷记"财政应返还额度""零余额账户用款额度""银行存款"科目。

3．与年末财政拨款结转和结余业务相关的账务处理

年末，对财政拨款结转各明细项目执行情况进行分析，按照有关规定将符合财政拨款结余性质的项目余额转入财政拨款结余：预算会计应当借记"财政拨款结转——累计结转"科目，贷记"财政拨款结余——结转转入"科目；财务会计不需要做账务处理。

年末冲销有关明细科目余额。将"财政拨款结余——年初余额调整、归集上缴、单位内部调剂、结转转入"科目余额转入"财政拨款结余——累计结余"科目。结转后，"财政拨款结余"科目除"累计结余"明细科目外，其他明细科目应无余额。年末结转财务会计不需要做账务处理。

财政拨款结余会计处理如表 10 - 4 所示。

表 10 - 4　　　　　　　　　　财政拨款结余会计处理

会计事项		预算会计分录	财务会计分录
财政拨款结余贷方增加：			
发生会计差错更正、购货退回、预付款项收回等以前年度调整事项	涉及以前年度收入费用调整	当且仅当业务涉及国库直接支付、授权支付款项，或货币资金退回时	借：有关资产或负债科目 　　贷：以前年度盈余调整
	仅涉及以前年度资产负债科目之间的调整	借：资金结存 　　贷：财政拨款结余——年初余额调整	借：有关资产或负债科目 　　贷：有关资产或负债科目
财政拨款结余借方增加：			
发生会计差错更正、购货退回、预付款项收回等以前年度调整事项	涉及以前年度收入费用调整	当且仅当业务涉及增加国库直接支付、授权支付款项，或货币资金支出时	借：以前年度盈余调整 　　贷：有关资产或负债科目
	仅涉及以前年度资产负债科目之间的调整	借：财政拨款结余——年初余额调整 　　贷：资金结存	借：有关资产或负债科目 　　贷：有关资产或负债科目
单位内部调剂财政拨款结余资金		借：财政拨款结余——单位内部调剂 　　贷：财政拨款结转——单位内部调剂	—
按照规定上缴财政拨款结余资金或注销财政拨款结余额度		借：财政拨款结余——归集上缴 　　贷：资金结存——财政应返还额度/零余额账户用款额度/货币资金	借：累计盈余 　　贷：财政应返还额度/零余额账户用款额度/银行存款

续表

会计事项	预算会计分录	财务会计分录
年末结转：		
按照有关规定将符合财政拨款结余性质的项目余额转入财政拨款结余	借：财政拨款结转——累计结转 　　贷：财政拨款结余——结转转入	—
冲销"财政拨款结余"科目有关明细科目余额	冲销有关明细科目贷方余额 借：财政拨款结余——年初余额调整（该明细科目为贷方余额时)/结转转入 　　贷：财政拨款结余——累计结转 冲销有关明细科目借方余额 借：财政拨款结余——累计结转 　　贷：财政拨款结余——年初余额调整（该明细科目为借方余额时)/归集上缴/单位内部调剂 借：财政拨款结余——结转转入 　　贷：财政拨款结余——累计结转	—

【例 10-9】某单位年初发生了 300 000 元的预付账款收回国库直接支付额度，该款项属于以前年度结余资金。相应的分录如下。

预算会计分录：

借：资金结存——零余额账户用款额度　　　　　　　300 000

　　贷：财政拨款结余——年初余额调整　　　　　　　　300 000

财务会计分录：

借：零余额账户用款额度　　　　　　　　　　　　　300 000

　　贷：以前年度盈余调整　　　　　　　　　　　　　　300 000

【例 10-10】某单位本年注销财政拨款财政授权内拨款结余资金 15 000 000 元，相应的分录如下。

预算会计分录：

借：财政拨款结余——归集上缴　　　　　　　　　15 000 000

　　贷：资金结存——零余额账户用款额度　　　　　　 15 000 000

财务会计分录：

借：累计盈余　　　　　　　　　　　　　　　　15 000 000

　　贷：零余额账户用款额度　　　　　　　　　　15 000 000

10.2.4　非财政拨款结转

单位应设置"非财政拨款结转"科目核算行政事业单位除财政拨款收支、经营收支以外各非同级财政拨款专项资金的调整、结转和滚存情况。"非财政拨款结转"科目年末贷方余额，反映单位滚存的非同级财政拨款专项结转资金数额。

（一）科目设置

①年初余额调整。本明细科目核算因发生会计差错更正、以前年度支出收回等原因，需要调整非财政拨款结转的资金。年末结账后，本明细科目应无余额。

②缴回资金。本明细科目核算按照规定缴回非财政拨款结转资金时，实际缴回的资金数额。年末结账后，本明细科目应无余额。

③项目间接费用或管理费。本明细科目核算单位取得的科研项目预算收入中，按照规定计提项目间接费用或管理费的数额。年末结账后，本明细科目应无余额。

④本年收支结转。本明细科目核算单位本年度非同级财政拨款专项收支相抵后的余额。年末结账后，本明细科目应无余额。

⑤累计结转。本明细科目核算单位滚存的非同级财政拨款专项结转资金。本明细科目年末贷方余额，反映单位非同级财政拨款滚存的专项结转资金数额。

"非财政拨款结转"科目还应当按照具体项目、《政府收支分类科目》中"支出功能分类科目"的相关科目等进行明细核算。

（二）非财政拨款结转的账务处理

按照规定从科研项目预算收入中提取项目管理费或间接费时，按照提取金额：预算会计应当借记"非财政拨款结转——项目间接费用或管理费"科目，贷记"非财政拨款结余——项目间接费用或管理费"科目；财务会计处理时，借记"单位管理费用"科目，贷记"预提费用——项目间接费用或管理费"科目。

因会计差错更正收到或支出非同级财政拨款货币资金，属于非财政拨款结转资金的，按照收到或支出的金额：预算会计应当借记或贷记"资金结存——

货币资金"科目，贷记或借记"非财政拨款结转——年初余额调整"科目；财务会计处理时，贷记或借记"银行存款"等科目，贷记或借记"以前年度盈余调整"科目。

因收回以前年度支出等收到非同级财政拨款货币资金，属于非财政拨款结转资金的，按照收到的金额：预算会计应当借记"资金结存——货币资金"科目，贷记"非财政拨款结转——年初余额调整"科目；财务会计处理时，借记"银行存款"等科目，贷记"以前年度盈余调整"科目。

按照规定缴回非财政拨款结转资金的，按照实际缴回资金数额：预算会计应当借记"非财政拨款结转——缴回资金"科目，贷记"资金结存——货币资金"科目；财务会计处理时，借记"累计盈余"科目，贷记"银行存款"等科目。

年末，将事业预算收入、上级补助预算收入、附属单位上缴预算收入、非同级财政拨款预算收入、债务预算收入、其他预算收入本年发生额中的专项资金收入转入"非财政拨款结转"科目，预算会计应当借记"事业预算收入""上级补助预算收入""附属单位上缴预算收入""非同级财政拨款预算收入""债务预算收入""其他预算收入"科目下各专项资金收入明细科目，贷记"非财政拨款结转——本年收支结转"科目；将行政支出、事业支出、其他支出本年发生额中的非财政拨款专项资金支出转入"非财政拨款结转"科目，预算会计应当借记"非财政拨款结转——本年收支结转"科目，贷记"行政支出""事业支出""其他支出"科目下各非财政拨款专项资金支出明细科目。财务会计不需要做账务处理。

年末冲销有关明细科目余额。将"非财政拨款结转——年初余额调整、项目间接费用或管理费、缴回资金、本年收支结转"科目余额转入"非财政拨款结转——累计结转"科目。结转后，"非财政拨款结转"科目除"累计结转"明细科目外，其他明细科目应无余额。财务会计不需要做账务处理。

年末完成上述结转后，应当对非财政拨款专项结转资金各项目情况进行分析，将留归本单位使用的非财政拨款专项（项目已完成）剩余资金转入非财政拨款结余，预算会计应当借记"非财政拨款结转——累计结转"科目，贷记"非财政拨款结余——结转转入"科目。财务会计不需要做账务处理。

非财政拨款结转会计处理如表 10－5 所示。

表 10 - 5　　　　　　　　非财政拨款结转会计处理

会计事项		预算会计分录	财务会计分录
非财政拨款结转贷方增加：			
发生会计差错更正、购货退回、预付款项收回等以前年度调整事项	涉及以前年度收入费用调整	当且仅当业务涉及收到非同级财政拨款货币资金时 借：资金结存 　　贷：非财政拨款结转——年初余额调整	借：有关资产或负债科目 　　贷：以前年度盈余调整
	仅涉及以前年度资产负债科目之间的调整		借：有关资产或负债科目 　　贷：有关资产或负债科目
非财政拨款结转借方增加：			
发生差错更正、购货退回、预付款项收回等以前年度调整事项	涉及以前年度收入费用调整	当且仅当业务涉及货币资金支出时 借：财政拨款结转——年初余额调整 　　贷：资金结存	借：以前年度盈余调整 　　贷：有关资产或负债科目
	仅涉及以前年度资产负债科目之间的调整		借：有关资产或负债科目 　　贷：有关资产或负债科目
按照规定从科研项目预算收入中提取项目管理费或间接费		借：非财政拨款结转——项目间接费用或管理费 　　贷：非财政拨款结余——项目间接费用或管理费	借：单位管理费用 　　贷：预提费用——项目间接费用或管理费
按照规定缴回非财政拨款结转资金		借：非财政拨款结转——缴回资金 　　贷：资金结存——货币资金	借：累计盈余 　　贷：银行存款等
年末结转：			
结转非财政拨款专项收入、支出	结转非财政拨款专项收入	借：事业预算收入/上级补助预算收入/附属单位上缴预算收入/非同级财政拨款预算收入/债务预算收入/其他预算收入 　　贷：非财政拨款结转——本年收支结转	—
	结转非财政拨款专项支出	借：非财政拨款结转——本年收支结转 　　贷：行政支出/事业支出/其他支出	

续表

会计事项	预算会计分录	财务会计分录
冲销"非财政拨款结转"科目有关明细科目余额	冲销有关明细科目贷方余额 借：非财政拨款结转——年初余额调整（该明细科目为贷方余额时）/本年收支结转（该明细科目为贷方余额时） 　　贷：非财政拨款结转——累计结转 冲销有关明细科目借方余额 借：非财政拨款结转——累计结转 　　贷：非财政拨款结转——年初余额调整（该明细科目为借方余额时）/缴回资金/项目间接费用或管理费/本年收支结转（该明细科目为借方余额时）	—
将留归本单位使用的非财政拨款专项剩余资金转入非财政拨款结余	借：非财政拨款结转——累计结转 　　贷：非财政拨款结余——结转转入	—

【例 10 - 11】 某单位从单位的科研项目预算收入中提取项目管理费 200 000 元，相应的分录如下。

预算会计分录：

借：非财政拨款结转——项目管理费　　　　　　　　200 000

　　贷：非财政拨款结余——项目管理费　　　　　　　　　　200 000

财务会计分录：

借：单位管理费用　　　　　　　　　　　　　　　200 000

　　贷：预提费用——项目管理费　　　　　　　　　　　　　200 000

【例 10 - 12】 某单位按照规定缴回非财政拨款结转资金 300 000 元，相应的分录如下。

预算会计分录：

借：非财政拨款结转——缴回资金　　　　　　　　300 000

　　贷：资金结存——货币资金　　　　　　　　　　　　　300 000

财务会计分录：

借：累计盈余　　　　　　　　　　　　　　　　　300 000

　　贷：银行存款　　　　　　　　　　　　　　　　　　　300 000

【例 10 - 13】 某单位年末非财政拨款结转下明细科目情况如下：年初余额

调整为贷方 200 000 元，项目间接费用为借方 100 000 元，本年收支结转为贷方 300 000 元。相应的分录如下。

预算会计分录：

借：非财政拨款结转——年初余额调整　　　　　　　200 000

　　　　　　　　——本年收支结转　　　　　　　　300 000

　　贷：非财政拨款结转——累计结转　　　　　　　　　　500 000

借：非财政拨款结转——累计结转　　　　　　　　　100 000

　　贷：非财政拨款结转——项目间接费用　　　　　　　　100 000

财务会计不进行账务处理。

10.2.5　非财政拨款结余

单位应设置"非财政拨款结余"科目核算单位历年滚存的非限定用途的非同级财政拨款结余资金，主要为非财政拨款结余扣除结余分配后滚存的金额。

（一）科目设置

①年初余额调整。本明细科目核算因发生会计差错更正、以前年度支出收回等原因，需要调整非财政拨款结余的资金。

年末结账后，本明细科目应无余额。

②项目间接费用或管理费。本明细科目核算单位取得的科研项目预算收入中，按照规定计提的项目间接费用或管理费数额。

年末结账后，本明细科目应无余额。

③结转转入。本明细科目核算按照规定留归单位使用，由单位统筹调配，纳入单位非财政拨款结余的非同级财政拨款专项剩余资金。

年末结账后，本明细科目应无余额。

④累计结余。本明细科目核算单位历年滚存的非同级财政拨款、非专项结余资金。

本明细科目年末贷方余额，反映单位非同级财政拨款滚存的非专项结余资金数额。本科目还应当按照《政府收支分类科目》中"支出功能分类科目"的相关科目进行明细核算。

（二）非财政拨款结余的账务处理

按照规定从科研项目预算收入中提取项目管理费或间接费时：预算会计应当借记"非财政拨款结转——项目间接费用或管理费"科目，贷记"非财政拨款结余——项目间接费用或管理费"科目；财务会计处理时，借记"单位管理费用"科目，贷记"预提费用——项目间接费用或管理费"科目。

有企业所得税缴纳义务的事业单位实际缴纳企业所得税时，按照缴纳金额：预算会计应当借记"非财政拨款结余——累计结余"科目，贷记"资金结存——货币资金"科目；财务会计处理时，借记"其他应交税费——单位应交所得税"科目，贷记"银行存款"等科目。

因会计差错更正收到或支出非同级财政拨款货币资金，属于非财政拨款结余资金的，按照收到或支出的金额：预算会计应当借记或贷记"资金结存——货币资金"科目，贷记或借记"非财政拨款结余——年初余额调整"科目；财务会计处理时，借记或贷记"银行存款"等科目，贷记或借记"以前年度盈余调整"科目。

因收回以前年度支出等收到非同级财政拨款货币资金，属于非财政拨款结余资金的，按照收到的金额：预算会计应当借记"资金结存——货币资金"科目，贷记"非财政拨款结余——年初余额调整"科目；财务会计处理时，借记"银行存款"等科目，贷记"以前年度盈余调整"科目。

年末，将留归本单位使用的非财政拨款专项（项目已完成）剩余资金转入"非财政拨款结余"科目，预算会计应当借记"非财政拨款结转——累计结转"科目，贷记"非财政拨款结余——结转转入"科目。财务会计不需要做账务处理。

年末冲销有关明细科目余额。将"非财政拨款结余——年初余额调整、项目间接费用或管理费、结转转入"科目余额结转入"非财政拨款结余——累计结余"科目。结转后，"非财政拨款结余"科目除"累计结余"明细科目外，其他明细科目应无余额。财务会计不需要做账务处理。

年末，事业单位将"非财政拨款结余分配"科目余额转入非财政拨款结余。"非财政拨款结余分配"科目为借方余额的，预算会计应当借记"非财政拨款结余——累计结余"科目，贷记"非财政拨款结余分配"科目；"非财政拨款结余分配"科目为贷方余额的，预算会计应当借记"非财政拨款结余分配"科目，贷记"非财政拨款结余——累计结余"科目。财务会计不需要做账务处理。

年末，行政单位将"其他结余"科目余额转入非财政拨款结余。"其他结余"科目为借方余额的，预算会计应当借记"非财政拨款结余——累计结余"科目，贷记"其他结余"科目；"其他结余"科目为贷方余额的，预算会计应当借记"其他结余"科目，贷记"非财政拨款结余——累计结余"科目。财务会计不需要做账务处理。

非财政拨款结余会计处理如表 10-6 所示。

表 10-6　　　　　　　　　　非财政拨款结余会计处理

会计事项		预算会计分录	财务会计分录
非财政拨款结余贷方增加:			
发生会计差错更正、购货退回、预付款项收回等以前年度调整事项	涉及以前年度收入费用调整	当且仅当业务涉及国库直接支付、授权支付款项,或货币资金退回时 借:资金结存 贷:非财政拨款结余——年初余额调整	借:有关资产或负债科目 贷:以前年度盈余调整
	仅涉及以前年度资产负债科目之间的调整		借:有关资产或负债科目 贷:有关资产或负债科目
按照规定从科研项目预算收入中提取项目管理费或间接费		借:非财政拨款结转——项目间接费用或管理费 贷:非财政拨款结余——项目间接费用或管理费	借:单位管理费用 贷:预提费用——项目间接费用或管理费
非财政拨款结余借方增加:			
发生会计差错更正、购货退回、预付款项收回等以前年度调整事项	涉及以前年度收入费用调整	当且仅当业务涉及增加国库直接支付、授权支付款项,或货币资金支出时 借:非财政拨款结余——年初余额调整 贷:资金结存	借:以前年度盈余调整 贷:有关资产或负债科目
	仅涉及以前年度资产负债科目之间的调整		借:有关资产或负债科目 贷:有关资产或负债科目
实际缴纳企业所得税		借:非财政拨款结余——累计结余 贷:资金结存——货币资金	借:其他应交税费——单位应交所得税 贷:银行存款等
年末结转:			
将留归本单位使用的非财政拨款专项剩余资金转入非财政拨款结余		借:非财政拨款结转——累计结转 贷:非财政拨款结余——结转转入	—
冲销"非财政拨款结余"科目有关明细科目余额		冲销有关明细科目贷方余额 借:非财政拨款结余——年初余额调整(该明细科目为贷方余额时)/项目间接费用或管理费/结转转入 贷:非财政拨款结余——累计结余 冲销有关明细科目借方余额 借:非财政拨款结余——累计结余 贷:非财政拨款结余——年初余额调整(该明细科目为借方余额时)/非财政拨款结余——缴回资金	—

续表

会计事项	预算会计分录	财务会计分录
"非财政拨款结余分配"科目结转	非财政拨款结余分配为贷方余额时 借：非财政拨款结余分配 　　贷：非财政拨款结余——累计结余 非财政拨款结余分配为借方余额做相反分录	—

【例10－14】某单位本年实际缴纳企业所得税100 000元，相应的分录如下。

预算会计分录：

借：非财政拨款结余——累计结余　　　　　　　　　　100 000

　　贷：资金结存——货币资金　　　　　　　　　　　　　　100 000

财务会计分录：

借：其他应交税费——单位应交所得税　　　　　　　100 000

　　贷：银行存款　　　　　　　　　　　　　　　　　　　　100 000

【例10－15】某单位年末非财政拨款结余下明细科目情况如下：年初余额调整为贷方400 000元，项目管理费为借方100 000元。相应的分录如下。

预算会计分录：

借：非财政拨款结余——年初余额调整　　　　　　　400 000

　　贷：非财政拨款结余——累计结余　　　　　　　　　　400 000

借：非财政拨款结余——累计结余　　　　　　　　　100 000

　　贷：非财政拨款结余——项目管理费　　　　　　　　　100 000

财务会计不进行账务处理。

10.3　事业单位专有结余资金的会计核算

10.3.1　专用结余

事业单位应设置"专用结余"科目核算事业单位按照规定从非财政拨款结余中提取的具有专门用途的资金的变动和滚存情况。"专用结余"科目年末贷方余额，反映事业单位从非同级财政拨款结余中提取的专用基金的累计滚存数额。本科目应当按照专用结余的类别进行明细核算。

根据有关规定从本年度非财政拨款结余或经营结余中提取基金的，按照提取金额：预算会计应当借记"非财政拨款结余分配"科目，贷记"专用结余"科目；财务会计处理时，借记"本年盈余分配"科目，贷记"专用基金"科目。

根据规定使用从非财政拨款结余或经营结余中提取的专用基金时，按照使用金额：预算会计应当借记"专用结余"科目，贷记"资金结存——货币资金"科目；财务会计处理时，借记"专用基金"科目，贷记"银行存款"等科目。

专用基金的会计处理如表 10 – 7 所示。

表 10 – 7　　　　　　　　　　专用基金的会计处理

会计事项		预算会计分录	财务会计分录
计提专用基金	从预算收入中按照一定比例计提	—	借：业务活动费用等 　贷：专用基金
	从本年度非财政拨款结余或经营结余中计提	借：非财政拨款结余分配 　贷：专用结余	借：本年盈余分配 　贷：专用基金
	根据有关规定设置的其他专用基金	—	借：银行存款等 　贷：专用基金
使用专用基金	从预算收入中按照一定比例计提	借：事业支出等 　贷：资金结存——货币资金	专用基金用于购置固定资产、无形资产 借：固定资产/无形资产 　贷：银行存款等 借：专用基金 　贷：累计盈余 专用基金用于其他用途 借：专用基金 　贷：银行存款等
	从本年度非财政拨款结余或经营结余中计提	借：专用结余 　贷：资金结存——货币资金	

【例 10 – 16】某单位从本年度非财政拨款结余中提取基金 150 000 元，相应的分录如下。

预算会计处理：

借：非财政拨款结余　　　　　　　　　　　　　150 000

　　贷：专用结余　　　　　　　　　　　　　　　　150 000

财务会计处理：

借：本年盈余分配　　　　　　　　　　　　　　150 000

　　贷：专用基金　　　　　　　　　　　　　　　　150 000

10.3.2　经营结余

事业单位应设置"经营结余"科目核算事业单位本年度经营活动收支相抵

后余额弥补以前年度经营亏损后的余额。

年末：将经营预算收入本年发生额转入"经营结余"科目，预算会计应当借记"经营预算收入"科目，贷记"经营结余"科目；将经营支出本年发生额转入"经营结余"科目，预算会计应当借记"经营结余"科目，贷记"经营支出"科目。财务会计不需要做账务处理。

完成上述结转后：如"经营结余"科目为贷方余额，将"经营结余"科目贷方余额转入"非财政拨款结余分配"科目，预算会计应当借记"经营结余"科目，贷记"非财政拨款结余分配"科目；如"经营结余"科目为借方余额，为经营亏损，不予结转。财务会计不需要做账务处理。

年末结账后，"经营结余"科目一般无余额；如为借方余额，反映事业单位累计发生的经营亏损。经营结余的会计处理如图 10 – 1 所示。

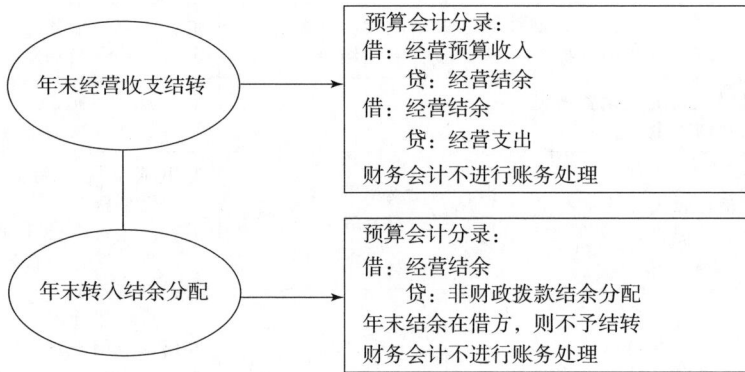

图 10 – 1　经营结余的会计处理

10.4　其他结余的会计核算

单位应设置"其他结余"科目核算行政事业单位本年度除财政拨款收支、非同级财政专项资金收支和经营收支以外各项收支相抵后的余额。年末结账后，"其他结余"科目应无余额。

年末，将事业预算收入、上级补助预算收入、附属单位上缴预算收入、非同级财政拨款预算收入、债务预算收入、其他预算收入本年发生额中的非专项资金收入以及投资预算收益本年发生额转入"其他结余"科目，预算会计借记"事业预算收入""上级补助预算收入""附属单位上缴预算收入""非同级财政拨款预算收入""债务预算收入""其他预算收入"科目下各非专项资金收入明细科目和"投资预算收益"科目，贷记"其他结余"科目。

　　将行政支出、事业支出、其他支出本年发生额中的非同级财政、非专项资金支出，以及上缴上级支出、对附属单位补助支出、投资支出、债务还本支出本年发生额转入"其他结余"科目，借记"其他结余"科目，贷记"行政支出""事业支出""其他支出"科目下各非同级财政、非专项资金支出明细科目和"上缴上级支出""对附属单位补助支出""投资支出""债务还本支出"科目。

　　财务会计均不需要做账务处理。其他结余的会计处理如图 10－2 所示。

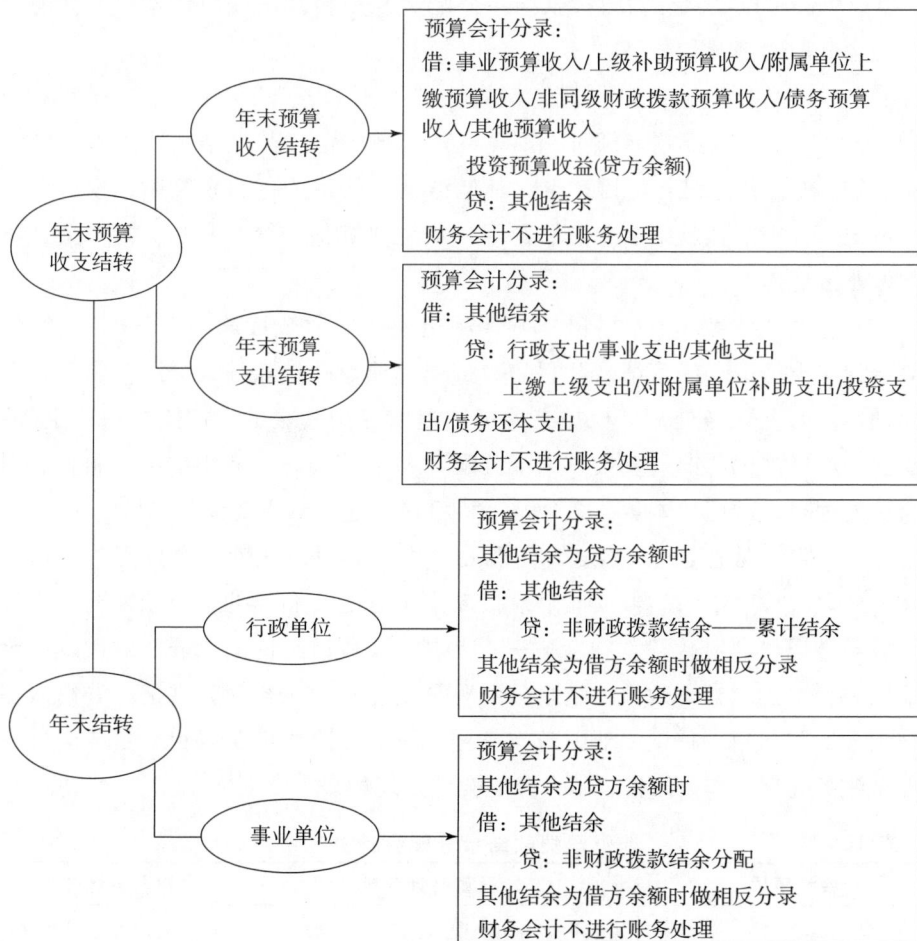

图 10－2　其他结余的会计处理

　　完成上述结转后，预算会计中，行政单位将"其他结余"科目余额转入"非财政拨款结余——累计结余"科目，事业单位将"其他结余"科目余额转入

"非财政拨款结余分配"科目。当"其他结余"科目为贷方余额时，预算会计应当借记"其他结余"科目，贷记"非财政拨款结余——累计结余"或"非财政拨款结余分配"科目；当"其他结余"科目为借方余额时，预算会计应当借记"非财政拨款结余——累计结余"或"非财政拨款结余分配"科目，贷记"其他结余"科目。财务会计均不需要做账务处理。

10.5　非财政拨款结余分配

事业单位应设置"非财政拨款结余分配"科目核算事业单位本年度非财政拨款结余分配的情况和结果。

年末，将"其他结余"科目余额转入"非财政拨款结余分配"科目：当"其他结余"科目为贷方余额时，预算会计应当借记"其他结余"科目，贷记"非财政拨款结余分配"科目；当"其他结余"科目为借方余额时，预算会计应当借记"非财政拨款结余分配"科目，贷记"其他结余"科目。财务会计不需要做账务处理。

年末，将"经营结余"科目贷方余额转入"非财政拨款结余分配"科目：预算会计应当借记"经营结余"科目，贷记"非财政拨款结余分配"科目；财务会计不需要做账务处理。根据有关规定提取专用基金的，按照提取的金额：预算会计应当借记"非财政拨款结余分配"科目，贷记"专用结余"科目；财务会计处理时，借记"本年盈余分配"科目，贷记"专用基金"科目。

年末，按照规定完成上述结转处理后，将"非财政拨款结余分配"科目余额转入非财政拨款结余。当"非财政拨款结余分配"科目为借方余额时，预算会计应当借记"非财政拨款结余——累计结余"科目，贷记"非财政拨款结余分配"科目；当"非财政拨款结余分配"科目为贷方余额时，借记"非财政拨款结余分配"科目，贷记"非财政拨款结余——累计结余"科目。财务会计不需要做账务处理。非财政拨款结余分配会计处理如表 10－8 所示。

表 10－8　　　　　　非财政拨款结余分配会计处理

会计事项	预算会计分录	财务会计分录
其他结余转入	其他结余为借方余额时 借：非财政拨款结余分配 　　贷：其他结余 其他结余为贷方余额时做相反分录	—

续表

会计事项	预算会计分录	财务会计分录
从非财政拨款结余中计提专用基金	借：非财政拨款结余分配 　　贷：专用结余	借：本年盈余分配 　　贷：专用基金
年末结转：		
事业单位将非财政拨款结余分配转入非财政拨款结余	非财政拨款结余分配为贷方余额时 借：非财政拨款结余分配 　　贷：非财政拨款结余——累计结余 非财政拨款结余分配为借方余额时做相反分录	—

第 11 章
行政事业单位会计报表编制

11.1 行政事业单位会计报表概述

新政府会计制度的创新点之一在于其"双报告"的特点。所谓"双报告"即通过财务会计核算形成财务报告，通过预算会计核算形成决算报告。

11.1.1 会计报表的概念

（一）财务会计报表的概念

行政事业单位财务会计报表是反映行政事业单位一定时期财务状况、收支情况和现金流量的书面文件，是上级部门了解行政事业单位情况，指导其预算执行工作的重要资料，也是编制下年度财务收支计划的依据。编制和分析会计报表是会计工作的一个重要环节。

附表和附注是为帮助使用者深入了解主要会计报表的有关内容和项目而以表格的形式对主要会计报表所做的补充说明和详细解释。它是行政事业单位会计报表的有机组成部分。

（二）预算会计报表的概念

行政事业单位预算会计报表是反映行政事业单位财务状况和预算执行结果的书面文件。它由会计报表和报表说明书组成。

行政事业单位预算会计报表，是根据日常核算资料，通过整理、汇总而编制的用以反映会计主体一定时期的财务状况和预算执行结果的书面文件。它综合、系统、全面地反映了行政事业单位预算收支活动的情况。

11.1.2 会计报表的编制要求

为了充分发挥会计报表的应有作用，行政事业单位必须按照财政部门和主管部门统一规定的格式、内容和编制方法编制会计报表，做到数字真实、内容完整、报送及时。会计报表的编制要求如图 11 - 1 所示。

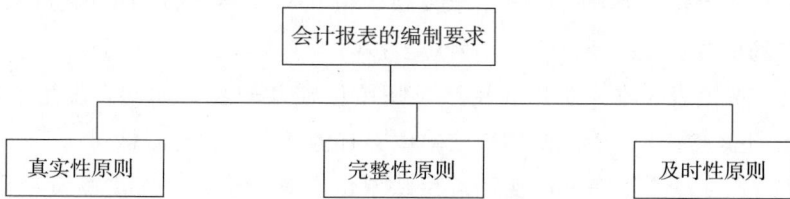

图 11 - 1　会计报表的编制要求

（一）真实性原则

行政事业单位会计报表必须真实可靠、数字准确，如实反映单位预算执行情况。编报时要以核对无误的会计账簿数字为依据，不能以估计数、计划数填报，更不能弄虚作假、篡改和伪造会计数据，也不能由上级单位以估计数代编。为此，各单位必须按期结账，一般不能为赶编报表而提前结账。编制报表前，要认真核对有关账目，切实做到账表相符、账证相符、账账相符和账实相符，保证会计报表的真实性。

（二）完整性原则

行政事业单位会计报表必须内容完整，按照统一规定的报表种类、格式和内容编报齐全，不能漏报。规定的格式栏次不论是表内项目还是补充资料，应填的项目、内容要齐全，不能任意取舍，使之成为一套完整的指标体系，以满足会计报表在本部门、本地区以及全国的逐级汇总分析需要。各级主管部门可以根据本系统内的特殊情况和特殊要求，规定增加一些报表或项目，但不得影响国家统一规定的报表和报表项目的编报。

（三）及时性原则

行政事业单位会计报表必须按照国家或上级机关规定的期限和程序，在保证报表真实、完整的前提下，在规定的期限内报送上级单位。如果一个单位的会计报表不及时报送，就会影响主管单位、财政部门乃至全国的逐级汇总，影响全局对会计信息的分析。为此，应当科学、合理地组织好日常的会计核算工作，加强会计部门内部及会计部门与有关部门的协作与配合，以便尽快地编制出会计报表，满足预算管理和财务管理的需要。

11.1.3　会计报表的分类

为反映不同的经济内容，行政事业单位会计报表可以按以下不同的标准进行分类。

（一）按照内容和形式分类

①资产负债表。资产负债表用于反映单位在某一特定日期全部资产、负债和净资产的情况。资产负债表的项目应当按财务会计要素的类别分别列示。

②收入费用表。收入费用表用于反映单位在某一会计期间内发生的收入、费用及当期盈余情况。收入费用表按单位实有各项收支项目汇总列示。

③净资产变动表。净资产变动表反映单位在某一会计年度内净资产项目的变动情况。

④现金流量表。现金流量表反映单位在某一会计年度内现金流入和流出的信息。现金流量表应当按照日常活动、投资活动、筹资活动的现金流量分别反映。本表所指的现金流量，是指现金的流入和流出。

⑤预算收入支出表。预算收入收支表反映单位在某一会计年度内各项预算收入、预算支出和预算收支差额的情况。

⑥预算结转结余变动表。预算结转结余变动表反映单位在某一会计年度内预算结转结余的变动情况。

⑦财政拨款预算收入支出表。财政拨款预算收入支出表反映单位本年财政拨款预算资金收入、支出及相关变动的具体情况。

（二）按照编报时间分类

①月报。月报是反映行政事业单位截至报告月度资金活动和经费收支情况的报表。月报要求编报资产负债表、收入费用表。

②季报。季报是分析、检查行政事业单位季度资金活动情况和经费收支情况的报表，应在月报的基础上较详细地反映单位经费收支的全貌。各行政事业单位的季报，要求在月报的基础上加报基本数字表。

③年报。年报（年度决算）是全面反映年度资金活动和经费收支执行结果的报表。年度决算报表种类和要求等，按照财政部门和上级单位下达的有关决算编审规定组织执行。

（三）按照编报层次分类

①本级报表。本级报表是反映各单位预算执行情况和资金活动情况的报表。

②汇总报表。汇总报表是各主管部门和二级单位对本单位和所属单位的报表进行汇总后编制的报表。基层会计单位只编制本级报表，二级单位和主管会计单位要先编制本级报表，然后编制汇总报表。

11.1.4　年终清理

年终清理结算和结账，是行政事业单位编报年度决算的一个很重要环节，也是保证行政事业单位决算报表数字准确、真实、完整的一项基础工作。各行政事业单位在年度终了前，应根据财政部门或上级主管部门的决算编审工作要求，对各项收支项目、往来款项、货币资金及财产物资进行全面的年终清理结算，并在此基础上办理年度结算、编报决算。

年终清理是对行政事业单位全年预算资金收支、其他资金收支活动进行全面的清查、核对、整理和结算的工作。对任何一个单位来说，年终清理都包括对本单位财产全面清理及会计、财务活动的总清理。

年终清理主要包括以下几方面。

1．清理核对年度预算收支数字和预算领拨款数字

年终前，财政机关、上级单位和所属各单位之间，应当认真清理核对全年预算数。同时要逐笔清理核对上、下级之间预算拨款和预算缴款数字，按核定的预算或调整的预算，该拨付的拨付，该交回的交回，保证上、下级之间的年度预算数、领拨款经费数和上缴、下拨数一致。

为了保证会计年度按公历年度划期，凡属本年的应拨、应交款项，必须在 12 月 31 日前汇达对方。主管会计单位对所属各单位的预算拨款，截至 12 月 25 日止，逾期一般不再下拨。凡是预拨下年度的款项，应注明款项所属年度，以免造成跨年错账。

2．清理核对各项收支款项

凡属本年的各项收入，都要及时入账。本年的各项应缴预算收入和应上缴上级的款项，要在年终前全部上缴。属于本年的各项支出，要按规定的支出渠道如实列报。年度单位支出决算，一律以基层用款单位截至 12 月 31 日止的本年实际支出数为准，不得将年终前预拨下一年的预算拨款列入本年的支出，也不得以上级会计单位的拨款数代替基层会计单位实际支出数。

3．清理各项往来款项

对行政事业单位的各种暂存、暂付等往来款项，要按照"严格控制，及时结算"的原则，分类清理。对各项应收款和应付款，原则上不宜跨年度挂账，做到"人欠收回，欠人归还"；对外单位委托代办业务，凡托办业务已结束的，要及时向委托单位清算结报，委托单位不得以拨代支，受托单位不得以领代报。应转为各项收入和应列支出的往来款项，要及时转入有关收支账户，编入本年决算。对没有合法手续的各种往来款项，要查明原因采取措施，该追回的追回，该退还的退还。

4. 清查货币资金和财产物资

年终要及时同开户银行对账。银行存款账面余额要同银行对账单的余额核对相符；现金的账面余额要同库存现金核对相符；有价证券账面数字要同实存的有价证券核对相符。各种财产物资年终都必须全部入账，各单位应配备专人对全部财产物资进行全面的清查盘点。固定资产和材料的盘点结果和账面数如有差异，在年终结账前应查明原因，并按规定作出处理，调整账务，做到账账、账实相符。

11.2 资产负债表

11.2.1 资产负债表概述

资产负债表是反映行政事业单位某一特定日期财务状况的报表，反映行政事业单位在某一特定日期的全部资产、负债和净资产的情况。

资产负债表是会计报表的重要组成部分，可以提供反映会计期末行政事业单位占有或使用的资源、承担的债务和形成的净资产情况的会计信息。行政事业单位应当定期编制资产负债表，披露行政事业单位在会计期末的财务状况。资产负债表是行政事业单位会计报表体系的主要报表，它能反映行政事业单位在某一时点占有或使用的经济资源和负担的债务情况，以及行政事业单位的偿债能力和财务前景。通过资产负债表，会计报表使用者可以得到以下信息，如图 11－2 所示。

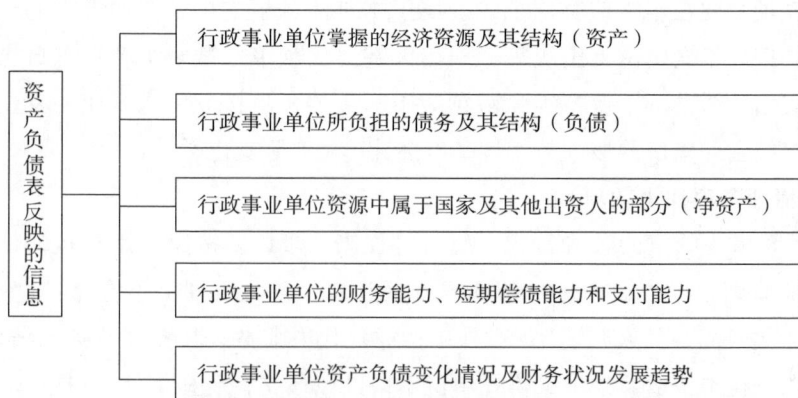

图 11－2　资产负债表反映的信息

11.2.2　资产负债表的内容

行政事业单位的资产负债表由表首标题和报表主体构成。报表主体部分包括编报项目、栏目以及金额。

1. 表首标题

资产负债表的表首标题包括报表名称、编号（会政财 01 表）、编制单位、编表时间和金额单位等内容。资产负债表反映行政事业单位在某一时点的财务状况，属于静态报表，需要注明是 × 年 × 月 × 日的报表。按编报的时间的不同，资产负债表分为月报资产负债表和年报资产负债表。

2. 编报项目

资产负债表的编报项目包括资产、负债和净资产三个会计要素，按资产（左侧）和负债与净资产（右侧）排列，按资产等于负债加净资产平衡。资产项目按其流动性分为流动资产、非流动资产排列；负债项目按其流动性分别流动负债、非流动负债排列；净资产项目分别基金净资产、结转（余）净资产排列。

3. 栏目及金额

资产负债表包括"期末余额"和"年初余额"两栏数字。"期末余额"栏的数额根据本期各科目的期末余额直接填列，或经过分析、计算后填列；"年初余额"栏的数额根据上年年末资产负债表"期末余额"栏内的数字填列。

11.2.3　资产负债表的编制

资产负债表的"年初余额"栏内各项数字，应当根据上年年末资产负债表"期末余额"栏内数字填列。如果本年度资产负债表规定的各个项目的名称和内容同上年度不一致，应当对上年年末资产负债表规定的各个项目的名称和数字按照本年度的规定进行调整，填入资产负债表的"年初余额"栏。本表中"资产总计"项目期末（年初）余额应当与"负债和净资产总计"项目期末（年初）余额相等。

1. 资产类项目"期末余额"的内容和填列方法

资产类项目反映行政事业单位占用或者使用的资产情况，一般根据会计账簿中资产类科目的期末借方余额直接填列、合并填列、分析填列。

①"货币资金"项目，反映单位期末库存现金、银行存款、零余额账户用款额度、其他货币资金的合计数。本项目应当根据"库存现金""银行存款"

"零余额账户用款额度""其他货币资金"科目的期末余额的合计数填列；若单位存在通过"库存现金""银行存款"科目核算的受托代理资产还应当按照前述合计数扣减"库存现金""银行存款"科目下"受托代理资产"明细科目的期末余额后的金额填列。

②"短期投资"项目，反映事业单位期末持有的短期投资账面余额。本项目应当根据"短期投资"科目的期末余额填列。

③"财政应返还额度"项目，反映单位期末财政应返还额度的金额。本项目应当根据"财政应返还额度"科目的期末余额填列。

④"应收票据"项目，反映事业单位期末持有的应收票据的票面金额。本项目应当根据"应收票据"科目的期末余额填列。

⑤"应收账款净额"项目，反映单位期末尚未收回的应收账款减去已计提的坏账准备后的净额。本项目应当根据"应收账款"科目的期末余额，减去"坏账准备"科目中对应收账款计提的坏账准备的期末余额后的金额填列。

⑥"预付账款"项目，反映单位期末预付给商品或者劳务供应单位的款项。本项目应当根据"预付账款"科目的期末余额填列。

⑦"应收股利"项目，反映事业单位期末因股权投资而应收取的现金股利或应当分得的利润。本项目应当根据"应收股利"科目的期末余额填列。

⑧"应收利息"项目，反映事业单位期末因债券投资等而应收取的利息。事业单位购入的到期一次还本付息的长期债券投资持有期间应收的利息，不包括在本项目内。本项目应当根据"应收利息"科目的期末余额填列。

⑨"其他应收款净额"项目，反映单位期末尚未收回的其他应收款减去已计提的坏账准备后的净额。本项目应当根据"其他应收款"科目的期末余额减去"坏账准备"科目中对其他应收款计提的坏账准备的期末余额后的金额填列。

⑩"存货"项目，反映单位期末存储的存货的实际成本。本项目应当根据"在途物品""库存物品""加工物品"科目的期末余额的合计数填列。

⑪"待摊费用"项目，反映单位期末已经支出，但应当由本期和以后各期负担的分摊期在1年以内（含1年）的各项费用。本项目应当根据"待摊费用"科目的期末余额填列。

⑫"一年内到期的非流动资产"项目，反映单位期末非流动资产项目中将在1年内（含1年）到期的金额，如事业单位将在1年内（含1年）到期的长期债券投资金额。本项目应当根据"长期债券投资"等科目的明细科目的期末余额分析填列。

⑬ "其他流动资产" 项目，反映单位除上述各项之外的其他流动资产，如将在 1 年内（含 1 年）到期的长期债券投资。本项目应当根据有关科目的期末余额合计数填列。

⑭ "流动资产合计" 项目，反映单位期末流动资产的合计数。本项目应当根据 "货币资金" "短期投资" "财政应返还额度" "应收票据" "应收账款净额" "预付账款" "应收股利" "应收利息" "其他应收款净额" "存货" "待摊费用" "一年内到期的非流动资产" "其他流动资产" 项目金额的合计数填列。

⑮ "长期股权投资" 项目，反映事业单位期末持有的长期股权投资的账面余额。本项目应当根据 "长期股权投资" 科目的期末余额填列。

⑯ "长期债券投资" 项目，反映事业单位期末持有的长期债券投资的账面余额。本项目应当根据 "长期债券投资" 科目的期末余额减去其中将于 1 年内（含 1 年）到期的长期债券投资余额后的金额填列。

⑰ "固定资产原值" 项目，反映单位期末固定资产的原值。本项目应当根据 "固定资产" 科目的期末余额填列。

"固定资产累计折旧" 项目，反映单位期末固定资产已计提的累计折旧金额。本项目应当根据 "固定资产累计折旧" 科目的期末余额填列。

"固定资产净值" 项目，反映单位期末固定资产的账面价值。本项目应当根据 "固定资产" 科目期末余额减去 "固定资产累计折旧" 科目期末余额后的金额填列。

⑱ "工程物资" 项目，反映单位期末为在建工程准备的各种物资的实际成本。本项目应当根据 "工程物资" 科目的期末余额填列。

⑲ "在建工程" 项目，反映单位期末所有的建设项目工程的实际成本。本项目应当根据 "在建工程" 科目的期末余额填列。

⑳ "无形资产原值" 项目，反映单位期末无形资产的原值。本项目应当根据 "无形资产" 科目的期末余额填列。

"无形资产累计摊销" 项目，反映单位期末无形资产已计提的累计摊销金额。本项目应当根据 "无形资产累计摊销" 科目的期末余额填列。

"无形资产净值" 项目，反映单位期末无形资产的账面价值。本项目应当根据 "无形资产" 科目期末余额减去 "无形资产累计摊销" 科目期末余额后的金额填列。

㉑ "研发支出" 项目，反映单位期末正在进行的无形资产开发项目开发阶段发生的累计支出数。本项目应当根据 "研发支出" 科目的期末余额填列。

㉒"公共基础设施原值"项目，反映单位期末控制的公共基础设施的原值。本项目应当根据"公共基础设施"科目的期末余额填列。

"公共基础设施累计折旧（摊销）"项目，反映单位期末控制的公共基础设施已计提的累计折旧和累计摊销金额。本项目应当根据"公共基础设施累计折旧（摊销）"科目的期末余额填列。

"公共基础设施净值"项目，反映单位期末控制的公共基础设施的账面价值。本项目应当根据"公共基础设施"科目期末余额减去"公共基础设施累计折旧（摊销）"科目期末余额后的金额填列。

㉓"政府储备物资"项目，反映单位期末控制的政府储备物资的实际成本。本项目应当根据"政府储备物资"科目的期末余额填列。

㉔"文物文化资产"项目，反映单位期末控制的文物文化资产的成本。本项目应当根据"文物文化资产"科目的期末余额填列。

㉕"保障性住房原值"项目，反映单位期末控制的保障性住房的原值。本项目应当根据"保障性住房"科目的期末余额填列。

"保障性住房累计折旧"项目，反映单位期末控制的保障性住房已计提的累计折旧金额。本项目应当根据"保障性住房累计折旧"科目的期末余额填列。

"保障性住房净值"项目，反映单位期末控制的保障性住房的账面价值。本项目应当根据"保障性住房"科目期末余额减去"保障性住房累计折旧"科目期末余额后的金额填列。

㉖"长期待摊费用"项目，反映单位期末已经支出，但应由本期和以后各期负担的分摊期限在1年以上（不含1年）的各项费用。本项目应当根据"长期待摊费用"科目的期末余额填列。

㉗"待处理财产损溢"项目，反映单位期末尚未处理完毕的各种资产的净损失或净溢余。本项目应当根据"待处理财产损溢"科目的期末借方余额填列；如"待处理财产损溢"科目期末为贷方余额，以"－"号填列。

㉘"其他非流动资产"项目，反映单位期末除上述各项之外的其他非流动资产的合计数。本项目应当根据有关科目的期末余额合计数填列。

㉙"非流动资产合计"项目，反映单位期末非流动资产的合计数。本项目应当根据"长期股权投资""长期债券投资""固定资产净值""工程物资""在建工程""无形资产净值""研发支出""公共基础设施净值""政府储备物资""文物文化资产""保障性住房净值""长期待摊费用""待处理财产损溢""其他非流动资产"项目金额的合计数填列。

㉚"受托代理资产"项目，反映单位期末受托代理资产的价值。本项目应当根据"受托代理资产"科目的期末余额与"库存现金""银行存款"科目下"受托代理资产"明细科目的期末余额的合计数填列。

㉛"资产总计"项目，反映单位期末资产的合计数。本项目应当根据"流动资产合计""非流动资产合计""受托代理资产"项目金额的合计数填列。

2. 负债类项目"期末余额"的内容和填列方法

负债类项目反映单位承担债务的情况，一般根据会计账簿中负债科目的期末贷方余额直接填列，或分析债务的偿还期后填列。

①"短期借款"项目，反映事业单位期末短期借款的余额。本项目应当根据"短期借款"科目的期末余额填列。

②"应交增值税"项目，反映单位期末应交未交的增值税税额。本项目应当根据"应交增值税"科目的期末余额填列；如"应交增值税"科目期末为借方余额，以"－"号填列。

③"其他应交税费"项目，反映单位期末应交未交的除增值税以外的税费金额。本项目应当根据"其他应交税费"科目的期末余额填列；如"其他应交税费"科目期末为借方余额，以"－"号填列。

④"应缴财政款"项目，反映单位期末应当上缴财政但尚未缴纳的款项。本项目应当根据"应缴财政款"科目的期末余额填列。

⑤"应付职工薪酬"项目，反映单位期末按有关规定应付给职工及为职工支付的各种薪酬。本项目应当根据"应付职工薪酬"科目的期末余额填列。

⑥"应付票据"项目，反映事业单位期末应付票据的金额。本项目应当根据"应付票据"科目的期末余额填列。

⑦"应付账款"项目，反映单位期末应当支付但尚未支付的偿还期限在 1 年以内（含 1 年）的应付账款的金额。本项目应当根据"应付账款"科目的期末余额填列。

⑧"应付政府补贴款"项目，反映负责发放政府补贴的行政单位期末按照规定应当支付给政府补贴接受者的各种政府补贴款余额。本项目应当根据"应付政府补贴款"科目的期末余额填列。

⑨"应付利息"项目，反映事业单位期末按照合同约定应支付的借款利息。事业单位到期一次还本付息的长期借款利息不包括在本项目内。本项目应当根据"应付利息"科目的期末余额填列。

⑩"预收账款"项目，反映事业单位期末预先收取但尚未确认收入和实际

结算的款项余额。本项目应当根据"预收账款"科目的期末余额填列。

⑪"其他应付款"项目，反映单位期末其他各项偿还期限在1年内（含1年）的应付及暂收款项余额。本项目应当根据"其他应付款"科目的期末余额填列。

⑫"预提费用"项目，反映单位期末已预先提取的已经发生但尚未支付的各项费用。本项目应当根据"预提费用"科目的期末余额填列。

⑬"一年内到期的非流动负债"项目，反映单位期末将于1年内（含1年）偿还的非流动负债的余额。本项目应当根据"长期应付款""长期借款"等科目的明细科目的期末余额分析填列。

⑭"其他流动负债"项目，反映单位期末除上述各项之外的其他流动负债的合计数。本项目应当根据有关科目的期末余额的合计数填列。

⑮"流动负债合计"项目，反映单位期末流动负债合计数。本项目应当根据"短期借款""应交增值税""其他应交税费""应缴财政款""应付职工薪酬""应付票据""应付账款""应付政府补贴款""应付利息""预收账款""其他应付款""预提费用""一年内到期的非流动负债""其他流动负债"项目金额的合计数填列。

⑯"长期借款"项目，反映事业单位期末长期借款的余额。本项目应当根据"长期借款"科目的期末余额减去其中将于1年内（含1年）到期的长期借款余额后的金额填列。

⑰"长期应付款"项目，反映单位期末长期应付款的余额。本项目应当根据"长期应付款"科目的期末余额减去其中将于1年内（含1年）到期的长期应付款余额后的金额填列。

⑱"预计负债"项目，反映单位期末已确认但尚未偿付的预计负债的余额。本项目应当根据"预计负债"科目的期末余额填列。

⑲"其他非流动负债"项目，反映单位期末除上述各项之外的其他非流动负债的合计数。本项目应当根据有关科目的期末余额合计数填列。

⑳"非流动负债合计"项目，反映单位期末非流动负债合计数。本项目应当根据"长期借款""长期应付款""预计负债""其他非流动负债"项目金额的合计数填列。

㉑"受托代理负债"项目，反映单位期末受托代理负债的金额。本项目应当根据"受托代理负债"科目的期末余额填列。

㉒"负债合计"项目，反映单位期末负债的合计数。本项目应当根据"流

动负债合计""非流动负债合计""受托代理负债"项目金额的合计数填列。

3. 净资产类项目"期末余额"的内容和填列方法

净资产类项目反映单位净资产的情况，一般根据会计账簿中净资产科目的期末贷方余额直接填列。

① "累计盈余"项目，反映单位期末未分配盈余（或未弥补亏损）以及无偿调拨净资产变动的累计数。本项目应当根据"累计盈余"科目的期末余额填列。

② "专用基金"项目，反映事业单位期末累计提取或设置但尚未使用的专用基金余额。本项目应当根据"专用基金"科目的期末余额填列。

③ "权益法调整"项目，反映事业单位期末在被投资单位除净损益和利润分配以外的所有者权益变动中累积享有的份额。本项目应当根据"权益法调整"科目的期末余额填列；如"权益法调整"科目期末为借方余额，以"－"号填列。

④ "无偿调拨净资产"项目，反映单位本年度截至报告期期末无偿调入的非现金资产价值扣减无偿调出的非现金资产价值后的净值。本项目仅在月度报表中列示，年度报表中不列示。月度报表中本项目应当根据"无偿调拨净资产"科目的期末余额填列；"无偿调拨净资产"科目期末为借方余额时，以"－"号填列。

⑤ "本期盈余"项目，反映单位本年度截至报告期期末实现的累计盈余或亏损。本项目仅在月度报表中列示，年度报表中不列示。月度报表中本项目应当根据"本期盈余"科目的期末余额填列；"本期盈余"科目期末为借方余额时，以"－"号填列。

⑥ "净资产合计"项目，反映单位期末净资产合计数。本项目应当根据"累计盈余""专用基金""权益法调整""无偿调拨净资产"（月度报表）、"本期盈余"（月度报表）项目金额的合计数填列。

⑦ "负债和净资产总计"项目，应当按照"负债合计""净资产合计"项目金额的合计数填列。

11.2.4　资产负债表的编制实例

【例 11-1】某事业单位 2×19 年 12 月 31 日结账后各资产、负债和净资产类会计科目见表 11-1。据此编制该事业单位的资产负债表。

表 11 - 1　　　　　　　　**科目余额表**

2×19 年 12 月 31 日　　　　　　　　　　单位：元

资产	借方余额	负债和净资产	贷方余额
库存现金	3 500	短期借款	120 000
银行存款	161 500	应交增值税	0
零余额账户用款额度	0	其他应交税费	0
短期投资	22 500	应缴财政款	0
财政应返还额度	36 000	应付职工薪酬	0
应收票据	12 000	应付票据	0
应收账款	40 000	应付账款	8 000
预付账款	13 000	预收账款	1 000
其他应收款	4 500	其他应付款	2 000
存货	331 000	长期借款	320 000
长期股权投资	161 000	长期应付款	0
固定资产	1 957 500	累计盈余	1 106 000
固定资产累计折旧	- 507 500	专用基金	1 000 000
在建工程	86 000	权益法调整	28 000
无形资产	266 000		
无形资产累计摊销	- 53 000		
待处理财产损溢	51 000		
合计	2 585 000	合计	2 585 000

　　12 月 31 日编制的资产负债表为年末资产负债表时，"年初余额"栏内各项数字，应当根据上年年末资产负债表"期末余额"栏内数字填列。"期末余额"栏内各项数字根据各科目的期末余额直接填列、合并填列或分析填列。主要项目的填列说明如下。

　　（1）"货币资金"项目。

　　货币资金的数额为库存现金、银行存款和零余额账户用款额度的合计数。

　　货币资金 = 3 500 + 161 500 + 0 = 165 000（元）

　　（2）"固定资产""无形资产"项目。

　　固定资产、无形资产按扣除累计折旧、累计摊销的数额填列。

　　固定资产 = 1 957 500 - 507 500 = 1 450 000（元）

　　无形资产 = 266 000 - 53 000 = 213 000（元）

（3）"长期借款"项目。

长期借款中，将于 1 年内（含 1 年）偿还的借款为 85 000 元，应列入"其他流动负债"项目。

长期借款 = 320 000 - 85 000 = 235 000（元）

其他流动负债 = 85 000 元

（4）其他项目。

其他各项目均可根据各科目的期末余额直接填列。资产总计、负债合计、净资产合计等项目的数额按其内容汇总后填列。编制完成的年度资产负债表见表 11-2。

表 11-2　　　　　　　资产负债表

会政财 01 表

编制单位：×××　　　　　　2×19 年 12 月 31 日　　　　　　单位：元

资产	期末余额	年初余额	负债和净资产	期末余额	年初余额
流动资产：			流动负债：		
货币资金	165 000	142 000	短期借款	120 000	100 000
短期投资	22 500	19 500	应交增值税	0	0
财政应返还额度	36 000	21 000	其他应交税费	0	0
应收票据	12 000	10 000	应缴财政款	0	0
应收账款净额	40 000	60 000	应付职工薪酬	0	0
预付账款	13 000	6 000	应付票据	0	1 000
应收股利	0	0	应付账款	8 000	5 000
应收利息	0	0	应付政府补贴款	0	0
其他应收款净额	4 500	3 000	应付利息	0	0
存货	331 000	323 500	预收账款	1 000	0
待摊费用	0	0	其他应付款	2 000	3 000
一年内到期的非流动资产	0	0	预提费用	0	0
其他流动资产	0	0	一年内到期的非流动负债	0	0
流动资产合计	624 000	585 000	其他流动负债	85 000	0
非流动资产：			流动负债合计	216 000	109 000
长期股权投资	161 000	100 000	非流动负债：		

续表

资产	期末余额	年初余额	负债和净资产	期末余额	年初余额
长期债券投资	0	0	长期借款	235 000	270 000
固定资产原值	1 957 500	1 512 000	长期应付款	0	0
减：固定资产累计折旧	507 500	392 000	预计负债	0	0
固定资产净值	1 450 000	1 120 000	其他非流动负债	0	0
工程物资	0	0	非流动负债合计	235 000	270 000
在建工程	86 000	150 000	受托代理负债	0	0
无形资产原值	266 000	287 500	负债合计	451 000	379 000
减：无形资产累计摊销	53 000	57 500			
无形资产净值	213 000	230 000			
研发支出	0	0			
公共基础设施原值	0	0			
减：公共基础设施累计折旧（摊销）	0	0			
公共基础设施净值	0	0			
政府储备物资	0	0			
文物文化资产	0	0			
保障性住房原值	0	0			
减：保障性住房累计折旧	0	0	净资产：		
保障性住房净值	0	0	累计盈余	1 106 000	1 000 000
长期待摊费用	0	0	专用基金	1 000 000	800 000
待处理资产损溢	51 000	0	权益法调整	28 000	6 000
其他非流动资产	0	0	无偿调拨净资产	—	—
非流动资产合计	1 961 000	1600 000	本期盈余	—	—
受托代理资产	0	0	净资产合计	2 134 000	1 806 000
资产总计	2 585 000	2 185 000	负债和净资产总计	2 585 000	2 185 000

11.3　收入费用表

收入费用表是反映行政事业单位运营情况的报表。本节依据《政府会计制度》，阐述收入费用表的含义、内容，讲解收入费用表的编制方法。

11.3.1　收入费用表概述

（一）收入费用表的含义

收入费用表是反映行政事业单位在一定会计期间的事业成果及其分配情况的会计报表，反映行政事业单位在某一会计期间内各项收入、费用和结转结余情况。

收入费用表是行政事业单位会计报表的重要组成部分，可以提供一定时期行政事业单位收入总额及构成情况、费用总额及构成情况，以及盈余及其分配内容的会计信息。行政事业单位应当定期编制收入费用表，披露行政事业单位在一定会计期间的业务活动成果。

（二）收入费用表的内容

行政事业单位的收入费用表由表首标题和报表主体构成。报表主体部分包括编报项目、栏目及金额。

1．表首标题

收入费用表的表首标题包括报表名称、编号（会政财 02 表）、编制单位、编表时间和金额单位等内容。由于收入费用表反映行政事业单位在某一时期的事业成果，属于动态报表，因此需要注明报表所属的期间，如××××年××月、××××年度。按编报时间的不同，收入费用表分为月报收入费用表和年报收入费用表。

2．编报项目

收入费用表应当按照收入、费用的构成和盈余分配情况分别列示，按本期收入、本期费用和本期盈余等项目分层次排列。

3．栏目及金额

月报的收入费用表由"本月数"和"本年累计数"两栏组成，年报的收入费用表由"上年数"和"本年数"两栏组成。收入费用表的各栏数额，应当根据相关收支科目的"本月合计数"和"本年累计数"的发生额填列，或经过计算、分析后填列。

11.3.2　收入费用表的编制

收入费用表反映单位在某一会计期间内发生的收入、费用及当期盈余情况。

收入费用表的"本月数"栏反映各项目的本月实际发生数。编制年度收入费用表时，应当将"本月数"栏改为"本年数"，反映本年度各项目的实际发生数。

收入费用表"本年累计数"栏反映各项目自年初至报告期期末的累计实际发生数。编制年度收入费用表时，应当将"本年累计数"栏改为"上年数"，反映上年度各项目的实际发生数，"上年数"栏应当根据上年年度收入费用表中"本年数"栏内所列数字填列。

如果本年度收入费用表规定的项目的名称和内容同上年度不一致，应当对上年度收入费用表项目的名称和数字按照本年度的规定进行调整，将调整后的金额填入本年度收入费用表的"上年数"栏。

如果本年度单位发生了因前期差错更正、会计政策变更等调整以前年度盈余的事项，还应当对年度收入费用表中"上年数"栏中的有关项目金额进行相应调整。

收入费用表"本月数"栏各项目的内容和填列方法

1. 本期收入

① "本期收入"项目，反映单位本期收入总额。本项目应当根据"财政拨款收入""事业收入""上级补助收入""附属单位上缴收入""经营收入""非同级财政拨款收入""投资收益""捐赠收入""利息收入""租金收入""其他收入"项目金额的合计数填列。

② "财政拨款收入"项目，反映单位本期从同级政府财政部门取得的各类财政拨款。本项目应当根据"财政拨款收入"科目的本期发生额填列。"政府性基金收入"项目，反映单位本期取得的财政拨款收入中属于政府性基金预算拨款的金额。本项目应当根据"财政拨款收入"相关明细科目的本期发生额填列。

③ "事业收入"项目，反映事业单位本期开展专业业务活动及其辅助活动实现的收入。本项目应当根据"事业收入"科目的本期发生额填列。

④ "上级补助收入"项目，反映事业单位本期从主管部门和上级单位收到或应收的非财政拨款收入。本项目应当根据"上级补助收入"科目的本期发生额填列。

⑤ "附属单位上缴收入"项目，反映事业单位本期收到或应收的独立核算的附属单位按照有关规定上缴的收入。本项目应当根据"附属单位上缴收入"科目的本期发生额填列。

⑥ "经营收入"项目，反映事业单位本期在专业业务活动及其辅助活动之外开展非独立核算经营活动实现的收入。本项目应当根据"经营收入"科目的

本期发生额填列。

⑦"非同级财政拨款收入"项目，反映单位本期从非同级政府财政部门取得的财政拨款，不包括事业单位因开展科研及其辅助活动从非同级财政部门取得的经费拨款。本项目应当根据"非同级财政拨款收入"科目的本期发生额填列。

⑧"投资收益"项目，反映事业单位本期股权投资和债券投资所实现的收益或发生的损失。本项目应当根据"投资收益"科目的本期发生额填列；如为投资净损失，以"－"号填列。

⑨"捐赠收入"项目，反映单位本期接受捐赠取得的收入。本项目应当根据"捐赠收入"科目的本期发生额填列。

⑩"利息收入"项目，反映单位本期取得的银行存款利息收入。本项目应当根据"利息收入"科目的本期发生额填列。

⑪"租金收入"项目，反映单位本期经批准利用国有资产出租取得并按规定纳入本单位预算管理的租金收入。本项目应当根据"租金收入"科目的本期发生额填列。

⑫"其他收入"项目，反映单位本期取得的除以上收入项目外的其他收入的总额。本项目应当根据"其他收入"科目的本期发生额填列。

2．本期费用

①"本期费用"项目，反映单位本期费用总额。本项目应当根据"业务活动费用""单位管理费用""经营费用""资产处置费用""上缴上级费用""对附属单位补助费用""所得税费用""其他费用"项目金额的合计数填列。

②"业务活动费用"项目，反映单位本期为实现其职能目标，依法履职或开展专业业务活动及其辅助活动所发生的各项费用。本项目应当根据"业务活动费用"科目本期发生额填列。

③"单位管理费用"项目，反映事业单位本期本级行政及后勤管理部门开展管理活动发生的各项费用，以及由单位统一负担的离退休人员经费、工会经费、诉讼费、中介费等。本项目应当根据"单位管理费用"科目的本期发生额填列。

④"经营费用"项目，反映事业单位本期在专业业务活动及其辅助活动之外开展非独立核算经营活动发生的各项费用。本项目应当根据"经营费用"科目的本期发生额填列。

⑤"资产处置费用"项目，反映单位本期经批准处置资产时转销的资产价

值以及在处置过程中发生的相关费用或者处置收入小于处置费用形成的净支出。本项目应当根据"资产处置费用"科目的本期发生额填列。

⑥"上缴上级费用"项目，反映事业单位按照规定上缴上级单位款项发生的费用。本项目应当根据"上缴上级费用"科目的本期发生额填列。

⑦"对附属单位补助费用"项目，反映事业单位用财政拨款收入之外的收入对附属单位补助发生的费用。本项目应当根据"对附属单位补助费用"科目的本期发生额填列。

⑧"所得税费用"项目，反映有企业所得税缴纳义务的事业单位本期计算应交纳的企业所得税。本项目应当根据"所得税费用"科目的本期发生额填列。

⑨"其他费用"项目，反映单位本期发生的除以上费用项目外的其他费用的总额。本项目应当根据"其他费用"科目的本期发生额填列。

3. 本期盈余

"本期盈余"项目，反映单位本期收入扣除本期费用后的净额。本项目应当根据"本期收入"项目金额减去"本期费用"项目金额后的金额填列；如为负数，以"－"号填列。

11.3.3 收入费用表的编制实例

【例11－2】某事业单位2×19年收入、费用类科目发生额见表11－3。其他相关资料如下：该事业单位无所得税缴纳义务。

表11－3　　　　　　　　收入、费用类科目发生额

编制单位：××××　　　　　　　　2×19年度　　　　　　　　单位：元

费用类	本年累计数	收入类	本年累计数
业务活动费用	11 000 000	财政拨款收入	10 000 000
单位管理费用	200 000	其中：公共预算性收入	8 500 000
经营费用	156 000	政府性基金收入	1 500 000
资产处置费用	280 000	事业收入	6 180 000
上缴上级费用	5 320 000	上级补助收入	1 824 000
对附属单位补助费用	1 512 000	附属单位上缴收入	300 000
所得税费用	0	经营收入	252 000
其他费用	60 000	非同级财政拨款收入	200 000
		投资收益	10 000
		捐赠收入	75 000

续表

费用类	本年累计数	收入类	本年累计数
		利息收入	20 000
		租金收入	20 000
		其他收入	144 000
费用合计	18 528 000	收入合计	19 025 000

编制该事业单位 2×19 年度收入费用表时，省略了"上年数"一列数字。"本年数"一列数字主要项目的填列说明如下。

（1）本期收入计算过程如下。

本期收入 = 10 000 000 + 6 180 000 + 1 824 000 + 300 000 + 252 000 + 200 000 + 10 000 + 75 000 + 20 000 + 20 000 + 144 000 = 19 025 000（元）

（2）本期费用计算过程如下。

本期费用 = 11 000 000 + 200 000 + 156 000 + 280 000 + 5 320 000 + 1 512 000 + 0 + 60 000 = 18 528 000（元）

（3）本期盈余计算过程如下。

本期盈余 = 19 025 000 − 18 528 000 = 497 000（元）

编制完成的 2×19 年度收入费用表见表 11 − 4。

表 11 − 4　　　　　　　　　　收入费用表

会政财 02 表

编制单位：××××　　　　　　　2×19 年度　　　　　　　单位：元

项目	上年数（略）	本年数
一、本期收入		19 025 000
（一）财政拨款收入		10 000 000
其中：政府性基金收入		1 500 000
（二）事业收入		6 180 000
（三）上级补助收入		1 824 000
（四）附属单位上缴收入		300 000
（五）经营收入		252 000
（六）非同级财政拨款收入		200 000
（七）投资收益		10 000
（八）捐赠收入		75 000
（九）利息收入		20 000

续表

项目	上年数（略）	本年数
（十）租金收入		20 000
（十一）其他收入		144 000
二、本期费用		18 528 000
（一）业务活动费用		11 000 000
（二）单位管理费用		200 000
（三）经营费用		156 000
（四）资产处置费用		280 000
（五）上缴上级费用		5 320 000
（六）对附属单位补助费用		1 512 000
（七）所得税费用		0
（八）其他费用		60 000
三、本期盈余		497 000

11.4 净资产变动表

11.4.1 净资产变动表概述

（一）净资产变动表的含义

净资产变动表是反映单位在某一会计年度内各项净资产变动情况的报表。

净资产变动表是行政事业单位会计报表的重要组成部分，可以提供一定时期行政事业单位净资产各个组成项目金额的变动情况。行政事业单位应当定期编制净资产变动表，披露行政事业单位在一定会计期间的资产结存状况。

（二）净资产变动表的内容

行政事业单位的净资产变动表由表首标题和报表主体构成。报表主体部分包括编报项目、栏目及金额。

1. 表首标题

净资产变动表的表首标题包括报表名称、编号（会政财 03 表）、编制单位、编表时间和金额单位等内容。由于净资产变动表反映行政事业单位在某一时期的净资产情况，属于动态报表，因此需要注明报表所属的期间，如××××年度。

2. 编报项目

净资产变动表应当将本年数、上年数等情况分项列示，按本年年初余额、以前年度盈余调整和本年变动金额、本年年末余额等项目分层次排列。

3. 栏目及金额

净资产变动表由"本年数"和"上年数"两栏组成。净资产变动表的各栏数额，应当根据相关科目的"上年数"和"本年数"的发生额填列，或经过计算、分析后填列。

11.4.2　净资产变动表的编制原则

净资产变动表"本年数"栏反映本年度各项目的实际变动数。本表"上年数"栏反映上年度各项目的实际变动数，应当根据上年度净资产变动表中"本年数"栏内所列数字填列。如果上年度净资产变动表规定的项目的名称和内容与本年度不一致，应对上年度净资产变动表项目的名称和数字按照本年度的规定进行调整，将调整后金额填入本年度净资产变动表"上年数"栏。

11.4.3　净资产变动表的报表数填列方法

①"上年年末余额"行，反映单位净资产各项目上年年末的余额。本行各项目应当根据"累计盈余""专用基金""权益法调整"科目上年年末余额填列。

②"以前年度盈余调整"行，反映单位本年度调整以前年度盈余的事项对累计盈余进行调整的金额。本行"累计盈余"项目应当根据本年度"以前年度盈余调整"科目转入"累计盈余"科目的金额填列；如调整减少累计盈余，以"-"号填列。

③"本年年初余额"行，反映经过以前年度盈余调整后，单位净资产各项目的本年年初余额。本行"累计盈余""专用基金""权益法调整"项目应当根据其各自在"上年年末余额"和"以前年度盈余调整"行对应项目金额的合计数填列。

④"本年变动金额"行，反映单位净资产各项目本年变动总金额。本行"累计盈余""专用基金""权益法调整"项目应当根据其各自在"本年盈余""无偿调拨净资产""归集调整预算结转结余""提取或设置专用基金""使用专用基金""权益法调整"行对应项目金额的合计数填列。

⑤"本年盈余"行，反映单位本年发生的收入、费用对净资产的影响。本行"累计盈余"项目应当根据年末由"本期盈余"科目转入"本年盈余分配"科目的金额填列；如转入时借记"本年盈余分配"科目，则以"-"号填列。

⑥"无偿调拨净资产"行，反映单位本年无偿调入、调出非现金资产事项对净资产的影响。本行"累计盈余"项目应当根据年末由"无偿调拨净资产"科目转入"累计盈余"科目的金额填列；如转入时借记"累计盈余"科目，则以"－"号填列。

⑦"归集调整预算结转结余"行，反映单位本年财政拨款结转结余资金归集调入、归集上缴或调出，以及非财政拨款结转资金缴回对净资产的影响。本行"累计盈余"项目应当根据"累计盈余"科目明细账记录分析填列；如归集调整减少预算结转结余，则以"－"号填列。

⑧"提取或设置专用基金"行，反映单位本年提取或设置专用基金对净资产的影响。本行"累计盈余"项目应当根据"从预算结余中提取"行"累计盈余"项目的金额填列。本行"专用基金"项目应当根据"从预算收入中提取""从预算结余中提取""设置的专用基金"行"专用基金"项目金额的合计数填列。

"从预算收入中提取"行，反映单位本年从预算收入中提取专用基金对净资产的影响。本行"专用基金"项目应当通过对"专用基金"科目明细账记录的分析，根据本年按有关规定从预算收入中提取基金的金额填列。

"从预算结余中提取"行，反映单位本年根据有关规定从本年度非财政拨款结余或经营结余中提取专用基金对净资产的影响。本行"累计盈余""专用基金"项目应当通过对"专用基金"科目明细账记录的分析，根据本年按有关规定从本年度非财政拨款结余或经营结余中提取专用基金的金额填列；本行"累计盈余"项目以"－"号填列。

"设置的专用基金"行，反映单位本年根据有关规定设置的其他专用基金对净资产的影响。本行"专用基金"项目应当通过对"专用基金"科目明细账记录的分析，根据本年按有关规定设置的其他专用基金的金额填列。

⑨"使用专用基金"行，反映单位本年按规定使用专用基金对净资产的影响。本行"累计盈余""专用基金"项目应当通过对"专用基金"科目明细账记录的分析，根据本年按规定使用专用基金的金额填列；本行"专用基金"项目以"－"号填列。

⑩"权益法调整"行，反映单位本年按照被投资单位除净损益和利润分配以外的所有者权益变动份额而调整长期股权投资账面余额对净资产的影响。本行"权益法调整"项目应当根据"权益法调整"科目本年发生额填列；若本年净发生额为借方时，以"－"号填列。

⑪"本年年末余额"行，反映单位本年各净资产项目的年末余额。本行

"累计盈余""专用基金""权益法调整"项目应当根据其各自在"本年年初余额""本年变动金额"行对应项目金额的合计数填列。

⑫各行"净资产合计"项目，应当根据所在行"累计盈余""专用基金""权益法调整"项目金额的合计数填列。

11.4.4 净资产变动表的编制实例

【例 11-3】某事业单位 2×19 年 12 月 31 日本年运营增加的累计盈余为 106 000 元，政府下拨的专用基金为 200 000 元，购买的长期股权投资除净损益和利润分配以外的所有者权益变动份额而调整长期股权投资账面余额为 22 000 元。据此编制该事业单位的净资产变动表，如表 11-5 所示。

表 11-5 净资产变动表

会政财 03 表

编制单位：×××　　　　　　　　　2×19 年　　　　　　　　　单位：元

项目	本年数				上年数			
	累计盈余	专用基金	权益法调整	净资产合计	累计盈余	专用基金	权益法调整	净资产合计
一、上年年末余额	1 000 000	800 000	6 000	1 806 000				
二、以前年度盈余调整（减少以"－"号填列）	0	—	—	0				
三、本年年初余额	1 000 000	800 000	6 000	1 806 000				
四、本年变动金额（减少以"－"号填列）	106 000	200 000	22 000	328 000				
（一）本年盈余	100 000	—	—	100 000		—	—	—
（二）无偿调拨净资产	6 000	—	—	6 000		—	—	—
（三）归集调整预算结转结余	0	—	—	0		—	—	—
（四）提取或设置专用基金	0	200 000	—	200 000		—	—	—
其中：从预算收入中提取	—	0	—	0	—		—	—
从预算结余中提取	0	0	—	0		—	—	—
设置的专用基金	—	200 000	—	200 000	—		—	—
（五）使用专用基金	0	0	—	0		—	—	—
（六）权益法调整	—	—	22 000	22 000	—	—		—
五、本年年末余额	1 106 000	1 000 000	28 000	2 134 000				

11.5 现金流量表

现金流量表反映行政事业单位在某一会计年度内现金流入和流出的信息。本节依据《政府会计制度——行政事业单位会计科目和会计报表》，阐述现金流量表的含义、内容，讲解现金流量表的编制方法。

11.5.1 现金流量表概述

（一）现金流量表的含义

现金流量表是反映单位在某一会计年度内现金流入和流出的情况的会计报表。

现金流量表是行政事业单位会计报表的重要组成部分，可以提供一定时期行政事业单位现金流入流出情况和会计信息。行政事业单位应当定期编制现金流量表，披露行政事业单位在一定会计期间的现金流入流出情况。

（二）现金流量表的内容

行政事业单位的现金流量表由表首标题和报表主体构成。报表主体部分包括编报项目、栏目及金额。

1．表首标题

现金流量表的表首标题包括报表名称、编号（会政财04表）、编制单位、编表时间和金额单位等内容。由于现金流量表反映行政事业单位在某一时期的现金流入流出情况，属于动态报表，因此需要注明报表所属的期间，如×××
×年度。

2．编报项目

现金流量表应当按照本年日常活动、投资活动和筹资活动情况分别列示，按日常活动产生的现金流量、投资活动产生的现金流量和筹资活动产生的现金流量等项目分层次排列。

3．栏目及金额

现金流量表由"本年金额"和"上年金额"两栏组成。现金流量表的各栏数额，应当根据相关科目的"上年金额"和"本年金额"的发生额填列，或经过计算、分析后填列。

11.5.2 现金流量表的编制

现金流量表反映单位在某一会计年度内现金流入和流出的信息。

现金流量表所指的现金，是指单位的库存现金以及其他可以随时用于支付的款项，包括库存现金、可以随时用于支付的银行存款、其他货币资金、零余额账户用款额度、财政应返还额度，以及通过财政直接支付方式支付的款项。

现金流量表应当按照日常活动、投资活动、筹资活动的现金流量分别反映。本表所指的现金流量，是指现金的流入和流出。

现金流量表"本年金额"栏反映各项目的本年实际发生数。本表"上年金额"栏反映各项目的上年实际发生数，应当根据上年现金流量表中"本年金额"栏内所列数字填列。

单位应当采用直接法编制现金流量表。

现金流量表"本年金额"栏各项目的填列方法如下。

1. 日常活动产生的现金流量

① "财政基本支出拨款收到的现金"项目，反映单位本年接受财政基本支出拨款取得的现金。本项目应当根据"零余额账户用款额度""财政拨款收入""银行存款"等科目及其所属明细科目的记录分析填列。

② "财政非资本性项目拨款收到的现金"项目，反映单位本年接受除用于购建固定资产、无形资产、公共基础设施等资本性项目以外的财政项目拨款取得的现金。本项目应当根据"银行存款""零余额账户用款额度""财政拨款收入"等科目及其所属明细科目的记录分析填列。

③ "事业活动收到的除财政拨款以外的现金"项目，反映事业单位本年开展专业业务活动及其辅助活动取得的除财政拨款以外的现金。本项目应当根据"库存现金""银行存款""其他货币资金""应收账款""应收票据""预收账款""事业收入"等科目及其所属明细科目的记录分析填列。

④ "收到的其他与日常活动有关的现金"项目，反映单位本年收到的除以上项目之外的与日常活动有关的现金。本项目应当根据"库存现金""银行存款""其他货币资金""上级补助收入""附属单位上缴收入""经营收入""非同级财政拨款收入""捐赠收入""利息收入""租金收入""其他收入"等科目及其所属明细科目的记录分析填列。

⑤ "日常活动的现金流入小计"项目，反映单位本年日常活动产生的现金流入的合计数。本项目应当根据"财政基本支出拨款收到的现金""财政非资本性项目拨款收到的现金""事业活动收到的除财政拨款以外的现金""收到的其他与日常活动有关的现金"项目金额的合计数填列。

⑥ "购买商品、接受劳务支付的现金"项目，反映单位本年在日常活动中

用于购买商品、接受劳务支付的现金。本项目应当根据"库存现金""银行存款""财政拨款收入""零余额账户用款额度""预付账款""在途物品""库存物品""应付账款""应付票据""业务活动费用""单位管理费用""经营费用"等科目及其所属明细科目的记录分析填列。

⑦"支付给职工以及为职工支付的现金"项目，反映单位本年支付给职工以及为职工支付的现金。本项目应当根据"库存现金""银行存款""零余额账户用款额度""财政拨款收入""应付职工薪酬""业务活动费用""单位管理费用""经营费用"等科目及其所属明细科目的记录分析填列。

⑧"支付的各项税费"项目，反映单位本年用于缴纳日常活动相关税费而支付的现金。本项目应当根据"库存现金""银行存款""零余额账户用款额度""应交增值税""其他应交税费""业务活动费用""单位管理费用""经营费用""所得税费用"等科目及其所属明细科目的记录分析填列。

⑨"支付的其他与日常活动有关的现金"项目，反映单位本年支付的除上述项目之外与日常活动有关的现金。本项目应当根据"库存现金""银行存款""零余额账户用款额度""财政拨款收入""其他应付款""业务活动费用""单位管理费用""经营费用""其他费用"等科目及其所属明细科目的记录分析填列。

⑩"日常活动的现金流出小计"项目，反映单位本年日常活动产生的现金流出的合计数。本项目应当根据"购买商品、接受劳务支付的现金""支付给职工以及为职工支付的现金""支付的各项税费""支付的其他与日常活动有关的现金"项目金额的合计数填列。

⑪"日常活动产生的现金流量净额"项目，应当按照"日常活动的现金流入小计"项目金额减去"日常活动的现金流出小计"项目金额后的金额填列；如为负数，以"－"号填列。

2. 投资活动产生的现金流量

①"收回投资收到的现金"项目，反映单位本年出售、转让或者收回投资收到的现金。本项目应该根据"库存现金""银行存款""短期投资""长期股权投资""长期债券投资"等科目的记录分析填列。

②"取得投资收益收到的现金"项目，反映单位本年因对外投资而收到被投资单位分配的股利或利润，以及收到投资利息而取得的现金。本项目应当根据"库存现金""银行存款""应收股利""应收利息""投资收益"等科目的记录分析填列。

③ "处置固定资产、无形资产、公共基础设施等收回的现金净额"项目，反映单位本年处置固定资产、无形资产、公共基础设施等非流动资产所取得的现金，减去为处置这些资产而支付的有关费用之后的净额。由于自然灾害所造成的固定资产等长期资产损失而收到的保险赔款收入，也在本项目反映。本项目应当根据"库存现金""银行存款""待处理财产损溢"等科目的记录分析填列。

④ "收到的其他与投资活动有关的现金"项目，反映单位本年收到的除上述项目之外与投资活动有关的现金。对于金额较大的现金流入，应当单列项目反映。本项目应当根据"库存现金""银行存款"等有关科目的记录分析填列。

⑤ "投资活动的现金流入小计"项目，反映单位本年投资活动产生的现金流入的合计数。本项目应当根据"收回投资收到的现金""取得投资收益收到的现金""处置固定资产、无形资产、公共基础设施等收回的现金净额""收到的其他与投资活动有关的现金"项目金额的合计数填列。

⑥ "购建固定资产、无形资产、公共基础设施等支付的现金"项目，反映单位本年购买和建造固定资产、无形资产、公共基础设施等非流动资产所支付的现金；融资租入固定资产支付的租赁费不在本项目反映，在筹资活动的现金流量中反映。本项目应当根据"库存现金""银行存款""固定资产""工程物资""在建工程""无形资产""研发支出""公共基础设施""保障性住房"等科目的记录分析填列。

⑦ "对外投资支付的现金"项目，反映单位本年为取得短期投资、长期股权投资、长期债券投资而支付的现金。本项目应当根据"库存现金""银行存款""短期投资""长期股权投资""长期债券投资"等科目的记录分析填列。

⑧ "上缴处置固定资产、无形资产、公共基础设施等净收入支付的现金"项目，反映本年单位将处置固定资产、无形资产、公共基础设施等非流动资产所收回的现金净额予以上缴财政所支付的现金。本项目应当根据"库存现金""银行存款""应缴财政款"等科目的记录分析填列。

⑨ "支付的其他与投资活动有关的现金"项目，反映单位本年支付的除上述项目之外与投资活动有关的现金。对于金额较大的现金流出，应当单列项目反映。本项目应当根据"库存现金""银行存款"等有关科目的记录分析填列。

⑩ "投资活动的现金流出小计"项目，反映单位本年投资活动产生的现金流出的合计数。本项目应当根据"购建固定资产、无形资产、公共基础设施等支付的现金""对外投资支付的现金""上缴处置固定资产、无形资产、公共基

础设施等净收入支付的现金""支付的其他与投资活动有关的现金"项目金额的合计数填列。

⑪"投资活动产生的现金流量净额"项目，应当按照"投资活动的现金流入小计"项目金额减去"投资活动的现金流出小计"项目金额后的金额填列；如为负数，以"-"号填列。

3．筹资活动产生的现金流量

①"财政资本性项目拨款收到的现金"项目，反映单位本年接受用于购建固定资产、无形资产、公共基础设施等资本性项目的财政项目拨款取得的现金。本项目应当根据"银行存款""零余额账户用款额度""财政拨款收入"等科目及其所属明细科目的记录分析填列。

②"取得借款收到的现金"项目，反映事业单位本年举借短期、长期借款所收到的现金。本项目应当根据"库存现金""银行存款""短期借款""长期借款"等科目记录分析填列。

③"收到的其他与筹资活动有关的现金"项目，反映单位本年收到的除上述项目之外与筹资活动有关的现金。对于金额较大的现金流入，应当单列项目反映。本项目应当根据"库存现金""银行存款"等有关科目的记录分析填列。

④"筹资活动的现金流入小计"项目，反映单位本年筹资活动产生的现金流入的合计数。本项目应当根据"财政资本性项目拨款收到的现金""取得借款收到的现金""收到的其他与筹资活动有关的现金"项目金额的合计数填列。

⑤"偿还借款支付的现金"项目，反映事业单位本年偿还借款本金所支付的现金。本项目应当根据"库存现金""银行存款""短期借款""长期借款"等科目的记录分析填列。

⑥"偿付利息支付的现金"项目，反映事业单位本年支付的借款利息等。本项目应当根据"库存现金""银行存款""应付利息""长期借款"等科目的记录分析填列。

⑦"支付的其他与筹资活动有关的现金"项目，反映单位本年支付的除上述项目之外与筹资活动有关的现金，如融资租入固定资产所支付的租赁费。本项目应当根据"库存现金""银行存款""长期应付款"等科目的记录分析填列。

⑧"筹资活动的现金流出小计"项目，反映单位本年筹资活动产生的现金

流出的合计数。本项目应当根据"偿还借款支付的现金""偿付利息支付的现金""支付的其他与筹资活动有关的现金"项目金额的合计数填列。

⑨"筹资活动产生的现金流量净额"项目，应当按照"筹资活动的现金流入小计"项目金额减去"筹资活动的现金流出小计"金额后的金额填列；如为负数，以"－"号填列。

4. 汇率变动对现金的影响额

"汇率变动对现金的影响额"项目，反映单位本年外币现金流量折算为人民币时，所采用的现金流量发生日的汇率折算的人民币金额与外币现金流量净额按期末汇率折算的人民币金额之间的差额。

5. 现金净增加额

"现金净增加额"项目，反映单位本年现金变动的净额。本项目应当根据"日常活动产生的现金流量净额""投资活动产生的现金流量净额""筹资活动产生的现金流量净额""汇率变动对现金的影响额"项目金额的合计数填列；如为负数，以"－"号填列。

为方便现金流量表的编制，可以在编制各发生事项的同时再编一笔附加分录说明，然后根据分录填列现金流量表。

11.5.3　现金流量表的编制实例

【例 11-4】某事业单位 2×19 年现金流量日常活动、投资活动、筹资活动主要发生事项及其相关资料如表 11-6 所示。

该事业单位无所得税缴纳义务，无汇率变动影响。

表 11-6　　日常活动、投资活动、筹资活动中涉及的现金流入流出情况

2×19 年　　　　　　　　　　　　　　　单位：元

日期	摘要	借	贷	序号	现金流入	现金流出
2 月 1 日	支付工资		11 000	1.6		支付给职工以及为职工支付的现金
2 月 3 日	提现		800			
3 月 4 日	财政基本拨款	100 000		1.1	财政基本支出拨款收到的现金	
3 月 4 日	购买固定资产		3 000	2.5		购建固定资产、无形资产、公共基础设施等支付的现金

续表

日 期	摘 要	借	贷	序号	现金流入	现金流出
3月7日	财政非资本性项目拨款	200 000		1.2	财政非资本性项目拨款收到的现金	
3月10日	购买商品		10 600	1.5		购买商品、接受劳务支付的现金
4月1日	支付工资		11 000	1.6		支付给职工以及为职工支付的现金
4月3日	发生事业活动收到现金	3 000		1.3	事业活动收到的除财政拨款以外的现金	
4月5日	收到3月应收款项	1 030		1.4	收到的其他与日常活动有关的现金	
4月6日	支付税金		420	1.7		支付的各项税费
4月8日	进行公共基础设施投资		5 000	2.5		购建固定资产、无形资产、公共基础设施等支付的现金
4月10日	取得投资收益	120		2.2	取得投资收益收到的现金	
4月30日	收回投资	22 000		2.1	收回投资收到的现金	
5月1日	支付工资		11 000	1.6		支付给职工以及为职工支付的现金
5月2日	为职工购买计算机		2 600	1.6		支付给职工以及为职工支付的现金
5月3日	处置专利权	30 000		2.3	处置固定资产、无形资产、公共基础设施等收回的现金净额	
5月5日	投资股票		1 000	2.6		对外投资支付的现金

日期	摘要	借	贷	序号	现金流入	现金流出
5 月 10 日	上缴处置专利权净收入		3 000	2.7		上缴处置固定资产、无形资产、公共基础设施等净收入支付的现金
5 月 15 日	收到财政资本性项目拨款	10 000		3.1	财政资本性项目拨款收到的现金	
5 月 18 日	取得借款	2 000		3.2	取得借款收到的现金	
5 月 28 日	偿还借款		1 000	3.4		偿还借款支付的现金
5 月 28 日	偿还利息		120	3.5		偿还利息支付的现金

编制该事业单位 2×19 年度现金流量表时，省略了"上年金额"一列数字。"本年金额"一列数字主要项目的填列说明如下。

（1）日常活动现金流入。

本年日常活动流入＝100 000＋200 000＋3 000＋1 030＝304 030（元）

（2）日常活动现金流出。

本年日常活动流出＝11 000＋10 600＋11 000＋420＋11 000＋2 600＝46 620（元）

（3）日常活动现金流量净额。

本年日常活动现金流量净额＝304 030－46 620＝257 410（元）

（4）投资活动现金流入。

本年投资流入＝120＋22 000＋30 000＝52 120（元）

（5）投资活动现金流出。

本年投资流出＝3 000＋5 000＋1 000＋3 000＝12 000（元）

（6）投资活动现金流量净额。

本年投资活动现金流量净额＝52 120－12 000＝40 120（元）

（7）筹资活动现金流入。

本年筹资流入＝10 000＋2 000＝12 000（元）

（8）筹资活动现金流出。

本年筹资流出＝1 000＋120＝1 120（元）

（9）筹资活动现金流量净额。

本年筹资活动现金流量净额＝12 000－1 120＝10 880（元）

编制完成的该事业单位2×19年度现金流量表见表11－7。

表11－7 现金流量表

会政财04表

编制单位：××××　　　　　　　　　2×19年度　　　　　　　　　单位：元

项目	本年金额	上年金额（略）
一、日常活动产生的现金流量：		
财政基本支出拨款收到的现金	100 000	
财政非资本性项目拨款收到的现金	200 000	
事业活动收到的除财政拨款以外的现金	3 000	
收到的其他与日常活动有关的现金	1 030	
日常活动的现金流入小计	304 030	
购买商品、接受劳务支付的现金	10 600	
支付给职工以及为职工支付的现金	35 600	
支付的各项税费	420	
支付的其他与日常活动有关的现金	0	
日常活动的现金流出小计	46 620	
日常活动产生的现金流量净额	257 410	
二、投资活动产生的现金流量：		
收回投资收到的现金	22 000	
取得投资收益收到的现金	120	
处置固定资产、无形资产、公共基础设施等收回的现金净额	30 000	
收到的其他与投资活动有关的现金	0	
投资活动的现金流入小计	52 120	
购建固定资产、无形资产、公共基础设施等支付的现金	8 000	
对外投资支付的现金	1 000	
上缴处置固定资产、无形资产、公共基础设施等净收入支付的现金	3 000	
支付的其他与投资活动有关的现金	0	
投资活动的现金流出小计	12 000	
投资活动产生的现金流量净额	40 120	
三、筹资活动产生的现金流量：		
财政资本性项目拨款收到的现金	10 000	

续表

项目	本年金额	上年金额（略）
取得借款收到的现金	2 000	
收到的其他与筹资活动有关的现金	0	
筹资活动的现金流入小计	12 000	
偿还借款支付的现金	1 000	
偿还利息支付的现金	120	
支付的其他与筹资活动有关的现金	0	
筹资活动的现金流出小计	1 120	
筹资活动产生的现金流量净额	10 880	
四、汇率变动对现金的影响额	0	
五、现金净增加额	308 410	

11.6　预算收入支出表

预算收入支出表是反映行政事业单位预算收支情况的报表。本节依据《政府会计制度》，阐述预算收入支出表的含义、内容，讲解预算收入支出表的编制方法。

11.6.1　预算收入支出表概述

（一）预算收入支出表的含义

预算收入支出表反映单位在某一会计年度内各项预算收入、预算支出和预算收支差额的情况。

预算收入支出表是行政事业单位会计报表的重要组成部分，可以提供一定时期行政事业单位预算收入总额及构成情况、预算支出总额及构成情况，以及预算收支差额的会计信息。行政事业单位应当定期编制预算收入支出表，披露行政事业单位在一定会计期间的预算情况。

（二）预算收入支出表的内容

行政事业单位的预算收入支出表由表首标题和报表主体构成。报表主体部分包括编报项目、栏目及金额。

1. 表首标题

预算收入支出表的表首标题包括报表名称、编号（会政预 01 表）、编制单位、编表时间和金额单位等内容。由于预算收入支出表反映行政事业单位在某一时期的预算收支情况，属于动态报表，因此需要注明报表所属的期间，如××××年度。

2. 编报项目

预算收入支出表应当按照本年预算收入、本年预算支出的构成和本年预算收支差额情况分项列示，按本年预算收入、本年预算支出和本年预算收支差额等项目分层次排列。

3. 栏目及金额

预算收入支出表由"本年数"和"上年数"两栏组成。预算收入支出表的各栏数额，应当根据相关收支科目的"上年预算数"和"本年预算数"的发生额填列，或经过计算、分析后填列。

11.6.2　预算收入支出表的编制

预算收入支出表反映单位在某一会计年度内各项预算收入、预算支出和预算收支差额的情况。

预算收入支出表"本年数"栏反映各项目的本年实际发生数。本表"上年数"栏反映各项目上年度的实际发生数，应当根据上年度预算收入支出表中"本年数"栏内所列数字填列。如果本年度预算收入支出表规定的项目的名称和内容同上年度不一致，应当对上年度预算收入支出表项目的名称和数字按照本年度的规定进行调整，将调整后金额填入本年度预算收入支出表的"上年数"栏。

预算收入支出表"本年数"栏各项目的内容和填列方法如下。

1. 本年预算收入

① "本年预算收入"项目，反映单位本年预算收入总额。本项目应当根据"财政拨款预算收入""事业预算收入""上级补助预算收入""附属单位上缴预算收入""经营预算收入""债务预算收入""非同级财政拨款预算收入""投资预算收益""其他预算收入"项目金额的合计数填列。

② "财政拨款预算收入"项目，反映单位本年从同级政府财政部门取得的各类财政拨款。本项目应当根据"财政拨款预算收入"科目的本年发生额填列。

"政府性基金收入"项目，反映单位本年取得的财政拨款收入中属于政府性基金预算拨款的金额。本项目应当根据"财政拨款预算收入"相关明细科目的本年发生额填列。

③ "事业预算收入"项目，反映事业单位本年开展专业业务活动及其辅助活动取得的预算收入。本项目应当根据 "事业预算收入" 科目的本年发生额填列。

④ "上级补助预算收入"项目，反映事业单位本年从主管部门和上级单位取得的非财政补助预算收入。本项目应当根据 "上级补助预算收入" 科目的本年发生额填列。

⑤ "附属单位上缴预算收入"项目，反映事业单位本年收到的独立核算的附属单位按照有关规定上缴的预算收入。本项目应当根据 "附属单位上缴预算收入" 科目的本年发生额填列。

⑥ "经营预算收入"项目，反映事业单位本年在专业业务活动及其辅助活动之外开展非独立核算经营活动取得的预算收入。本项目应当根据 "经营预算收入" 科目的本年发生额填列。

⑦ "债务预算收入"项目，反映事业单位本年按照规定从金融机构等借入的、纳入部门预算管理的债务预算收入。本项目应当根据 "债务预算收入" 的本年发生额填列。

⑧ "非同级财政拨款预算收入"项目，反映单位本年从非同级政府财政部门取得的财政拨款。本项目应当根据 "非同级财政拨款预算收入" 科目的本年发生额填列。

⑨ "投资预算收益"项目，反映事业单位本年取得的按规定纳入单位预算管理的投资收益。本项目应当根据 "投资预算收益" 科目的本年发生额填列。

⑩ "其他预算收入"项目，反映单位本年取得的除上述收入以外的纳入单位预算管理的各项预算收入。本项目应当根据 "其他预算收入" 科目的本年发生额填列。

"利息预算收入"项目，反映单位本年取得的利息预算收入。本项目应当根据 "其他预算收入" 科目的明细账记录分析填列。单位单设 "利息预算收入" 科目的，应当根据 "利息预算收入" 科目的本年发生额填列。

"捐赠预算收入"项目，反映单位本年取得的捐赠预算收入。本项目应当根据 "其他预算收入" 科目明细账记录分析填列。单位单设 "捐赠预算收入" 科目的，应当根据 "捐赠预算收入" 科目的本年发生额填列。

"租金预算收入"项目，反映单位本年取得的租金预算收入。本项目应当根据 "其他预算收入" 科目明细账记录分析填列。单位单设 "租金预算收入" 科目的，应当根据 "租金预算收入" 科目的本年发生额填列。

2．本年预算支出

①"本年预算支出"项目，反映单位本年预算支出总额。本项目应当根据"行政支出""事业支出""经营支出""上缴上级支出""对附属单位补助支出""投资支出""债务还本支出""其他支出"项目金额的合计数填列。

②"行政支出"项目，反映行政单位本年履行职责实际发生的支出。本项目应当根据"行政支出"科目的本年发生额填列。

③"事业支出"项目，反映事业单位本年开展专业业务活动及其辅助活动发生的支出。本项目应当根据"事业支出"科目的本年发生额填列。

④"经营支出"项目，反映事业单位本年在专业业务活动及其辅助活动之外开展非独立核算经营活动发生的支出。本项目应当根据"经营支出"科目的本年发生额填列。

⑤"上缴上级支出"项目，反映事业单位本年按照财政部门和主管部门的规定上缴上级单位的支出。本项目应当根据"上缴上级支出"科目的本年发生额填列。

⑥"对附属单位补助支出"项目，反映事业单位本年用财政拨款收入之外的收入对附属单位补助发生的支出。本项目应当根据"对附属单位补助支出"科目的本年发生额填列。

⑦"投资支出"项目，反映事业单位本年以货币资金对外投资发生的支出。本项目应当根据"投资支出"科目的本年发生额填列。

⑧"债务还本支出"项目，反映事业单位本年偿还自身承担的纳入预算管理的从金融机构举借的债务本金的支出。本项目应当根据"债务还本支出"科目的本年发生额填列。

⑨"其他支出"项目，反映单位本年除以上支出以外的各项支出。本项目应当根据"其他支出"科目的本年发生额填列。

"利息支出"项目，反映单位本年发生的利息支出。本项目应当根据"其他支出"科目明细账记录分析填列。单位单设"利息支出"科目的，应当根据"利息支出"科目的本年发生额填列。

"捐赠支出"项目，反映单位本年发生的捐赠支出。本项目应当根据"其他支出"科目明细账记录分析填列。单位单设"捐赠支出"科目的，应当根据"捐赠支出"科目的本年发生额填列。

3．本年预算收支差额

"本年预算收支差额"项目，反映单位本年各项预算收支相抵后的差额。本项目应当根据"本期预算收入"项目金额减去"本期预算支出"项目金额后的金额填列；如相减后金额为负数，以"－"号填列。

11.6.3　预算收入支出表的编制实例

【例 11 - 5】某事业单位 2×19 预算收入、支出类科目发生额见表 11 - 8。其他相关资料如下：该事业单位无所得税缴纳义务。

表 11 - 8　　　　　　　　收入、支出类科目预算发生额

编制单位：××××　　　　　　　　　2×19 年　　　　　　　　单位：元

支出类	本年数	收入类	本年数
行政支出	5 000 000	财政拨款预算收入	10 000 000
事业支出	1 500 000	其中：政府性基金收入	1 500 000
经营支出	200 000	事业预算收入	6 000 000
上缴上级支出	1 000 000	上级补助预算收入	1 000 000
对附属单位补助支出	1 000 000	附属单位上缴预算收入	300 000
投资支出	50 000	经营预算收入	250 000
债务还本支出	60 000	债务预算收入	200 000
其他支出	30 000	非同级财政拨款预算收入	70 000
其中：利息支出	13 000	投资预算收益	65 000
捐赠支出	17 000	其他预算收入	70 000
		其中：利息预算收入	20 000
		捐赠预算收入	30 000
		租金预算收入	20 000
支出合计	8 840 000	收入合计	17 955 000

编制该事业单位 2×19 年度预算收入支出表时，省略了"上年数"一列数字。"本年数"一列数字主要项目的填列说明如下。

（1）本年预算收入。

本年预算收入 = 10 000 000 + 6 000 000 + 1 000 000 + 300 000 + 250 000 + 200 000 + 70 000 + 65 000 + 70 000 = 17 955 000（元）

（2）本年预算支出。

本年预算支出 = 5 000 000 + 1 500 000 + 200 000 + 1 000 000 + 1 000 000 + 50 000 + 60 000 + 30 000 = 8 840 000（元）

（3）本年预算收支差额。

本年预算收支差额 = 17 955 000 - 8 840 000 = 9 115 000（元）

编制完成的该事业单位 2×19 年度预算收入支出表见表 11－9。

表 11－9   **预算收入支出表**

会政预 01 表

编制单位：×××　　　　　　　　2×19 年度　　　　　　　　　　单位：元

项目	本年数	上年数（略）
一、本年预算收入	17 955 000	
（一）财政拨款预算收入	10 000 000	
其中：政府性基金收入	1 500 000	
（二）事业预算收入	6 000 000	
（三）上级补助预算收入	1 000 000	
（四）附属单位上缴预算收入	300 000	
（五）经营预算收入	250 000	
（六）债务预算收入	200 000	
（七）非同级财政拨款预算收入	70 000	
（八）投资预算收益	65 000	
（九）其他预算收入	70 000	
其中：利息预算收入	20 000	
捐赠预算收入	30 000	
租金预算收入	20 000	
二、本年预算支出	8 840 000	
（一）行政支出	5 000 000	
（二）事业支出	1 500 000	
（三）经营支出	200 000	
（四）上缴上级支出	1 000 000	
（五）对附属单位补助支出	1 000 000	
（六）投资支出	50 000	
（七）债务还本支出	60 000	
（八）其他支出	30 000	
其中：利息支出	13 000	
捐赠支出	17 000	
三、本年预算收支差额	9 115 000	

11.7　预算结转结余变动表

11.7.1　预算结转结余变动表概述

（一）预算结转结余变动表的含义

预算结转结余变动表是反映单位在某一会计年度内预算结转结余的变动情况的报表。

预算结转结余变动表是行政事业单位会计报表的重要组成部分，可以提供一定时期行政事业单位预算结转结余各个组成项目金额的变动情况。行政事业单位应当定期编制预算结转结余变动表，披露行政事业单位在一定会计期间的预算结转结余状况。

（二）预算结转结余变动表的内容

行政事业单位的预算结转结余变动表由表首标题和报表主体构成。报表主体部分包括编报项目、栏目及金额。

1. 表首标题

预算结转结余变动表的表首标题包括报表名称、编号（会政预 02 表）、编制单位、编表时间和金额单位等内容。由于预算结转结余变动表反映行政事业单位在某一时期的预算结转结余的变动情况，属于动态报表，因此需要注明报表所属的期间，如×××年度。

2. 编报项目

预算结转结余变动表应当分本年数、上年数等情况分项列示，按年初预算结转结余、年度余额调整、本年变动金额、年末预算结转结余等项目分层次排列。

3. 栏目及金额

预算结转结余变动表由"本年数"和"上年数"两栏组成。预算结转结余变动表的各栏数额，应当根据相关科目的"上年数"和"本年数"的发生额填列，或经过计算、分析后填列。

11.7.2　预算结转结余变动表的编制原则

预算结转结余表"本年数"栏反映各项目的本年实际发生数。本表"上年数"栏反映各项目的上年实际发生数，应当根据上年度预算结转结余变动表中

"本年数"栏内所列数字填列。如果本年度预算结转结余变动表规定的项目的名称和内容同上年度不一致，应当对上年度预算结转结余变动表项目的名称和数字按照本年度的规定进行调整，将调整后金额填入本年度预算结转结余变动表的"上年数"栏。本表中"年末预算结转结余"项目金额等于"年初预算结转结余""年初余额调整""本年变动金额"三个项目的合计数。

11.7.3 预算结转结余变动表的报表数填列方法

"年初预算结转结余"项目，反映单位本年预算结转结余的年初余额。本项目应当根据本项目下"财政拨款结转结余""其他资金结转结余"项目金额的合计数填列。

①"财政拨款结转结余"项目，反映单位本年财政拨款结转结余资金的年初余额。本项目应当根据"财政拨款结转""财政拨款结余"科目本年年初余额合计数填列。

②"其他资金结转结余"项目，反映单位本年其他资金结转结余的年初余额。本项目应当根据"非财政拨款结转""非财政拨款结余""专用结余""经营结余"科目本年年初余额的合计数填列。

"年初余额调整"项目，反映单位本年预算结转结余年初余额调整的金额。本项目应当根据本项目下"财政拨款结转结余""其他资金结转结余"项目金额的合计数填列。

①"财政拨款结转结余"项目，反映单位本年财政拨款结转结余资金的年初余额调整金额。本项目应当根据"财政拨款结转""财政拨款结余"科目下"年初余额调整"明细科目的本年发生额的合计数填列；如调整减少年初财政拨款结转结余，以"－"号填列。

②"其他资金结转结余"项目，反映单位本年其他资金结转结余的年初余额调整金额。本项目应当根据"非财政拨款结转""非财政拨款结余"科目下"年初余额调整"明细科目的本年发生额的合计数填列；如调整减少年初其他资金结转结余，以"－"号填列。

"本年变动金额"项目，反映单位本年预算结转结余变动的金额。本项目应当根据本项目下"财政拨款结转结余""其他资金结转结余"项目金额的合计数填列。

①"财政拨款结转结余"项目，反映单位本年财政拨款结转结余资金的变动。本项目应当根据本项目下"本年收支差额""归集调入""归集上缴或调

出"项目金额的合计数填列。

a."本年收支差额"项目，反映单位本年财政拨款资金收支相抵后的差额。本项目应当根据"财政拨款结转"科目下"本年收支结转"明细科目本年转入的预算收入与预算支出的差额填列；差额为负数的，以"－"号填列。

b."归集调入"项目，反映单位本年按照规定从其他单位归集调入的财政拨款结转资金。本项目应当根据"财政拨款结转"科目下"归集调入"明细科目的本年发生额填列。

c."归集上缴或调出"项目，反映单位本年按照规定上缴的财政拨款结转结余资金及按照规定向其他单位调出的财政拨款结转资金。本项目应当根据"财政拨款结转""财政拨款结余"科目下"归集上缴"明细科目，以及"财政拨款结转"科目下"归集调出"明细科目本年发生额的合计数填列，以"－"号填列。

② "其他资金结转结余"项目，反映单位本年其他资金结转结余的变动。本项目应当根据本项目下"本年收支差额""缴回资金""使用专用结余""支付所得税"项目金额的合计数填列。

a."本年收支差额"项目，反映单位本年除财政拨款外的其他资金收支相抵后的差额。本项目应当根据"非财政拨款结转"科目下"本年收支结转"明细科目、"其他结余"科目、"经营结余"科目本年转入的预算收入与预算支出的差额的合计数填列；如为负数，以"－"号填列。

b."缴回资金"项目，反映单位本年按照规定缴回的非财政拨款结转资金。本项目应当根据"非财政拨款结转"科目下"缴回资金"明细科目本年发生额的合计数填列，以"－"号填列。

c."使用专用结余"项目，反映本年事业单位根据规定使用从非财政拨款结余或经营结余中提取的专用基金的金额。本项目应当根据"专用结余"科目明细账中本年使用专用结余业务的发生额填列，以"－"号填列。

d."支付所得税"项目，反映有企业所得税缴纳义务的事业单位本年实际缴纳的企业所得税金额。本项目应当根据"非财政拨款结余"明细账中本年实际缴纳企业所得税业务的发生额填列，以"－"号填列。

"年末预算结转结余"项目，反映单位本年预算结转结余的年末余额。本项目应当根据本项目下"财政拨款结转结余""其他资金结转结余"项目金额的合计数填列。

① "财政拨款结转结余"项目，反映单位本年财政拨款结转结余的年末余

额。本项目应当根据本项目下"财政拨款结转""财政拨款结余"项目金额的合计数填列。本项目下"财政拨款结转""财政拨款结余"项目，应当分别根据"财政拨款结转""财政拨款结余"科目的本年年末余额填列。

②"其他资金结转结余"项目，反映单位本年其他资金结转结余的年末余额。本项目应当根据本项目下"非财政拨款结转""非财政拨款结余""专用结余""经营结余"项目金额的合计数填列。本项目下"非财政拨款结转""非财政拨款结余""专用结余""经营结余"项目，应当分别根据"非财政拨款结转""非财政拨款结余""专用结余""经营结余"科目的本年年末余额填列。

11.7.4 预算结转结余变动表的编制实例

【例 11-6】某事业单位 2×19 年 12 月 31 日结账后各资产、负债和净资产类会计科目余额表见表 11-10。据此编制该事业单位的预算结转结余变动表。

表 11-10　　　　　　　　会计科目余额表

2×19 年 12 月 31 日　　　　　　　　单位：元

会计科目	年初数	年末数	本年变动数 （依据本年明细科目发生数）
财政拨款结转	600 000	1 100 000	500 000
——年初余额调整	0	0	0
——归集调入	0	0	550 000
——归集调出	0	0	20 000
——归集上缴	0	0	30 000
——单位内部调剂	0	0	0
——本年收支结转	0	0	0
——累计结转	600 000	1 100 000	500 000
财政拨款结余	800 000	1 000 000	200 000
——年初余额调整	0	0	200 000
——归集上缴	0	0	0
——单位内部调剂	0	0	0
——结转转入	0	0	0
——累计结转	800 000	1 000 000	200 000
非财政拨款结转	100 000	150 000	50 000
——年初余额调整	0	0	10 000
——缴回资金	0	0	10 000
——项目间接费用或管理费	0	0	0

续表

会计科目	年初数	年末数	本年变动数 （依据本年明细科目发生数）
——本年收支结转	0	0	50 000
——累计结转	100 000	150 000	50 000
非财政拨款结余	250 000	380 000	130 000
——年初余额调整	0	0	130 000
——项目间接费用或管理费	0	0	0
——结转转入	0	0	0
——累计结转	250 000	380 000	130 000
专用结余	110 000	120 000	10 000
经营结余	400 000	200 000	200 000
其他结余	100 000	110 000	10 000

　　上述科目余额表中"专用结余""经营结余""其他结余"科目的本年变动额均未涉及转入预算收入与预算支出的差额，各项目均可根据各科目的期末余额、发生分析填列。编制完成的 2×19 年度预算结转结余变动表见表 11-11。

　　年初预算结转结余 = 600 000 + 800 000 + 100 000 + 250 000 = 1 750 000（元）

表 11-11　　　　　　　　　　预算结转结余变动表

会政预 02 表

编制单位：×××　　　　　　　　　2×19 年　　　　　　　　　　单位：元

项目	本年数	上年数
一、年初预算结转结余	1 750 000	—
（一）财政拨款结转结余	1 400 000	—
（二）其他资金结转结余	350 000	—
二、年初余额调整（减少以"-"号填列）	340 000	—
（一）财政拨款结转结余	200 000	—
（二）其他资金结转结余	140 000	—
三、本年变动金额（减少以"-"号填列）	540 000	—
（一）财政拨款结转结余	500 000	—
1. 本年收支差额	0	—
2. 归集调入	550 000	—
3. 归集上缴或调出	-50 000	—
（二）其他资金结转结余	40 000	—

续表

项目	本年数	上年数
1. 本年收支差额	50 000	—
2. 缴回资金	− 10 000	—
3. 使用专用结余	0	—
4. 支付所得税	0	—
四、年末预算结转结余	2 630 000	—
（一）财政拨款结转结余	2 100 000	—
1. 财政拨款结转	1 100 000	—
2. 财政拨款结余	1 000 000	—
（二）其他资金结转结余	530 000	—
1. 非财政拨款结转	150 000	—
2. 非财政拨款结余	380 000	—
3. 专用结余	0	—
4. 经营结余（如有余额，以"−"号填列）	0	—

11.8　财政拨款预算收入支出表

11.8.1　财政拨款预算收入支出表概述

（一）财政拨款预算收入支出表的含义

财政拨款预算收入支出表是反映单位本年财政拨款预算资金收入、支出及相关变动的具体情况的报表。

财政拨款预算收入支出表是行政事业单位会计报表的重要组成部分，可以提供一定时期行政事业单位财政拨款预算收入、支出各个组成项目金额的变动情况。行政事业单位应当定期编制财政拨款预算收入支出表，披露行政事业单位在一定会计期间的财政拨款预算收入、支出的变动状况。

（二）财政拨款预算收入支出表的内容

行政事业单位的财政拨款预算收入支出表由表首标题和报表主体构成。报表主体部分包括编报项目、栏目及金额。

1. 表首标题

财政拨款预算收入支出表的表首标题包括报表名称、编号（会政预 03 表）、编制单位、编表时间和金额单位等内容。由于财政拨款预算收入支出表反映行政事业单位在某一时期的资产情况，属于动态报表，因此需要注明报表所属的期间，如××××年度。

2. 编报项目

财政拨款预算收入支出表应按当年初财政拨款结转结余、本年归集调入等情况分项列示，按一般公共预算财政拨款、政府性基金预算财政拨款等项目分层次排列。

3. 栏目及金额

财政拨款预算收入支出表由"本年数"和"上年数"两栏组成。财政拨款预算收入支出表的各栏数额，应当根据相关科目的"上年数"和"本年数"的发生额填列，或经过计算、分析后填列。

11.8.2 财政拨款预算收入支出表的编制原则

财政拨款预算收入支出表"项目"栏内各项目，应当根据单位取得的财政拨款种类分项设置。其中"项目支出"项目下，根据每个项目设置；单位取得除一般公共财政预算拨款和政府性基金预算拨款以外的其他财政拨款的，应当按照财政拨款种类增加相应的资金项目及其明细项目。

11.8.3 财政拨款预算收入支出表的报表数填列方法

① "年初财政拨款结转结余"栏中各项目，反映单位年初各项财政拨款结转结余的金额。各项目应当根据"财政拨款结转""财政拨款结余"及其明细科目的年初余额填列。本栏中各项目的数额应当与上年度财政拨款预算收入支出表中"年末财政拨款结转结余"栏中各项目的数额相等。

② "调整年初财政拨款结转结余"栏中各项目，反映单位对年初财政拨款结转结余的调整金额。各项目应当根据"财政拨款结转""财政拨款结余"科目下"年初余额调整"明细科目及其所属明细科目的本年发生额填列；如调整减少年初财政拨款结转结余，以"－"号填列。

③ "本年归集调入"栏中各项目，反映单位本年按规定从其他单位调入的财政拨款结转资金金额。各项目应当根据"财政拨款结转"科目下"归集调入"明细科目及其所属明细科目的本年发生额填列。

④ "本年归集上缴或调出"栏中各项目，反映单位本年按规定实际上缴的财政拨款结转结余资金，及按照规定向其他单位调出的财政拨款结转资金金额。各项目应当根据"财政拨款结转""财政拨款结余"科目下"归集上缴"科目

和"财政拨款结转"科目下"归集调出"明细科目，及其所属明细科目的本年发生额填列，以"－"号填列。

⑤"单位内部调剂"栏中各项目，反映单位本年财政拨款结转结余资金在单位内部不同项目等之间的调剂金额。各项目应当根据"财政拨款结转"和"财政拨款结余"科目下的"单位内部调剂"明细科目及其所属明细科目的本年发生额填列；对单位内部调剂减少的财政拨款结余金额，以"－"号填列。

⑥"本年财政拨款收入"栏中各项目，反映单位本年从同级财政部门取得的各类财政预算拨款金额。各项目应当根据"财政拨款预算收入"科目及其所属明细科目的本年发生额填列。

⑦"本年财政拨款支出"栏中各项目，反映单位本年发生的财政拨款支出金额。各项目应当根据"行政支出""事业支出"等科目及其所属明细科目本年发生额中的财政拨款支出数的合计数填列。

⑧"年末财政拨款结转结余"栏中各项目，反映单位年末财政拨款结转结余的金额。各项目应当根据"财政拨款结转""财政拨款结余"科目及其所属明细科目的年末余额填列。

11.8.4　财政拨款预算收入支出表的编制实例

【例11-7】XYZ事业单位2×19年度按照收付实现制计算的各项收支资料汇总情况如下。

（1）各项预算收入汇总情况。

财政拨款预算收入500万元（其中，基本支出——人员经费280万元、基本支出——日常公用经费120万元、项目拨款100万元），事业预算收入1 000万元（其中，科研事业收入200万元），上级补助预算收入10万元，附属单位上缴预算收入10万元，经营预算收入30万元，其他预算收入5万元。

（2）各项预算支出汇总情况。

事业支出1 200万元（其中：基本支出1 000万元，包括财政拨款用于人员经费280万元和日常公用经费120万元；项目支出200万元，包括财政拨款项目支出80万元和科研项目支出50万元），经营支出20万元，上缴上级单位支出5万元，对附属单位补助支出10万元。

（3）各专项项目进展汇总情况。

财政项目拨款100万元中包括2个项目：A项目拨款60万元，支出40万元，结转继续使用；B项目40万元，支出40万元，年底已全部完成。

科研事业收入 200 万元中包括 3 个项目：甲项目 70 万元，费用支出 30 万元，继续研究；乙项目 90 万元，费用支出 40 万元，实际支出 20 万元，正在正常进行中；丙项目 40 万元，尚未发生费用支出，留待下年度使用。

（4）预算会计核算的具体要求。

①计算预算收入、预算支出总额与收支差额；②计算与核算财政拨款（项目支出）结转和结余；③计算与核算财政拨款（基本支出）结转和结余；④计算与核算非财政拨款结转；⑤计算与核算经营结余；⑥计算与核算其他结余；⑦计算与核算经营结余和其他结余；⑧计算与核算职工福利基金提取额（假设按照非财政拨款结余 20% 的比例提取职工福利基金）；⑨年末结转非财政拨款结余分配额；⑩计算分析年末全部预算结转结余金额；⑪编制 2×19 年财政拨款预算收入支出表。

（5）解题过程分析。

①预算收入总额 ＝ 财政拨款预算收入 ＋ 事业预算收入 ＋ 上级补助预算收入 ＋ 附属单位上缴预算收入 ＋ 经营预算收入 ＋ 其他预算收入

＝ 500 ＋ 1 000 ＋ 10 ＋ 10 ＋ 30 ＋ 5 ＝ 1 555（万元）

预算支出总额 ＝ 事业支出 ＋ 上缴上级单位支出 ＋ 经营支出 ＋ 对附属单位补助支出

＝ 1 200 ＋ 5 ＋ 20 ＋ 10 ＝ 1 235（万元）

收支差额 ＝ 预算收入总额 － 预算支出总额 ＝ 1 555 － 1 235 ＝ 320（万元）

②财政拨款（项目支出）的核算。

借：财政拨款预算收入——A 项目　　　　　　　　　　600 000

　　　　　　　　　——B 项目　　　　　　　　　　400 000

　　贷：财政拨款结转——本年收支结转　　　　　　　　1 000 000

借：财政拨款结转——本年收支结转　　　　　　　　　800 000

　　贷：事业支出——财政拨款支出（A 项目）　　　　　　400 000

　　　　　　　——财政拨款支出（B 项目）　　　　　　400 000

借：财政拨款结转——本年收支结转（A 项目）　　　　200 000

　　贷：财政拨款结转——累计结转（A 项目）　　　　　200 000

③财政拨款（基本支出）的核算（结余为 0）。

借：财政拨款预算收入——基本支出（人员经费）　　　2 800 000

　　　　　　　　　——基本支出（日常公用经费）　　1 200 000

　　贷：财政拨款结转——本年收支结转　　　　　　　　4 000 000

借：财政拨款结转——本年收支结转   4 000 000

  贷：事业支出——财政拨款支出（基本支出） 4 000 000

④非财政拨款结转＝科研事业收入－专项科研支出＝200－50＝150（万元）

借：事业预算收入——非财政专项资金收入（甲项目） 700 000

    ——非财政专项资金收入（乙项目） 900 000

    ——非财政专项资金收入（丙项目） 400 000

  贷：非财政拨款结转——本年收支结转   2 000 000

借：非财政拨款结转——本年收支结转   500 000

  贷：事业支出——非财政专项资金支出（甲项目） 300 000

    ——非财政专项资金支出（乙项目） 200 000

借：非财政拨款结转——本年收支结转   1 500 000

  贷：非财政拨款结转——累计结转   1 500 000

⑤经营结余＝经营收入－经营支出＝30－20＝10（万元）

借：经营预算收入   300 000

  贷：经营结余   300 000

借：经营结余   200 000

  贷：经营支出   200 000

借：经营结余   100 000

  贷：非财政拨款结余分配   100 000

⑥其他结余＝其他资金收入－其他资金支出＝825－685＝140（万元）

其中，其他资金收入825万元的组成内容如下：事业预算收入1 000万元减去科研事业收入200万元为800万元；上级补助预算收入10万元；附属单位上缴预算收入10万元；其他预算收入5万元。其他资金支出685万元的组成内容如下：事业支出（基本支出）1 000万元减去财政拨款基本支出400万元为600万元；事业支出（项目支出——其他资金支出）70（200－80－50）万元；上缴上级单位支出5万元，对附属单位补助支出10万元。

借：事业预算收入——其他资金收入   8 000 000

上级补助预算收入——其他资金收入   100 000

附属单位上缴预算收入——其他资金收入   100 000

其他预算收入——其他资金收入   50 000

  贷：其他结余   8 250 000

借：其他结余　　　　　　　　　　　　　　　　　　　6 850 000

　　贷：事业支出——基本支出（其他资金支出）　　　6 000 000

　　　　　　　　——项目支出（其他资金支出）　　　　700 000

　　　　对附属单位补助支出　　　　　　　　　　　　　100 000

　　　　上缴上级支出　　　　　　　　　　　　　　　　 50 000

借：其他结余　　　　　　　　　　　　　　　　　　　1 400 000

　　贷：非财政拨款结余分配　　　　　　　　　　　　1 400 000

⑦非财政拨款结余＝经营结余＋其他结余＝10＋140＝150（万元）

或＝收支差额－（财政拨款结转＋财政拨款结余＋非财政拨款结转）＝320－(20＋0＋150)＝150（万元）

⑧职工福利基金提取额＝非财政拨款结余×提取比例＝150×20%＝30（万元）

借：非财政拨款结余分配　　　　　　　　　　　　　　 300 000

　　贷：专用结余——职工福利基金　　　　　　　　　 300 000

⑨年末结转非财政拨款结余分配余额＝150－30＝120（万元）

借：非财政拨款结余分配　　　　　　　　　　　　　　1 200 000

　　贷：非财政拨款结余——累计结余　　　　　　　　1 200 000

经过上述结转，"非财政拨款结余分配"科目应无余额。"非财政拨款结余——累计结余"科目年末贷方余额为120万元，反映单位滚存的非财政拨款结余资金数额。

⑩财政拨款结转20万元，财政拨款结余0。非财政拨款结转150万元，非财政拨款结余120万元，专用结余30万元，全部预算结转结余合计为320万元。

⑪编制的2×19年财政拨款预算收入支出表如表11-12所示。

表 11-12　　　　　　　　　　　　财政拨款预算收入支出表

会政预03表

编制单位：XYZ事业单位　　　　　　2×19年　　　　　　　　　　　单位：元

项目	年初财政拨款结转结余		调整年初财政拨款结转结余	本年归集调入	本年归集上缴或调出	单位内部调剂		本年财政拨款收入	本年财政拨款支出	年末财政拨款结转结余	
	结转	结余				结转	结余			结转	结余
一、一般公共预算财政拨款								5 000 000	4 800 000	200 000	0

续表

项目	年初财政拨款结转结余		调整年初财政拨款结转结余	本年归集调入	本年归集上缴或调出	单位内部调剂		本年财政拨款收入	本年财政拨款支出	年末财政拨款结转结余	
	结转	结余				结转	结余			结转	结余
（一）基本支出								4 000 000	4 000 000	0	0
1. 人员经费								2 800 000	2 800 000	0	0
2. 日常公用经费								1 200 000	1 200 000	0	0
（二）项目支出								1 000 000	800 000	200 000	0
1. A项目								600 000	400 000	200 000	0
2. B项目								400 000	400 000	0	0
……											
二、政府性基金预算财政拨款											
（一）基本支出											
1. 人员经费											
2. 日常公用经费											
（二）项目支出											
1. ××项目											
2. ××项目											
……											
总计								5 000 000	4 800 000	200 000	0

11.9　附注

11.9.1　附注的概念

　　附注是对在会计报表中列示的项目所作的进一步说明，以及对未能在会计报表中列示项目的说明。附注是财务报表的重要组成部分。凡对报表使用者的决策有重要影响的会计信息，不论《政府会计制度》是否有明确规定，单位均应当充分披露。

11.9.2　附注的主要内容

附注主要包括下列内容。

（一）单位的基本情况

单位应当简要披露其基本情况，包括单位主要职能、主要业务活动、所在地、预算管理关系等。

（二）会计报表编制基础

（三）遵循政府会计准则、制度的声明

（四）重要会计政策和会计估计

单位应当采用与其业务特点相适应的具体会计政策，并充分披露报告期内采用的重要会计政策和会计估计。主要包括以下内容。

①会计期间。

②记账本位币、外币折算汇率。

③坏账准备的计提方法。

④存货类别、发出存货的计价方法、存货的盘存制度，以及低值易耗品和包装物的摊销方法。

⑤长期股权投资的核算方法。

⑥固定资产分类、折旧方法、折旧年限和年折旧率；融资租入固定资产的计价和折旧方法。

⑦无形资产的计价方法；使用寿命有限的无形资产，其使用寿命估计情况；使用寿命不确定的无形资产，其使用寿命不确定的判断依据；单位内部研究开发项目划分研究阶段和开发阶段的具体标准。

⑧公共基础设施的分类、折旧（摊销）方法、折旧（摊销）年限，以及其确定依据。

⑨政府储备物资分类，以及确定其发出成本所采用的方法。

⑩保障性住房的分类、折旧方法、折旧年限。

⑪其他重要的会计政策和会计估计。

⑫本期发生重要会计政策和会计估计变更的，变更的内容和原因、受其重要影响的报表项目名称和金额、相关审批程序，以及会计估计变更开始适用的时点。

11.9.3　会计报表重要项目的说明

单位应当按照资产负债表和收入费用表项目列示顺序，采用文字和数据描述相结合的方式披露重要项目的明细信息。报表重要项目的明细金额合计，应当与报表项目金额相衔接。报表重要项目说明应包括但不限于下列内容。

①货币资金的披露格式如表 11 – 13 所示。

表 11 – 13　　　　　　　　　货币资金的披露格式

项目	期末余额	年初余额
库存现金		
银行存款		
其他货币资金		
合计		

②应收账款按债务人类别披露的格式如表 11 – 14 所示。

表 11 – 14　　　　　　应收账款按债务人类别披露的格式

债务人类别	期末余额	年初余额
政府会计主体：		
部门内部单位		
单位 1		
……		
部门外部单位		
单位 1		
……		
其他：		
单位 1		
……		
合计		

注 1："部门内部单位"是指纳入单位所属部门财务报告合并范围的单位（下同）。
注 2：有应收票据、预付账款、其他应收款的，可比照应收账款进行披露。

③存货的披露格式如表 11 – 15 所示。

表 11 – 15　　　　　　　　　存货的披露格式

存货种类	期末余额	年初余额
1.		
……		
合计		

④其他流动资产的披露格式如表 11 – 16 所示。

表 11 – 16　　　　　　　　其他流动资产的披露格式

项目	期末余额	年初余额
1.		
……		
合计		

注：有长期待摊费用、其他非流动资产的，可比照其他流动资产进行披露。

⑤长期投资。

a. 长期债券投资的披露格式如表 11 – 17 所示。

表 11 – 17　　　　　　　长期债券投资的披露格式

债券发行主体	年初余额	本期增加额	本期减少额	期末余额
1.				
……				
合计				

注：有短期投资的，可比照长期债券投资进行披露。

b. 长期股权投资的披露格式如表 11 – 18 所示。

表 11 – 18　　　　　　　长期股权投资的披露格式

被投资单位	核算方法	年初余额	本期增加额	本期减少额	期末余额
1.					
……					
合计					

c. 当期发生的重大投资净损益项目、金额及原因。

⑥固定资产。

a. 固定资产的披露格式如表 11 – 19 所示。

表 11 – 19　　　　　　　　固定资产的披露格式

项目	年初余额	本期增加额	本期减少额	期末余额
一、原值合计				
其中：房屋及构筑物				
通用设备				
专用设备				
文物和陈列品				
图书、档案				

项目	年初余额	本期增加额	本期减少额	期末余额
家具、用具、装具及动植物				
二、累计折旧合计				
其中：房屋及构筑物				
通用设备				
专用设备				
家具、用具、装具				
三、账面价值合计				
其中：房屋及构筑物				
通用设备				
专用设备				
文物和陈列品				
图书、档案				
家具、用具、装具及动植物				

b. 已提足折旧的固定资产名称、数量等情况。

c. 出租、出借固定资产以及固定资产对外投资等情况。

⑦在建工程的披露格式如表11－20所示。

表11－20　　　　　　　　在建工程的披露格式

项目	年初余额	本期增加额	本期减少额	期末余额
1.				
……				
合计				

⑧无形资产。

a. 各类无形资产的披露格式如表11－21所示。

表11－21　　　　　　　　各类无形资产的披露格式

项目	年初余额	本期增加额	本期减少额	期末余额
一、原值合计				
1.				
……				
二、累计摊销合计				
1.				
……				

续表

项目	年初余额	本期增加额	本期减少额	期末余额
三、账面价值合计				
1.				
……				

b. 计入当期损益的研发支出金额、确认为无形资产的研发支出金额。

c. 无形资产出售、对外投资等处置情况。

⑨公共基础设施。

a. 公共基础设施的披露格式如表 11 – 22 所示。

表 11 – 22　　　　　　　　公共基础设施的披露格式

项目	年初余额	本期增加额	本期减少额	期末余额
原值合计				
市政基础设施				
1.				
……				
交通基础设施				
1.				
……				
水利基础设施				
1.				
……				
其他				
……				
累计折旧合计				
市政基础设施				
1.				
……				
交通基础设施				
1.				
……				
水利基础设施				
1.				
……				

项目	年初余额	本期增加额	本期减少额	期末余额
其他				
……				
账面价值合计				
市政基础设施				
1.				
……				
交通基础设施				
1.				
……				
水利基础设施				
1.				
……				
其他				
……				

b. 确认为公共基础设施的单独计价入账的土地使用权的账面余额、累计摊销额及变动情况。

c. 已提取折旧继续使用的公共基础设施的名称、数量等。

⑩政府储备物资的披露格式如表 11－23 所示。

表 11－23　　　　　　　政府储备物资的披露格式

物资类别	年初余额	本期增加额	本期减少额	期末余额
1.				
……				
合计				

注：如单位有因动用而发出需要收回或者预期可能收回，但期末尚未收回的政府储备物资，应当单独披露其期末账面余额。

⑪受托代理资产的披露格式如表 11－24 所示。

表 11－24　　　　　　　受托代理资产的披露格式

资产类别	年初余额	本期增加额	本期减少额	期末余额
货币资金				
受托转赠物资				
受托存储保管物资				
罚没物资				
其他				
合计				

⑫应付账款按债权人类别披露的格式如表 11 – 25 所示。

表 11 – 25　　　　　　应付账款按债权人类别披露的格式

债权人类别	期末余额	年初余额
政府会计主体：		
部门内部单位		
单位 1		
……		
部门外部单位		
单位 1		
……		
其他：		
单位 1		
……		
合计		

注：有应付票据、预收账款、其他应付款、长期应付款的，可比照应付账款进行披露。

⑬其他流动负债的披露格式如表 11 – 26 所示。

表 11 – 26　　　　　　其他流动负债的披露格式

项目	期末余额	年初余额
1.		
……		
合计		

注：有预计负债、其他非动负债的，可以比其他流动负债进行披露。

⑭长期借款。

a. 长期借款按债权人披露的格式如表 11 – 27 所示。

表 11 – 27　　　　　　长期借款按债权人披露的格式

债权人	期末余额	年初余额
1.		
……		
合计		

注：有短期借款的，可比照长期借款进行披露。

b. 单位有基建借款的，应当分基建项目披露长期借款年初数、本年变动数、年末数及到期期限。

⑮事业收入按收入来源披露的格式如表 11－28 所示。

表 11－28　　　　　　事业收入按收入来源披露的格式

收入来源	本期发生额	上期发生额
来自财政专户管理资金		
本部门内部单位		
单位 1		
……		
本部门以外同级政府单位		
单位 1		
……		
其他		
单位 1		
……		

⑯非同级财政拨款收入按收入来源披露的格式如表 11－29 所示。

表 11－29　　　　非同级财政拨款收入按收入来源披露的格式

收入来源	本期发生额	上期发生额
本部门以外同级政府单位		
单位 1		
……		
本部门以外非同级政府单位		
单位 1		
……		
合计		

⑰其他收入按收入来源披露的格式如表 11－30 所示。

表 11－30　　　　　　其他收入按收入来源披露的格式

收入来源	本期发生额	上期发生额
本部门内部单位		
单位 1		
……		
本部门以外同政府单位		
单位 1		
……		

收入来源	本期发生额	上期发生额
本部门以外非同级政府单位		
单位 1		
……		
其他		
单位 1		
……		
合计		

⑱业务活动费用。

a. 业务活动费用按经济分类披露的格式如表 11 – 31 所示。

表 11 – 31　　　　　　　业务活动费用按经济分类披露的格式

项目	本期发生额	上期发生额
工资福利费用		
商品和服务费用		
对个人和家庭的补助费用		
对企业补助费用		
固定资产折旧费		
无形资产摊销费		
公共基础设施折旧（摊销）费		
保障性住房折旧费		
计提专用基金		
……		
合计		

注：有单位管理费用、经营费用的，可比照（业务活动费用）此表进行披露。

b. 业务活动费用按支付对象披露的格式如表 11 – 32 所示。

表 11 – 32　　　　　　　业务活动费用按支付对象披露的格式

支付对象	本期发生额	上期发生额
本部门内部单位		
单位 1		
……		
本部门以外同级政府单位		
单位 1		

续表

支付对象	本期发生额	上期发生额
……		
本部门以外非同级政府单位		
单位1		
……		
其他		
单位1		
……		
合计		

注：有单位管理费用、经营费用的，可比照（业务活动费用）此表进行披露。

⑲其他费用按类别披露的格式如表 11－33 所示。

表 11－33　　　　　　　其他费用按类别披露的格式

费用类别	本期发生额	上期发生额
利息费用		
坏账损失		
罚没支出		
……		
合计		

⑳本期费用按经济分类披露的格式如表 11－34 所示。

表 11－34　　　　　　　本期费用按经济分类披露的格式

项目	本年数	上年数
工资福利费用		
商品和服务费用		
对个人和家庭的补助费用		
对企业补助费用		
固定资产折旧费		
无形资产摊销费		
公共基础设施折旧（摊销）费		
保障性住房折旧费		
计提专用基金		
所得税费用		
资产处置费用		

续表

项目	本年数	上年数
上缴上级费用		
对附属单位补助费用		
其他费用		
本期费用合计		

注：单位在按照《政府会计制度》规定编制收入费用表的基础上，可以根据需要按照此表披露的内容编制收入费用表。

11.9.4　本年盈余与预算结余的差异情况说明

为了反映单位财务会计和预算会计因核算基础和核算范围不同所产生的本年盈余数与本年预算结余数之间的差异，单位应当按照重要性原则，对本年度发生的各类影响收入（预算收入）和费用（预算支出）的业务进行适度归并和分析，披露将年度预算收入支出表中"本年预算收支差额"调节为年度收入费用表中"本期盈余"的信息。有关披露格式如表 11－35 所示。

表 11－35　　　　　　　　　　　披露格式

项目	金额
一、本年预算结余（本年预算收支差额）	
二、差异调节	
（一）重要事项的差异	
加：1. 当期确认收入但没有确认为预算收入	
（1）应收款项、预收账款确认的收入	
（2）接受非货币性资产捐赠确认的收入	
2. 当期确认为预算支出但没有确认为费用	
（1）支付应付款项、预付账款的支出	
（2）为取得存货、政府储备物资等计入物资成本的支出	
（3）为购建固定资产等的资本性支出	
（4）偿还借款本息支出	
减：1. 当期确认为预算收入但没有确认为收入	
（1）收到应收款项、预收账款确认的预算收入	
（2）取得借款确认的预算收入	
2. 当期确认为费用但没有确认为预算支出	
（1）发出存货、政府储备物资等确认的费用	
（2）计提的折旧费用和摊销费用	

续表

项　目	金　额
（3）确认的资产处置费用（处置资产价值）	
（4）应付款项、预付账款确认的费用	
（二）其他事项差异	
三、本年盈余（本年收入与费用的差额）	

11.9.5　其他重要事项说明

①资产负债表日存在的重要或有事项说明。没有重要或有事项的，也应说明。

②以名义金额计量的资产名称、数量等情况，以及以名义金额计量理由的说明。

③通过债务资金形成的固定资产、公共基础设施、保障性住房等资产的账面价值、使用情况、收益情况及与此相关的债务偿还情况等的说明。

④重要资产置换、无偿调入（出）、捐入（出）、报废、重大毁损等情况的说明。

⑤事业单位将单位内部独立核算单位的会计信息纳入本单位财务报表情况的说明。

⑥政府会计具体准则中要求附注披露的其他内容。

⑦有助于理解和分析单位财务报表需要说明的其他事项。

11.10　会计报表的审核、汇总与分析

11.10.1　会计报表的审核

行政事业单位对已编好的会计报表应认真审核后上报，上级部门对所属单位会计报表应认真审核，然后汇总。会计报表的审核包括技术性审核和政策性审核两个方面。

（一）技术性审核

技术性审核主要审核会计报表的数字是否正确，表内有关项目是否完整，有关数字之间的钩稽关系是否正确，有无漏报和错报的情况，会计报表的报送是否及时等。在审核会计报表时，应注意审核下面四个方面的数字关系。

①上下年度有关数字的一致性，如资产负债表、基本数字表、经费拨款收支明细表的年初数和上年年末数是否一致。

②审核上下级单位之间的上缴、下拨数是否一致，如上级单位的经费拨款支出和下级单位的经费拨款收入是否一致，上级单位的专项资金拨出和下级单位的拨入专项资金是否一致等。

③审核会计报表中的有关数字和业务部门提供的数字是否一致。

④审核会计报表之间的有关数字是否一致，如资产负债表中的固定资产年末数要与固定资产统计表（附表）数字相核对等。

（二）政策性审核

政策性审核主要是审核会计报表中反映的各项资金收支是否符合政策、制度，有无违反财经纪律的现象。

①对各项收入的审核。应着重审查各项收入是否符合政策性规定，预算资金的取得是否符合预算和用款计划，其他收入的收费标准是否符合有关规定，应缴预算款是否及时、足额上缴，有没有截留、挪用等。

②对各项支出的审核。着重审查各项支出是否按预算和计划执行，有没有违反国家统一规定的开支范围和开支标准以及其他财务制度的规定，有没有将预算外支出挤入预算内报销，是否存在乱拉资金、乱上计划外项目、盲目扩大基本建设规模的问题等。

通过以上各种审核后，将审核无误的会计报表进行汇总，编制本系统或二级会计单位的汇总会计报表。

11.10.2　会计报表的汇总

会计报表应当层层汇总编制。基层单位的会计报表，应根据登记完整、核对无误的账簿记录和其他有关资料编制，切实做到账表相符，不得估列代编。主管会计单位和二级会计单位，应根据本级报表和经审核后的所属单位会计报表编制汇总会计报表，借以反映全系统的预算执行情况和资金活动情况。汇总会计报表的种类和内容、格式与基层会计报表相同。汇总编制时应将相同项目的金额加计总额后填列，但上下级单位之间对应的上缴、下拨数以及系统内部各单位之间的往来款项应相互冲销。如上级单位拨出经费与所属单位的拨入经费对冲，系统内部本单位的暂收款和所属单位的暂付款冲销等，以免重复计算。

11.10.3　会计报表分析

会计报表分析，即对会计报表所提供的数据进行加工、分解、比较、评价和解释。会计报表分析是会计记账、编制报表的继续。一方面，由于会计报表是会计人员在日常会计核算的基础上编制而成的，所以会计报表是对过去事项的再现，对行政事业单位的反映具有历史性；另一方面，会计报表还要服务于众多使用者，如本单位管理人员、上级主管单位管理人员以及财政部门等。而他们的目的又存在差异，因此，会计报表具有多种目的性。对一个具体决策者而言，只有在分析会计报表之后，才能作出有效的决策。同时，行政事业单位预算会计报表虽然反映了单位在一定时期预算执行的结果和财务收支的状况，但由于预算收支错综复杂，涉及报告期内全部业务活动，会计报表数字还不能具体地说明预算执行结果的好坏及其形成原因。为了进一步弄清预算在执行中超支或结余的具体情况和原因，以肯定成绩、找出差距、改进预算管理工作，就需要对会计报表的数字资料、各项指标内在因素的相互关系进行全面分析研究，总结预算管理工作中的经验教训，探索增收节支、提高资金使用效益的途径，也为编制下年度预算提供线索和依据，达到不断提高预算管理水平的目的。

（一）会计报表分析的方法

行政单位会计报表的分析方法主要有对比分析法、因素分析法等，与事业单位会计报表分析方法基本相同，这里不赘述。

（二）会计报表分析的内容

行政事业单位会计报表分析的内容一般有编制计划完成情况分析、预算收支情况分析和财务状况分析等。

1. 编制计划完成情况分析

行政事业单位分析会计报表时：应当进一步挖掘单位的内部潜力，并为编制下期计划提供资料；应当分析编制计划的完成情况，并查明未完成计划的原因。编制计划的完成情况，可根据各项基本数字进行分析，然后分析没有完成计划的原因，采取切实可行的必要措施，解决存在的问题。

现以某行政事业单位为例，编制基本数字对比分析表，其格式和内容如表 11－36 所示。

表 11 – 36　　　　　　　　　基本数字对比分析表
单位：某行政事业单位　　　　　　2 × 10 年 12 月 31 日

项目	工资月开支的职工人数（人）	由机关开支的离退休人数（人）	小轿车（辆）	吉普车（辆）	摩托车（辆）
本年计划数	500	65	1	1	2
本年实际数	495	70		1	2
上年实际数	500	65			

①编制计划已按计划完成，该单位 2 × 10 年末工资月开支的职工人数计划为 500 人，本年工资月开支的实际职工人数为 495 人，上年实际工资月开支职工人数为 500 人。本年实际工资月开支人数与计划数和上年数相比，减少 5 人，原因就是本年有 5 人退休。

②本年计划购置小轿车和吉普车各 1 辆、摩托车 2 辆，经上级批准实际购吉普车 1 辆、摩托车 2 辆。

2．预算收支情况分析

由于行政事业单位一般收入较少、支出较多，因此，应重点对预算支出具体情况进行分析。在对预算支出具体情况分析时，应先根据行政事业单位预算会计报表有关资料，编制预算支出情况分析表，以便逐项进行分析。

现以某行政事业单位为例，编制预算支出情况分析表，其格式和内容如表 11 – 37 所示。

表 11 – 37　　　　　　　　　预算支出情况分析表
单位：××行政事业单位　　　2 × 10 年 12 月 31 日　　　　　　　　单位：元

预算科目名称	全年支出预算数	全年实际支出累计数	超支（＋）或节约（－）	超支或节约占全年预算（％）
行政机关经费	253 000	243 560	－ 9 440	－ 3.73
工资	78 000	71 500	－ 6 500	－ 8.33
职工福利费	25 000	24 400	－ 600	－ 2.4
离退休人员费	14 000	13 100	－ 900	－ 6.43
公务费	60 200	80 560	＋ 20 360	＋ 33.82
设备购置费	73 000	50 000	－ 23 000	－ 31.51
修缮费	800	1 000	＋ 200	＋ 25
业务费	1 500	2 000	＋ 500	＋ 33.33
其他费用	500	1 000	＋ 500	＋ 100

从预算支出情况分析表可见，该行政事业单位行政机关经费全年实际支出累计数为 243 560 元，比预算数 253 000 元节约了 9 440 元，实际支出数为预算

数的 96.27%，比预算节约 3.73%，这是好的。进一步分析发现，节约额较大的是设备购置费，比预算节约了 23 000 元，实际支出数为预算的 68.49%，比预算节约 31.51%，主要是因为单位主动压缩了某些商品的购置。尽管总支出节约了，但其中几项费用增加较多。公务费预算为 60 200 元，实际开支为 80 560 元，比预算超支 20 360 元，超过 33.82%，这主要是因为当年物价上涨幅度较大，影响了费用开支，在管理上极可能存在漏洞，对此应进一步找出原因，堵住漏洞，节约开支。修缮费开支 1 000 元，比预算 800 元超支 200 元，绝对数虽然小，但超支相对数占预算数的 25%，这主要是因为当年修缮用材料价格上涨。业务费预算为 1 500 元，实际开支为 2 000 元，超支 500 元，比预算超支了 33.33%。经分析发现，这主要是放松了业务费管理的结果，应认真总结经验教训，加强业务费用的管理。其他费用预算为 500 元，实际开支为 1 000 元，超过预算 100%，这主要是增加了职工教育支出，包括文化教育、爱国教育支出等。这项费用的超支经认真核实，确是教育支出增加，应是正当的。

3. 财务状况分析

财务状况分析主要是分析行政事业单位最开始预算中的资产、支出、负债收入和净资产的增减变化是否正常、合法，从而更加合理、有效地使用预算资金。财务状况分析的主要依据是资产负债表和有关的明细资料。一般对以下内容进行分析。

①对库存现金和银行存款的分析。分析是否符合现金管理制度和银行结算制度的规定，有无出现挪用现金、违反现金库存限额管理、超过规定的范围加大库存现金以及通过借条抵现等现象，对银行存款的支取是否符合预算的批准。对银行支出数与实际数的差额，一般应是行政事业单位进行正常业务所需的周转金，如果差额太大，则须查找原因，并做进一步分析。

②分析固定资产增减变化及其来源是否正当、合理。分析新增固定资产中各类固定资产所占比例各为多少，重大的固定资产购置是否给予了优先安排，减少的固定资产是否合理、有无合法的手续，现有固定资产利用状况如何，有无长期闲置积压现象，等等。

③分析检查各项材料物资。检查其采购入库有无计划，库存是否合理，有无超储积压，领用出库是否符合规定的手续，材料物资的管理制度是否健全，等等。

④拨入经费的分析。分析由上级部门或财政机关拨款的预算资金是否根据预算的用款计划及时、足额地拨付。其中有多少是用于转拨所属单位的，是否

及时、足额地拨付，如有追加或追减预算部分，则应据以对原批准预算数字进行相应调整并与上级部门复核相符。

⑤往来款项的分析。主要分析各种暂存款、暂付款等项目的数额及未结清的原因，对长期未能清算的款项，应追查原因，及时处理。

⑥应缴预算款分析。分析应缴预算款是否及时、足额解缴，如未及时解缴，则查明拖欠的原因。

⑦其他收入分析。分析其他收入的来源是否正当、合法，有关收费标准有没有违反国家的物价政策，有没有将应缴预算款和经费支出收回的款项作为其他收入入账。

11.10.4　会计报表分析的方法

会计报表分析的方法有比较分析法、结构分析法、因素分析法等。其中普遍使用的是比较分析法和结构分析法。本小节主要介绍比较分析法在行政事业单位会计报表分析中的运用。比较分析法的步骤如图 11 - 3 所示。

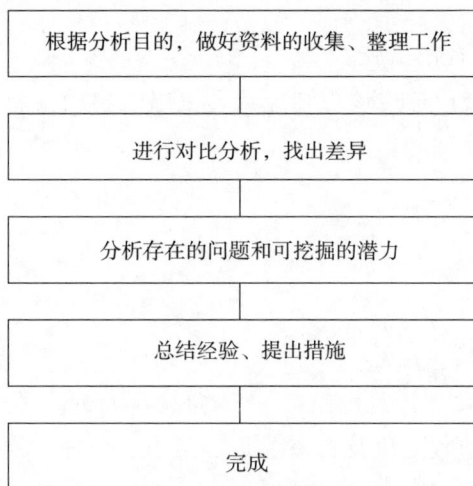

图 11 - 3　比较分析法的步骤

（一）根据分析目的，做好资料的收集、整理工作

行政事业单位的会计报表服务于众多使用者，如本单位管理人员、上级主管单位管理人员以及财政部门等。而他们使用的目的又存在差异，因此，会计报表具有多目的性。对一个具体使用者来说，他必须根据自己的需要，确定分析目的，并根据分析目的，收集、整理资料，分析会计报表。

行政事业单位会计报表分析一般采用比较分析法，用于比较的参照物可以有预算（计划）数、上期数、历史最好数、其他单位同类指标数。这就要求具体分析前，根据分析目的收集需要的相关信息。比较分析法要求对比的指标之间应具备可比性，因而在分析前，必须对收集的资料进行必要的调整，使它们符合统一口径。

（二）进行对比分析，找出差异

比较分析法比较的既可以是绝对数，也可以是相对数。若是前者，则分析得出的是金额变动数；若是后者，则分析得出的是比例变动数。通过研究这些变动数，可以发现对比数据之间的差异，从而发现存在的问题和可挖掘的潜力。

（三）分析存在的问题和可挖掘的潜力

对比数据之间的差异表现为两方面：要么是好的差异，要么是不好的差异。前者说明可通过挖掘潜力降低支出或增加收入，后者则表现为问题的存在。差异的产生有两个原因：单位内部原因和宏观环境原因。分析这两方面就可以得出差异产生的原因，从而可以进一步挖掘潜力，扩大好的差异，或者解决问题，消除不好的差异。

（四）总结经验、提出措施

为了完善体制，最后还应该总结经验，提出改善的措施，为进一步挖掘潜力和解决问题提供体制保障。